우리가 몰랐던
신라사

우리가 몰랐던
신라사

초판 1쇄 인쇄 2025년 9월 06일
초판 1쇄 발행 2025년 9월 10일

지은이 정재수

펴낸곳 신아출판사
펴낸이 서정환
편집인 이종호
편집디자인 심재진, 정육남

출판등록 제465-1984-000004호
주소 전북 전주시 완산구 공북 1길 16
전화 (063) 275-4000·0484
팩스 (063) 274-3131
이메일 sina321@hanmail.net
인쇄·제본 신아문예사

ISBN 979-11-94595-93-9 03910
값 34,000원

우리가 몰랐던
신라사

정재수 지음

신아출판사

[서문]

우리가 몰랐던 신라사를 찾아서

　신라사에서 가장 잘못 이해되고 있는 부분을 꼽는다면 크게 네 가지로 정리할 수 있다. 첫째는 박씨왕조의 경주 입성 시기다. 신라는 前57년 박혁거세가 경주에서 창업한 나라다. 그러나 박혁거세를 비롯하여 초기 왕들은 경주 인근이 아닌 한반도 중북부 지역의 나라들과 만난다. 대표적인 나라가 낙랑, 맥국, 동옥저 등이다. 그래서 이병도, 김성호 등은 신라의 최초 건국지를 경기 북부지역으로 보기도 한다. 둘째는 김씨왕조 계보의 단일화다. 김씨왕조는 흉노족 출신 김일제金日磾를 시원으로 한다. 그러나 김씨왕조는 흉노족 출신만 있는 것이 아니다. 오환족 출신의 미추왕, 선비족 출신의 내물왕도 있다. 다만 이들 모두는 북방 기마민족 계통이어서 모두 김씨왕조 계보로 통합하여 정리된다. 셋째는 왕력에 포함된 여왕의 존재다. 선덕여왕과 진덕여왕이다. 그러나 신라는 남왕 중심의 단일 지배체제인 고구려, 백제와 달리 남왕과 여왕이 공동 통치하는 독특한 지배체제다. 대표적인 여왕은 신라 중기 석씨왕조에서 활약한 아이혜阿爾兮와 광명光明이다. 두 여왕은 자황雌皇(여황제)의 존호를 받으며, 필요에 따라 남왕을 교체해가며 막강한 권력을 휘두른다. 왕력에 포함된 선덕여왕과 진덕여왕은 특별한 경우가 아니다. 단지 성골 남성이 소진됨에 따라 선택된 특수한 경우다. 마지막 넷째는 경주 대릉원의 주요 무덤의 피장자다. 대릉원의 신라고분은 일제강점기에 번호가 부여된 155기를 포함하여 모두 1,267가 존재한다. 그러나 어느 무덤 하나 피장자를 정확히 알지 못한다. 일부 무덤은 조선 영조 때 경주 김씨 문중에서 피장자를 비정하여 전해지고 있으나 이 또한 명확히 특정된 것은 없다. 예를 들어 대릉원에서 가장 규모가 큰 황남대총의 경우 피장자는 내물왕, 실성왕, 눌지왕, 자비왕 등으로 다양하게 비정되고 있다.

우리 신라사는 현존하는 『삼국사기』〈신라본기〉가 전체를 대변한다. 이런 까닭에 우리는 『삼국사기』 틀 안에서 신라사를 이해하고 해석하려는 경향이 강하다. 그러다 보니 나름의 연구가 상당함에도 불구하고 명확히 설명하지 못하는 부분이 존재한다. 정리하면 이렇다.

① 경주에 최초로 입성한 왕은 박혁거세인가? 파사왕인가?
② 박혁거세의 왕후 알영이 용신화를 갖게 된 이유는?
③ 경주 오릉은 박혁거세 단일무덤인가? 박씨왕조 집단무덤인가?
④ 석씨왕조 원조 석탈해는 어디에서 왔는가?
⑤ 『수서』에 기록된 백제인 출신 신라왕은 누구인가?
⑥ 일성왕과 아달라왕의 백인 형질은 누가 주었나?
⑦ 기림왕이 함경도 안변(비열홀)을 찾아간 이유는?
⑧ 신라가 전북 김제의 벽골제를 축조한 이유는?
⑨ 김씨왕조 미추왕과 내물왕의 출신은?
⑩ 눌지왕이 군사쿠데타를 일으킨 이유는?
⑪ 태종 무열왕이 백제 땅에서 죽은 이유는?
⑫ 문무왕의 한반도 통일은 삼국통일인가? 삼한통일인가?

이들 문제는 전적으로 『삼국사기』 기록에 의존한 결과가 만든 해석상의 한계다. 그러나 이러한 문제들은 남당필사본南堂筆寫本 신라사 기록을 도입하여 적용하면 의외로 쉽게 답을 찾을 수 있다.

남당필사본은 일제강점기 남당 박창화朴昌和(1889~1962) 선생이 일본 왕실도서관(서릉부)에서 필사해온 삼국의 역사서다. 고구려는 『고구려사략』, 『고구려사초』, 『고구려사』, 『본기신편열전』, 『유기추모경』 등이고, 백제는 『백제왕기』, 『백제서기』 등이며, 신라는 『신라사초』, 『위화진경』, 『화랑세기』, 『상장돈장』 등이다. 이들 기록은 이름만 전하는 삼국의 역사서인 고구려의 『유기』, 백제의 『서기』, 신라의 『국사』 등의 일부로 추정된다. 특히 남당필사본 기록은 『삼국사기』와는 비교가 안될 정도로 기록 자체가 방대하며 내용 또한 놀라울 정도로 상세하다.

남당필사본 기록은 우주망원경으로 신라사를 딥필드Deep Field하는 것과 같다. 가시광선 영역의 가이아, 유클리드, 적외선 영역의 스피처, 제임스웹, 자외선 영역의 갈렉스, X선 영역의 찬드라 등을 통해 신라사 전 영역을 세밀히 살펴보는 것과 같다. 『삼국사기』〈신라본기〉가 기존의 가시광선 영역의 허블망원경으로 본 것이라면, 이들 전 영역의 우주망원경들을 통해 본 것은 남당필사본 신라사 기록이라 할 수 있다.

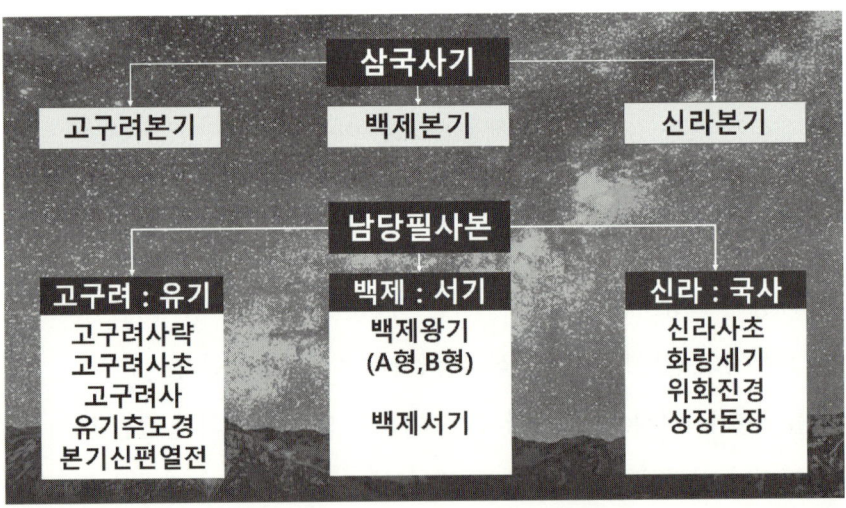

특히 남당필사본의 신라사를 대표하는 문헌은 단연코 『신라사초』다. 『신라사초』는 제5대 파사왕(〈파사이사금기〉)부터 제23대 법흥왕(〈법흥진왕기〉)까지 19명

의 왕을 기년으로 정리한 편년체 역사서다. 또한 『위화진경』과 『화랑세기』는 신라 선도와 화랑의 역사를 일목요연하게 정리한 문헌이다. 특히 『상장돈장』은 신라 왕족의 직계와 방계를 정리한 일종의 족보책으로 신라 초기부터 통일신라 일부까지를 포함하는 계보다.

본 책 『우리가 몰랐던 신라사』는 기존의 「신라사」(season Ⅰ)를 한 단계 업그레이드한 새로운 「신라사」(season Ⅱ)다. 『삼국사기』가 축소 왜곡한 기록을 『신라사초』를 통해 확대 복원함은 물론, 개별 사건의 본질을 투찰하는데 많은 노력을 기울였다. 특히 『신라사초』는 대릉원 일원의 고분군과 선도산의 서악동고분군, 건천의 금척리고분군 등 경주 일원에 소재하는 주요 고분의 피장자를 명확히 지정하고 있다. 예를 들어 대릉원의 천마총과 호우총은 각각 복호 계열의 왜계 서자 장이^{章伊}와 고구려계 서자 보준^{宝俊}의 무덤이며, 이사지왕^{尒斯智王} 명문이 새겨진 큰 칼이 출토된 금관총은 일찍 병사한 소지왕의 태자 아지^{阿知}의 무덤이다.

본 책은 크게 7장으로 구성하였다. 신라의 건국에서 삼국통일까지의 전 과정이다. 또한 각 장은 여러 소제목들로 분리하여 정리하였다. 특히 문헌 기록 원문(한자 포함)을 대부분 인용하여 근거를 명확히 제시함은 물론, 과거형이 아닌 현재형의 문체를 사용하여 현장감을 더했다. 또한 이전에 출간한 『우리가 몰랐던 백제사』(2024)와 『우리가 몰랐던 고구려사』(2024) 중 일부 겹치는 부분은 본 책에 인용했음을 밝힌다.

끝으로 출판사 관계자 분들에게 깊은 감사의 말을 드리며, 독자여러분을 심연의 새로운 신라사에 정중히 초대한다.

왕조(시조) 계통도

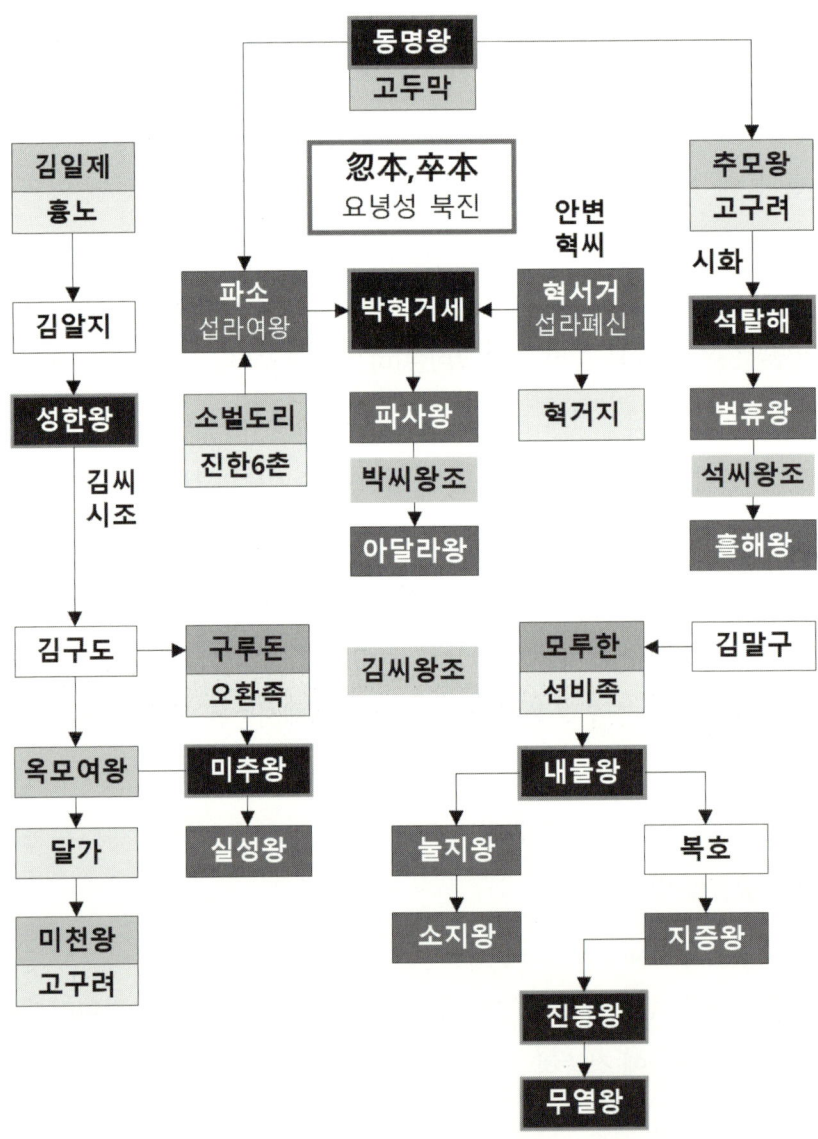

왕통(왕력) 계보도

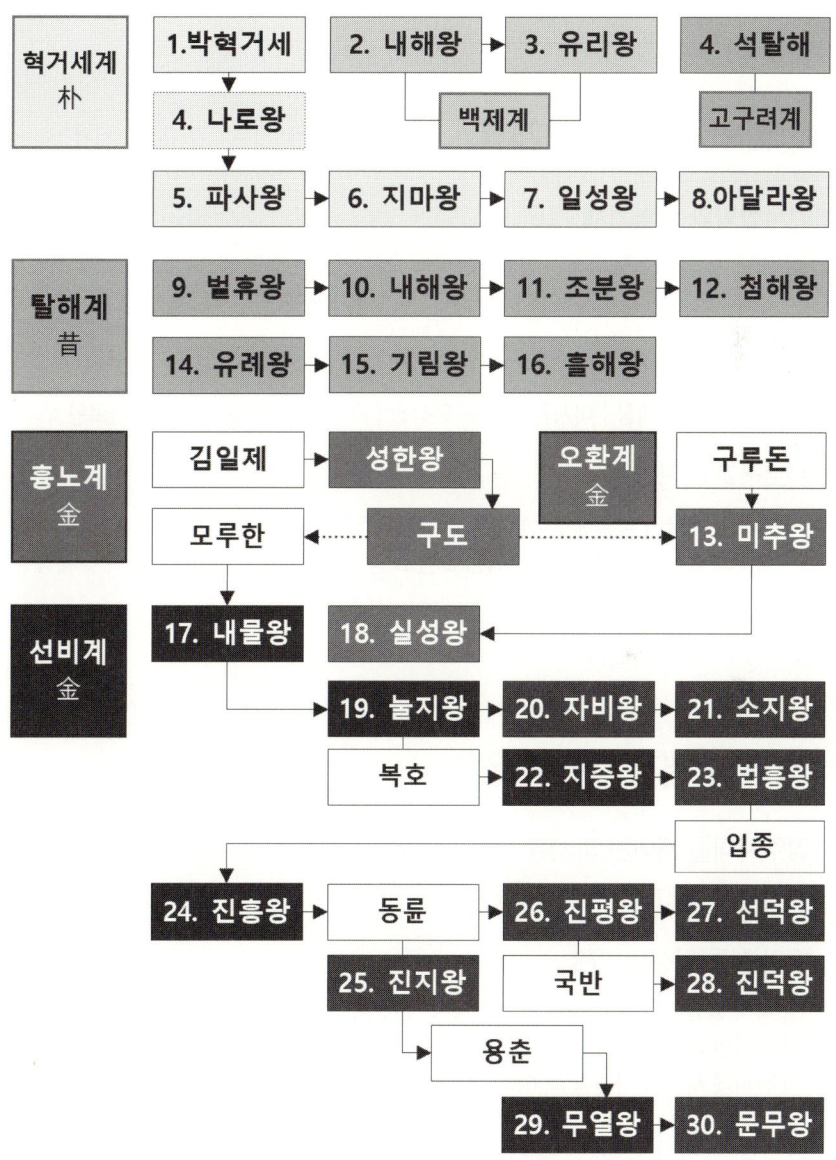

차례
차례

- **[서문]** 우리가 몰랐던 신라사를 찾아서
- 왕조(시조) 계통도
- 왕통(왕력) 계보도

1 신화와 역사의 경계

건국신화와 박혁거세   16
| 천년 수도 경주의 오해와 진실 | 건국의 모체 선도산 성모 파소여왕 |
| 건국시조 신화체계의 이해 | 건국시조 '박혁거세거서간'의 새로운 해석 |

백제 출신 남해왕   34
| 백제 출신 남해왕 | 이사금 왕호와 유리왕 | 초기 신라 왕력에서 빠진 나로왕 |

사로국과 석탈해   45
| 사로국 건국자 석탈해 | 석탈해가 금관가라 입국을 시도한 이유 |
| 석탈해 출신지 다파나국 | 김씨왕조 원조 김알지의 의문 | 석탈해왕릉의 실제성 |

2 경주의 새주인 박씨왕조

경주시대를 개막한 파사왕   62
| 경주시대와 파사왕 | 파사왕과 일본열도 다파나국 | 남쪽으로 기수를 돌린 지마왕 |

백인 혈통 일성왕   73
| 북쪽 말갈과 만난 일성왕 | 길선 백제 망명사건과 아달라왕 |
| 서역인의 피를 받은 일성왕과 아달라왕 | 연오랑과 세오녀 설화의 나라 |
| 신라에 사신을 파견한 왜 여왕 |

박씨왕조 묘역 사릉원   88
| 박씨왕족 묘역 사릉원과 무덤주인 |

3 석씨왕조의 조용한 행로

석씨왕조 전반기 왕들 96

벌휴왕과 지진내례	벌휴왕과 김구도의 갈등	한반도 최초의 고대국가 조문국
내해왕과 포상8국의 충돌	조분왕과 감문국, 골벌국 정벌
신라를 세운 북방 유목민족 오환족	첨해왕의 자연재해와 천체현상 기록

오환족 출신 미추왕 121

| 미추왕 출생 미스터리 | 미추왕 즉위를 승인한 옥모여왕 | 석우로를 제거한 미추왕 |
| 미추왕릉 죽엽군과 이서국 멸망 | 경주 대릉원 미추왕릉의 실제성 |

석씨왕조 후반기 왕들 138

유례왕이 만난 왜의 실체	기림왕이 석씨왕조에 편입된 이유
신공왕후 삼한정벌의 역사적 실제성	김제 벽골제를 축조한 흘해왕
석씨왕조 후반기 왜와의 관계 변화	석씨왕조를 이끈 신라 여왕들
석씨왕조 전반기 왕들의 무덤	석씨왕조 후반기 왕들의 무덤
대릉원 계림지구 무덤의 주인공

4 김씨왕조 혈통 갈등

선비계 시조 내물왕 176

김씨왕조 왕호 마립간과 매금	내물왕 계보의 허와 실
모용선비 출신 내물왕	최초 중원왕조 사신 파견의 비밀
고구려 복속을 선택한 내물왕	광개토왕 신라 구원 사건 (I)
광개토왕 신라 구원 사건 (II)	광개토왕 신라 구원 사건 (III)
내물왕의 무덤 傳미추왕릉	내물왕릉 딸린무덤의 무덤주인

흉노계 적통 실성왕 210

실성왕 계보와 다양한 이름	실성왕 즉위 비밀	복수에 집착한 실성왕
실성왕과 눌지의 극단적인 갈등	평양대교를 건설한 실성왕
실성왕의 무덤을 찾아서	대릉원 황남지구 무덤주인

최초 군사쿠데타 눌지왕 238

눌지왕의 군사쿠데타	애국 충절의 표상 박제상	눌지왕과 신라-백제 혼인동맹
불교 전파자 묵호자	눌지왕의 무덤 황남대총	대릉원지구 90호, 99호분 무덤주인
눌지왕릉(황남대총) 딸린무덤의 무덤주인	천마총 무덤주인을 찾다
호우총 무덤주인	은령총 무덤주인은 호우총과 부부관계

5 김씨왕조 체제 구축

축성의 대가 자비왕 280

| 자비왕의 혈통 계보 의문 | 축성의 대가 자비왕 | 장수왕 남벌과 자비왕의 선택 |
| 자비왕의 무덤 봉황대 | 금령총 무덤주인 추적 |

안정속의 불안정 소지왕 298

소지왕의 이름과 계보	구모국의 신라 방문	내을신궁에 대한 오해
사금갑 사건과 묘심의 옥사	소지왕과 백제 동성왕의 혼인동맹
소지왕의 태자 교체 속사정	소지왕의 무덤을 찾아서	금관총과 이사지왕

복호 계열 지증왕 328

지증왕의 계보	신라 국호와 왕호 재정립	5묘제의 시원 고내궁
지증왕의 무덤 서봉황대	서봉총 무덤주인	데이비드총 무덤주인
노동노서지구 134호분,135호분 무덤주인	쪽샘지구 44호분 무덤주인

6 불국토의 원대한 꿈

미륵의 화신 법흥왕 354

법흥왕의 다양한 이름과 왕호	법흥왕의 왕후와 태자	양직공도과 외교프로젝트
이차돈의 순교와 불교 공인	흥륜사와 영흥사 창건	금관가라 흡수
《울주 천전리 각석》 명문의 비밀코드	백제 공주 보옥과 보과
법흥왕릉을 찾아서

정복군주 전륜성왕 진흥왕　391

정복군주 진흥왕	섭정여왕 지소태후	신라의 명운을 가른 관산성 전투
《진흥왕순수비》속으로	선도와 원화 그리고 화랑	황룡사와 장육삼존불상
대가라 정복	진흥왕릉과 서악동고분군

폐주의 멍에 진지왕　428

| 폐주가 된 진지왕 | 도화녀와 비형랑 설화 | 진지왕릉과 선도산고분군 |

진흥 계열 적통 진평왕　437

| 거인 진평왕 | 진평왕의 천사옥대 | 경주 남산성 비석의 비밀 |
| 색공과 마복자의 표상 미실 | 칠숙과 석품의 모반 | 평지무덤 진평왕릉 |

여왕시대과 삼국통일

선덕여왕과 진덕여왕　462

왕력에 포함된 최초의 여왕	선덕여왕의 지기삼사	분황사 창건에 담긴 뜻
대야성 전투의 명암	황룡사 9층목탑의 상징	첨성대의 진실 공방
비담의 모반 사건 파장	허수아비 진덕여왕	치당 태평송가
선덕여왕과 진덕여왕의 무덤

진골의 시초 태종 무열왕　502

| 진골의 시초 태종 무열왕 | 백제 멸망과 수복운동 |
| 무열왕 피살의 의문 | 서악동고분군의 무열왕릉 |

삼국통일의 완성 문무왕　514

통일신라 초대 군주 문무왕	문무왕과 부여융의 엇갈린 운명
고구려 멸망과 수복운동	당 축출과 삼국통일	《문무왕릉비》속으로
문무왕의 호국정신과 유적	흥무대왕 김유신

부록

■ [부록] 경주일대 주요 신라무덤 피장자 | 찾아보기

1 신화와 역사의 경계

건국신화와 박혁거세

백제 출신 남해왕

사로국과 석탈해

| 천년 수도 경주의 오해와 진실 |
| 건국의 모체 선도산 성모 파소여왕 |
| 건국시조 신화체계의 이해 |
| 시조 박혁거세거서간의 새로운 해석 |

| 백제 출신 남해왕 |
| 이사금 왕호와 유리왕 |
| 초기 신라 왕력에서 빠진 나로왕 |

| 사로국 건국자 석탈해 |
| 석탈해가 금관가라 입국을 시도한 이유 |
| 석탈해 출신지 다파나국 | 김씨왕조 원조 김알지의 의문 |
| 석탈해왕릉의 실제성 |

| 신화와 역사의 경계 | 경주의 새주인 박씨왕조   석씨왕조의 조용한 행로   김씨왕조 혈통 갈등

| 천년 수도 경주의 오해와 진실 |

경주는 신라 천년 역사의 중심지다. 고구려는 대륙의 흘승골성(요녕성 북진) → 위나암성(요녕성 철령) → 환도성(요녕성 해성) → 평양성(요녕성 요양) 그리고 다시 한반도 평양(북한 평양)으로, 백제는 위례성(경기 하남) → 웅진성(충남 공주) → 사비성(충남 부여)으로 수도를 옮기며 역사의 부침을 겪는다. 그러나 신라는 오로지 경주 한 곳만을 고수한다. 물론 한때 수도 이전을 검토한 바는 있다. 삼국통일(*삼한통일) 직후인 신문왕(31대) 때로 달구벌(경북 대구) 천도를 추진하려다 경주 귀족들의 반발로 무산된다. 그럼에도 신라가 천년 역사를 일구면서 수도 이동을 하지 않았다는 자체는 기네스북에 등재될 만하다.

서라벌, 경기 북부지역에서 출발

그러나 초기 도읍지 경주에 대해서는 적잖은 의문이 존재한다. 두계 이병도^{李丙燾}는 박혁거세의 초기 신라(서라벌) 위치를 한강유역으로 비정한다. 근거는 『북사』 신라 전 기록이다.

> **신라는 본래 진한의 종족이다. 그 땅은 고구려 동남쪽에 있는데 한대의 낙랑이다.**
> 新羅者 其先本辰韓種也 地在高麗東南 居漢時樂浪地

낙랑은 중원왕조^{秦/漢} 유민들의 한반도 망명지인 평남 일대를 가리킨다. 이 기록은 신라가 낙랑지역 주변에 존재한 사실을 증언한다. 같은 연장선에서 천관우^{千寬宇}는 한강 중류지역을, 김성호^{金聖昊}는 황해 남부지역을 각각 신라의 건국지로 이해한다.

초기 신라의 남하 과정이다. 前57년 경기 북부지역에서 건국된 박혁거세 의 신라(서라벌)는 변한, 낙랑, 동옥저 등을 만난다.

변한은 '卞(성씨 변)'자를 쓰는 변한卞韓이다. 한강유역의 초기 변한이다. 『삼국유사』에 나오는 최치원이 **'변한은 백제다.'**(卞韓 百濟也)라고 설명한 바로 그 변한이다. 이들 초기 변한은 前39년 박혁거세의 공격을 받아 한강유역을 신라에 내주고 점차적으로 남하하여 경남 남해안 일대에 새로운 터전을 마련한다. '弁(고깔 변)'자를 쓰는 변한弁韓이다. 낙동강유역의 후기 변한이다.

낙랑은 진한낙랑이다. 평남 낙랑지역에서 분리된 중원왕조 진秦의 유민집단 진한秦韓이다. 이들 진한낙랑은 경기 중북부지역을 장악하고 세력을 확장하며 한강유역의 박혁거세를 남쪽으로 밀어낸다. 이후 한강유역은 뒤늦게 도착한 백제의 온조세력이 차지한다. 하남위례성(경기 하남)이다. 그러나 온조의 초기 백제 역시 진한낙랑으로부터 지속적인 괴롭힘을 당한다. 당시 진한낙랑은 신라와 백제보다 월등히 힘이 강하다.

동옥저는 함남 함흥지역의 세력으로 박혁거세집단의 한반도 유입경로와 관계가 깊다.

경북 내륙지방으로 방향을 튼 서라벌

진한낙랑에 밀린 박혁거세의 신라는 한강유역을 포기하고 점차로 남하한다. 이후 신라는 남해왕(2대), 유리왕(3대) 등을 거치며 지금의 충북 남부지역까지 밀려 내려온다.

이때 신라의 운명을 결정짓는 사건이 발생한다. 신라 나로왕(4대)은 한반도 서남부지역의 가장 강력한 세력집단인 충남지역의 마한을 만난다. 61년 마한장수 맹소孟召가 복암성(충북 영동)을 신라에 바치고 망명한다. 이 사건으로 인해 신라와 백제는 처음으로 만난다. 당시 백제 다루

| 신화와 역사의 경계 | 경주의 새주인 박씨왕조 | 석씨왕조의 조용한 행로 | 김씨왕조 혈통 갈등 |

▲ 초기 신라 남하과정

왕(2대)은 마한의 요구에 따라 한강유역에서 낭자곡성(충북 청주)까지 직접 내려와 나로왕에게 면담을 요구하며 망명사건의 원만한 해결을 시도한다. 그러나 나로왕은 면담을 거절하고 두 나라는 와산성(충북 보은), 구양성(충북 옥천) 등에서 격하게 싸운다.

이 사건의 여파로 신라의 남하 행로에 중대한 변화가 발생한다. 신라는 곡창지대인 서남부지방이 아닌 추풍령을 넘어 산악지대인 동남부지방으로 방향을 튼다. 당시 신라는 마한을 대적할 엄두도 못 낸다. 이후 신라는 경북 내륙지방으로 진출하며 대가라(경북 고령)를 만난다. 그리고 경북 상주지역까지 지배영역을 확장한다.

> 『삼국사기』는 석탈해를 신라 4대 왕으로 설정한다. 그러나 **4대 왕은 박씨왕조의 나로(奈老)왕**이다. 석탈해가 석씨왕조 시조가 되어 4대 왕에 편입되면서 나로왕의 치세와 기록은 모두 석탈해가 가져간다.

경주 입성에 성공한 파사왕

▲ 경주 월성 복원도

경주는 언제부터 신라의 수도가 되었을까? 파사왕(5대) 때다. 『삼국사기』에 따르면 파사왕은 94년(파사15) 경주 알천(북천)에서 군대를 사열한다. 『삼국사기』가 기록한 최초의 군대 사열이다. 이는 파사왕이 경주지역 세력집단을 병합한 사실을 설명한다. 군대 사열은 신라가 경주의 새주인 된 사실을 만천하에 선포하는 정치 행사. 이어 파사왕은 101년(파사22) 처음으로 경주 월성에 성을 쌓고 거주한다. 신라 월성 궁궐은 그렇게 해서 탄생한다.

당시 경주 세력집단은 석탈해의 사로국이다. 파사왕의 신라는 석탈해의 사로국을 병합한다. 그래서 신라 왕력은 석씨시조 석탈해를 4대왕으로 편입한다. 이때 경주 지명은 서라벌이 되고 신라 국호는 사로가 된다.

> 신라 국호는 크게 세 계통으로 나눈다. **박씨왕조의 서라벌, 서벌, 서나와 석씨왕조의 사로, 사라, 그리고 김씨왕조의 계림** 등이다.

경주는 박혁거세의 초기 도읍지가 아니다. 박혁거세의 초기 신라가 한반도에 뿌리 내리기 위해 온갖 역경을 극복하고, 마지막으로 찾은 안식처^{Shelter}다.

경주는 천년 역사를 일군 힘의 원천지

경주는 스펀지며 용광로다. 수많은 외부세력이 경주로 몰려든다. 박씨왕조는 건국초기 진한인, 낙랑인, 말갈인, 예인 등을, 석씨왕조는 왜인과 가라인을, 그리고 마지막 김씨왕조는 북방민족 오환족과 선비족 출신을 받아들인다. 경주는 이들 외부세력을 배척하지 않고 모두 흡수한다. 그래서 경주는 스펀지다. 또한 경주는 이들 외부세력의 서로 다른 이질적 문화를 모두 융합한다. 경주라는 거대한 용광로 속에 몰아넣고 계속해서 담금질하며 신라만의 독특한 문화로 탈바꿈시킨다.

경주는 다민족 공동체의 산실이며, 천년 역사를 일군 힘의 원천지다.

| 건국의 모체 선도산 성모 파소여왕 |

김부식이 송宋에 사신으로 갔다가 우신관佑神館에 걸려있는 여성의 화상畵像(그림)을 보고 관반학사 왕보王黼에게서 전해 들은 내용이 『삼국사기』에 나온다. 선도산仙桃山 성모聖母와 그녀가 낳은 해동의 첫 왕에 관한 이야기다. 훗날 김부식은 선도산 성모는 누구인지 알게 되나 해동의 첫 왕이 누구인지는 알지 못한다. 이에 반해 일연은 『삼국유사』를 통해 해동의 첫 왕이 박혁거세며, 박혁거세를 낳은 선도산 성모가 파소婆蘇라는 사실을 밝힌다. 또한 파소를 중원왕조 왕실의 딸로 소개한다. 특히 박혁거세 후손가문인 밀양 박씨(*규정공파) 족보는 아예 파소를 전한前漢 선제宣帝(10대)의 딸로 설명한다.

▲ 『삼국사기』 경순왕

북부여 천제 고두막의 딸, 섭라국 여왕 출신

그런데 『태백일사』(이맥 찬술)는 파소의 출신을 다르게 설명한다. 중원왕조 왕실이 아닌 북부여 왕실의 딸로 소개한다.(斯盧始王仙桃山聖母之子也 昔有夫餘帝室之女婆蘇) 특히 파소는 지아비 없이 박혁거세를 잉태하고 주변의 의심을 받자 도망하여 동옥저에 이르고 또 남쪽으로 내려가 진한 6촌과 결합하여 박혁거세가 13세가 되던 前57년에 신라를 건국한다.

남당필사본 중에 신라 화랑의 기원인 선도를 정리한 『위화진경』이 있다. 기록에 따르면 박혁거세의 아버지는 혁서거奕西居다. 천왕天王 파소가 천신天神 혁서거와 결합하여 대일광명大日光明(혁거세)를 낳는다.

옛날 선도산 원시성모 파소^{波穌}천왕이 머리에 진홍색 금관을 쓰고 몸에는 은색 비단 신의를 걸치고 안에는 자황록의 49가지 색깔의 옷을 입고 대표, 벽해, 가야 등 3선녀를 거느리고 채운을 타고 선도산 천년묵은 복숭아 두왕의 궁에 내려와 6부의 신이 되었다. 이에 천신이 뇌신, 화신, 풍신 등 3신을 이끌고 내려와 성모와 합환하여 대일광명^{大日光明}(혁거세)을 임신하였다. 천신은 혁서거^{奕西居}다. 이로부터 진화가 우리 땅에서 피어나 선골이 크게 창성하였다. 昔者 仙桃山元始聖母 波穌天王 頭戴絳色金冠 身被銀色錦神衣內着紫黃綠四十九彩 率大瓢碧海加耶三仙姑乘彩雲 而下降于仙桃山 千年老桃桓王之宮 以爲六部之神 天神乃率雷火風三神而下降 與聖母合歡 而娠大日光明 天神是爲奕西居 於是 眞花發於吾土仙骨大昌

또한 박혁거세의 아버지 혁서거는 『유기추모경』(황주량 찬술, 남당필사본)에 출신의 단서가 나온다. 前24년(추모14) 섭라국^{涉羅國}여왕 혁거지^{奕居知}가 고구려에 사신을 파견한다. 특히 기록은 섭라국을 구체적으로 설명한다. 섭라국은 환나국^{桓那國}의 동남쪽에 위치하며 산을 의지하고 바다에 접하며 여왕이 세습한다. 또한 여왕은 지혜와 풍채가 빼어난 남자를 폐신^{嬖臣}으로 두고 딸을 낳으면 무녀^{巫女}로 삼으며, 그 중 가장 나이 어린 딸이 여왕을 승계한다.

『유기추모경』. '동명14년(前24년) 9월, 섭라의 여왕 혁거지가 사신을 보내 입공하였다. 섭라는 환나의 동남으로 산을 의지하고 바다에 접하며 여왕이 세습하였다. … 나라에 지혜와 풍채가 빼어난 자가 여왕의 폐신이 되어 딸을 낳으면 무녀로 삼고 그 중 나이가 적은 이가 뒤를 이었다. 그 습속은 순박하고 진실되며 화려하지 않아 능히 여왕을 위해 충성을 다하였다. 상(추모왕)은 혁거지에게 능라를 하사하고 친히 입조하라 명하였다.'(東明十四年丁酉 九月 涉羅女主奕居知遣使入貢 涉羅在於桓那之東南 依山傍海世襲女主 … 國之俊秀者爲女主之嬖臣 生女爲巫 其最少者繼之其俗淳實不華 能爲其主而盡忠 上賜奕居知綾緞 命親自入朝)

| 신화와 역사의 경계 | 경주의 새주인 박씨왕조 | 석씨왕조의 조용한 행로 | 김씨왕조 혈통 갈등 |

혁서거는 섭라국 여왕의 폐신 출신이다. 섭라국은 고구려 건국 이전에 존재한 북부여 제후국 중의 하나다. 지금의 요동반도 남안에 위치한 모계 중심의 여왕국이다. 파소는 바로 섭라국 여왕 출신이다. 혁거지여왕은 파소여왕의 뒤를 이은 여성으로 박혁거세의 아버지 혁서거의 딸로 추정된다.

파소는 섭라국이 북부여 제후국인 점을 감안하면 중원왕조 왕실이 아닌 북부여 왕실의 딸일 가능성이 매우 높다. 당시 북부여 왕은 5대 천제(왕) 고두막高豆莫이다. 파소는 바로 고두막의 딸이다. 다만『삼국유사』가 파소를 중원왕조 왕실의 딸로 기록한 이유는 삼국통일 이후 신라사회에 만연한 모화주의 영향으로 이해된다.『삼국유사』는 신라 역사를 재정립하는 과정에서 새롭게 정리된 기록을 차용한다.

파소여왕은 신라 건국의 실질 주체

정리하면 이렇다. 파소는 북부여 천제 고두막의 딸로 前70년 이전 섭라국 여왕에 봉함을 받고 섭라국을 다스리다 폐신 혁서거와 인연을 맺어 박혁거세를 임신한다. 그러나 파소여왕은 어떤 사유로 일부 무리를 이끌고 섭라국을 떠나 함남 함흥 지역의 동옥저로 피신하였다가 다시 경기 북부지역으로 들어온다. 그리고 前70년 박혁거세를 출산하며, 소벌(소벌도리)이 이

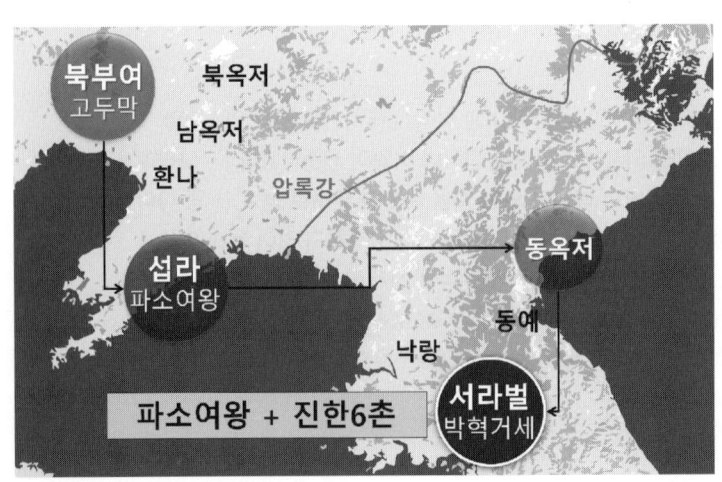
▲ 파소여왕 서라벌 건국과정

끄는 진한6촌과 결합한다. 이어 前57년 어린 박혁거세를 앞세우고 공식적으로 신라(서라벌)를 출범시킨다.

파소는 신라 건국의 모체다. 특히 신라 건국이 박혁거세 나이 13세에 이루어진 점을 감안하면 파소는 실질적으로 진한6촌과의 결합을 주도한 인물이다. 마찬가지로 백제시조는 비류와 온조이나 실질적으로 백제 건국을 이끈 사람은 어머니 소서노다. 신라의 파소는 백제의 소서노와 위상과 역할이 같다.

▲ 선도산 성모사 [경주 효현동]

그러나 안타깝게도 파소의 존재는 역사 기록에서 대부분 지워진다. 이유는 신라 지배층이 건국시조 신화를 박혁거세의 '난생卵生'으로 재구성하면서 의도적으로 지웠기 때문이다. 그럼에도 파소는 신라사회의 정신적 지주로 승화된다. 여산신女山神 신앙을 대표하는 '선도산 성모'가 바로 파소다.

한국을 대표하는 3대 여산신은 **지리산 노고단의 마고할미, 경주 선도산의 선도성모, 포항 운제산의 운제성모**(남해왕 왕후) 등이다.

박혁거세 어머니 선도산 성모 파소婆蘇는 북부여 왕실 출신이다.

| 건국시조 신화체계의 이해 |

▲ 천손신화, 난생신화 분포

고대 아시아 국가의 시조신화는 크게 두 가지 계통으로 구분한다. 하늘에서 내려온 북방 기마민족 계통의 「천손신화天孫神話」와 알에서 태어난 남방 농경민족 계통의 「난생신화卵生神話」다. 천손신화 주인공들은 하늘, 산, 나무 등에서 땅으로 내려오며, 난생신화 주인공들은 알, 박, 궤짝, 배 등에서 나온다. 매개체는 말, 용, 닭, 등 다양하다. 일반적으로 기마민족 계통의 지배층이 농경민족 계통의 피지배층과 결합하며 적절한 신화체계를 형성한다.

박혁거세 백마청란신화, 거란의 시조신화와 유사

박혁거세는 말을 매개체로 한 난생신화다. 『삼국사기』는 말馬, 알卵 등으로 단순화 하나, 『삼국유사』는 백마白馬, 청란靑卵/紫卵으로 좀 더 구체화한다. '백마청란'신화다. 백마는 동서양 공히 고대설화에 자주 등장하는 신성한 동물이다. 주로 중요한 인물의 탄생에 관여하며 하늘과 지상을 연결하는 매개체 역할을 한다. 박혁거세 역시 백마의 출현으로 탄생의 서상瑞相(상서로운 조짐)이 극대화된다.

그런데 박혁거세의 탄생신화에 등장하는 백마가 거란족의 시조신화에도 나온다. 옛날 백마를 타고 온 신인神人과 청우靑牛(퍼렁소)가 끄는 수레를 타고 온 천녀天女가 목멱산에서 만나 부부가 되어 8명의 아들을 낳는다. 거란족의 시조와 8부락의 기원을 설명한 '백마청우'신화다. 박혁거세 시조신화와 비교하면 골격은 다소 차이가 있으나 백마가 공통으로 등장한다. 특히 거란족이 세운 요遼(916~1125)에는 국구장國舅帳제도가 있다. 왕의 장인 중에 세력가를 왕에 준하여 대우하는 제도다. 이와 유사한 형태가 초기 신라 때부터 등장하는 갈문왕葛文王제도다. 다만 신라의 갈문왕제도는 왕의 장인 뿐 아니라 왕의 아버지까지 점차적으로 확대된다.

▲ 거란시조 백마청우신화

학계는 두 시조신화의 유사성과 제도의 동질성 등을 크게 평가하지 않는다. 혈연적 연관성보다 문화적 친연성에 방점을 둔다. 그럼에도 박혁거세의 부계 혈통이 섭라국의 폐신 출신인 점은 주목할 필요가 있다. 폐신嬖臣은 모계 중심사회에서 여왕의 사랑을 독차지하는 남성 신하를 말한다. 혹여 신라의 갈문왕이나 거란의 국구장은 여왕국의 폐신에서 유래한 것은 아닐까? 박혁거세의 아버지 혁서거(섭라국 폐신)의 출신에 대한 기록은 없다. 다만 섭라국이 지금의 요동반도 남안에 소재한 점을 감안하면 거란족과의 혈연성 또한 간과하기 어렵다.

백마는 또 무슨 의미를 담고 있을까? 『삼국사기』를 보면, 신라 기림왕(15대)은 국호를 다시 신라로 바꾼다. 김씨왕조의 미추왕(13대)이 즉위하면서 계림鷄林으로 바꾼 국호를 다시금 신라로 환원한다. 그런데 『신라사초』에는 바꾼 사유가 명확히 나온다. '부군이 꿈에 백마를 보고 국호를 다시

▲ 천마총 천마도 [경주 대릉원]

신라로 하였다.'(副君夢見白馬 復號新羅) 당시 기림왕은 부군副君 흘해(흘해

| 신화와 역사의 경계 | 경주의 새주인 박씨왕조 | 석씨왕조의 조용한 행로 | 김씨왕조 혈통 갈등 |

왕)의 백마 꿈을 시조의 계시로 이해하고, 이를 명분삼아 국호를 신라로 환원한다. 이는 당시 신라 지배층의 백마에 대한 인식을 단적으로 보여준다. 백마는 박혁거세의 상징이다. 또한 백마는 신라 왕의 표상이다.

알영 용신화, 신라 여왕의 상징

▲ 알영 용신화 [박혁거세 우표]

박혁거세의 왕후 알영은 용의 옆구리에서 태어난다. 시조가 아님에도 용龍신화를 가진다. 『삼국사기』 시조 박혁거세 편에 박혁거세와 알영을 가리켜 당시 사람들이 이성二聖으로 칭한 기록이 있다.(時人謂之二聖) 이성은 '두 사람의 성인聖人'을 일컫는 말로 박혁거세와 알영이 매우 특별한 존재임을 시사한다. 그런데 『신라사초』는 한발 더 나아가 이성치국二聖治國의 표현을 쓴다. 소지왕(21대) 때 기록으로 두 성인이 신라를 통치한다고 분명히 명기한다.(王及天宮 以賀二聖治國太平萬壽) 이성은 박혁거세와 알영으로 끝나는 것이 아니라 이후에도 계속해서 신라사회 전반을 지배한다.

신라는 고구려, 백제와 달리 독특한 이성二聖 통치시스템으로 운영된다. 다시 말해 고구려와 백제는 남왕 중심의 단일 지배체제라면 신라는 남왕과 여왕의 공동 지배체제다. 남왕과 여왕은 동등한 권력의 주체로서 신라사회를 공동 통치한다. 특히 여왕의 힘이 강하면 남왕을 계속해서 교체하며 여왕의 권력을 유지하는 경우도 있다. 대표적인 인물이 신라 중기에 활약한 광명光明이다. 『신라사초』에 따르면 자황雌黃(여황제)의 존호를 받은 광명은 미추왕, 유례왕, 기림왕, 흘해왕, 내물왕 등 5명의 남왕(남편왕)을 순차적으로 바꿔가며 19명의 자식을 낳는다. 이는 신라가 여왕을 배출하게 된 배경이다. 우리가 잘 아는 선덕여왕은 특별한 경우가 아니다. 단지 왕력에 포함된 특수한 경우다.

이런 까닭으로 알영은 박혁거세 왕후를 넘어서는 신라 여왕의 시조로 자리매김한다. 그래서 박혁거세와 동등한 별도의 신화체계를 갖는다. 용은 알영의 상징이다. 또한 신라 여왕의 표상이다.

그런데 『삼국사기』와 『삼국유사』를 보면 알영이 태어난 용의 옆구리 방향이 다르다. 『삼국사기』는 오른쪽이고, 『삼국유사』는 왼쪽이다. 이는 오늘날의 좌파, 우파 정치성향의 표현이 아니다. 좌우는 방위개념보다 서열개념이다. 좌가 먼저이고, 우가 다음이다. 박혁거세와 알영을 옹립한 세력집단은 진한6촌이다. 박

▲ 알영정 [경주 오릉]

혁거세는 돌산고허촌의 소벌蘇伐집단, 알영은 알천양산촌의 알평謁平집단에 의해 각각 옹립된다. 이는 두 집단간의 서열 경쟁의 결과물이 방위로 표출된다. 『삼국사기』는 소벌집단을, 『삼국유사』는 알평집단의 전승기록을 따른다.

초기 신화체계의 구성은 파사왕 때가 유력

박혁거세의 백마신화와 알영의 용신화는 언제 만들었을까? 초기 신라가 천년 수도 경주에 입성한 시기인 파사왕(5대) 때다. 파사왕은 석탈해의 사로국을 병합하고 경주의 새주인이 된다. 경주에 입성한 파사왕의 신라는 외부세력이다. 이들이 지배층을 형성하며 피지배층인 경주의 토착민 위에 군림하기 위해서는 단순히 힘의 지배차원을 넘어 매우 특별한 존재임을 부각시켜야 한다. 그러한 차원에서 시조 박혁거세의 백마신화와 알영의 용신화가 박씨왕조에 의해 정립된다.

다만 박혁거세의 난생신화는 좀 더 후대에 추가된다. 김씨왕조의 단

일 지배체제가 확립된 내물왕(17대) 이후가 유력하다. 내물왕 계열의 김씨왕조는 같은 북방 계통인 김알지를 원조로 받아들이면서 '흰 닭이 가져온 금궤에서 태어난' 즉 백계금궤_{白鷄金櫃} 신화를 만든다. 이에 격을 맞춰 시조 박혁거세신화에도 난생 개념이 덧붙여진다. 그래서 박혁거세신화는 이전의 백마신화에 난생신화가 추가되며, 백마청란 신화체계로 재구성된다.

▲ 3성시조 신화체계 구성

신라는 3성시조 국가다. 박혁거세의 박씨왕조, 석탈해의 석씨왕조, 김알지의 김씨왕조다. 이들 시조의 신화체계는 각기 다르다. 박혁거세는 백마가 등장하는 알_{青卵}, 석탈해는 까치가 등장하는 알_卵+궤_櫃, 김알지는 흰 닭이 등장하는 궤_{金櫃}다. 각각의 시조신화는 시조의 상징인 말, 까치, 닭 등 매개체를 달리하며, 알_卵과 궤_櫃를 적절히 조합한 신화체계다.

신라의 건국 시조 신화체계 구성은 다양성과 복합성의 결합체다.

| 건국시조 '박혁거세거서간'의 새로운 해석 |

신라 건국시조의 정식 명칭은 「박혁거세거서간^{朴赫居世居西干}」이다. 박^朴은 성씨, 혁거세^{赫居世}는 이름, 거서간^{居西干}은 왕호다. 이들 명칭이 만들어진 배경과 역사에 대한 해석이다.

박은 광명사상과 단군 계승을 천명

먼저 성씨 박^朴이다. 『삼국사기』다.

> 진한인은 박^匏을 박^朴이라 하는데 처음 커다란 알이 마치 박의 모양과 비슷하게 생겨 성을 박으로 하였다.
> 辰漢人謂匏爲朴 以初大卵如匏 故以朴爲姓

『삼국사기』는 박^朴의 어원을 조롱박^匏에서 찾는다. 근거는 진한인이 조롱박을 박으로 불렀다는 이유다. 조롱박은 지난날 우리 주변에서 흔히 볼 수 있는 식물이다. 옛 초가집 지붕이나 담벼락에는 어김없이 박이 널려 있으며, 박을 둘로 쪼갠 바가지는 매우 유용한 생활도구로 쓰인다.

일제강점기인 1931년 일본사상가 곤도 세이쿄^{権藤成卿}(1868~1937)가 편찬한 일본을 비롯한 한국과 중국의 역대 왕조 흥망성쇠를 기록한 『팔린통빙고』가 있다. 박에 대한 설명이다.

▲ 곤도 세이쿄

> 박^朴은 혁^赫을 창으로 찌르는 것과 같다. 혹은 호^瓠의 뜻이다. 옛날에는 박을 배^舟에 비유하였다.
> 朴同伐赫矛也 或爲之瓠之義 古以瓠喩舟

| 신화와 역사의 경계 | 경주의 새주인 박씨왕조 | 석씨왕조의 조용한 행로 | 김씨왕조 혈통 갈등 |

『팔린통빙고』는 박朴의 어원을 표주박瓠에서 찾는다. 표주박은 조롱박을 절반으로 쪼개어 만든 바가지다. 근거는 옛날에 박을 배舟에 비유했다는 이유다.

> 『팔린통빙고』. '소벌(蘇伐)씨는 후사가 끊어지자 우리로부터 그 종(宗) 출운(出雲)씨의 지족 일자근(日子根)씨 아들을 맞이하여 나라를 물려주었다. 이름은 혁(赫)이며 한인(韓人)들은 불구내(弗矩內)라고 한다. 즉 일자근이다.'(蘇伐氏後絕嗣 仍迎其宗出雲氏支族日子根氏子於我禪國 名赫韓人云弗矩內卽日子根也) 박혁거세를 출운(시마네현 이즈모)씨의 지족 일자근의 아들로 설명한다. 박혁거세가 일본열도 출신이라는 얘기다. 만들어진 역사다.

두 사서는 공히 박朴을 박에 비유한다. 다만 차이가 있다면 『삼국사기』는 조롱박瓠, 『팔린통빙고』는 표주박瓢이다. 그럼에도 두 사서가 박혁거세의 성씨를 박에 비유한 점은 참으로 불편하기 짝이 없다.

그런데 영해 박씨(*박혁거세 직계 후손)의 전승 기록인 『소부도지』(박제상 찬술)는 전혀 다르게 설명한다.

박朴은 단壇의 음이 박달朴達이기 때문에 그것을 취하여 성으로 삼았다.
朴者 壇之語音曰朴達故取之爲姓

『소부도지』는 박朴의 어원을 단壇(檀의 오기인 듯)의 음인 박달에서 찾는다. 박달은 밝달이며 광명을 나타낸다.

> 『규원사화』〈단군기〉. '동방의 말에는 단(檀)을 일러 박달(朴達) 혹은 백달(白達, 배달)이라고 한다.'(東語謂 檀曰朴達 或曰白達)

그렇다면 어느 기록이 맞는 것일까? 『소부도지』 기록이 역사적 사실에 가깝다. 특히 단檀은 우리 민족의 원조인 단군檀君(밝달임금)과 맥을 같이 한다. 『규원사화』(북애노인 찬술)는 '박혁거세는 단군의 먼 후손이다.'(赫居世亦出於檀君之後)고 기록하여 박혁거세가 단군을 계승한 사실을 명확히 지적한다. 다만 『삼국사기』와 『팔린통빙고』가 성씨 박을 박에 비유한 것은 전승 기록이 다르기 때문이다. 『삼국사기』 조롱박은 진한계(진한출신 신라인)의 전승 기록을, 『팔린통빙고』 표주박은 왜계(왜출신 신라인)의 전승 기록을 따른다.

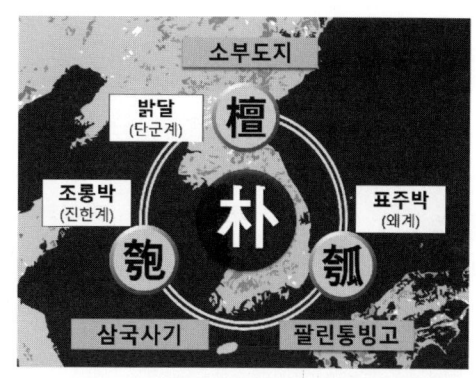

▲ 朴의 한자 표기

> '朴'은 팽나무와 후박나무를 뜻한다. 후박나무는 잣나무과 활엽수로 한자는 '厚朴'을 쓴다. 후박에도 '朴'자가 들어간다. 이런 까닭으로 '朴'은 본시 후박나무(木)를 지칭하기 위해 만든 글자다. 특히 '朴'에 들어가 있는 '卜(복)'은 점을 치는 것을 말하는데 갈라진 거북의 등을 보고 점을 친 것처럼 '朴'은 후박나무의 갈라진 수피로 점을 친다는 의미를 담고 있다.

혁거세는 혈통 내역의 비밀이 담겨

다음은 이름 혁거세赫居世다. 赫은 우리말 '밝', '居'는 '있다.', 世는 세상을 뜻하는 우리말 '누리'다. 혁거세는 세상을 밝힌다는 뜻의 '밝은 누리'다. 『삼국유사』는 혁거세를 불구내弗矩內와 같다고 설명한다. 불구내는 '붉은 해'의 이두식 표현이다. '밝은 해'와 같다.

그러나 이름 혁거세는 한자적 해석 이상의 의미를 담고 있다. 박혁거세의 혈통에 대한 비밀이 숨겨져 있다. 박혁거세의 아버지는 혁서거奕西居며, 어머니는 파소婆蘇다. 혁서거와 파소가 합환合歡하여 대일광명大日光明인 혁거세를 낳는다.(*『위화진경』) 혁거세는 혁서거와 혈통상으로 연결된다. 또한 파소는 북부여왕 고두막의 딸인 부여왕실 출신의 섭라국 여왕이다.(*『태백일사』) 섭라국은 파소여왕의 뒤를 혁서거의 딸인 혁거지가 여왕을 승계한다.(*『유기추모경』) 혁거지여왕은 혁거세의 여동생이다.

따라서 박혁거세의 부계 혈통만을 고려하면 혁서거, 혁거세, 혁거지

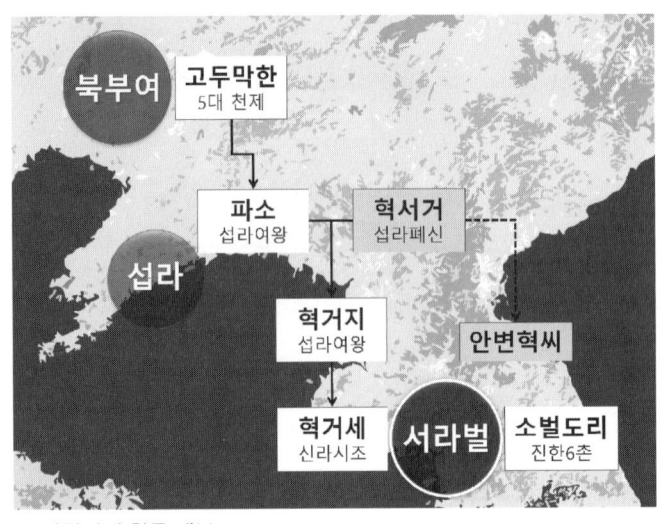
▲ 박혁거세 혈통 계보

등 3명은 모두 혁赫/奕자로 시작한다. 박혁거세의 원래 성씨는 혁赫씨다. 과거 함남 안변에는 안변 혁赫씨의 집성촌이 있었다고 전해진다. 안변은 신라의 비열홀比列忽이다. 『삼국사기』 기록을 보면, 기림왕(15대)은 비열홀을 순행하며 몸소 나이 들고 가난한 사람들을 위로하고 곡식을 차등있게 내려 준다.(巡幸比列忽 親問高年及貧窮者 賜穀有差). 학계는 기림왕이 뜬금없이 경주에서 북쪽으로 수천리 떨어진 함남 안변까지 찾아간 이유를 전혀 해석하지 못한다. 혹여 기림왕은 원조 혁서거의 또 다른 후손들을 찾아가 특별히 위무慰撫한 것은 아닐까?

다만 박혁거세의 원래 성씨가 혁씨라면 박의 성씨는 다른 판단을 해야 한다. 후대에 박혁거세의 시조역사를 재정립하면서 새로이 만들어져 첨가되었을 개연성이 높다.

거서간은 중원왕조 한(漢)의 유민집단을 경계하는 방어장

마지막으로 왕호 거서간居西干이다. 거서간은 박혁거세 한 사람에게만 붙여진 특별 왕호다. 『삼국지 위서』 동이 전에 삼한 소국의 군장 칭호 거수渠帥가 나온다. 거수는 거서와 어원이 같다. 간干은 북방 기마민족이 사용한 왕의 칭호다. 따라서 거서간은 '왕 중의 왕'을 지칭한다. 『삼국사기』는 진한말 왕王으로, 『삼국유사』는 우리말 거슬한居瑟邯으로 설명한다. 둘 다 같은 의미다.

그런데 『소부도지』는 거서간을 전혀 다르게 설명한다.

거居는 거据요 간干은 방防이요 장長이다. 즉 서방西方과 다투며 맞서 겨루는 방어장防禦長의 뜻이다. 서방은 서침西侵하여 사악한 도道를 행하는 자를 말한다.
居者据也 干者防也長也 卽詰拒西方而防禦之長之意 西方者 卽彼西侵而行詐道者也

서방은 낙랑지역(평남)의 중원왕조 한漢의 유민집단을 가리킨다. 거서간은 한의 유민집단을 경계하는 방어장이다.

이는 신라 건국 초기의 사정을 설명한다. 원래 한반도 낙랑지역은 진秦의 유민집단 망명지다. 그런데 이후 망명해온 한漢의 유민집단이 진의 유민집단을 밀어내자 진의 유민집단은 남하를 서두른다. 때마침 박혁거세(파소)집단이 한반도에 들어오고 진의 유민집단인 진한6촌과 자연스레 결합한다. 서라벌(신라)은 그렇게 해서 경기 북부지역에서 탄생한다. 박혁거세의 임무는 한의 유민집단 위협으로부터 서라벌을 보호하는 것이다. 그래서 한의 유민집단을 경계하는 방어장인 거서간의 특별 왕호가 생겨난다.

정리하면 이렇다. 성씨 박은 '밝달 임금' 즉 단군 계승의 천명이며, 이름 혁거세에는 혈통 내역의 비밀이 담겨 있다. 또한 왕호 거서간은 신라 건국 초기 역사를 함축한다. 누가 뭐래도 박혁거세는 명백한 신라의 건국시조며, 천년 역사의 주인이다.

박혁거세를 원조로 하는 박朴씨는 한반도에서 만들어진 귀한 토속성씨다.

| 백제 출신 남해왕 |

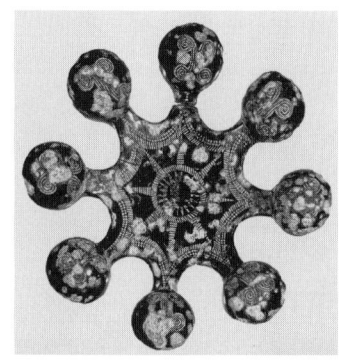
▲ 청동 팔두령

남해왕^{南解王}(2대)은 백제인 출신 왕이다. 왕호는 차차웅^{次次雄}을 사용한다. 이름은 마루^{馬婁}로 추정된다(*『백제서기』). 재위 기간은 4년부터 24년까지 21년간이다. 『삼국사기』는 아버지를 박혁거세^{朴赫居世}, 어머니를 알영^{閼英}으로 설정한다. 그러나 이는 혈통과 무관한 왕통 계보다. 왕후는 이름이 아루^{阿婁}인 운제^{雲帝}부인이다.

『수서』 기록의 신라 왕

『수서』〈동이열전〉 신라 편에 백제인이 신라 왕이 된 기록이 있다.

그 나라 왕은 본래 백제인이다. 바다로 도망하여 **신라로 들어가 마침내 그 나라 왕이 되었다**. 대대로 왕을 이어와 김진평(26대 진평왕)에 이르렀다.(*『북사』에도 나옴)

其王本百濟人 自海逃入新羅 遂王其國 傳祚至金眞平

◀ 『수서』〈동이열전〉 신라

『수서』는 7세기 초엽인 당 태종(이세민) 때 편찬한 사서다. 당 태종의 명을 받은 장손무기, 위징 등이 前왕조 수^隋의 역사를 기록한 정사다. 『수서』에 백제인 출신이 신라 왕이 되었다는 기록이 남게 된 연유를 추적하면 두 가지다. 하나는 당시 편찬자들이 과거의 어떤 기록을 참조한 경우고, 또 하나는 신라인의 증언이다. 그러나 당시 신라와 백제는 앙숙관계로 백제 멸망을 앞둔 시점이다. 따라서 당에 파견된 신라인이 자신의 옛 왕이 백제인 출신이라고 증언할리 만무하다. 당연히 『수서』 편찬자는 과거의 어떤 기록을 참조했을 것으로 본다.

> 『수서』 기록에 대한 학계의 평가는 부정적이다. 근거는 『삼국사기』를 비롯하여 우리 문헌 어디에도 백제인이 신라왕이 된 기록이 나오지 않기 때문이다. 또한 초기 신라의 왕통흐름으로 보아 백제인 출신이 신라 왕이 될 수 있는 상황과 여건이 존재하지 않는 점도 근거로 꼽는다. 한마디로 **초기 신라 왕 중에서 백제인 출신으로 추정할 만한 왕이 없다는 것이 가장 큰 이유다.**

남해왕의 행위 의문

『삼국사기』는 남해왕을 박혁거세의 적자^{嫡子}로 설정한다. 이 경우 적자는 혈통과 무관한 왕위 계승자를 일컫는다. 박혁거세는 '용의 출현'(쿠데타)으로 왕위에서 물러난다. '두 마리 용이 금성 우물에 나타나더니 폭풍우가 심하게 불고 성의 남문에 벼락이 떨어졌다.'(二龍見於金城井中 暴雷雨 震城南門) 두 마리 용은 박혁거세의 왕위를 놓고 다툰다. 승자용은 남해왕이며, 패자용은 진한낙랑으로 망명한다. 그리고 남해왕이 즉위하자 곧바로 군사를 이끌고 돌아와 금성(쇠성)을 포위하기까지 한다. 박혁거세의 직계 혈통일 가능성이 높다.

특히 『삼국유사』는 남해왕이 박혁거세(*알영부인 포함)를 죽인 다음, 박혁거세 시신을 다섯 갈래로 분리하여 따로따로 매장했다고 부연한다. 권력은 부자지간에도 나눌 수 없다 하지만 박혁거세와 알영을 죽인 남해왕은 천하의 패륜아가 될 수밖에 없다. 같은 혈육이라면 상상조차 할 수 없는 일이다.

남해^{南解}는 '남쪽으로 간 해^解씨'를 말한다. 해씨는 백제 왕족의 고유 성씨다. 남해왕의 왕후는 아루^{阿婁}(또는 운제)다. 루^婁는 백제 초기 왕인 다루왕(2대), 기루왕(3대), 개루왕(4대)의 루婁와 같다. 루婁는 개구리蛙를 지칭하며, 초기 백제 왕족이 왕명에 사용한 귀한 글자다. 남해와 아루는 백제와 관련이 깊다. 이는 두 사람이 백제인 출신이라는 증거다.

> 『백제왕기』(남당필사본) 기루왕과 개루왕의 해석 기록. '기루는 마땅히 가을(개구리 울음소리 '갈~')이라고 해야 한다. 개구리의 뜻에서 취한다.'(己婁當作加乙 取蛙之義也) '개루는 붉은 개구리의 뜻이다.'(盖婁赤蛙義也) 기루와 개루 둘 다 개구리와 직접 연관된다. 婁는 개구리(蛙)를 가리킨다.

남해왕의 실체 추적

남해왕은 누구일까?『백제서기』(남당필사본) 기록에 남해왕으로 추정되는 인물이 나온다. 다음은 백제 건국 상황이다.

前18년 미추홀彌鄒忽(충남 아산 밀두리)에서 소서노召西奴의 아들 비류沸流, 온조溫祚 형제가 백제를 건국한다. 건국 3년 째인 前16년 온조의 부인 감아甘兒(고구려 주몽의 딸)가 아들 다루多婁를 낳는다. 온조의 장자다. 당시 미추홀의 백제왕은 비류다. 그런데 비류의 왕후 벽라碧蘿(행인국 출신)가 딸만 셋을 낳자 어머니 소서노는 온조의 아들 다루를 비류의 아들로 입적시킨다.『백제서기』비류왕이다.

> 3년(前16년) 을사 5월, 감아甘兒(온조 부인)가 다루多婁를 낳았다. 당시 왕후(비류왕 왕후) 벽라는 딸 셋을 낳았으나 아들이 없었다. 태후(소서노)가 다루를 취하여 (비류의) 왕자로 하였다. 벽라의 딸 와씨를 처로 삼으라 명하였다.
> 三年 乙巳 五月 甘兒生子多婁 時王后碧蘿 生三女而無子 太后命取多婁爲王子妻以碧蘿之女蛙氏

이어 2년 후인 前14년 온조는 미추홀의 비류로부터 분립하며, 직산 위례성(충남 천안 직산)에 새로운 터전을 마련한다. 이때 감아가 온조의 차자 마루馬婁를 낳는다.(前14년 11월)

그리고 8년이 지난 前6년 온조의 분립을 안타깝게 여긴 소서노가 비류와의 재결합을 설득하기 위해 직산위례성의 온조를 찾아왔다가 뜻밖에도 온조의 부하들에게 살해당하는 소위 오호입성五虎入城 사건이 발생한다. 이에 온조는 형 비류의 문책이 두려워하여 이듬해인 前5년 직산위례성에서 하남위례성(경기 광주 하남)으로 거처를 옮긴다. 그리고 3년 후인 前2년 비류는 사망하며 미추홀의 비류 무리는 모두 하남위례성의 온조에게 흡수된다. 『백제서기』 비류왕이다.

▲ 초기 백제 수도 이동과정

17년(前2년) 기미 봄, 낙랑(진한낙랑)이 쳐들어 와서 위례성을 불질렀다.〔미추홀이다.〕왕(비류)이 전쟁에서 패하여 걱정하고 번민하다 훙하였다. 왕의 동생 온조가 비류의 무리를 통솔하여 왕위를 이었다. 새로운 도읍을 위례성(하남위례성)이라 하였다.
十七年 己未 春 樂浪來侵 焚慰禮城〔彌鄒忽也〕王戰敗 憂懣以薨 王弟溫祚統其衆 而繼立爲王 以新都爲慰禮城

낙랑은 경기 동남부지역에 소재한 진한낙랑이다.『백제서기』(남당필사본) 비류왕. '4년(前15년) 병오 8월 사신을 낙랑(樂浪)에 보내 사이좋게 지냈다. 낙랑은 진한(辰韓)이다. 우리의 동남쪽 경계에 있으면서 함께 말갈을 막았는데, 마한(馬韓)을 섬겼던 연유에서다.'(四年 丙午 八月 遣使于樂浪 而修好 樂浪者辰韓也 在我東南界 共拒末曷 而事馬韓故也)

이때 비류왕의 양자가 된 다루도 온조의 하남위례성에 합류한다. 그리고 다시금 온조의 장자 지위를 되찾는다.

그렇다면 온조의 장자 역할을 했던 차자 마루는 어떻게 되었을까?

마루가 바로 신라로 간 백제인 출신 남해왕이다. 마루는 형 다루가 온조의 장자 지위를 되찾자(前2년) 정치적 입지가 흔들린다. 그래서 6년 후인 서기 4년(21세)에 여동생 아루와 함께 신라로 건너간다.

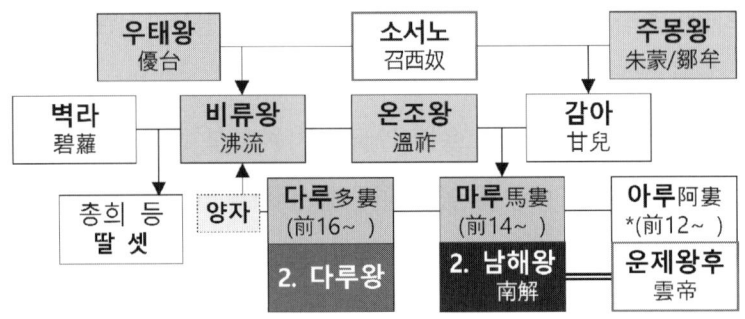

▲ 남해왕(백제 마루) 계보도

남해왕은 시조 박혁거세의 왕호 거서간을 버리고 차차웅^{次次雄}의 왕호를 사용한다. 박혁거세와의 차별화를 꾀한다.『삼국사기』는 김대문의 말을 인용하여 차차웅은 자충^{慈充}이며, 무당^{巫堂}(박수무당)을 이르는 말로 설명한다.

> 자충은 반절음(앞글자 자음와 뒷글자 모음을 결합한 이두식 표현방식)표기로 'ㅈ+ㅎ'인 '중'입니다. 스님이나 승려의 비속어인 중은 무당을 뜻하는 차차웅에서 유래한다.

▲ 이성산성 전경 [경기 하남]

남해왕은 정치 지도자이기 보다 제사장에 가깝다. 이는 마루가 신라로 건너오기 전의 신분을 나타낸다. 마루는 백제 초기 종묘(추모왕/소서노, 경기 하남 이성산성)의 관리와 제사를 담당하는 제주^{祭主} 정도의 역할을 했을 것이다.

『수서』기록의 백제인 출신 신라 왕은 남해왕이다.

| 이사금 왕호와 유리왕 |

유리왕^{儒理王}(3대)은 노례^{弩禮} 또는 유례^{儒禮}라고도 한다. 왕호는 이사금^{尼師今}을 사용한다. 재위 기간은 24년부터 57년까지 34년간이다. 아버지는 남해왕이며, 어머니는 아루^{阿婁}(운제부인)다. 왕후는 일지^{日知}(박씨)갈문왕의 딸이다. 김대문의 설명에 의하면 이사금은 치리^{齒理}(이빨자국)에서 유래한 방언이다. 이질금^{尼叱今/爾叱今} 또는 치질금^{齒叱今}이라고도 한다. 이사금은 '닛금, 니금' 등으로도 쓰며, 오늘날 왕의 칭호인 임금도 이사금에서 유래한다. 고대 부족 사회에서 이빨^齒로써 현우^{賢愚}(현명함과 어리석음)를 가려 족장을 뽑는 풍습에 따른다.

▲ 투각인면문 옹형토기

6부 명칭 변경, 초기 신라의 이동

유리왕의 치적은 크게 두 가지다. 하나는 6부의 명칭을 바꾼 것과 또 하나는 관등의 정비다. 먼저 6부의 명칭 변경이다.

진한6촌	진한6부 (*신라6부)				성씨
	박혁거세	유리왕	지증왕	고려 태조	
알천양산촌	양산부	급량부	훼부	중흥부	이
돌산고허촌	고허부	사량부	사훼부	남산부	최
취산진지촌	간진부	본피부	본파부	통선부	정
무산대수촌	대수부	모량부	잠훼부	임천부	손
금산가리촌	가리부	한기부	한지벌부	가덕부	배
명활산고야촌	명활부	습비부	사피부	장덕부	설

| 신화와 역사의 경계 | 경주의 새주인 박씨왕조 | 석씨왕조의 조용한 행로 | 김씨왕조 혈통 갈등 |

진한6촌은 신라 건국의 핵심세력이다. 중원왕조 진秦의 유민집단 출신으로 낙랑지역(평남)지역에 선주한 세력이다. 그러나 뒤늦게 한반도로 들어온 한漢의 유민집단에 밀려 낙랑지역을 내주고 남하를 서두르던 차에 경기 북부지역에서 박혁거세(파소)집단을 만나 의기투합하며 서라벌(신라)을 건국한다. 이후 이들 촌村은 부部가 되며, 서라벌의 지배층을 형성한다.

유리왕의 6부 명칭 변경은 서라벌의 정착지가 또 한 번 이동한 사실을 증언한다. 처음 경기 북부지역에서 출발한 박혁거세는 또 다른 남하 세력인 진한낙랑에 밀려 경기 남부지역(여주)로 이동하며 백제계인 남해왕이 들어서고 유리왕 때인 32년(유리9)에 충북 내륙지역(충주)으로 이동한다. 그래서 6부의 명칭이 전후前後가 완전히 다른 이름을 갖게 된다.

다음은 관등 정비다. 17관등을 일괄 정비한다. 1.이벌찬, 2.이척찬, 3.잡찬, 4.파진찬, 5.대아찬, 6.아찬, 7.일길찬, 8.사찬, 9.급벌찬, 10.대나마, 11.나마, 12.대사, 13.소사, 14.길사, 15.대오, 16.소오, 17.조위 등이다. 다만 이들 17관등은 유리왕 때에 몇 개 정도는 만들어져 사용된 것으로 추정되며, 이후 점진적으로 확대되며 정비된다.

이빨자국 경쟁자는 석탈해가 아니다

▲ 맥국터 표지석 [강원 춘천]

유리왕 때 신라는 낙랑과 맥국을 만난다. 낙랑은 진한낙랑으로 서라벌(신라)과 마찬가지로 한漢의 유민집단에 밀려 남하하는 세력이다. 이 중 5천이 서라벌로 귀화하는데 이들은 박혁거세를 밀어낸 진한낙랑의 적대세력이 아닌 또 다른 우호세력이다. 맥국은 강원도 춘천지역에 소재한다. 이는 유리왕 때 서라벌의 정착지가 충북 내륙지역임을 다시 한 번 확인해준다.

> 맥국의 왕궁터로 전해오는 춘천시 신북면 발산리는 원래 이름이 바리뫼(발의뫼)로서 발(發:貊과 같은 뜻)의 뫼란 말로 맥국산 또는 왕대산(王臺山)이라 칭한다. 산 부근에는 대궐터를 의미하는 궐터마을 등 맥국관계 지명이 밀집되어 있다.

유리왕과 석탈해가 남해왕의 후계자 자리를 놓고 경쟁한 이야기가 『삼국사기』에 나온다. 떡을 깨물어 이빨자국이 많은 자(연장자)가 후계자가 되는 게임이다. 기록은 석탈해를 남해왕의 사위며 대보^{大輔}(*국무총리)로 설정한다. 당연히 연장자인 석탈해가 왕위를 이어야 한다. 그러나 연소자인 유리왕이 왕위를 잇는다.

무슨 경우인가? 유리왕과 이빨자국으로 왕위 경쟁을 벌인 사람은 석탈해가 아니다. 당시 석탈해는 경주지역의 사로국 왕이다. 결코 남해왕의 사위도 서라벌의 대보도 될 수 없다. 다만 『삼국사기』는 석탈해를 신라 4대 왕으로 편입하면서 엉뚱하게 유리왕이 석탈해와 경쟁을 벌인 것으로 정리한다. 유리왕은 '용의 출현'으로 사망한다. 아버지 남해왕이 쿠데타를 일으켜 박혁거세의 왕위를 찬탈하였듯이 이번에는 누군가에 의해 역으로 쿠데타를 당하며 왕위를 빼앗긴다. 그러나 이 왕은 아쉽게도 신라 왕력에서 빠진다. 석탈해가 신라 4대 왕으로 편입되면서 치세마저 모두 석탈해가 가져간다.

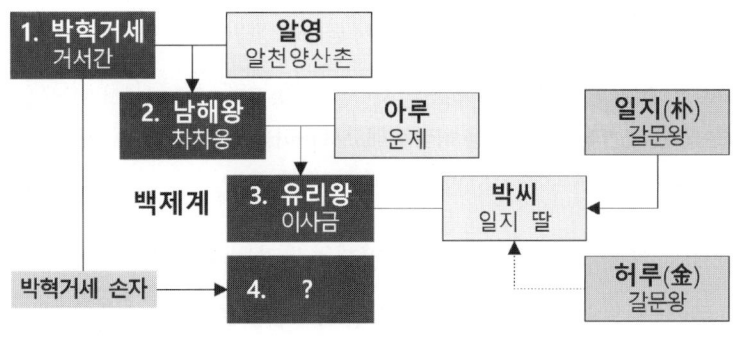

▲ 박혁거세, 남해왕, 유리왕 계보도

그런데 유리왕과 이빨자국 경쟁을 벌인 사람은 누구일까?

| 초기 신라 왕력에서 빠진 나로왕 |

▲ 개모양토기

석탈해^{昔脫解}는 신라 석씨왕조의 시조며, 또한 4대 왕이다. 그런데 『삼국사기』를 보면 석탈해왕 기록은 이중^{二重} 구조다. 왜와 접촉하는 석탈해와 백제와 싸우는 석탈해로 구분된다. 특히 『삼국사기』는 석탈해의 출생년도를 둘로 나눈다. 왜와 접촉하는 석탈해는 前5년에 태어나고, 백제와 싸우는 석탈해는 前19년에 태어난다.

석탈해 기록의 이중 구조

진짜 석탈해는 누구일까? 왜와 접촉하는 석탈해다. 석탈해는 경주에서 왜인출신 호공^{瓠公}집단과 연합하여 사로국을 창업한다. 이 해는 57년으로 석탈해의 나이 62세다. 금관가라(경남 김해) 정착을 시도하다 김수로왕에게 패해 어쩔 수 없이 경주로 밀려 들어온 석탈해는 경주 한복판에 자신만의 왕국을 건설한다. 이때 석탈해가 만날 수 있는 세력은 왜인 뿐이다.

> 『삼국사기』 혁거세거서간. '호공이라는 사람은 그 종족과 성은 자세히 알 수 없으나 **본래는 왜인이었다. 처음에 박을 허리에 매고서 바다를 건너온 까닭에 호공(瓠公)이라 불렀다.**'(瓠公者未詳其族姓本倭人初以瓠繫腰渡海而來故稱瓠公)

백제와 싸운 석탈해는 또 누구일까? 서라벌 왕이다. 박혁거세의 손자로 쿠데타를 일으켜 남해왕-유리왕의 백제 출신 계보를 중단시키고 다시금 박씨왕통을 회복한 인물이다. 특히 경기 북부지역에서 건국된 박혁거세의 서라벌이 남하를 계속하여 충북 남부지역에 당도했을 때 서라벌 왕은 마한장수 맹소의 망명사건으로 인해 어쩔 수 없이 백제와 만난다. 백제 다루왕(2대)은 친히 한강유역(하남위례성)에서 낭자곡성(충북 청주)까지 내려와 서라벌 왕에게 면담을 요구한다. 당시 서라벌은 경주가 아닌 청주 근처에 위치한다. 그러나 서라벌 왕은 면담을 거절하고 서라벌과 백제는 와산성(충북 보은), 구산성(충북 옥천) 등에서 장장 14년에 걸쳐 치열하게 싸운다.

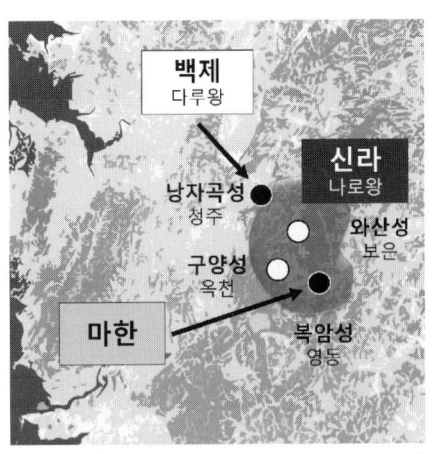

▲ 신라와 백제의 첫 만남 [충북 남부지역]

왕력에서 빠진 나로왕

서라벌 왕은 누구일까? 뒤를 이은 파사왕(5대)의 혈통 계보에 단서가 나온다. 『삼국사기』를 보면 파사왕의 출신은 '유리왕의 둘째 아들 혹은 유리왕의 동생 나로(奈老)의 아들'(儒理王第二子也 或云儒理弟奈老之子也)로 되어 있다. 『삼국사기』는 두 가지 계보 가능성을 모두 열어 놓고 있으나 이마저도 설정 자체가 오류다. 파사왕은 유리왕의 아들이 될 수가 없다. 유리왕이 백제계이기 때문이다. 특히 『부도지』〈징심록추기〉(김시습 찬술)는 파사왕을 '박혁거세 손자의 둘째 아들'로 설명한다. 둘째 아들은 같으나 백제계인 유리왕의 둘째 아들이 아니라 박혁거세 손자의 둘째 아들이다. 파사왕은 박혁거세의 증손자다. 다만 『삼국사기』가 파사왕을 유리왕의 아들로 설정한 이유는 왕통을 단일 계보로 일원화하기 위해 선택한 장치로 보인다.

『부도지』〈징심록추기〉 제3장. '혁거세왕의 증손에 형제가 있다. 첫째 아들이 둘째 아들의 신성에 미치지 못한다고 한다. 즉 **둘째 아들이 파사왕이다.**'(赫居世王曾孫 始有兄弟 時人曰 第一不及於第二之神聖云 則其第二者卽婆娑王)

| 신화와 역사의 경계 | 경주의 새주인 박씨왕조 | 석씨왕조의 조용한 행로 | 김씨왕조 혈통 갈등 |

그렇다면 『삼국사기』가 유리왕의 동생으로 설정한 나로를 주목해야 한다. 그러나 나로 역시 유리왕의 동생이 될 수 없다. 유리왕과 무관한 인물이다. 이제 남은 것은 '나로奈老'라는 이름 뿐이다. 나로가 바로 백제 다루왕과 격하게 싸운 파사왕의 아버지며, 『부도지』〈징심록추기〉가 말한 박혁거세의 손자다. 충북 남부지역에 위치한 서라벌의 나로왕이다.

역사기록의 희생양

나로왕이 왕력에서 빠진 이유는 전적으로 석탈해 때문이다. 나로왕의 아들 파사왕은 94년(파사15) 경주의 석탈해 사로국을 병합한다. 前57년 박혁거세에 의해 건국된 서라벌(신라)은 150여 년의 기나긴 대장정을 끝내고 비로소 경주에 안착하며 '경주시대'를 개막한다. 석탈해는 바로 천년 수도 경주를 제공한 인물이다. 또한 자신의 직계로 벌휴왕(9대)부터 흘해왕(16대)까지 7명의 왕을 배출한다.(*13대 미추왕 김씨) 이처럼 석탈해는 건국시조 박혁거세 못지않게 신라역사에서 중요한 위치를 점한다. 당연히 신라사회로부터 대접을 받아야 하며, 역사 기록으로도 보상을 받아야 한다. 그래서 석탈해는 시조에 합당한 신화를 가지며 또한 왕력에 포함된다.

다만 같은 시기 활동한 나로왕은 석탈해가 왕력(4대)에 편입되면서 자신의 치세를 모두 석탈해에게 내준다. 그래서 기록은 존재하나 왕력에서 빠지는 불운한 왕이 되고 만다.

> 고구려의 경우도 역사기록의 희생양이 된 유사한 사례가 있다. 태조왕(6대) 아버지 고추가 재사(再思)다. 『고구려사략』은 재사를 신명(神明)왕으로 기록한다. 신명왕 재사는 『삼국사기』 왕력에서 빠진다. 태조왕이 고씨왕조의 창업자가 되면서 신명왕의 재위 기간과 치적을 태조왕이 모두 가져간다.

나로왕은 완벽한 역사기록의 희생양이다.

| 사로국 건국자 석탈해 |

천년 고도 경주분지 한복판에 월성月城이 있다. 반달 모양을 닮아 반월성이다. 경주 시내를 흐르는 형산강의 지류인 남천을 끼고 있는 구릉지에 위치한다. 월성에서 주변을 조망하면 경주 시가지 전체가 한눈에 내려다보인다.

▲ 경주 월성 전경

월성의 중요성을 꿰뚫어 본 석탈해

2천년 전, 월성의 지형적 중요성을 한 눈에 꿰뚫어 본 인물이 있다. 석탈해다. 그는 경주에 도착하자마자 토함산에 올라 7일 동안 머물며 살 만한 곳을 찾는다. 초승달 모양의 월성이 가히 살 만한 지세임을 확인한다. 원래 월성은 호공瓠公이라는 왜인 출신 세력가의 집이다. 석탈해는 월성을 빼앗을 궁리를 하고 몰래 호공의 집 근처에 숫돌과 숯을 묻어 둔다. 그리고 호공을 찾아가 자신의 조상이 대장장이며 원래 이곳에 살았다고 우긴다. 숫돌과 숯이 나오자 호공은 하는 수 없이 월성을 석탈해에게 넘긴다. 『삼국유사』에 나오는 내용으로 석탈해가 호공으로부터 월성을 빼앗는 장면이다.

> **토함산(吐含山)은 석탈해의 이름과 관계가 깊다.** 토함산의 吐와 석탈해의 또 다른 이름 '토해(吐解)'의 吐는 한자가 같다. 『삼국유사』에 석탈해의 아버지 함달왕(含達王)이 나온다. 含은 '품다'이고 達은 고대어로 '산(山)'이다. 함달은 '(온 세상을) 품은 산'이다. 토함산의 含은 석탈해의 아버지 함달의 含과 같다. **토함산은 '토해+함달'의 머릿글자를 따온 명칭이다.**

석탈해, 사로국 건국

▲ 변진한24국 위치

석탈해는 서라벌의 박씨왕조 집단보다 먼저 경주에 들어온다. 『삼국지위서』 동이 전에 삼한 소국들 중에 변진한弁辰韓24국이 나온다. 경남지역의 변진弁辰12국과 경북지역의 진한辰韓12국이다. 진한12국 중에 사로국斯盧國이 있다. 석탈해가 경주지역에 건국한 나라다. 석탈해의 사로국이다.

57년 석탈해는 경주에 선주한 왜인 출신 호공집단과 연합하여 사로국을 건국한다. 그러나 사로국은 오래가지 못한다. 이 시기 소백산맥(추풍령)을 넘어 경북 내륙지역으로 들어온 서라벌이 점차 경주지역까지 영향력을 확대한다. 『삼국사기』는 이 대목에서 중요한 기록 하나를 남긴다. 95년(파사15) 8월 파사왕은 알천(경주 북천)에서 대규모 군대를 사열한다.(十五年秋八月 閱兵於閼川) 서라벌 건국이후 최초의 군대 사열이다. 이는 서라벌의 파사왕이 석탈해의 사로국을 병합하고 경주의 새주인이 되었음을 만천하에 선포한 위대한 사건이다.

신라에게 병합된 사로국

이때 파사왕은 석탈해의 사로국을 병합하며 딜^{deal}을 한다. 파사왕의 국호 서라벌은 수도 경주가 되고, 석탈해의 국호 사로는 신라의 국호가 된다. 그리고 101년(파사22) 파사왕은 석탈해가 거주한 월성에 성을 쌓고 궁궐을 조성한다. 천년 역사의 상징인 월성 궁궐이다.

이로서 前57년 경기 북부지역에서 박혁거세에 의해 창업된 신라가 150여 년의 대장정을 끝내고 드디어 한반도 동남쪽 외지인 경주에 안착하며 본격적으로 천년 역사의 장을 펼치기 시작한다.

석탈해의 가장 큰 공적은 단연코 천년 수도 경주를 신라에 제공한 점이다. 그런 연유로 석탈해는 신라 4대 왕에 편입되며 이후 자신의 직계가 박씨왕조에 이어 신라 왕이 되면서 석씨왕조 시조로 굳건히 자리매김한다.

▲ 경주읍내전도 [국립고궁박물관]

석탈해는 사로국의 건국자다.

| 석탈해가 금관가라 입국을 시도한 이유 |

석탈해 시조신화의 전승 기록은 3개가 존재한다. 『삼국사기』, 『삼국유사』, 그리고 『삼국유사』에 인용된 『가락국기』다. 기록마다 다소 차이가 있으나 공통으로 들어가는 내용이 있다. 석탈해가 경주에 입성하기 이전에 금관가라(경남 김해)에 정착을 시도하다 실패한다.

▲ 『삼국유사』〈기이〉 석탈해

『삼국사기』는 금관가라 사람들이 석탈해가 괴이하다 여겨 받아주지 않고, 『삼국유사』는 금관가라 김수로왕이 받아주려 하나 석탈해가 도망쳤다고 간략히 기술한다. 이에 반해 『가락국기』는 보다 상세한 내막을 전한다. 석탈해는 금관가라 김수로왕을 찾아가 '나는 왕의 위를 빼앗으러 왔소.'(我欲奪王之位) 하며 김수로왕에게 왕위를 요구한다. 한마디로 내가 왕이 될 터이니 김수로왕은 그만 물러나라 강권한다. 그러나 김수로왕은 석탈해의 요구를 단호히 거절한다. 그리고 석탈해와 김수로왕은 술법術法대결을 펼친다. 석탈해가 매로 변하자 김수로왕은 독수리로 변하고, 또 석탈해가 참새로 변하자 김수로왕은 새매로 변한다. 석탈해가 술법대결에서 김수로왕에게 일방으로 밀린다. 이에 석탈해는 패배를 인정하고 물러나 도망간다.

이는 당시 석탈해집단이 김수로왕의 금관가라를 보는 시각을 반영한다. 석탈해집단은 처음부터 김수로왕과 금관가라에 대한 사전 정보를 충분히 가지고 있다. 그래서 금관가라를 목적지로 선택하며 쉽게 점령할 수 있다고 판단한다.

석탈해와 금관가라 허황옥의 특별한 관계

석탈해가 금관가라 정착을 시도한 이유는 전적으로 김수로왕의 왕후 허황옥(許黃玉) 때문이다. 『가락국기』는 허황옥의 출신을 야유타국(阿踰陁國)으로 소개한다. 특히 조선 인조 때 세워진 수로왕비릉(경남 김해) 비석은 「駕洛國首露王妃普州太后許氏陵(가락국수로왕비보주태후허씨릉)」으로 쓰고 있다. 보주(普州)는 지금의 중국 사천성 안악현이다. 이를 근거로 인도 출신 허황옥이 사천성의 보주국을 거쳐 한반도 김해로 들어왔다는 설이 유력하게 만들어진다.

▲ 수로왕비릉 비석 [경남 김해]

> 아유타를 인도의 아요디아(Ayodhya)에서 유래한 것으로 보는 견해도 있다. 그러나 아요디아는 인도 굽타 왕조시대인 4세기 이후에 성립된다. 이전에는 사케타(Saketa)다. 아유타는 7세기 현장의 『대당서역기』에 처음 등장한다. 따라서 1세기경 한반도로 건너왔다는 **허황옥의 '아유타국 출신'**은 시기적으로 상당한 격차를 보인다. 이는 신라 진흥왕이 불교의 전륜성왕(인도 아소카왕)을 지칭하듯이 **허황옥의 '아유타국 출신'은 후대에 불교성지인 인도를 반영하여 윤색되었을 가능성**이 매우 높다.

그러나 『화랑세기』〈필사본〉은 허황옥의 출신을 황룡국으로 설명한다. 원래 황룡국은 북부여의 제후국으로 요하 북서쪽에 위치한다. 지금의 요녕성 부신(阜新)일대다. 고구려 초기인 유류왕(2대) 때에 고구려에 병합되며, 일부 유민이 한반도 대동강 하류지역으로 이동하여 후국(後國)을 세운다. 평남 남포시 용강(龍岡)에는 황룡산성이 있다. 옛날 이 지역이 황룡국이어서 붙여진 이름이다. 허황옥은 대동강 하류 용강지역의 황룡국 출신이다.

> 『화랑세기』〈필사본〉 유신공(15대 풍월주). '**금관가야는 수로청예(首露靑裔)왕에서 시작하는데 황룡국 여자인 황옥(黃玉)을 아내로 맞아 거등을 낳았다.**'(金官加耶始于首露靑裔王 娶黃龍國女黃玉生居登)

▲《석탈해탄강유허비》[경주 아진포]

그런데 『삼국유사』를 보면 석탈해는 용성국龍城國 출신이다. 용성은 용강의 황룡산성을 지칭한다. 석탈해의 용성국과 허황옥의 황룡국은 같은 나라다.

석탈해가 금관가라를 찾아간 이유는 명약관화하다. 허황옥과 출신이 같기 때문이다. 그래서 석탈해는 허황옥을 뒤쫓아 금관가라 정착을 시도하며 또한 당당히 김수로왕에게 왕위를 요구한다. 석탈해는 전화위복을 이룬 대표적인 사례다. 역사는 석탈해가 금관가라를 정복하지 못하고 대신 경주로 들어가 신라의 시조가 되었다고 기록한다.

▲ C.W. Ceram [독일]

일찍이 독일 역사학자 C.W. 쎄람Ceram(1915~1972)은 『낭만적인 고대사의 산책』에서 역사는 민감함과 상상력을 통해서만이 이해할 수 있다고 설명한다. 민감함이 발견의 씨앗이라면 상상력은 씨앗을 발아시키는 동력이다. 지금처럼 우리 고대사가 『삼국사기』에 매몰되어 제자리를 찾지 못하고 있는 현실을 감안하면 비록 조각의 기록과 단서일지라도 합당한 조합을 통해 민감함을 찾고 또한 논리적 상상력을 펼친다면 얼마든지 우리 고대사의 '진실의 문'은 열릴 것이다.

석탈해가 금관가라 입국을 시도한 이유는 김수로왕의 왕후 허황옥許黃玉과 출신이 같기 때문이다.

| 석탈해 출신지 다파나국 |

　신라 석씨왕조 시조 석탈해의 출신지가 문헌 기록마다 다르다. 『삼국사기』는 다파나^{多婆那}국이고, 『삼국유사』는 용성^{龍城}국이다. 또한 두 나라의 위치가 '왜국의 동북쪽 1천리에 있다.'(其國在倭國東北一千里)고 설명한다. 일견 다파나국과 용성국은 동일한 나라처럼 보이나 전혀 다르다.

다파나국의 시조, 고구려 개국공신 협보

　다파나국은 어디에 소재할까? '왜국의 동북쪽 1천리에 있다.'는 기록을 근거로 위치를 찾아본다. 왜국은 지금의 일본 규슈섬을 가리킨다. 일본의 고대 소국 중에 단파^{丹波}(탄바)국이 있다. 지금의 혼슈섬 교토^{京都}부 중부와 효고^{兵庫}현 동부, 오사카^{大阪}부 일부를 포함한다. 다파나는 일본말로 타바나^{タバナ}이니 탄바와 잘 어울린다. 또한 거리상으로도 규슈에서 혼슈 탄바까지는 동북쪽으로 1천리에 해당한다. 위치만 고려한다면 다파나국이 일본 고대 소국 단파국일 가능성이 매우 높다.

> 일본 아사이(朝日)신문 인터넷판(asahi-net.or.jp) '제4대 신라왕은 일본인인가?' 조선의 최고(最古) 사서인 『삼국사기』〈신라본기〉에 제4대 왕인 **탈해니사금**은 다파나(多婆那)국의 태생으로 그 나라는 왜국의 동북 1천리에 있다고 기록되어 있다. 알(卵)에서 태어나 바다를 건너 신라에 도착하여 소아(小兒)가 되었다는 전설이다. 규슈를 옛 야마토(大倭)국이라고 하면 **다파나국은 단파국(丹波國)**이 된다. 다파나는 타바나(タバナ)라고 읽을 수 있어서 잘 닮은 이름이며 순서도 일치한다. 이 전설에 가까운 이야기가 용신사(籠神社)의 해부(海部,가이후)가문에도 전해진다. 단파(丹波)사람이 신라에 들어가 신라 왕을 보좌해 공적을 쌓고 후에 왕이 되었다고 한다. 물론 이것을 사실이라 말할 수 없지만 단파와 조선반도의 왕래와 교역은 야요이(弥生)시대부터 있어온 것은 확실하다. 이 전설이 사실을 반영한 것인지는 알려지지 않는다.'

　다파나국의 시조는 고구려 개국공신 협보^{陜父}다. 『삼국사기』는 협보가 고구려 유류왕(2대)에게 직언을 하여 파직되며 남한(南韓)으로 내려간 사실만 전하나(王聞之震怒罷陝父職俾司官園 陝父憤去之南韓), 『태백일사』(이맥 찬술)는 추가하여 협보가 고구려에서 쫓겨나 일본열도로 건너가 다파나국의 시조가 되었다고 기록한다.

> 『태백일사』〈고구려국본기〉. '이보다 앞서 **협보는 남한으로 도망쳐 마한의 산중에 살았다. 따라온 자가 100여 가였**는데 몇 해 지나지 않아 큰 흉년이 들어 이곳저곳을 떠돌았다. **협보는 장혁을 알게 되어 무리를 설득하여 양곡을 배에 싣고 패수를 따라 내려와 해포를 지나 잠항하여 곧바로 구야한국에 도착하니 바로 가라해의 북안이다.** 그곳에서 수개월을 살다가 근거지를 아소산으로 옮겨 터를 잡았다. 이것이 소위 말하는 **다파라국의 시조다**.'(先是 陝父奔南韓 居馬韓山中 從而出居者數百餘家 未幾歲連大裙流離遍路 陝父乃知將革誘衆塗糧舟從浿水而下由海浦而潛航 直到狗邪韓國乃加羅海北岸也 居數月轉徙于阿蘇山而居之 是爲多婆羅國之始祖也)

『유기추모경』(남당필사본)에 따르면 협보의 아내는 낙랑왕 시길(柴吉)의 딸 시화(柴花)다. 또 다른 딸 시작(柴鵲)은 고구려 추모왕에게 바쳐져 작(鵲)태자를 낳는다. 작태자가 바로 석탈해다. 협보는 석탈해의 이모부다.

> 『유기추모경』. '동명19년(前19년) 임인 2월, 작부인이 작태자를 낳았고 협보의 처 시화가 젖을 먹었다.'(東明十九年 壬寅 二月 鵲夫人生鵲太子 陝父妻柴花乳之) 작부인은 추모왕의 후궁인 시작(柴鵲)이고, 협보의 처는 시화(柴花)다. 두 사람은 낙랑왕 시길(柴吉)의 딸로 형제지간이다.

그렇다면 석탈해가 다파나국 출신이 된 이유는 무엇일까? 단순히 혈연적인 이유 때문일까? 석씨왕조의 시작은 벌휴왕(9대)이다. 그런데 벌휴왕의 아버지를 두고 기록마다 차이를 보인다.

	『삼국사기』	『고구려사략』	『신라사초』
본인	탈해	협보	탈해
아들	구추	구추	석추
손자	벌휴	벌휴	벌휴

『삼국사기』는 석탈해의 손자 구추(仇鄒)고, 『고구려사략』은 협보의 손자 구추다. 구추는 같으나 『삼국사기』는 석탈해 계열이고, 『고구려사

략』은 협보 계열이다. 그런데 『신라사초』는 벌휴왕의 아버지가 석탈해의 증손자 석추^{昔鄒}다. 석추는 구추의 아들이다. 세 기록을 겹쳐보면 일견 구추와 석추는 동일인물로 보이나 한 세대 차이가 난다. 더구나 구추가 석탈해 계열인지 아니면 협보 계열인지조차 불분명하다.

그렇다면 어느 기록이 역사적 사실일까? 석탈해는 이모부 협보가 고구려에서 쫓겨날 때 동행한다. 협보가 일본열도에 도착하여 다파나국을 세우면서 석탈해는 협보의 양자로 입적된다. 그래서 석탈해의 직계 아들 구추는 협보의 계보상의 손자가 된다. 구추의 아들 석추는 당연히 석탈해 계열이다.

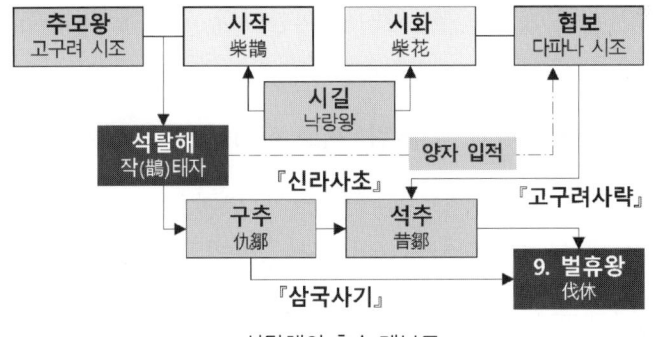

▲ 석탈해와 후손 계보도

석탈해는 협보와 직간접적으로 연결된다. 협보가 다파나국의 시조가 되면서 석탈해 또한 다파나국 출신이 된다. 정리하면 이렇다. 고구려 추모왕의 아들인 석탈해는 처음 용성국에 머물다가 협보가 고구려에서 쫓겨날 때 이모부 협보를 따라 일본열도로 건너간다. 협보의 양자로 입적되며 협보가 다파나국을 세우자 석탈해는 다시 한반도로 건너와 금관가라 정착을 시도하다 실패하여 경주로 들어간다. 이후 그의 직계 후손 벌휴왕이 즉위하면서 신라 석씨왕조의 시조가 된다.

다파나국은 일본열도에 존재한 또 하나의 신라다.

| 김씨왕조 원조 김알지의 의문 |

▲ 김알지 탄강지 [경주 계림]

　　김씨왕조 시조는 김알지^{金閼智}다. 탄생신화는 『삼국사기』와 『삼국유사』에 나온다. 김알지는 경주 호족 호공^{瓠公}(왜인 출신)이 발견한 시림^{始林}의 금궤^{金櫃} 속에서 어린아이로 태어난다. 이 해는 65년이다.(*『삼국사기』석탈해4년, 『삼국유사』영평3년) 어린아이를 당시 말인 알지라 불러서 알지로 이름한다. 지역에 따라 어린아이를 '아기', '애기', '아지'로 부르고 있는 점을 감안하면 같은 맥락의 어원이다. 또한 금궤에서 나와 성을 김^金씨로 하며, 금궤 주위에 흰 닭이 있어서 이후 탄생지 시림을 계림^{鷄林}으로 고쳐 부른다.

　　김알지 계보는 『삼국사기』 미추왕(13대) 기록에 나온다. 세한^{勢漢} → 아도^{阿道} → 수류^{首留} → 욱보^{郁甫} → 구도^{仇道}로 이어지며, 구도가 낳은 미추^{味鄒}가 신라 왕에 즉위하면서 처음으로 김씨계 왕조가 등장한다. 그러나 김씨왕조 시조 김알지에 대해서는 다소 의문이 있다.

《문무왕릉비》의 성한왕과 김일제

　　《문무왕릉비》는 삼국통일을 달성한 문무왕(30대)의 능비다. 이에 따르면 김씨시조는 성한왕^{星漢王}이며, 성한왕의 출자는 흉노 출신의 투후^{秺候} 김일제^{金日磾}로 나온다. 정작 김씨왕조 시조인 김알지에 대해서는 언급 자체가 없다. 성한왕은 문무왕의 김씨왕조 계보를 역으로 추적하면 2대조 세한^{勢漢}에 해당한다.(* 성한의 '한^漢'과 세한의 '한^漢'은 한자 같음) 또한 투후 김일제는 흉노 출신이다. 흉노의 번왕인 휴저왕의 장남 김일제는

14세에 휴저왕이 전한 무제에게 패하면서 포로로 끌려온다. 이후 무제의 신임을 얻어 김씨 성을 하사받으며 투국^{秺國}(산동성 하택)의 제후인 투후에 봉해진다. 김일제 가문은 김상^{金賞} → 김상^{金尚} → 김국^{金國} → 김당^{金當}으로 이어진다. 김당은 왕망^{王莽}과 이종사촌간으로 왕망이 전한을 무너뜨리고 신^新을 건국할 때 적극 가담한다. 그러나 왕망의 신은 15년 만에 후한 광무제에게 무너지며, 광무제는 왕망의 잔존세력을 제거한다. 이때 김당의 후손 김성^{金星}이 광무제를 피해 탈출한다. 김성은 김일제의 7대손인 신라 성한왕이다. 성한왕은 김성의 이름자 '성^星'과 중원왕조 국명 '한^漢'의

▲『김일제묘 [중국 섬서성]

조합이다. 일부에서는 성한왕을 김알지와 동일인물로 보기도 한다. 그러나 김알지는 65년생(*『삼국사기』)이고, 성한왕 김성은 前30년생이다. 성한왕은 절대로 김알지가 될 수 없다.

김알지, 만들어진 김씨왕조 시조

신라 김씨왕조 시조는 김알지가 아니다. 흉노 출신 투후 김일제 후손인 성한왕 김성이다. 또한 신라 김씨왕조 계보의 2대조인 세한이다.

결과적으로 김알지는 만들어진 시조다. 특히《문무왕릉비》의 성한왕 탄생설화인 '원궁(하늘)에서 상림의 금수레'(圓穹詳林金輿) 구절은 『삼국사기』의 김알지 탄생설화인 '하늘에서 시림의 금궤'(天始林金櫃) 표현과 매우 흡사하다. 다시 말해 성한성과 김알지는 동일인물일 가능성이 존재한다. 이는 김알지가 만들어진 인물임을 강하게 시사하는 대목이다.

그렇다면『삼국사기』는 시조 김알지를 만들었을까?『삼국사기』는 삼국통일 시기의 삼국 역사를 기록한 『삼국사』가 원사료다. 또한 『삼국사』는 신라왕조의 최종 승자인 김씨왕조가 재정립한 역사 기록이다. 김

씨왕조는 자신들의 출신이 북방 기마민족(흉노)이라는 사실을 문헌 기록에서 삭제한다. 그래서 《문무왕릉비》를 비롯한 여러 비석에 투후 김일제의 후손이라는 비문 기록이 있음에도 문헌 기록에는 일체 나오지 않는다. 특히 당시 신라는 삼국통일 이후 한족이 세운 당唐에 적극적으로 밀착하는 시기다. 당연히 당이 지극히 미워하고 싫어하는 흉노를 자신들의 조상으로 기록하기가 무척이나 부담스러웠을 것이다.

◀ 김알지신화 [조선화가 조숙]

신라 왕족과 귀족의 족보인 『상장돈장』(남당필사본)의 김알지 계보. 아버지는 호공(瓠公), 어머니는 월지(月知)다. 호공은 왜인출신 경주 호족이며, 월지는 일광(日光)과 월광(月光)사이에서 태어난 딸이다. 일광은 박혁거세이고 월광은 알영이다. **신라 김씨왕조는 시조 김알지를 만들면서 박씨왕조 시조 박혁거세 계열로 연결시켜 놓는다.**

김알지는 가공의 시조다. 투후 김일제의 후손인 신라 김씨왕조의 시조인 성한왕 김성을 김알지와 김세한으로 분리하며 흉노 출신이라는 사실을 감추기 위해 만든 인물이다.

만들어진 역사도 엄연한 역사다.

| 석탈해왕릉의 실제성 |

경주시 서북방 동천동 표암^{瓢巖} 근처 소나무숲속에 무덤이 하나 있다. 높이 4.5m, 지름 14.3m의 흙무덤(원형봉토분)으로 신라 후기에 조성된 굴식돌방무덤(횡혈식석실분)이다. 석탈해왕릉으로 알려진 표암무덤이다.

▲ 석탈해릉 [경주 동천동]

석탈해 무덤 기록

『삼국사기』는 석탈해를 '성의 북쪽 양정^{壤井}의 언덕에 장사지냈다.'(葬城北壤井丘)고 기록한다. 양정의 위치는 정확히 알 수 없으나 석씨왕조 왕들이 즉위 이후 시조묘가 있는 양정을 찾아가 대제^{大祭}를 올린 기록들이 『신라사초』에 일관되게 나오고 있어 석탈해의 무덤이 양정에 소재함은 분명하다. 그런데 『삼국유사』는 석탈해를 '소천^{疏川}의 언덕 가운데에 장사지냈다.'(葬疏川丘中)고 기록한다. 『삼국사기』의 양정과 『삼국유사』의 소천은 동일한 장소로 이해된다. 특히 『삼국유사』는 '소천 언덕 가운데'로 표기하여 석탈해왕릉 뿐만 아니라 다른 무덤들의 존재도 시사한다.

덧붙여 『삼국유사』는 석탈해왕릉에 대한 흥미로운 사실을 전한다. 김씨왕조 문무왕(27대)이 680년(문무20) 3월, 보름날에 꿈속에서 석탈해를 만나고 석탈해의 지시에 따라 소천의 있던 석탈해왕릉에서 뼈를 수습하여 따로 소상^{塑像}(찰흙으로 만든 사람 형상)을 만들고 토함산에 사당을 세웠다고 한다. 다시 말해 문무왕이 석탈해왕릉을 해체(또는 이장)했다는 의미로 읽혀진다.

| 신화와 역사의 경계 | 경주의 새주인 박씨왕조 | 석씨왕조의 조용한 행로 | 김씨왕조 혈통 갈등 |

> 『삼국유사』〈기이〉석탈해왕. '탈해가 붕한 후인 27대 문무왕 때인 **조로2년(680년)** 경진 3월 보름날 신유일 밤에 **문무왕의 꿈**에 몹시 위엄 있고 무섭게 보이는 노인이 나타나 말하길 '나는 탈해왕이다. **내 뼈를 소천구에서 파내어 소상을 만들어 토함산에 두어라.**' 하여 왕은 이 말을 따랐다. 이러한 이유로 지금까지 나라에서 제사를 계속 지내니 **이 분이 바로 동악**(토함산)**신이다.**'(崩後 二十七世文武王代 調露二年 庚辰三月十五日 辛酉夜 見夢於宗 有老人貌甚威猛 曰 我是脫解也 拔我骨於疏川丘 塑像安於土含山 王從其言 故至今國祀不絶 卽東岳神也云)

현재 석탈해왕릉으로 추정하는 표암무덤은 적잖은 결격사유를 가지고 있다. 우선 표암은 진한6촌의 하나인 알천양산촌이 소재한 곳으로 알평謁平집단의 집성촌이다. 알평집단은 표암봉에서 강림하는 신화체계를 가지고 있다. 따라서 알평집단의 집성촌에 석탈해의 무덤을 썼다는 자체가 무리다. 또한 표암무덤의 조성 시기는 신라 후기다. 물론 문무왕이 석탈해왕릉을 해체하면서 이곳에 석탈해의 무덤을 재조성했을 가능성도 존재한다. 그러나 이는 어디까지나 시간상의 인과관계이지 공간상의 인과관계는 아니다.

대릉원 쪽샘지구 주목

▲ 경주 대릉원 일원 전경

경주 대릉원 일원의 신라고분 중에 「쪽샘지구」 고분군이 있다. 1천여 기(* 번호 부여 79기, 미부여 876기)의 크고 작은 고분이 밀집되어 있다. 특히 쪽샘지구 고분군은 신라무덤의 변천양식을 집약한다. 이사금 시기의 덧널무덤(목곽분)과 마립간 시기의 돌무지덧널무덤(적석목곽분)이다. 이 중 덧널무덤은 석씨왕조 시기에 조성된 무덤이다.

쪽샘은 우물물이 쪽빛을 띤다하여 붙여진 이름이다. 한자는 남천藍泉이다. 항상 우물물이 마르지 않고 넘쳐나는 곳이다. 쪽샘은 『삼국사기』의 양정壤井이며, 『삼국유사』의 소천疏川/疏泉이다. 만약에 석씨왕조가 경주시내에 왕족묘역(능원)을 조성하였다면 「쪽샘지구」 고분군 뿐이다. 마찬가지로 석탈해왕릉이 실존했다면 쪽샘지구내에 있었을 것이다.

석탈해의 죽음을 기록한 『신라사초』〈파사이사금기〉다.

> 5년(130년) 8월, 태군太君(석탈해)이 더위로 병들어 일지日知택(일지갈문왕 집)에서 붕하였다. … 부금父今의 예로 양정릉문에 장사지냈다. 아효와 금당이 순사하니 막을 수가 없었다. 태군은 지혜가 풍족하고 계략이 많았다. 사직에 큰 공이 있었고 또한 여색을 좋아하여 빈첩이 1천여 인이다. 자녀는 7백인을 두었으나 모두 알 수 없다.
> 八月 太君以暑疾崩于日知宅 … 以父今禮葬于壤井陵門 阿孝今堂皆殉之 不能禁 太君足智多謀 有大功于社稷 又喜女色 所畜嬪妾千有余人 生子女七百人 不能盡知

파사왕은 태군太君 석탈해를 부금父今(아버지 이사금)의 예로 양정릉문에 장사지낸다. 바로 대릉원 일원 신라고분의 쪽샘지구다.

> 「쪽샘지구」 고분군은 총 14개 구역으로 분류하며 알파벳순으로 각 구역 명칭을 부여한다. 행정구역상으로 A, B, C, D, E, F, G, H, I, L구역은 황오동, J, K, N구역은 황남동, M구역은 인왕동에 속한다. 이 중 **석탈해릉의 추정장소는 「쪽샘지구」** H구역이다.

「쪽샘지구」 고분군은 석씨왕조의 왕족묘역인 양정릉원壤井陵園이다.

2 경주의 새주인 박씨왕조

경주시대를 개막한 파사왕

백인 혈통 일성왕

박씨왕족 묘역 사릉원

| 경주시대와 파사왕 |
| 파사왕과 일본열도 다파나국 |
| 남쪽으로 기수를 돌린 지마왕 |

| 북쪽 말갈과 만난 일성왕 |
| 길선 백제 망명사건과 아달라왕 |
| 서역인의 피를 받은 일성왕과 아달라왕 |
| 연오랑과 세오녀 설화의 나라 |
| 신라에 사신을 파견한 왜 여왕 |

| 박씨왕족 묘역 사릉원의 무덤주인 |

| 경주시대와 파사왕 |

▲ 집모양 그릇 [경주 북군동]

파사왕婆娑王(5대)은 경주시대를 개막한 박씨왕조 첫 번째 왕이다. 이름은 수娑다.(*『달문대모기』) 재위 기간은 80년부터 111년까지 32년간이다.(*『신라사초』126년~158년) 아버지는 나로柰老왕이며, 어머니는 알 수 없다. 왕후는 2명이다. 석탈해의 딸 아혜阿惠와 허루(김씨)의 딸 사성史省이다.

파사왕은 94년(파사15) 경주 알천閼川(북천)에서 군대를 사열하며, 박혁거세의 서라벌국과 석탈해의 사로국을 공식적으로 합병한다. 이로서 前57년 경기 한강 유역에서 출발한 박혁거세의 서라벌국은 150여 년의 기나긴 대장정을 끝내고 드디어 최종 정착지인 경주에 안착한다. 이때 국호는 사로국으로, 경주도성은 서라벌로 명명한다.

음즙벌국 병합의 미스터리

파사왕의 당면과업은 영토 확장이다. 이때 음즙벌音汁伐국, 실질곡悉直谷국, 압독押督국, 비지比只국, 다벌多伐국, 초팔草八국 등 6개 소국이 파사왕에게 정복되고 병합된다. 모두 경주인근에 소재한 주변 소국이다.

이 중 음즙벌국의 병합에 대한 흥미로운 일화가 『삼국사기』에 나온다. 내용은 이렇

◀ 파사왕 주변국 병합

다. 음즙벌국과 실직곡국이 국경문제로 다투자 파사왕은 금관가라 수로왕에게 중재를 요청한다. 수로왕은 음즙벌국의 손을 들어주는데 파사왕이 수로왕을 위해 마련한 연회에서 문제가 발생한다. 연회 참석자 중 한기부(진한6부)만이 직급이 낮은 사람이 대표로 참석하자 수로왕은 화가 나서 종을 시켜 한기부 참석자를 죽인다. 그런데 종이 겁을 먹고 음즙벌국으로 도망치자 파사왕은 종의 소환을 요구한다. 그러나 음즙벌국 왕은 소환을 거부하고, 파사왕은 즉각 군대를 출동시켜 아예 음즙벌국을 정복한다. 이때 실직곡국, 압독국도 파사왕에게 항복한다.

이 내용은 『신라사초』에도 똑같이 나온다. 그런데 행위의 주체가 다르다. 금관가라 수로首露왕이 아닌 대가라 청예靑裔왕자다.

『삼국사기』 파사왕	『신라사초』 파사이사금기
23년(102년) 가을 8월, 음즙벌국과 실직곡국이 국경 문제로 다투다가 왕에게 와서 결정해 줄 것을 요구하였다. 왕이 이 문제를 해결하기 어렵다고 여기고 **금관국 수로首露왕이 나이가 많고 아는 것이 많을 것이라고 생각하여 그를 불러와 물었다.** 수로왕이 의견을 내어 다투던 땅을 음즙벌국에 주도록 하였다. 이에 왕은 6부로 하여금 수로왕을 위하여 연회를 베풀도록 하였다. 5부는 모두 이찬으로 우두머리를 삼았는데 오직 한지부만이 직위가 낮은 자를 우두	25년(150년) 12월, 음즙벌과 실직곡이 경계를 다투었다. 왕이 그 땅의 노인들로 하여금 경계를 변별하게 하였다. 노인들이 말하길 "가야왕자 청예靑裔가 지혜가 많으니 그의 의견으로 정하는 것이 좋겠습니다." 하였다. 왕이 허락하였다. 26년(151년) 2월, 청예가 6부를 순찰하며 유람하였다. 부맹들이 그의 신지를 살펴보러 모여들었다. 부의 우두머리들이 모두 이간으로 후하게 잔치를 열어 맞이하였는데 한지부 우두머리 보제保齊만

| 신화와 역사의 경계 | **경주의 새주인 박씨왕조** | 석씨왕조의 조용한 행로 | 김씨왕조 혈통 갈등 |

머리로 삼았다. **수로왕이 노하여 종 탐하리를 시켜 한지부 우두머리 보제**(保齊)**를 죽이고 돌아갔다.** 보제의 종이 도망하여 음즙벌주 타추간의 집에 의탁하였다. 왕이 사람을 보내 그 종을 찾았으나 타추가 돌려보내지 않았다. **왕이 노하여 군사를 동원하여 음즙벌국을 공격하니 그 우두머리가 자기의 무리와 함께 스스로 항복하였다. 실직, 압독 두 나라 왕이 항복해왔다.**

이 홀로 가노로 접대하여 심히 박하게 대하였다. **청예의 신하 탐하리가 그것을 수치스럽게 여겨 그 노비를 살해하였다.** 탐하리가 음즙벌주에게 도망하여 의지하였는데 왕의 명으로 탐하리를 찾았으나 응하지 아니하였다. 길원(吉元)에게 명하여 음즙벌을 정벌하고 군으로 삼았다. 실직군 봉치(奉治)와 압독군 왕을(王乙)이 모두 그 땅을 바쳤다.

二十三年 秋八月 音汁伐國與悉直谷國爭疆 詣王請決 王難之 謂金官國首露王 年老多智識 召問之 首露立議 以所爭之地 屬音汁伐國 於是 王命六部 會饗首露王 五部皆以伊飡爲主 唯漢祇部 以位卑者主之 首露怒 命奴耽下里 殺漢祇部主保齊而歸 奴逃 依音汁伐主陁鄒干家 王使人索其奴 陁鄒不送 王怒 以兵伐音汁伐國 其主與衆自降 悉直押督二國王來降

二十五年 十二月 音汁伐與悉直谷爭界 王命其地老辨之 地老曰 加耶王子靑裔多智 可以立議 上許之
二十六年 二月 靑裔巡遊六部 部氓以其神智聚觀之 部主皆以伊干迎之 厚饗 漢祇主保齊獨以家奴接之 甚薄 靑裔之臣耽下里恥之 殺其奴 逃依音汁伐主 上命索之 不應 命吉元伐之 以爲郡悉直君奉治押督君王乙皆以其地納之

※ 두 기록의 발생년도는 50년 정도 차이가 난다. 『삼국사기』는 102년이고, 『신라사초』는 150년과 151년이다.

파사왕의 경주 주변소국 정복은 박혁거세의 서라벌(신라) **건국지가 결코 경주가 될 수 없음을 증언한다.** 만약 경주가 최초 건국지라면 서라벌은 건국이후 150여 년 동안 경주에 틀어박혀 단 한 발짝도 밖으로 나가지 못했다는 얘기가 된다.

금관가라, 대가라의 역사전쟁

어느 기록이 역사적 사실일까? 이는 훗날 신라사회의 중추세력으로 성장한 금관가라계와 대가라계가 벌인 역사전쟁의 결과물이다. 두 가라는 파사왕의 영토 확장에 기여한 역사적 사실을 놓고 과거 가라제국의 종주권 싸움을 벌인다. 『삼국사기』는 금관가라 전승(傳承) 기록을, 『신라사초』는 대가라 전승 기록을 따른다.

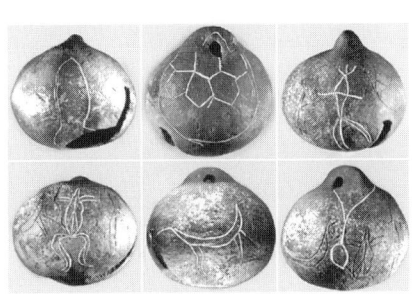
▲ 토제방울 [경북 고령 지산동고분]

그렇다면 실제 파사왕의 정복활동에 기여한 사람은 누구일까? 금관가라 수로왕일까? 대가라 청예왕자일까? 정답은 알 수 없다. 다만 파사왕은 경주에 입성하기 이전에 황산진(낙동강 중상류)에서 대가라(경북 고령)를 만난다.

> 황산진(黃山津)은 낙동강을 통칭하는 말이다. 삼국시대에는 황산강 또는 황산진이라 하고 고려, 조선시대에 낙수, 가야진, 낙동강으로 불린다. **낙동강은 '낙(洛)의 동쪽을 흐르는 강' 이라는 뜻이다. 낙(洛)은 삼국시대 가락국 땅인 경북 상주를 가리킨다.** 조선후기 이긍익의 『연려실기술』〈지리전고〉는 **'낙동은 상주의 동쪽을 말한다.'** 고 적는다.

파사왕의 정복활동에 기여한 가라는 대가라일 가능성이 높다.

| 파사왕과 일본열도 다파나국 |

▲ 단파국 영역 [출처 : 야후 재팬]

다파나^{多波那}국은 일본열도에 소재한 고구려 개국공신 협보^{陜父}가 세운 나라다. 지금의 혼슈섬 교토^{京都}부 중부와 효고^{兵庫}현 동부 그리고 오사카^{大阪}부 일부를 포함하는 일본 고대 소국 단파^{丹波}(탄바)국이다. 또한 다파나국은 협보의 양자인 석탈해의 출신지이기도 하다.

다파나국과 신라는 특수관계

다파나국과 신라와의 관계를 단적으로 보여주는 사례가 있다. 『신라사초』〈파사이사금기〉다.

> 10년(*135년) 9월, 다파나^{多波那}왕이 훙하였으나 후계자가 없었다. 그의 비가 삼니금^{彡尼今}을 봉하여 남편 삼기를 청하였다. 혜후(석탈해 딸, 파사왕 왕후)가 이를 허락하였다. 수로대사^{水路大師}에게 명하여 1백척의 배를 치장하여 보냈다.
> 十年 九月 多波那君薨 而無嗣 其妃請奉彡尼今爲夫 惠后許之 命水路大師裝船百艘 而送之

파사왕(5대) 때 신라 삼니금^{彡尼今}이 다파나국의 왕이 된다. 이 내용은 『삼국사기』에 나오지 않는다. 기록의 혜후^{惠后}는 파사왕의 왕후인 석탈해의 딸 아혜^{阿惠}다. 삼니금^{彡尼今}은 작은^小 이사금(니금) 또는 이사금에 버금가는 인물을 지칭한다. 석탈해 계열인 아혜왕후 소생의 후복^{厚福}태자로 추정된다.

> 『신라사초』〈지마기〉다. '10년(168년) 4월, 야인(왜인) 가을(加乙)과 오고(五古) 등이 후복(厚福)태자의 명이라 하며 우리 선박을 빼앗았다. 흔련(昕連)이 그들을 포박하여 바쳤다.'(十年 四月 野人加乙五古等 以爲厚福太子之命 奪我船舶 昕連縛獻至) 다파나 왕이 된 후복이 훗날 야인들을 보내 신라의 배를 탈취한 사건이다.

다파나국은 시조 협보의 직계 후손으로 이어지는 왕통이 끊기자, 당시 왕비가 신라의 삼니금을 딱 꼬집어 남편왕으로 삼아줄 것을 요청한다. 이에 석탈해의 딸인 아혜왕후는 같은 혈통의 삼니금을 다파나왕으로 보낸다. 특히 100척의 배를 치장하여 보낸 내용은 당시 신라가 다파나국에 대해 상당한 정성을 들였다는 사실을 방증한다.

▲ 단파국대강산지도
[歌川芳艶, 1843년]

변형된 『일본서기』 기록

이와 유사한 기록이 『일본서기』〈신공왕후기〉에도 나온다.

> 신라왕 파사매금^{波沙寐錦}이 곧 미질기지파진간기^{微叱己知波珍干岐}(미시흔 파진찬)를 인질로 보내며, 금은^{金銀}, 채색^{彩色}, 능라^{綾羅}, 겸견^{縑絹} 등을 8십척의 배에 싣고 관군을 뒤따르게 하였다.
> 新羅王波沙寐錦 卽以微叱己知波珍干岐爲質 仍齎金銀彩色及綾羅縑絹 載于八十艘船 令從官軍

기록의 파사^{波沙}매금은 파사왕을 가리킨다. 매금^{寐錦}은 북방민족 모용선비 계통인 신라 내물왕 계열이 사용한 왕호며, '모^慕씨+이사금'을 축약한 말이다. 또한 미질기지파진간기^{微叱己知波珍干岐}는 내물왕의 셋째 아들 미사흔^{未斯欣} 파진찬(4관등)을 이른다. 미사흔은 402년(실성1) 실성왕(18대)에 의해 왜국에 인질로 보내진다. 따라서 『일본서기』 기록은 파사왕 때의 삼니금 기록을 실성왕 때의 미시흔 기록으로 변형시킨 사실을 알 수 있다.

특히 기록에 나오는 배의 숫자다. 삼니금의 경우는 치장한 100척의 배며, 미사흔의 경우는 금은, 채색, 능라, 겸견 등을 가득 실은 80척의 배다. 당시 대한해협(*현해탄)을 건너는데 사용된 배는 대형선박이 아닌 소형선박이다. 소규모 배다.

 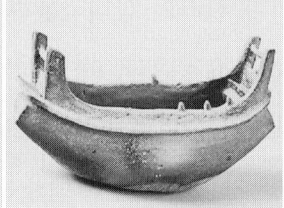 

▲ 신라, 가야 배모양토기

결과적으로 다파나국은 시조 협보의 혈통이 끊기자 석탈해 혈통으로 다파나국의 왕위를 이어간다. 다파나국은 신라왕실과 혈연적으로 연결된 특수관계의 나라다.

다파나국은 일본열도에 존재한 또 하나의 신라다.

| 남쪽으로 기수를 돌린 지마왕 |

지마왕祇摩王(6대)은 박씨왕조 두 번째 왕이다. 지미祇味라고도 한다. 재위 기간은 112년부터 134년까지 23년이다.(*『신라사초』 159년~168년) 아버지는 파사왕이며, 어머니는 허루(김씨)의 딸 사성史省이다. 왕후는 마제摩帝갈문왕의 딸 애례愛禮다. 자녀는 4남 6녀다.(*『신라사초』) 왕자는 반군, 남군, 좌옥, 우옥이며, 공주는 담리, 자리, 옥리, 납리, 금녀, 내례다.

▲ 연화문수막새 [고대박물관]

덕공태자와 지마태자

『신라사초』는 지마왕이 태자가 되기 전에 태자가 따로 있다고 소개한다. 누구일까? 파사왕은 석탈해의 사로국을 병합하며 경주에 안착한 후 2명의 왕후를 맞이한다. 석탈해의 딸 아혜阿惠와 김허루의 딸 사성史省이다. 이때 아혜는 덕공德公을 낳고(120년) 사성은 지마祇摩를 낳는다(131년). 덕공이 형이고 지마가 동생이다. 덕공과 지마는 어머니가 다른 이복형제로 둘 다 파사왕의 아들이다. 처음 태자가 된 사람은 덕공이다.

그런데 『달문대모기』(남당필사본)는 덕공태자가 지마에게 태자위를 양위하였다고 설명한다. 달문達門은 석탈해의 또 다른 딸이다.

익년 9월, 수遂(파사왕)가 길문, 마제 등과 함께 허루의 병권을 빼앗았다. 수는 지마祇摩를 세워 왕태자로 삼았다. 이에 덕공德公이 양위하고 스스로를 편안히 하였다. 흘고가 덕공의 양위가 마땅하다 여겨 이를 덮었다.
翌年 九月 遂與吉門麻帝等 奪許婁之兵權 遂立祇摩爲王太子 德公乃讓位自安 盖紇古說德公以當讓故也

무슨 사정일까? 덕공태자는 어머니 아혜왕후가 사망하면서 태자위를 내놓는다. 이는 당시 왕실 권력의 역학관계를 반영한다. 왕후가 사망 또는 어떠한 사유로 권력을 잃게 되면 그 아들마저 지위를 잃는다. 그래서 덕공태자는 본인의 의지와 관계없이 양위의 형식을 빌려 사성왕후의 소생인 이복동생 지마에게 태자위를 넘긴다.

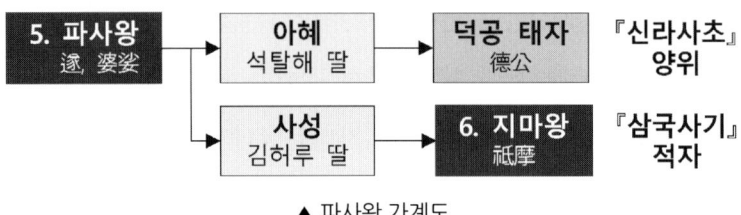

▲ 파사왕 가계도

금관가라에게 밀린 지마왕

지마왕 때 신라는 처음으로 가라와 왜국을 만난다. 가라는 금관가라(경남 김해)이고, 왜국은 임나(부산 동래)다. 아버지 파사왕이 주로 경주 북쪽의 여러 소국을 병합한 반면, 지마왕은 경주 남쪽으로 기수를 돌린다. 경주 정착에 성공한 박씨왕조 신라가 본격적으로 외연을 확대하는 남진정책을 펼친다.

먼저 금관가라다. 사건의 발단은 115년(지마4) 금관가라가 신라 남쪽 변방에서 행한 노략질이다. 『삼국사기』는 금관가라의 행위를 '구寇(도적 구)'로 표현한다.(加耶寇南邊) 떼를 지어 약탈하는 도적 행위다. 이는 무장 군사가 아닌 일반 백성의 노략질이다. 이에 지마왕은 직접 군사를 이끌고 황산하黃山河(경남 양산 물금)를 건너 금관가라로 쳐들어간다. 그러나 지마왕의 두 차례(115년, 116년) 공격은 모두 실패한다.

이 사건은 당시 신라와 금관가라의 역학관계를 단적으로 보여준다. 지마왕의 신라는 금관가라에 비해 상대적으로 약하다. 한마디로 지마왕은 금관가라를 너무 쉽게 보았다가 된통 당한다.

왜국(임나)과 불편한 관계 형성

다음은 왜국이다. 왜국은 임나다. 지마왕은 금관가라 공격이 실패하자, 121년(지마10) 대증산성을 쌓는다. 대증산성은 지금의 부산직할시 부산진구 당감동에 소재한 동평현성이다. 지마왕은 대증산성을 전초기지로 삼아 서쪽의 금관가라를 압박할 심산이다. 원래 대증산성 지역은 임나의 지배영역이다. 임나는 석탈해와의 인연 때문에 대증산성을 일시적으로 신라에 양도한다.(*석탈해는 왜출신 호공의 도움을 받아 사로국을 건국함)

▲ 동평현성 [부산 부산진구 당감동]

> 대증산성(大甑山城)은 신라 경덕왕이 대증현을 동평현으로 개칭한 『삼국사기』〈지리지〉 기록에 근거한다. '동평성은 … **동남쪽이 석축**이고 **서북쪽은 토축**으로 둘레가 **3,508척**이다.'라는 『동국여지승람』 동래현 고적조 기록도 있다.

그런데 신라는 대증산성을 쌓은(121년 2월) 직후 곧바로 임나(왜인)로부터 공격을 받는다.(121년 4월, 동쪽 변경) 그리고 이듬해(122년 4월)에는 임나가 도성(경주)을 쳐들어온다는 소문이 퍼져 신라 전체가 혼란에 빠진다.

도대체 무슨 일이 벌어진 걸까? 『일본서기』에 내막이 나온다. 일본의 고대국가 구주왜 숭신崇神왕(10대)이 죽어 임나왕족 소나갈질지蘇那曷叱智가 조문단으로 일본에 파견된다. 이어 소나갈질지는 숭신왕의 뒤를 이은 수인垂仁왕(11대)으로부터 비단 100필을 선물로 받고 귀국하다가 대증산성의 신라인들에게 비단을 모두 탈취당하는 사건이 발생한다. 『일본서기』는 '이때부터 두 나라의 원한이 시작되었다.'(其二國之怨始起於是時也)고 기록한다.

> 소나갈질지는 소나+갈질지의 합성어다. 소나(蘇那)는 신라(서라벌) 건국의 핵심 주체(진한6촌)의 소벌(蘇伐)집단(돌산고허촌)의 일파로 이해한다. 갈질지(曷叱智)는 건길지

(鞬吉支)와 동일 계통의 토속어다. 건길지가 마한어고 갈질지는 변한어다. 둘 다 '왕'의 뜻이다.

▲ 대증산성 각축

특히 『삼국사기』는 임나의 신라 공격 이후인 123년(지마12) 신라가 왜국(임나)과 강화를 체결한 것으로 나온다.(與倭國講和) 원래 강화는 쌍방이 동등한 관계에서 체결하는 것이 아니다. 한쪽은 강자고 또 한쪽은 약자다. 약자인 신라는 강자인 임나에게 불문곡직하고 머리를 숙인다.

『삼국사기』가 기록한 왜와의 접촉기록은 총 49회다. 신라역사는 왜와의 투쟁사라고 표현해도 지나치지 않는다. 이 중 왜의 침략기사는 33회다. 물론 『삼국사기』의 왜는 임나만을 지칭하는 것은 아니다. 일본열도의 왜도 포함된다.

결과적으로 지마왕의 남진정책은 실패로 끝난다. 금관가라에게는 힘에 밀리고, 우호관계의 임나는 적대관계로 변화한다.

지마왕의 남진정책 실패는 약소국 신라의 설움이 담겨있다.

| 북쪽 말갈과 만난 일성왕 |

일성왕逸聖王(8대)은 박씨왕조 세 번째 왕이다. 재위 기간은 112년부터 134년까지 23년간이다.(*『신라사초』 192년~212년) 아버지는 일지日知(박씨)갈문왕의 아들 각간 윤공尹公이며, 어머니는 다파나국 협보 계열의 이리생伊利生이다. 왕후는 지소례支所禮(박씨)갈문왕 딸 지진내례只珍內禮다.

무인석 [경주 흥덕왕릉] ▶

말갈은 강원도 지역의 갈맥

경주시대를 개막한 박씨왕조 파사왕(5대)은 경주 주변의 음즙벌국, 실질곡국, 압독국, 비지국, 다벌국, 초팔국 등 6개 소국을 병합하며, 지마왕(6대)은 남진을 단행하여 금관가라 정벌을 시도하다 실패한다. 이어 뒤를 이은 일성왕(7대)은 북쪽으로 기수를 돌리며 말갈과 만난다.

말갈은 강원도 지역에 소재한 맥족의 한 부류인 갈맥鞨貊이다. 신라가 처음 말갈을 만난 시기는 유리왕(3대) 때다. 낙랑의 화려, 불내 두 현이 신라의 북쪽 변경을 침입하자, 말갈(갈맥)의 맥국(강원 춘천)이 신라를 대신하여 이들을 물리치며, 이를 계기로 신라와 맥국은 결호한다.(王喜與貊國結好) 이 시기 신라는 경기 북부지역에서 남하하여 경기 남부지역(경기 이천)에 새로운 터전을 마련한다. 그래서 인근의 맥국을 만나며 군사적 도움을 받는다.

> 고대 동북아시아 지배종족인 **맥족(貊族)은** 크게 9맥으로 분류한다. 만맥, 호맥, 추맥, **이맥, 북맥, 예맥, 해맥, 양맥, 갈맥** 등이다. 이 중 고구려의 핵심 구성원(피지배층)은 예맥(濊貊,예족+맥족)이며, **갈맥(鞨貊)은** 한반도 맥족인 말갈이다.

말갈과 전투를 벌인 장령

일성왕은 137년(일성4)에서 140년(일성7)까지 대략 4년간에 걸쳐 신라 북쪽에서 말갈과 전투를 벌인다. 『삼국사기』 일성왕이다.

4년(137년) 봄 2월, 말갈이 국경에 들어와서 장령의 다섯 군데 목책을 불살랐다.
四年 春二月 靺鞨入塞 燒長嶺五柵

6년(139년) 가을 8월, 말갈이 장령을 습격하여 백성들을 노략질하였다. 겨울 10월, 말갈이 다시 습격해왔으나 우레가 심하여 그만 물러갔다.
六年 秋八月 靺鞨襲長嶺 虜掠民口 冬十月 又來 雪甚乃退

7년(140년) 봄 2월, 장령에 목책을 세워 말갈을 막았다.
七年 春二月 立柵長嶺 以防靺鞨

그런데 공통으로 들어가는 전투 장소가 있다. 장령이다. 장령은 『신증동국여지승람』의 오대산 기록에서 위치가 확인된다. '강릉부 서쪽 140리에 있다. 동쪽이 만월봉滿月峯, 남쪽이 기린봉麒麟峯, 서쪽이 장령봉長嶺峯, 북쪽이 상왕봉象王峯, 가운데가 지로봉智爐峯(비로봉)인데, 다섯 봉우리가 고리처럼 벌려 섰고, 크기가 고른 까닭에 오대五臺라 이름하였다.' 장령은 오대산 봉우리 중의 하나로 영서지방의 춘천과 영동지방의 강릉을 잇는 백두대간의 고개다.

말갈의 아슬라 지방을 흡수한 일성왕

그렇다면 일성왕이 강원도 강릉지역까지 진출한 걸까? 『신라사초』 〈일성기〉 기록이다. '3년(136년) 12월, 말갈 12추장酋長이 사신을 보내어 짐승가죽獸皮을 바치고 신하를 칭하며 내부內附(귀순)하길 원하였다. 명하여 옷과 술을 내리고 그들을 돌려보냈다.'(十二月 末曷十二酋長 遣使獻獸皮稱臣

願內附 命賜衣酒以送之) 때는 136년(일성3) 12월이다. 말갈이 처음 장령을 쳐들어와 다섯 군데 목책을 불살은 사건의 발생이 137년(일성4) 2월이니 3개월 전의 상황이다. 말갈 12추장이 신라로 귀순한다. 이들 12추장은 영동지역(강릉)에 소재한 말갈 세력이다. 그래서 영서지역(춘천) 말갈이 신라로 귀순한 영동지역 말갈을 응징하기 위해 백두대간 장령을 공격한다. 다만 아쉽게도 『삼국사기』는 말갈 12추장의 신라 귀순사건을 기록하지 않고 있다.

▲ 일성왕의 말갈 아슬라 점령

강원도 강릉의 옛 명칭은 아슬라 阿瑟羅다. 『삼국사기』에 따르면, 신라가 아슬라를 영토화한 시기는 지증왕(22대) 때다. 512년(지증13) 울릉도를 정벌한 이찬 이사부를 아슬라(하슬라) 군주에 봉한 기록이 있다. 그러나 아슬라는 지증왕 때가 아닌 훨씬 이전인 일성왕 때에 이미 신라 영토에 귀속된다. 다만 『삼국사기』가 일성왕의 편년 기록 중에서 영동지역 말갈의 신라 귀순사건을 삭제 또는 흘리다 보니 엉뚱한 결과가 만들어진다. 물론 아슬라를 포함한 한반도(강원도) 말갈 전체는 고구려 장수왕이 병합하며, 이후 지증왕 때 신라는 영동지역 아슬라를 되찾는다.

일성왕의 북진정책에는 영동지역(아슬라) 말갈이 있다.

| 길선 백제 망명사건과 아달라왕 |

▲ 무인석 [경주 원성왕릉]

아달라왕阿達羅王(8대)은 박씨왕조 네 번째 왕이다. 재위 기간은 154년부터 184년까지 31년간이다.(*『신라사초』 213년~243년) 아버지는 일성왕이며, 어머니는 지소례支所禮(박씨)갈문왕의 딸 지진내례只珍內禮다. 왕후는 지마왕의 딸 내례內禮다.

아달라왕 때 아찬 길선吉宣이 백제로 망명하며 신라와 백제 양국 간에 정치적, 군사적 파란을 일으킨다.

> 아달라 왕명은 로마를 곤경에 빠뜨린 훈족왕 아틸라(Attila)와 유사하다. 훈족은 대륙의 한족이 흉노로 칭한 유럽으로 진출한 서역인이다. 한 번 정도 신라와 서역인의 상관성을 새겨볼 만하다.

『삼국사기』 기록의 길선 망명사건

『삼국사기』〈신라본기〉 아달라왕이다.

> 아찬 길선吉宣이 반란을 꾀하다가 발각되자 죽임을 당할까 두려워하여 백제로 도망쳤다. 왕이 글을 보내 그를 요구하였으나 백제가 허락하지 않았다. 왕이 노하여 군사를 보내 정벌하였는데 백제는 성안에서 지키기만 하고 나오지 않았다. 우리 군사는 양식이 떨어져 돌아왔다.
> 阿飡吉宣謀叛發覺懼誅亡入百濟 王移書求之百濟不許 王怒出師伐之 百濟嬰城守不出 我軍粮盡乃歸

발생년도는 아달라왕 12년인 165년이다. 이 내용은 〈백제본기〉에도 똑같이 나온다. 다만 발생년도는 개루왕(4대) 28년인 155년이다. 〈신라본기〉와는 10년 차이가 난다.

사건 내용은 간단하다. 신라 길선이 백제로 망명하자 아달라왕은 길선의 송환을 요구하고 백제 개루왕이 이를 거부한다. 이에 아달라왕은 군대를 보내 백제를 공격하지만 백제가 대응하지 않고 수성을 고집하자 군량이 떨어져 회군한다. 『삼국사기』가 기술한 길선의 백제 망명사건 전모全貌다.

길선 망명사건의 실체적 접근

그런데 『신라사초』에 상세한 내막이 나온다. 〈아달라기〉다.

> 20년(232년) 5월, 길선이 모반한 일이 드러나자 부여(백제)로 도망하였다. 왕이 부여에게 길선을 바치라 명하였으나 부여가 듣지 않았다. 왕이 크게 노하여 장군 대해에게 서로군으로 부여를 칠 것을 명하였다. **길선은 길문의 손자로 밀화의 아들이다. 그의 딸을 부여로 시집보내 부여의 좌평이 되었다.** 부여의 골녀(공주)에게 장가들어 자녀 10여 인을 낳고 부여의 도성에 큰 저택을 두었다. 왕이 다른 계략을 의심하여 군대의 일을 맡기지 않았다.
> 吉宣謀反事覺 走入夫餘 上命夫餘獻之夫餘不聽 上大怒命大解將西路軍伐夫餘 吉宣以吉門之孫密華之子 嫁其女於夫餘而仍爲夫餘左平 娶夫餘骨女生子女十餘人置廣宅于其都 上疑其有異謀 不以兵事委之

정리하면 이렇다. 길선은 신라귀족 길문吉門의 손자다. 아버지는 길원吉元이며, 어머니는 신라 지마왕(6대)의 딸인 밀화密華공주다. 길선의 몸에는 신라 왕족의 피가 흐른다. 특히 길선은 백제 개루왕에게 자신의 여동생과 딸을 바치고, 자신은 개루왕의 딸과 혼인한다. 이런 연유로 길선은 신라와 백제 양국에 큰 저택과 처첩을 두고 막강한 권세를 누린다.

그러나 길선은 이에 만족하지 않고 다른 마음을 품는다. 자신이 직접 신라 왕이 될 욕심으로 반역을 꾀하다가 오히려 신라 아달라왕에게 제압당하며 백제로 도망간다. 문제는 백제 개루왕의 태도. 개루왕은 길선의 행위가 도에 어긋남에도 길선이 매형이자 장인인 까닭에 감히 인정을 끊지 못하고 길선의 보호막 역할을 자처한다. 결국 아달라왕은 개루왕이 길선을 돌려주지 않자 백제를 공격한다. 『삼국사기』〈신라본기〉와 〈백제본기〉가 소략(疏略)해 기록한 길선 망명사건의 또 다른 이면이다. 특히 『신라사초』는 길선 망명사건으로 인해 '이때에 이르러 결과적으로 반하여 양국이 화친을 잃게 되었다.'(至是果反兩國失和)고 기록한다.

초기 신라와 백제의 본격적인 영토 전쟁의 시작

길선 망명사건은 초기 신라와 백제의 관계가 우호적 관계에서 적대적 관계로 변화하는 단초를 제공한다. 또한 이를 계기로 두 나라는 본격적인 영토 전쟁을 벌이며, 한반도 고대국가의 중심축으로 성장하는 발판을 마련한다. 영토 전쟁의 시작은 길선 망명사건(165년) 2년 후에 벌어진 조비천 전투(167년)다. 조비천(충북 옥천)은 추풍령 서쪽이다. 이후에도 두 나라는 계속해서 충돌한다. 모산성(충북 진천), 구양성(충북 괴산), 원산향(경북 예천), 부곡성(경북 군위), 와산성(충북 보은), 요거성(경북 상주) 등으로 모두 소백산맥 주변 일대다. 시기는 신라의 경우 아달라왕의 뒤를 이은 벌휴왕(8대)이며, 백제는 개루왕의 뒤를 이은 초고왕(5대)이다. 이로써 두 나라는 소백산맥을 기준으로 자연스레 경계선이 그어진다.

길선 망명사건은 초기 신라와 백제, 두 나라의 관계 설정을 가늠할 수 있는 바로미터다.

| 서역인의 피를 받은 일성왕과 아달라왕 |

일성왕(7대)과 아달라왕(8대)의 신체와 용모를 특이하게 묘사한 기록이 있다. 일성왕은 '젊었을 때 백옥처럼 희고 아름다웠는데 사람들이 희롱하지 않았다.'(少時 美如白玉 人以爲不須玩-『신라사초』) 하고, 아달라왕은 '키는 7척이며 코는 오뚝하고 기이한 얼굴이다.'(身長七尺 豊準有奇相-『삼국사기』) 한다. 큰 키, 오뚝한 코, 흰 피부, 기이한 얼굴 등은 동양인(황인)과는 거리가 멀다. 전형적인 서양인(백인)의 모습이다. 백인 혈통이다.

▲ 신라 토용 [경주 용강동고분]

일성왕, 부계 설정의 문제점

『삼국사기』가 설정한 일성왕 계보는 '유리왕의 아들', 또는 '일지갈문왕의 아들'이다. 그러나 이 계보는 오류다. 유리왕은 '남해-유리'로 이어지는 박제계며, 일성왕과는 3세대 차이가 난다. 또한 일지갈문왕은 파사왕의 동복형으로 박씨며, 일성왕과는 2세대 차이가 난다. 따라서 『삼국사기』의 일성왕 계보는 절대 무리다.

그런데 『신라사초』는 일성왕 계보를 전혀 다르게 설명한다. 일성왕의 아버지는 각간 윤공尹公이며, 어머니는 이리생伊利生이다. 윤공은 『삼국사기』가 설정한 일성왕 아버지 일지갈문왕의 직계로 추정된다. 굳이 『삼국사기』 계보를 적용하면 일성왕은 일지갈문왕의 아들이 아니라 손자뻘이다.

문제는 일성왕 어머니 이리생이다. 『신라사초』는 그녀의 이름만 전할 뿐 출신에 대한 설명은 없다. 만약 일성왕이 백인혈통이 맞다면 어머니 이리생의 출신을 의심해야 한다.

> 『신라사초』〈파사이사금기〉. '9년(134년) 9월, 대풍대사 윤공 각간이 그의 처 이리생 대모와 더불어 남교에서 대장을 행하였다. … 이날 밤 **이리생이 꿈속에서 유리니금(유리왕)을 만났는데 큰 이삭을 내려주며 말하길 "가히 신의 이삭이구나."** 하였다. 이에 윤공에게 고하니 윤공이 말하길 "좋은 조짐이다. 다른 사람에게 말하지 말고 가히 시험해야겠다." 하고 목욕 후 기도하고 합궁하여 그 결과로 신의 태기를 얻었다.'(九年 九月 大豊大師尹公角干與其妻伊利生大母行大場于南郊 … 是夜伊利生夢見儒理尼今以大穗授之曰可以爲神穗 乃告于尹公 尹公曰 大兆也不可語人可以驗之 遂沐浴行禧而合宮 果得神胎) 『삼국사기』가 일성왕을 '유리왕의 아들'로 설정한 이유는 혹여 이리생이 꿈속에서 유리왕을 만났기 때문은 아닐까?

일성왕의 모계는 서역인(백인) 계통

이리생의 출신은 다파나국의 시조 협보에서 찾을 수 있다. 협보는 추모왕을 도와 고구려 건국에 기여한 개국공신(오이/마려/협보)중의 한 사람이다. 이후 추모왕의 아들 유류왕(2대)에게 직언하였다가 파직되며, 고구려에서 쫓겨나 일본열도로 건너가 다파나국을 건국한다. 이때 동행한 사람이 협보의 처조카인 석탈해다. 이후 석탈해는 다파나에서 신라로 건너온다. 이리생은 석탈해와 함께 다파나에서 신라로 건너온 협보의 직계 후손일 가능성이 높다. 특히 『신라사초』는 이리생을 대풍대모 大豊大母로 적고 있어 이리생의 신분이 매우 특별함을 부연한다.

> 『신라사초』〈파사니금기〉. '10년(135년) 8월 5일, 대풍대모 이리생이 남산 사택에서 아들을 낳았다. 상서로운 빛이 밝게 빛났다. 윤공은 그가 어른스러워지길 원하여 일성(逸聖)이라 이름지었다.'(十年 八月五日 大豊大母伊利生生子于南山私宅 瑞光照耀 尹公希其夙成 名曰逸聖)

그런데 『유기추모경』에 협보에 대한 흥미로운 기록이 나온다.

황오(前43년) 5월 … 어떤 사람이 말하길 "협보가 8세로 능히 글을 깨쳤으니 원하건대 추모의 신하로 삼으시지요." 하였다. 그 어미도 거듭 아이(협보)를 칭찬하니 **노랑머리에 흰 피부였다.**
黃虎 五月 … 有子曰陜父八歲能解文願爲鄒牟臣 其母再贊兒 黃頭而雪膚

협보는 러시아계 백인(코카서스 인종)인 중앙아시아 서역인 출신의 백인 혈통이다. 협보의 후손인 이리생 역시 백인(서역인) 혈통이다. 그래서 일성왕의 피부는 백옥처럼 희고, 아들 아달라왕은 코가 오뚝하게 된다.

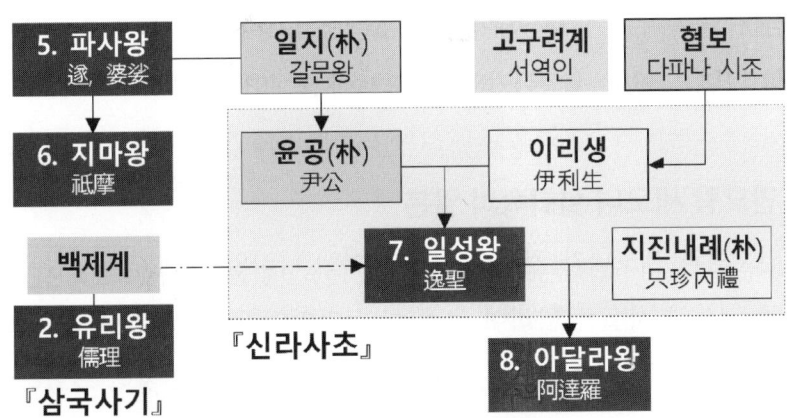

▲ 일성왕, 아달라왕의 계보도

박씨왕조 '일성-아달라' 계열은 서역인의 피를 받는다.

| 연오랑과 세오녀 설화의 나라 |

▲ 연오랑세오녀 기념탑 [포항 호미곶]

연오랑과 세오녀 설화는 『삼국유사』〈기이〉편에 실려 있다. 신라 아달라왕(8대) 때에 부부인 두 사람이 일본으로 건너가서 왕과 왕비가 된 이야기다. 특히 두 부부가 각기 출발한 동해 바닷가는 영일현으로 지금의 경북 포항 호미곶이다. 동해 일출이 유명하여 관광객이 많이 찾는 명소다.

연오랑 세오녀 설화속의 일본

연오랑과 세오녀가 건너간 일본은 어떤 나라일까? 일연은 『일본제기』를 검토한 사실을 밝히며 그 당시 신라인이 일본으로 건너가 왕이 된 사람이 없다고 못 박는다. 다만 혹여 연오가 정말로 왕이 되었다면 변방 고을의 작은 왕이지 진정한 왕은 아닐 것이라고 부연한다.

그런데 결정적인 내용이 『신라사초』에 나온다. 〈아달라기〉다.

4년(216년) 4월, 다파나^{多婆那}가 영오랑^{迎烏郎}을 왕^君으로 삼았다.
四年 四月 多婆那以迎烏郎爲君

때는 216년(아달라4)이다.(*『삼국사기』 157년) 『신라사초』의 영오랑^{迎烏郎}은 『삼국유사』의 연오랑^{延烏郎}이다. 연오랑이 왕이 된 다파나국은 고구려 개국공신 협보가 세운 나라다. 또한 협보와 혈연관계를 맺고 있는 석탈해의 출신지다. 파사왕(5대) 때인 135년(파사10), 석탈해 계열의 삼니금이 왕통이 끊긴 협보 계열을 대신하여 다파나국 왕을 승계한 석탈해의 나라다. 연오랑은 삼니금에 이어 또 한 번 다파나국 왕이 된다.

> 연오랑 세오녀 설화는 본래 『수이전(殊異傳)』에 수록된 것으로 일연이 『삼국유사』에 채록한 내용이다. 그래서 『삼국사기』에는 일절 나오지 않는다. 『수이전』은 신라 말기 최치원(崔致遠)에 의해 편찬되고 박인량(朴寅亮), 김척명(金陟明)에 의해 증보, 개작된 설화집이다.

연오랑은 지마왕의 손자

연오랑과 세오녀는 누구일까? 『삼국유사』 설화는 연오랑과 세오녀를 통해 바닷가에 사는 어부 정도로 신분을 묘사한다. 그러나 설화 내용을 보면 두 사람의 신분이 전혀 다름을 알 수 있다. 연오랑의 경우 다파나국 사람들이 '매우 특별한 사람非常人'으로 여기며, 세오녀는 '귀비貴妃'가 된다. 이는 연오랑과 세오녀의 신분이 일반 평민이 아닌 왕족 출신임을 시사한다.

연오랑으로 추정되는 인물이 『신라사초』에 나온다. 〈지마기〉다.

> 23년(181년) 4월, 남군南君태자를 정통태자에 봉하고, 소송을 5품권처(*태자비)로 삼았다.
> 二十三年 四月 以南君太子爲正統太子 所松爲五品權妻

> 26년(184년) 12월, 소송이 남군의 아들 영군英君을 낳았다.
> 二十六年 十二月 所松生南君子英君

연오랑(영오랑)은 영군英君이다. 영군은 184년(지마26) 출생한 지마왕의 정통태자(후계자) 남군南君의 아들이다. 남군태자(파사왕 계열)는 일성왕(일지갈문왕 계열)이 즉위하면서 태자위를 상실한다. 영군은 지마왕의 손자다.

세오녀로 추정되는 인물은 기록에 나오지 않는다. 다만 연오랑을 뒤따라가 다파나국의 왕비가 된 점으로 보아 왕족 출신 여성일 것이다. 아마도 아달라왕의 딸(공주) 정도로 추정된다.

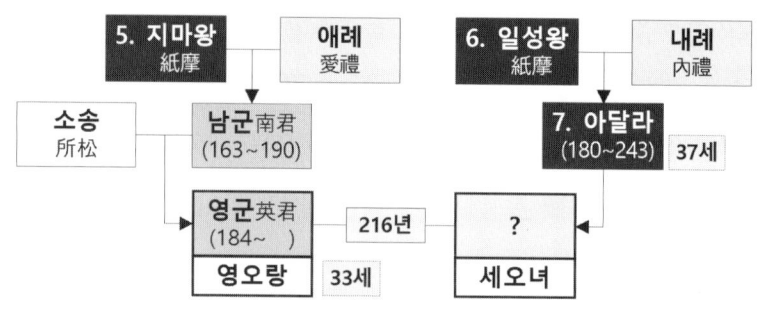

▲ 영군(영오랑) 가계도

연오랑 세오녀 설화는 정치적 망명사건

연오랑과 세오녀가 다파나국으로 건너간 이유는 무엇일까? 역시 설화에 단서가 있다. 연오랑과 세오녀가 해와 달을 가지고(*일식현상) 다파나국으로 건너가자 아달라왕은 급히 사신을 보내 연오랑의 환국을 요구한다. 그러나 연오랑은 이를 거부하고, 대신 세오녀가 짠 명주 비단을 사신에게 주며 해와 달이 다시 신라로 돌아갈 것이라고 알린다. 이는 두 사람이 아달라왕에게 정치적

▲ 연오랑 세오녀의 나라 다파나국

불만을 가지고 또는 핍박을 당하여 다파나국으로 망명한 사실을 설명한다.

> 학계는 일연의 판단을 준용하여 일본 혼슈(本州)섬 주고쿠(中國)지방의 시네마(島根)현 이즈모(出雲)지역 또는 북쪽의 오기(隱岐)섬(오기시마) 등으로 추정한다.

연오랑과 세오녀 설화의 본질은 정치적 망명사건이다.

| 신라에 사신을 파견한 왜 여왕 |

『삼국사기』 아달라왕이다. '20년(173년) 5월, 왜 여왕 비미호^{卑彌乎}가 사신을 보내 예방하였다.'(二十年 夏五月 倭女王卑彌乎遣使來聘) 왜 여왕 비미호가 173년 신라에 사신을 파견한 내용이다. 여기서의 왜는 임나가 아닌 야마대국^{邪馬臺國}이다. 『삼국사기』가 이 부분에 대해서만큼은 한반도의 임나와 일본열도 왜를 명확히 구분한다.

일본 고대소국 야마대국의 신라 방문

야마대국은 고대 일본의 야오이^{彌生}시대(前3세기~3세기) 후기에 존재한 일본열도 소국이다. 『삼국지 위서』 왜인 전을 보면, 당시 일본열도에 소재한 30여 개의 소국이 나온다. 이 중 야마대국은 여왕 비미호(히미코)가 다스린 나라다. 야마대국의 위치 비정은 두 가지 설이 있다. 규슈^{九州} 북부의 「규슈지역설」과 혼슈^{本州} 기나이^{畿內}(오사카)지방의 「기나이지역설」이다. 두 설은 일본 학자들 조차 서로 팽팽히 맞서는 형국이다. 대체적으로 「규슈지역설」에 무게를 둔다.

▲ 일본 고대소국 야마대국의 소재지

> 「규슈지역설」은 규슈대학과 도쿄대학 학자고, 「기나이지역설」은 교토대학과 오사카대학 학자다. 모두 자신들의 연고지를 주장한다. 이들의 논쟁은 사실여부를 떠나 '**없는 역사도 만들어 내는**' 일본의 민낯을 여과 없이 보여주는 사례다.

▲ 「親魏倭王」인장

비슷한 시기 왜 여왕이 중원왕조 위魏(조위)에 대부 난승미難升米를 파견한 기록이 『삼국지 위서』 왜인 전에 나온다. 때는 위 명제(조예) 때로 경초2년인 238년이다. 명제는 답례로 비미호에게 「친위왜왕親魏倭王」의 인장을 수여한다. 중원왕조가 야마대국의 일본열도 대표권을 인정한다.

> 『삼국지 위서』 왜인 전. '경초2년(238년) 6월, 왜 여왕이 대부 난승미 등을 보내 군에 이르러 천자에 조헌할 것을 청하니 태수 유하가 관원과 장수를 보내 경도까지 호송하였다. 그 해 2월, 조서를 내려 왜 여왕에게 말하길 "친위왜왕을 비미호에게 제소한다." 하였다.'(景初二年 六月 倭女王遣大夫難升米等詣郡 求詣天子朝獻 太守劉夏遣吏將送詣京都 其年十二月 詔書報倭女王曰 制詔親魏倭王卑彌呼)

『삼국사기』 기년설정의 오류

그런데 왜 여왕 비미호가 신라에 사신을 파견한 『삼국사기』 기록이 『신라사초』에도 나온다. 〈아달라기〉다.

> 20년(232년) 5월, 왜 여왕이 동생 박비고狛比古 등을 보내 토산물을 바치고 물품과 재화를 교역하기를 청하였다. 이에 왜전倭典을 설치하고 왜와 교류하기로 하였다.
> 二十年 五月 倭女王遣其弟狛比古等 獻其土物 請交易物貨 乃立倭典 與之通聘

기록은 파견 사신이 왜 여왕 동생 박비고狛比古인 점과 신라가 왜와 교류하기로 결정한 점이 추가된다. 다만 두 기록의 발생년도는 다르다. 똑같은 아달라왕 20년인데도 『삼국사기』는 173년이고, 『신라사초』는 232년이다. 1주갑(*60년) 차이가 난다.

실제 발생년도는 몇 년일까? 앞의 『삼국지 위서』 기록이 단서다. 왜 여왕이 위에 사신을 파견한 해가 경초2년인 238년이다. 이는 왜 여왕이 먼저 신라에 사신을 파견하고 이어 위에 사신을 파견한 사실을 알 수 있다. 만약 『삼국사기』 기년이 맞다면 왜 여왕 비미호의 신라, 위의 사신 파견 시간 격차는 66년이며, 『신라사초』 기년의 시간 격차는 6년이다. 왜 여왕 비미호의 생물학적 나이를 감안하면 『삼국사기』 기년 설정은 오류다.

정리하면 왜 여왕이 신라에 사신을 파견한 실제 년도는 『신라사초』의 232년이다. 다만 『삼국사기』는 아달라왕 기년을 정리하면서 발생년도 설정에 착오를 일으킨다.

▲ 야마대국 여왕 비미호

특히 『신라사초』는 중요한 사실 하나를 전한다. 비미호의 사신 파견은 단순한 외교행위가 아니라 실질적인 교역행위가 목적이다. 특별히 왜국 사신의 영접을 관장하는 왜전倭典을 설치한 점이 눈에 띤다.

> 『신라사초』〈벌휴기〉. '10년(253년) 6월, 왜(倭)에 대기근이 들어 남녀 천여 구가 배를 타고 와서 식량을 구걸하였다. 명하여 **남쪽 변두리 한가로운 땅에 살도록 하고 식량과 일자리를 주었다. 이것이 왜포**(倭圃)다. 작평(作平)과 이름을 나란히 하였다.'(十年 六月 倭大饑 男女千餘口 乞食來泊 命居南鄙閑地 賜食就業 是爲倭圃 與作平齊名)

왜 여왕 비미호가 신라에 사신을 파견한 해는 232년이다.

| 박씨왕족 묘역 사릉원과 무덤주인 |

▲ 오릉 [경주 탑정동]

경주 월성 남서쪽 탑정동에 크고 작은 고분 5기가 모여 있다. 오릉이다. 『삼국유사』에 오릉의 유래가 나온다. 박혁거세 시신을 '5체五體로 나누어 장사지내서 오릉五陵이며 또한 사릉蛇陵(뱀릉)이라고 한다.'(各葬五體爲五陵 亦名蛇陵) 박혁거세의 5체릉이 사릉이다. 그런데 『삼국사기』는 사릉(오릉)에 묻힌 사람이 박혁거세와 알영, 그리고 남해왕(2대), 유리왕(3대), 파사왕(5대) 등 5명으로 설명한다. 무덤 숫자 5개는 같으나 『삼국유사』는 박혁거세의 단일 무덤으로, 『삼국사기』는 5명의 별개 무덤으로 소개한다.

그럼에도 두 기록의 사실성은 현저히 떨어진다. 이유는 초기 신라가 경주에 입성한 시기가 파사왕이기 때문이다. 前57년 경기 북부지역에서 건국된 박혁거세의 서라벌(신라)은 점차 남하하며 남해왕, 유리왕을 거쳐 파사왕 때인 94년 비로소 경주에 안착한다. 따라서 파사왕 이전의 박혁거세, 남해왕, 유리왕 등 3명은 경주에 묻힐 이유가 전혀 없으며 이장해 왔을 가능성 또한 낮다. 더구나 오릉은 지금까지도 발굴 조사된 바 없어서 현재로서는 무덤주인을 확인할 방법도 없다. 일반적으로 신라 초기 무덤 양식은 외형이 흙무덤(원형봉토분)인 움무덤(토광묘)이다. 특히 대형의 흙무덤은 4세기 이후에 등장한다. 이런 연유로 오릉은 '박혁거세 당시의 무덤구조로 볼 수 없다.'는 해석이 지배적이다.

현재 사릉원의 5기 무덤은 『삼국사기』의 '파사왕이 훙하여 사릉원내에 장사지냈다.'(王薨 葬蛇陵園內)는 기록을 준용하여 파사왕을 포함한 직계 왕실가족의 무덤들로 이해한다. 또한 파사왕 이후 박씨왕들(지마왕, 일성왕, 아달라왕)은 비록 『삼국사기』에는 장지 기록이 나오지 않으나 박씨 문중의 의견을 받아들여 1969년, 1971년 남산 서쪽 자락의 능들로 일괄 지정하고 있다.

▲ 박씨 왕들의 무덤 위치

사릉원 무덤의 재원과 특징

사릉원 5기 무덤(오릉)의 주요 재원이다.

명칭	봉분 크기 (m)	봉분 형태
1호분	지름 36.9, 높이 7.95	원형 표형 유사, 3체릉 가능성
2호분	너비 : 동서 32.0, 남북 19.0 높이 : 동분 5.84, 서분 5.63	표형
3호분	지름 24.8, 높이 5.48	표형 유사
4호분	지름 17.7, 높이 2.84	원형
5호분	지름 14.6, 높이 2.13	원형

사릉원에서 가장 규모가 큰 무덤은 1호분이다. 가장 앞쪽에 위치하며, 1호분 뒷쪽으로 2호분, 3호분, 4호분이 일정한 간격으로 분포한다. 그리고 4호분 뒤쪽에 5호분이 있다. 무덤의 외형은 2호분은 표형(쌍무덤)이며, 1호분과 3호분은 표형과 유사하다. 특히 1호분은 3체릉일 가능성도 존재한다.

사릉원(오릉)의 무덤주인

『신라사초』에 사릉원의 무덤주인 기록이 구체적으로 나온다.

년도	『신라사초』기록	무덤 주인
129년 파사4	4월, 일지신군이 변산에서 훙하였다. 아리대모가 귀장을 청하였다. … 니금의 예로 장사지내고 사릉문에 들어가니 순사하는 자가 많았다. 四月 日知神君薨于卞山 阿利大母請歸葬 … 葬以尼今禮 入蛇陵門 殉之者甚衆	4호분 일지갈문왕
136년 파사11	5월, 혜후(아혜)가 난산으로 붕하였다. 춘추 54세다. … 사릉문에 장사지냈다. 五月 惠后難産而崩 春秋五十四 … 葬后於蛇陵門	1호분 파사왕 (아혜,사성) *3체릉
153년 파사33	10월, 상(파사왕)이 꿈에 혜후(아혜)를 보고 목이 말라 붕하였다. 상을 사릉문에 장사지냈다. 十月 上夢見惠后 喉渴而崩 … 葬上于蛇陵門	
173년 지마15	5월, 태성(사성)이 내력에서 붕하였다. 사릉문 내에 장사지냈다. 五月 太聖崩于奈歷 葬于蛇陵門內	
190년 지마32	8월, 상(지마왕)이 변산에서 붕하였다. 사릉에 반장하였다. 八月 上崩於卞山 返葬蛇陵	3호분 지마왕 (애례)
199년 일성8	8월, 애후(애례)가 도산에서 붕하였다. … 애후를 지마릉문(사릉문)에 장사지냈다. 八月 愛后崩于桃山 … 葬后于祇摩陵門	

212년 일성21	4월, 제(일성왕)를 사릉문에 장사지냈다. 애례후(지마왕릉 합장) 우측이다. 지진내례후도 불속으로 뛰어들어 붕하였다. … 사릉문(일성왕릉)에 함께 장사지냈다. 四月 葬帝于蛇陵門 愛禮皇后之右 只珍內禮皇后亦投殉火而崩 … 同葬于陵門	2호분 일성왕 (지진내례)
240년 아달라28	2월, 우옥태자가 화전에서 훙하였다. 천공에게 명하여 사릉문에 반장하였다. 二月 右玉太子薨于花田 命錢公返葬于蛇陵門	5호분 우옥

모두 8개다. 명확히 장지를 사릉원으로 표기한 기록이다. 무덤주인은 모두 박씨왕조(파사왕, 지마왕, 일성왕, 아달라왕) 재위 기간에 사릉원에 묻힌 인물이다. 처음 무덤을 쓴 사람은 일지갈문왕(파사왕 동생)이다. 이어 파사왕과 왕후 아혜^{阿惠}(석탈해 딸)와 사성^{史省}(김허루 딸), 지마왕과 왕후 애례^{愛禮}(마제 딸), 일성왕과 왕후 지진내례^{只珍內禮}

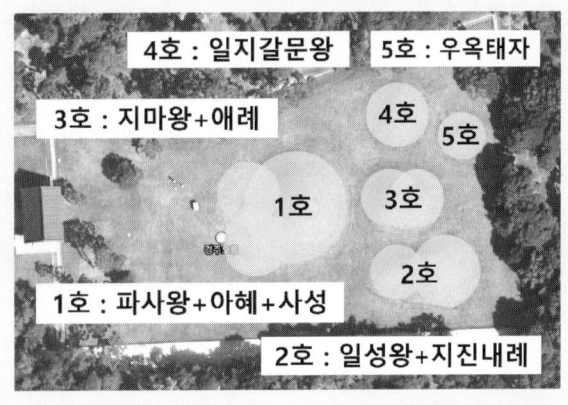

▲ 박씨 왕들의 무덤 위치

(모리 딸), 그리고 마지막으로 지마왕의 아들 우옥^{右玉}(애례 소생)태자 등 9명이다. 일지와 우옥을 제외하고 모두 왕과 왕후의 연접무덤이다. 참으로 놀랍다.

특히 『신라사초』에는 사릉원에 담장을 쌓은 기록도 있다. 〈벌휴기〉다.

> 9년(252년) 8월, 지마 대제를 지내고, 능의 담장을 별도로 쌓았다. 전에는 사릉蛇陵의 울타리가 심히 넓어서 여러 차례 물이 넘쳐 들어와 허물어졌다. 이때에 이르러 능을 각각 나누어 담장을 설치하였다.
>
> 九年 八月 行祇摩大祭 別立陵垣 先是蛇陵玉垣甚廣累因水潰 至是各分陵垣

▲ 오릉 주변 침수 모습

사릉원은 북쪽으로 남천과 맞닿아 있다. 지대 또한 주변보다 낮다. 그래서 남천이 범람하면 사릉원은 쉽게 물에 잠긴다. 사릉원은 처음 능원이 조성되기 시작할 때부터 취약한 지리적 환경에 놓여 있다고 볼 수 있다.

사릉원은 박혁거세를 포함한 초기 신라의 왕(남해왕, 유리왕)들과는 무관하다. 경주시대 박씨왕조인 파사왕과 지마왕, 일성왕 등의 왕과 왕후의 무덤이다. 다만 『삼국유사』는 민간의 구전口傳(박혁거세 5체릉)을 기록으로 정리한 것이며, 『삼국사기』는 신라역사를 재정립하는 과정에서 경주 입성 이전의 5명을 기록에 포함시킨다.

> 아달라왕은 낭산(狼山)에 무덤을 쓴다. '선금(아달라왕)을 낭산에 장사지냈다. 사당을 세워 아달라 하였다.'(葬先今于狼山 立廟曰阿達羅) 낭산은 선덕여왕릉이 소재한 경주시 보문동의 해발 100여m 야트막한 산이다.

사릉원은 경주시대 박씨왕족의 묘역이다.

3 석씨왕조의 조용한 행로

석씨왕조 전반기 왕들

오환족 출신 미추왕

석씨왕조 후반기 왕들

| 벌휴왕과 지진내례 | 벌휴왕과 김구도의 갈등 |

| 한반도 최초의 고대국가 조문국 |

| 내해왕과 포상8국의 충돌 |

| 조분왕과 감문국, 골벌국 정벌 |

| 신라를 세운 북방 유목민족 오환족 |

| 첨해왕의 자연재해와 천체현상 기록 |

| 미추왕 출생 미스터리 | 미추왕 즉위를 승인한 옥모여왕 |

| 석우로를 제거한 미추왕 | 미추왕릉 죽엽군과 이서국 멸망 |

| 경주 대릉원 미추왕릉의 실제성 |

| 유례왕이 만난 왜의 실체 | 기림왕이 석씨왕조에 편입된 이유 |

| 신공왕후 삼한정벌의 역사적 실제성 | 김제 벽골제를 축조한 흘해왕 |

| 석씨왕조 후반기 왜와의 관계 변화 | 석씨왕조를 이끈 신라 여왕들 |

| 석씨왕조 전반기 왕들의 무덤 | 석씨왕조 후반기 왕들의 무덤 |

| 대릉원 계림지구 무덤의 주인공 |

| 벌휴왕과 지진내례 |

▲ 신라 빗살무늬토기

벌휴왕^{伐休王}(9대)은 박씨왕조를 중단시키고 석탈해 계열의 석씨왕조를 출범시킨 왕이다. 재위 기간은 184년부터 196년까지 13년간이다.(*『신라사초』 224년~256년) 아버지는 석추^{昔鄒}갈문왕이며, 어머니는 지소례^{支所禮}(박씨)갈문왕의 딸 지진내례^{只珍內禮}다. 왕후는 소광^{小光}태자(지마왕 아들)의 딸 자황^{紫凰}이다.

부계 혈통의 기록상 차이점

벌휴왕의 부계 혈통은 기록마다 차이가 난다. 『삼국사기』는 석탈해의 아들 각간 구추^{仇鄒}고(*석탈해-구추), 『신라사초』는 석탈해의 손자 석추^{昔鄒}갈문왕이다(*석탈해-석추). 구추의 아들이 석추다. 그런데 『고구려사략』은 『삼국사기』와 마찬가지로 구추로 설정하되 구추를 석탈해 아들이 아닌 다파나국의 시조 협보^{陜父} 아들로 설명한다(*협보-구추).

기록마다 차이가 나는 이유는 무엇일까? 석탈해와 협보의 혈연적 특수관계 때문이다. 고구려 개국공신 협보는 고구려에서 쫓겨나면서 처조카인 석탈해와 동행한다. 이후 협보가 일본열도로 건너가 다파나국을 건국하자, 협보의 양자에 입적된 석탈해는 다시 한반도로 건너와 경주에 입성하여 석씨시조가 된다. 이런 까닭으로 고구려인의 시각이 반영된 『고구려사략』은 협보와 석탈해를 동일시하여 구추를 협보의 아들로 설정하며, 신라인의 시각이 반영된 『신라사초』는 구추는 별개로 하고, 아들 석추를 벌휴왕의 부계 혈통으로 정리한다. 다만 『삼국사기』

의 '석탈해-구추' 설정은 『고구려사략』의 '협보-구추'와 『신라사초』의 '석탈해-석추'를 절충한 경우라 할 수 있다.

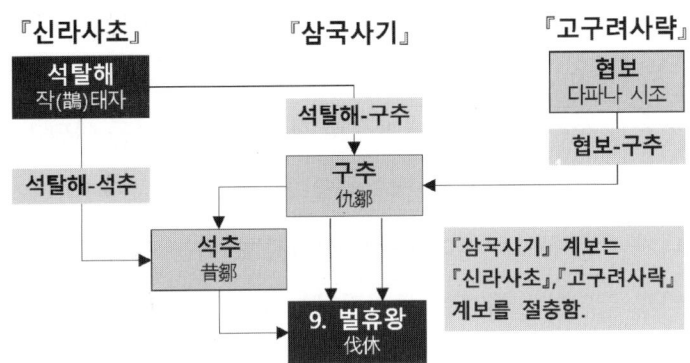

▲ 벌휴왕 부계 혈통 계보도

모계 혈통은 지진내례

다음은 벌휴왕의 모계 혈통이다. 어머니는 지소례支所禮갈문왕의 딸인 지진내례只珍內禮다. 원래 지진내례는 일성왕(7대)의 왕후다. 일성왕(박씨)과 사이에서 아달라왕(8대)을 낳고, 또 석추갈문왕(석씨)과 사이에서 벌휴왕을 낳는다. 지진내례는 박씨와 석씨의 공통분모다.

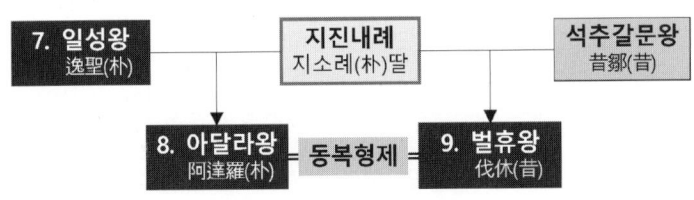

▲ 벌휴왕 모계 혈통 계보도

이는 또 무슨 경우인가? 신라는 독특한 왕조 국가다. 고구려와 백제가 남왕 중심의 단일 지배체제라면 신라는 남왕과 여왕이 공치共治하는 공동 지배체제다. 『삼국사기』 시조 혁거세거서간 편에 '이성二聖(2명 성인)'

의 표현이 나온다. 이는 건국 당시의 정치상황을 반영한다. 진한6촌은 외부인 박혁거세를 남왕으로 추대하면서 자신들의 정치권력을 대변할 수 있는 알영을 여왕으로 지명한다. 이런 연유로 알영은 박혁거세의 '난생신화' 못지않은 '용신화'를 가진다. 당시 여왕은 지진내례다. 지진내례는 일성왕과 석추갈문왕을 남편으로 삼으며, 또한 아들 아달라(박씨)와 벌휴(석씨)를 차기 왕으로 지목한다. 아달라왕과 벌휴왕은 아버지가 다르나 어머니가 같은 동모형제다. 특히 『신라사초』에는 지진내례가 아달라왕에게 차후 왕위를 벌휴에게 물려줘라고 유언한 내용도 나온다. 〈벌휴기〉다.

벌휴가 장성하자 풍성하고 아름다우며 덕이 있어 많은 사람이 따랐다. 어렸을 때부터 형군선금(아달라왕)을 지성으로 섬기며 잠자리는 일어나기와 눕기를 함께 하였다. 선금이 말하길 "나는 너와 하루도 같이 하지 않으면 편안하지 않다." 하였다. 선금이 즉위하여 **지후**(지진내례)가 **노금**(일성왕)을 따라 죽으며 말하길 "너로 하여금 왕위에 오르게 한 것은 석추의 공이다. 너희 형제가 **천하를 함께 함이 옳도다**." 하였다. 이에 **선금**(아달라왕)이 유조를 받들어 천자의 후계자로 삼고 나라를 전하였다.
伐休及長 豊美有德人多服之 自幼事兄君先今至誠起臥共之 先今曰 吾無汝一日不得安 先今卽位只后殉于老今曰 使汝登祚昔鄒之力也 可與爾弟共天下 先今乃奉遺詔以爲天嗣以傳國

결과적으로 지진내례의 유언은 지켜지고 신라 왕통은 박씨에서 석씨로 넘어간다.

지진내례는 신라역사에 있어 매우 중요한 위치를 점한다. 그녀의 선택으로 신라는 새로운 왕조시대를 맞이한다.

| 벌휴왕과 김구도의 갈등 |

석씨왕조 벌휴왕은 즉위하자마자 신왕조 창업자로서의 정치행사를 실시한다. 즉위 이듬해인 185년 정월 석탈해릉을 찾아가 시조묘 제사를 지내며, 이제 석씨가 신라의 새주인이 되었음을 고한다. 또한 대대적으로 죄수를 사면하며 석씨왕조 출발을 만천하에 알린다.

『삼국사기』는 벌휴왕이 '바람과 구름을 보고 점을 쳐 홍수와 가뭄 그리고 그 해의 풍년과 흉년을 미리 알았으며 또한 사람이 사악한지 정직한지를 알아 그를 성인이라 일컬었다.'(王占風雲預知水旱及年之豊儉 又知人邪正 人謂之聖)고 기록한다. 하늘의 이치를 알고 사람의 사정邪正(사악함과 정직함)을 가리는 행위는 당시 왕이 갖추어야 할 중요한 덕목이다. 벌휴왕의 왕위 승계가 지극히 정당함을 표현한 기록이다.

조문국 정벌의 진실

벌휴왕은 즉위 이듬해인 185년(벌휴2) 2월 전격적으로 조문국召文國 정벌을 단행한다. 조문국은 경북 의성에 소재한 고대 국가다. 『삼국사기』 벌휴왕이다. '2월, 파진찬 구도仇須와 일길찬 구수혜仇須兮를 좌우군주로 삼아 조문국을 정벌하였다. 군주 명칭은 여기에서 시작되었다.'(二月 拜波珍湌仇道一吉湌仇須兮爲左右軍主伐召文國 軍主之名始於此) 조문국 정벌을 주도한 인물은 구도仇道와 구수혜仇須兮다. 둘 다 김씨로 김알지의 직계 후손이다. 다만 『삼국사기』는 조문국 정벌의 결과만을 기록한다. 이에 반해 『신라사초』는 조문국 정벌의 배경과 진행과정을 구체적으로 남긴다. 〈벌휴기〉다.

▲ 조문국사적비

2월, 달문達文이 조문국에서 반란을 일으키며 말하길 "골품이 아닌 벌휴가 왕위를 훔쳤다. 이는 조종의 법도에 어긋나니 천하가 함께 토벌하여야 옳다." 하였다. 감문, 아슬라, 사벌 등이 호응하니 왕이 걱정하였다. … 이에 왕은 구도仇道와 구수혜仇須兮를 좌우군주로 삼아 조문국을 공격하였다. 구도는 구산 동북쪽에서 나오고, 구수혜는 곧장 아화옥 큰 길로 향하였다. 양쪽 군은 서로 완급을 조절하는 계책을 썼으며 구도가 무녀로 군대를 만들어 관문의 수비병을 습격하고 곧바로 그 도읍에 이르렀다. 우을牛乙이 내응하며 마침내 난을 평정하였다.

二月 達文而反曰 伐休非品竊位 非祖宗之法也 天下可共討之 甘文阿瑟羅沙伐等 將應之 上憂之 … 乃以仇道仇須兮爲左右軍主 而伐之 仇道自龜山東北 仇首兮直指阿火屋大路 兩軍互相 緩急行計 仇道作女巫隊 襲其關守 直至其都 牛乙內應之亂 遂平

달문達文은 박씨왕조 아달라왕의 아들이다. 석씨 벌휴왕에게 왕권을 빼앗긴 달문은 조문국에 들어가 난을 일으킨다. 오로지 박씨왕조의 왕권을 되찾기 위해서다. 그러나 벌휴왕이 파견한 구도에 의해 달문의 난은 평정되며, 달문에 동조한 조문국은 유탄을 맞아 멸망한다.

구도를 경계한 벌휴왕

구도는 조문국 정벌(185년)에 기여한 공로로 승승장구한다. 파진찬(4관등)에 봉해지며, 이후 백제와 벌인 모산성(충북 진천, 188년)과 구양성(충북 괴산, 189년) 전투에서 연거푸 승리하며 정치적·군사적 입지를 확고히 다진다. 그러나 구도는 와산성(충북 보은, 190년) 전투에서 백제에 패하며 부곡성주(경북 군위)로 좌천되는 쓴맛을 본다. 벌휴왕은 구도가 실수하여 백제에 패했다는 명분을 내세운다.

그렇다면 벌휴왕은 무슨 연유로 구도를 가혹하게 처벌하였을까? 이는 지극히 구도를 경계한 정치적 조치다. 벌휴왕 스스로가 박씨왕조를 무너뜨리고 석씨왕조를 출발시킨 마당에 혹여 구도에 의해 석씨왕조가 무너질 수 있다는 두려움이 앞섰기 때문이다. 더구나 구도의 딸 옥모는 골정(벌휴왕 장자)태자의 비다. 벌휴왕 입장에서 보면 구도는 외척이다. 구도는 얼마든지 석씨왕조를 직접적으로 위협할 수 있는 두려운 존재다. 그러나 벌휴왕의 두려움은 두려움으로 끝나지 않고 현실이 된다. 옥모가 낳은 아들, 즉 구도의 외손자가 조분왕(11대)과 첨해왕(12대)이 되기 때문이다. 벌휴왕으로서는 자신의 손자가 석씨왕조를 이었으니 그나마 다행이지 않겠는가?

벌휴왕은 13년간을 재위하고 196년 사망한다. 『삼국사기』(앞)와 『신라사초』(뒤) 기록이다.

궁궐 남쪽의 큰 나무와 금성 동문에 벼락이 쳐서 왕이 훙하였다.
震宮南大樹 又震金城東門 王薨

월궁의 남쪽 수왕樹王**이 벼락을 맞았다. 상(벌휴왕)이 걱정하며 말하길 "짐에게 그 조짐이 있다." 하였다. 이에 도산으로 들어가서 처벌을 기다리니 다음 날 금성 동문에 또 벼락이 쳤다. 상이 신당에 자리를 마련하라 명하고 몸을 깨끗이 한 후 반드시 누워 조용히 붕하였다.**
月宮南樹王震之 上憂之曰 兆其朕矣 乃入桃山待罪 翌日 又震金城東門 上命設席于神堂 而潔身仰臥 從容而崩

두 차례 벼락이 실제 자연현상인지 아니면 어떤 세력의 군사행동인지는 명확하지 않으나 적어도 벌휴왕이 이를 순수히 받아들이며 죽음을 맞이한 대목은 왠지 씁쓸하기조차 하다.

한반도 최초의 고대국가 조문국

▲ 조문국 경덕왕릉 [경북 의성]

경북 의성군 금성면에 왕릉이 하나 있다. 전하는 바에 따르면 옛날 한 농부가 밭을 갈다 우연히 석실무덤을 발견한다. 무덤 안으로 들어간 농부는 소상^{塑像}(찰흙상)의 머리를 감싸고 있는 금관이 탐이 나서 이를 벗기려 하자 금관이 손에 달라붙어 떨어지지 않는다. 그날 밤 한 노인이 의성군수의 꿈에 나타나 "나는 경덕왕^{景德王}이다. 아무개 곳을 살펴보고 무덤을 개수하고 봉안하라." 말한다. 이튿날 군수는 그곳을 찾아가 무덤을 발견하고 수리한다. 조선 중기 학자 허목^{許穆}의 문집에 나오는 경덕왕릉의 전설이다.

예족 계통의 고대왕국 조문국

경덕왕은 누구일까? 경북 의성 일대에 소재한 조문국^{召文國}의 왕이다. 그런데 놀랍게도 『신라사초』에 조문국 왕력이 상세히 나온다.

조문국은 前124년 용왕에 의해 건국되어 245년 묘초왕에 이르기까지 21대 370년간을 존속한다. 시조는 예왕이다. 『후한서』〈동이열전〉예^濊 편에 나오는 예왕 남려^{南閭}로 추정된다. 남려는 前128년(원삭원년-한무제) 28만 구(호구)를 이끌고 요동에 내속한다.(漢武帝 元朔元年 濊君南閭等 畔右渠 率二十八萬口 詣遼東內屬) 이때 남려의 후손 일부가 경북 의성지방으로 내려와 조문국을 건국한다. 경덕왕릉 전설의 주인공은 바로 조문국 10대 경덕왕이다.

대	왕	재위 기간	대	왕	재위 기간
시조	예왕濊王	-	11	문무文武	74 ~ 93
1	용왕龍王	전124~전119	12	문단文丹	93
2	호왕虎王	전119~전118	13	목단牧丹	93 ~ 107
3	자성紫聖	전118~ 전99	14	보분宝文	107 ~ 131
4	봉왕鳳王	전99 ~ 전93	15	경문景文	131 ~ 160
5	월왕月王	전93 ~ 전83	16	비패翡貝	160 ~ 163
6	벽왕壁王	전83 ~ 전65	17	숭덕崇德	163 ~ 180
7	자제紫帝	전65 ~ 전14	18	윤명允明	180 ~ 184
8	취제翠帝	전14 ~ 3	19	호묘好妙	184 ~ 196
9	소문召文	3 ~ 10	20	묘덕妙德	196 ~ 228
10	경덕景德	10 ~ 74	21	묘초妙楚	228 ~ 245

조문국의 건국(前124년)은 신라의 건국(前57년)과 비교하면 무려 70여 년 정도가 빠르다. 조문국은 공식적으로 기록이 확인된 한반도에서 가장 오래된 예족 계통의 고대 국가다.

> 경북 의성의 금성산고분군은 소재지에 따라 대리리군, 탑리군, 학미리군으로 구분한다. 대리리군은 고분군 서쪽에 위치하며 봉분 지름이 10~15m 또는 20~30m 크기의 무덤 50여 기가 분포한다. 탑리군은 고분군 남쪽에 위치하며 봉분 지름이 10~30m 크기의 무덤이 70여 기가 분포한다. 학미리군은 고분군 동북쪽 구릉 일대에 위치하며 20여 기의 크고 작은 무덤이 분포한다.

조문국은 옥모여왕의 외가

그렇다면 『신라사초』는 무슨 연유로 조문국 왕력을 상세히 남겼을까? 옥모玉帽라는 여성 때문이다. 『신라사초』에 따르면 조문국은 벌휴왕 재위 초기 구도仇道(김알지 5세손)의 공격을 받고 신라에 병합되며 멸망한다. 이때 구도는 조문국 묘덕왕(20대)의 딸 운모雲帽와 혼인하여 옥모를 낳는다. 이 옥모가 훗날 신라 골정骨正(벌휴왕 태자)갈문왕과 혼인하여 석씨왕조 조분왕(11대)과 첨해왕(12대)을 낳는다. 옥모여왕은 신라왕실의 키맨 keyman으로 부상하며 조문국 출신자들이 대거 신라사회에 편입된다. 이런 까닭으로 자신들의 옛 왕조 왕력을 신라 역사 기록에 당당히 남긴다.

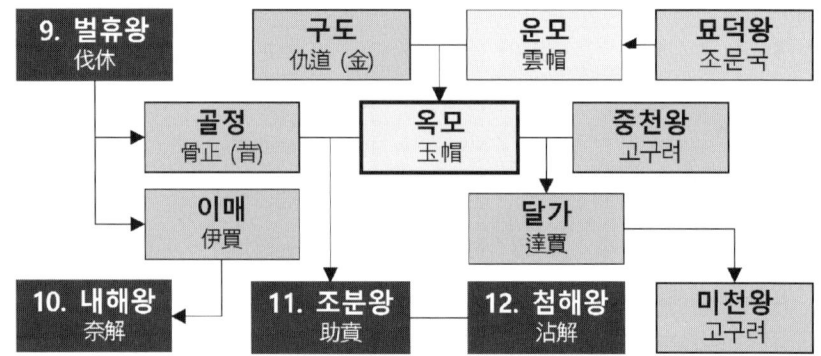

▲ 옥모여왕 가계도

▲ 금성산고분군 대리리군 전경 [경북 의성]

조문국은 과거 한반도에 실존한 고대국가 중에서 가장 신비에 쌓인 나라다. 그래서 혹자는 '잃어버린 고대 왕국'이라 칭한다. 돌이켜 보면 고구려, 백제, 신라 등 3국은 마지막까지 살아남아 모두 왕력을 포함한 역사를 기록으로 남기지만 나머지 국가들은 왕력도 역사도 모두 사라지고 없다. 그나마 금관가라는 훗날 후손이 신라사회 주류세력으로 성장한 덕분에 일부라도 왕력을 남긴다.

『신라사초』가 조문국 왕력을 기록으로 남긴 것 자체가 참으로 위대한 사건이다.

| 내해왕과 포상8국의 충돌 |

내해왕^{奈解王}(10대)은 석씨왕조 두 번째 왕이다. 재위 기간은 196년부터 230년까지 35년간이다.(*『신라사초』257년~291년) 아버지는 벌휴왕의 둘째 아들 이매^{伊買}며, 어머니는 내례^{內禮}다. 왕후는 조분왕(11대)의 누이동생 홍모^{紅帽}다.

▲ 기하학문양 그릇 뚜껑

섬진강문화권의 포상8국

고대 한반도 남해안은 크게 3개 문화권으로 나뉜다. 동쪽은 낙동강문화권, 서쪽은 영산강문화권, 중간은 섬진강문화권이다. 낙동강문화권은 금관가라(경남 김해) 중심의 6개 가라제국(연맹체)이며, 영산강문화권은 신미^{新彌}마한(전남 해남) 중심의 20개 신미제국(침미다례)이다. 그러나 섬진강문화권의 세력집단에 대해서는 잘 알려져 있지 않다.

섬진강문화권의 세력집단은 포상8국^{浦上八國}이다. 포상 즉 포구를 끼고 있는 8개 소국 연맹체다. 때는 209년(내해14)이다. 포상8국이 금관가라를 침범하자 금관가라는 급히 신라에 구원을 요청하고, 이에 내해왕은 이음^利

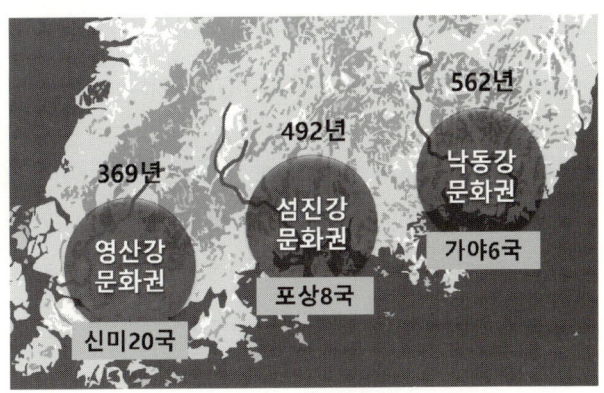
▲ 고대 한반도 남해안 세력 분포

^音을 보내 포상8국을 무찌르고 포상8국이 포로로 잡은 금관가라 6천명

을 되찾아 돌려준다. 『삼국사기』가 딱 한번 언급한 포상8국의 존재다.

포상8국은 어떤 나라일까? 『삼국사기』〈열전〉 물계자 편에 골포骨浦(경남 마산 회현), 칠포漆浦(경남 칠원), 고사포古史浦(경남 고성) 등 3개가 나오고, 또 『삼국유사』〈피은〉 물계자 편에 골포骨浦를 포함하여 보라保羅, 사물史勿(경남 사천) 등 3개가 나온다. 두 기록을 통해 골포, 칠포, 고사포, 보라, 사물 등 5개 포상국이 확인된다. 이 중 보라의 위치에 대해서는 다소 이견이 있다. 일연(『삼국유사』)은 전남 나주(발라)로 비정하고 있으나, 다른 포상국과의 지역적 연계성을 고려하여 섬진강 하구의 문모라汶慕羅섬으로 보는 견해도 있다. 이들 5개 포상국은 모두 섬진강 동쪽의 경남 서부해안에 소재한다. 특히 『고구려사략』은 5개 포상국 뿐만 아니라 초팔草八(경남 합천 초계), 가리加利(경북 고령 다산), 성산星山(경북 고령 선산) 등 3개를 추가한다.

> 『고구려사략』〈산상대제기〉. '3월, 가야가 신라에 아들을 인질로 잡히고 원수 갚기를 청하매 **신라가 내음을 시켜 보라**(保羅), **고자**(古自), **사물**(史勿), **초팔**(草八), **골포**(骨浦), **칠포**(漆浦), **가리**(加利), **성산**(星山) **등의 나라를 쳐서 항복시켰다.**'(三月 加耶質子于羅 而請伐其仇 羅以奈音伐保羅古自史勿草八骨浦漆浦加利星山等國 降之)

포상8국 기원은 월나국

포상8국은 어떻게 해서 생겨났을까? 신라 화랑의 기원인 선도仙道의 계보를 정리한 『위화진경』이다.

> 그 글에 이르길 유원 연못에 있던 **금와가 양유**楊柳**신을 사모하여 나무 아래에서 기원하고 버들잎 위로 올라와 수궁에서 노니 유서**柳絮(유화)**신이 설의를 입고 맞이하였다. 그 참**眞**을 받아들여 백토대왕을 낳으니 이 분이 곧 월나국의 시조다. 해상 여러 섬의 신을 다스리니 이는 곧 포상8국의 시초다.**
> 其文曰 柳園之池有金蛙 慕楊柳神 祈願樹下 躍上柳葉 遊於樹宮 柳絮神以雪衣迎之 授其眞乃生白兎大王 是爲月奈國始祖 治海上諸島神 乃浦上八國之始也

포상8국의 시초는 월나국^{月奈國} 시조 백토 ^{白兎}대왕이다. 월나국은 지금의 전남 영암에 소재한 고대 소국이다. 호남의 해금강인 월출산은 월나에서 유래한다. 또한 기록은 백토를 동부여 금와왕(2대)과 유화부인(*고구려 시조 추모왕 어머니) 사이에서 태어난 아들로 소개한다. 백토는 추모왕의 이복형제다. 동

▲ 월출산 큰얼굴바위 [전남 영암]

부여 왕족 출신인 백토는 서기 전후에 한반도 서남해안으로 내려와 월나국을 건국한다.

> 『유기추모경』(남당필사본)에 동부여 금와왕과 고구려 추모왕의 어머니 유화부인 사이에 태어난 자식이 여럿 나온다. **해불**(解弗), **해화**(解花), **해주**(解朱), **해백**(解百), **해소**(解素), **해만**(解万) 등 6명이다. 이 중 **해백**(前46년생)이 월나국의 시조 백토대왕으로 추정되는 인물이다. 월나국의 건국 시기는 대략 前10년~10년 정도다.

이는 백토의 월나국이 전남 영암지역 뿐만 아니라 점차 동쪽으로 영향력을 확대하며 8개 포상국으로 분화한 사실을 부연한다. 다만 포상8국 중 낙동강 중상류지역에 소재하는 초팔, 가리, 성산 등 3개는 포상8국의 항구적

▲ 월나국 건국과 포상8국 위치

연맹체인지 아니면 일시적 연합체인지는 다소 불분명하다. 그럼에도 만약 항구적 연맹체라면 기존의 6가라 연맹체에 대한 새로운 해석이

요구된다. 특히 월나국은 눌지왕(19대) 때 백제 비유왕(20대)의 공격을 받아 도읍을 전남 영암에서 섬진강 하구인 전남 여수(원읍)로 옮긴다.

> 『신라사초』〈눌지천왕기〉. '15년(431년) 백양 3월, 비유가 월나를 쳐서 그 서남부 땅을 취하고 군으로 삼았다. 월나가 도읍을 원읍으로 옮기고 그 아우 오인을 보내와 화친을 청하였다.'(十五年 白羊 三月 毗有伐月奈取其西南地爲郡 月奈移都猿邑遣其弟吳人請和)

또한 소지왕(21대) 때인 492년(소지14) 신라에 평정되며 병합된다. 『신라사초』〈소지명왕기〉다.

14년(492년) 수원 임신 12월, 거숙이 월나月奈를 평정하였다. 세득, 고귀, 해를 사로잡았다. 해는 고귀의 어머니다. 고귀를 월나군주로 삼고 천가를 군君으로 삼아 고자古自(경남 고성)에 속하도록 하였다.
十四年 水猿 壬申 十二月 車宿平月奈 虜世得高海 海乃貴母也 以高貴爲月奈郡主 以千家爲君 使屬古自

월나국은 대략 5백여 년간 명맥을 유지하며 존속한 고대 소국이다. 『삼국사기』는 월나국에 대한 기록을 일체 남기지 않는다. 이런 까닭으로 우리는 월나국의 존재와 역사에 대해 전혀 알지 못한다. 그러나 『신라사초』에는 월나국 관련기록이 25개나 나온다. 주로 신라와 교류한 내용으로 『삼국사기』가 외면한 소중한 역사 기록이다.

섬진강문화권을 형성한 포상8국의 시초는 월나국이다.

조분왕과 감문국, 골벌국 정벌

조분왕^{助賁王}(11대)은 석씨왕조 세 번째 왕이다. 이름은 제귀^{諸貴}다.(*『삼국유사』) 재위 기간은 230년부터 247년까지 18년간이다.(*『신라사초』 292년~309년) 아버지는 골정^{骨正}이며, 어머니는 구도의 딸 옥모^{玉帽}다. 왕후는 내음^{奈音}의 딸 아소례^{阿召禮}와 내해왕의 딸 아이혜^{阿爾兮}다. 조분왕은 감문국을 평정하고 골벌국을 흡수하여 신라의 군^郡으로 편입한다.

▲ 달(해)무늬 수막새

> 『신라사초』〈조분기〉. '처음에 옥모태후가 하얀 까치가 날아와 품는 꿈을 꾸고 제를 낳았다. **임신할 때와 태어날 때 모두 달이 밝았다.**'(初玉帽太后夢見白鵲入懷而生帝 娠産而皆以月明)

감문국 평정

감문^{甘文}국은 『삼국지 위서』〈동이전〉 한^韓 편의 변진12국 중 하나인 감로^{甘路}국이다. 지금의 경북 김천에 소재한다. 조분왕은 재위 초기(조분2) 석우로를 보내 감문국을 평정하고 군으로 삼는다. 『신라사초』〈조분기〉다.

> 2년(293년) 5월, 감문^{甘文}이 배반하였다. 우로^{于老}태자를 대장군으로 삼아 알명^{謁明} 등을 거느리고 가서 토벌하였다. 7월, 감문을 평정하여 군^郡으로 삼았다.
> 二年 五月 甘文反 以于老太子爲大將軍 率謁明等往討之 七月 甘文平 以爲郡

감문국의 평정 사유는 신라에 대한 배반이다. 이는 감문국이 신라에 평정되기 이전부터 밀접한 교류가 있어 왔음을 시사한다.

『신라사초』에 기록된 신라와 감문국의 교류 기록이다.

년도	『신라사초』 기록
166년 (지마8)	10월, 감문여주女主(욱경)가 복군服君태자(파사왕 아들)를 남편으로 삼기를 청하여 이를 허락하였다. 十月 甘文女主 請以服君太子爲夫 許之
194년 (일성3)	3월, 감문여주 욱경旭京이 쌍둥이를 낳고 죽었다. 복군이 욱산旭山에게 장가들기를 청하여 허락하였다. 三月 甘文女主旭京産攣 而卒 腹君請娶旭山 許之
197년 (일성6)	7월, 감문군주 복군이 죽어 아들 복방服方이 계승하여 섰다. 욱산旭山에게 장가들었다. 七月 甘文君服君薨 子服方繼立 娶旭山
215년 (아달라3)	10월, 감문에서 큰 난이 있어 난문暖門에게 명하여 토평하였다. 十月 甘文大亂 命暖門討平之
217년 (아달라5)	5월, 감문태자 욱방旭方에게 아찬의 벼슬을 주고 복복하福福河공주(일성왕 딸)에게 장가들게 하였다. 五月 甘文太子旭方 爵阿湌 尙福福河公主
219년 (아달라7)	3월, 복복하 여주主가 욱방의 아들 복방福方을 낳았다. 쌀과 옷을 내렸다. 三月 福福河主生旭方子福方 賜米衣
234년 (아달라22)	5월, 선우仙于(아달라왕 딸)를 복방에게 시집보냈다. 五月 以仙于妻福方

지마왕 때에 처음 등장하는 감문국 여주(여왕)는 욱경旭京이다. 지마왕은 욱경의 요청에 따라 신라 복군服君태자(파사왕 아들)를 남편으로 보낸

다. 이후 일성왕 때에 욱경이 사망하자 남편 복군이 감문국 왕이 되며, 다시 복군이 사망하자 복군의 아들 복방^{服方}이 왕위를 잇는다. 아달라왕 때에 감문국에서 큰 난이 일어나 난문을 보내 평정하며, 신라 복복히^{福福河}(일성왕 딸)가 감문국 태자 욱방^{旭方}과 혼인하여 여주가 되어 복방^{福方}을 낳으며, 신라 선우^{仙于}(아달라왕 딸)는 복방과 혼인한다. 이처럼 감문국은 신라 왕녀와의 혼인을 통해 동맹에 준하는 끈끈한 관계를 형성한다. 그러나 그 관계는 계속해서 유지되지 못하고 감문국의 배반으로 이어지며 조분왕 때에 군사를 보내 감문국을 정벌하고 신라의 군^{郡}으로 삼는다.

『신증동국여지승람』 경상도 개령현 편에 경북 김천지역의 금효왕릉^{金孝王陵}과 장부인릉^{獐夫人陵} 기록이 나온다.

금효왕릉^{金孝王陵}**은 현의 북쪽 20리에 있다. 큰 무덤이 있는데 감문국 금효왕의 능이라고 전한다. 장릉**^{獐陵}**은 현의 서쪽 웅현리에 있는데, 세상에 전하길 '감문국 때의 장부인릉**^{獐夫人陵}**이다.' 한다.**

金孝王陵 在縣北二十里 有大塚 俗傳甘文金孝王陵 獐陵 在縣西熊峴里 俗稱甘文國時獐夫人陵

금효왕릉은 감문면 삼성리에 소재한 지름 15m, 높이 6m의 원형봉토분이다. 무덤주인에 대해서는 여러 설이 있다. 감문국 시조 왕의 무덤, 감문국 마지막 왕의 무덤, 신라의 감문국 점령이후 조성된 토착세력 수장의 무덤 등이다. 또한 개령면에는 왕비무덤으로 알려진 장부인릉도 있었다고 전한다. 다만 현재 장부인릉은 사라져 존재조차 확인되지 않는다. 혹여 금효왕릉과 장부인릉은 앞의 『신라사초』 기록에 등장하는 인물들과 연결되지는 않을까?

▲ 금효왕릉 [경북 김천 감문면]

골벌국 흡수

골벌骨伐(또는 골화)국은 『삼국지 위서』〈동이전〉한韓 편의 진한12국 중 하나인 호로戶路국이다. 지금의 경북 영천에 소재한다. 조분왕 재위 초기(조분6)에 골벌국 왕이 무리를 이끌고 와서 항복한다. 『신라사초』〈조분기〉다.

7년(298년) 2월, 골벌국骨伐國왕 아음부阿音夫가 무리를 이끌고 와서 항복하였다. 왕이 제택第宅과 전장田莊을 하사하여 편히 살게 하였다. 그 땅을 군郡으로 삼았다.
七年 二月 骨伐國王阿音夫率衆來降 賜第宅田莊安之 以其地爲郡

▲ 완산동고분군 [경북 영천]

조분왕은 항복한 아음부왕에게 집과 토지를 하사하고, 그 땅을 신라의 군으로 삼는다. 골벌국은 경주도성 인근의 여러 소국 중 가장 마지막으로 병합된 소국이다. 이로써 파사왕 때부터 시작된 주변 소국의 병합 작업은 사실상 마무리된다. 특히 골벌국이 순수히 항복 절차를 통해 신라에 합병된 것으로 보아 이전부터 신라에 대해서는 우호적이었을 것으로 본다. 또한 훗날 영천(골벌국)의 토착신이 신라에서 행하던 대사大祀에서 모시는 3선仙 중 하나가 되니, 골벌국은 나름대로 신라 사회에서 대접을 받는다.

조분왕은 경주도성 인근의 주변 소국 합병을 마무리한다.

| 신라를 세운 북방 유목민족 오환족 |

『수서』〈동이열전〉 신라 편이다.

> 위魏 장수 관구검毌丘儉이 고구려를 토벌하여 격파하니 고구려는 옥저로 쫓겨 갔다. 그들은 그 뒤 다시 고국故國으로 돌아갔는데 이때 따라가지 않고 남아 있던 자들이 마침내 신라를 세웠다.
> 魏將毌丘儉討高麗破之 奔沃沮 其後復歸故國 留者遂爲新羅焉

고구려를 침공한 위魏의 관구검 군대 일부가 고국으로 돌아가지 않고 한반도로 남하하여 신라를 접수한다. 이 내용은 『북사』 신라 전에도 나온다. 정말로 그런 역사가 있었을까?

신라로 남하한 오환선우 구루돈

위는 중원의 삼국(위/촉/오)시대 조조의 아들 조비가 세운 나라다. 관구검毌丘儉은 위 장수(유주자사)로 두 차례(244년/245년) 고구려를 침공한다. 이로 인해 고구려는 수도 환도성(요녕성 해성)이 유린당하며, 동천왕(11대)은 압록강 중류지역까지 후퇴한다. 이후 동천왕은 유유紐由의 희생과 밀우密友의 분전에 힘입어 관구검 군대를 패퇴시킨다. 이때 관구검 군대의 일부가 자신의 나라로 돌아가지 않고 곧바로 신라로 내려온다. 이들의 실체가 《관구검기공비》에 나온다. 《관구검기공비》는 패퇴하던 관구검 군대가 자신들의 전공을 새겨놓은 비석이다. 1906년 중국 길림성 집안현에서 발견되며, 비문은 총 7행이다. 이 중 4행에 '討寇將軍巍烏丸單于▨(토구장군 외오환선

▲《관구검기공비》

우▨'가 있다. 오환선우烏丸單于는 북방 기마민족인 오환족의 수장(*선우는 흉노왕 칭호)을 일컫는다. 신라로 남하한 세력은 바로 오환선우가 이끄는 오환족 집단이다. 오환족은 흉노에서 분화된 북방민족이다. 넓게는 몽골인종에 속하며 선비족과 함께 동호東胡로 불린 족속이다. 주요 활동지는 지금의 대흥안령산맥 주변 초원지대다.

오환선우는 누구일까? 구루돈寇婁敦이다.『삼국지 위서』관구검 편에 나오는 우북평 오환선우다. 구루돈은 237년(경초 원년) 오환족 무리 5천을 이끌고 관구검에게 투항한다.

우북평 오환선우 구루돈寇婁敦**과 요서 오환도독 솔중왕 호류**護留 **등은 지난날 원상을 뒤쫓아 요동으로 달아난 자들로 무리 5천여를 이끌고 항복하였다. 구루돈이 동생 아라반**阿羅槃 **등을 보내 궁궐에 들어가 조공하였다.**
右北平烏丸單于寇婁敦 遼西烏丸都督率衆王護留等 昔隨袁尙奔遼東者 率衆五千餘人降 寇婁敦遣弟阿羅槃等詣闕朝貢

구루돈이 바로《관구검기공비》의 '토구장군외오환선우'다. 토구장군은 위에 투항한 북방민족 출신 장수에게만 수여하는 일종의 군호軍號다. 오환선우 구루돈은 관구검에 투항한 후 관구검의 부하장수(토구장군)가 되며, 관구검 군대의 일원으로 고구려를 침공한다.

신라 지배층으로 변신한 오환족

오환선우 구루돈의 남하에 대해『삼국사기』는 두 가지 단서를 남긴다. 하나는 245년(조분16) 10월 고구려가 아무런 이유 없이 신라의 북쪽 변경을 침입한다.(高句麗侵北邊 于老將兵出擊之 不克 退保馬頭柵) 신라와 고구려가 최초로 대면한 사건이다. 245년은 관구검 군대가 고구려 동천왕에게 패퇴당하며《관구검기공비》를 세워놓고 돌아간 해다. 동천왕은 관구검 군대의 패잔병인 구루돈의 오환족이 신라 땅으로 도망가자 이들을 뒤쫓아 신라 국경을 넘어선다.

또 하나는 3년 후인 248년(첨해2) 정월 장훤 長萱이라는 인물이 갑자기 등장하여 서불한(국무총리)에 임명되고 국정을 참여한다.(春正月 以伊飡長萱爲舒弗邯 以參國政) 장훤은 신라로 내려온 오환선우 구루돈으로 추정되는 인물이다. 장훤은 247년 조분왕(11대)을 밀어내고 첨해왕(12대)을 옹립한다. 오환족 출신 장훤집단이 신라를 장악한다. 이어 2월 신라는 고구려에 사신을 파견하여 화친을 맺는다.(二月 遣使高句麗結和) 이제는 장훤(구루돈)집단이 위의 패잔병이 아니라 당당히 신라인이 되었다고 고구려에 통보한다. 장훤집단은 신라에 들어온 지 3년 만에 위의 패잔병에서 신라 지배층으로 신분이 급상승한다.

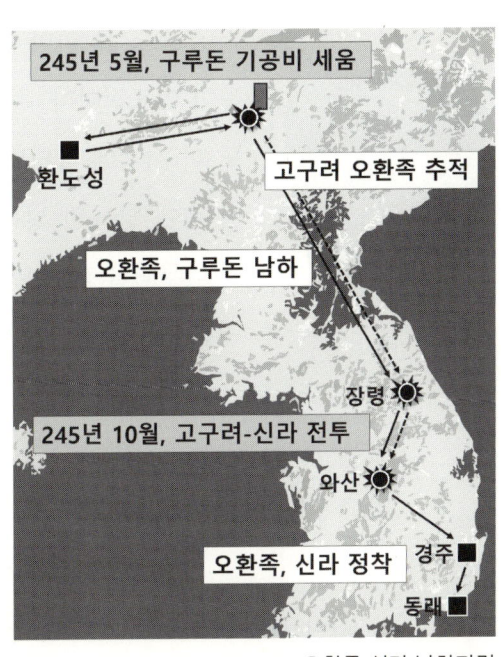

▲ 오환족 신라 남하과정

『삼국사기』는 위임 행위를 '委-맡김'와 '參-참여함'으로 구분해서 쓴다. **委는 내부인사를, 參은 외부인사를 가리킨다.** 서불한에 임명되어 **국정에 참여(參)한 장훤은 명백한 외부출신 인물**이다.

북방식 유물의 출현

고고학적으로 3세기 후반에 낙동강 하류지역에서 유물의 대변화가 일어난다. 북방식 유물이 출현하는데 그것도 3세기 후반이라는 특정 시기에 집중적으로 나타난다. 통상적으로 유물의 형태와 양식은 일정의 시간을 두고 주변 공간으로 점진적 확산, 발전하는 양태를 보인다. 그러나 이 시기 북방식 유물의 등장은 마치 하늘에서 뚝 떨어진 느낌이다.

▲ 대성동고분 동복

주요 유물은 마구류와 철제 갑주 그리고 동복銅鍑(청동솥) 등이 대표적이다. 순장殉葬과 토기를 다량으로 부장하는 것도 이 시기에 나타난 특징 중의 하나다. 무덤 양식도 구덩이 속에 널(관)만 넣는 널무덤(목관묘)과는 달리, 구덩이에 먼저 나무곽을 짜서 넣고 그 안에 다시 본래의 널을 안치하는 덧널무덤(목곽묘)으로 변화한다.

북방식 유물과 무덤 양식의 출현은 오환족이 한반도로 남하하면서 가져온 것이다. 특히 오환족은 단순히 신라 입성에 그치지 않고 일부는 임나(부산 동래)에까지 내려간다.

신라 지배층이 된 오환족의 등장은 새로운 왕조 출현을 예고한다.

첨해왕의 자연재해와 천체현상 기록

첨해왕沾解王(12대)은 석씨왕조 네 번째 왕이다. 이해理解라고도 한다. 재위 기간은 247년부터 261년까지 15년간이다.(*『신라사초』 310년~324년) 아버지는 골정骨正이며, 어머니는 구도의 딸 옥모玉帽다. 왕후는 수황秀皇이다. 원래 첨해왕은 왕이 될 위치가 아니다. 당시 조분왕의 아들 유례儒禮가 있고, 내해왕(10대)의 아들 우로于老 또한 멀쩡히 살아 있는데 엉뚱하게도 서열에서 한참 밀려있는 첨해가 왕이 된다.

▲ 서수형토기

자연재해와 천체현상 기록

첨해왕은 재위 기간 중에 백제와 괴곡성(충북 제천), 봉산성(충북 단양)에서 전투를 벌인 것을 빼고 나면 딱히 치적이라 할 만한 내용은 없다. 다만 후반기에 자연재해가 집중해서 발생하며 일부 천체현상도 관측된다. 아래는 『삼국사기』와 『신라사초』 기록이다.

『삼국사기』 첨해이사금	『신라사초』 첨해니금기
13년(259년) 7월, 가뭄이 들고 메뚜기떼의 재해가 있었다. 이 해에 흉년이 들어 도적이 많았다. 十三年 秋七月 旱蝗 年	13년 7월, 하늘의 운행에 가뭄이 들고 메뚜기가 생겨 한 해 동안 흉년이 들어 백성이 굶주렸다. 도적이 사방에서 일어났다. 제(첨해왕)가 한탄하여 말하길 "짐의 치세에 재난이 생기니 군주라 할 수 없다." 하였다. 아후阿后(아이혜)가 말하길 "○○는 성인입니다. 어찌하여 대정大

荒 多盜	政을 맡기지 않습니까?" 하였다. 제가 기뻐하며 ○○를 불러 정사를 넘기려 하였으나 한사코 고사하며 받지 않았다. 十三年 七月 天旱而蝗年荒民飢 盜賊四起 帝嘆曰 當朕之世災難如此無以爲君 阿后曰 ○○聖人也 何不委以大政乎 帝嘉其言 乃召○○讓政 ○○固辭不受
14년(260년) 여름, 큰 비가 내려 40여 개 산이 무너졌다. 十四年 夏 大雨 山崩四十餘所	14년 5월, 큰 비가 내려 무너진 산이 40여 개였다. 제가 자책하며 찬을 거르고 ○○를 불러 감국監國을 맡기려 하였다. 재상들이 기다렸으나 나오지 않았다. 아후가 ○○에게 이르길 "왕이 편안하면 나라는 위태로워진다. 오직 신군神君만이 나라를 오랫동안 편안하게 할 수 있다. 어찌하여 나오지 않는가?" 하였다. 이에 ○○가 처소에서 나왔다. 十四年 五月 大雨 山崩四十餘所 帝廢膳 自責 欲迎○○監國 使盖相望而不出 后自至○○曰 國君安則其國危 唯神君長安 何自至 乃出
가을7월, 혜성이 동쪽에 나타났다가 25일 만에 사라졌다. 秋七月 星孛于東方 二十五日而滅	7월, 혜성이 동쪽에서 나타나 25일 동안 사라지지 않자 제가 걱정하였다. 군신들이 모두 ○○가 능히 재앙을 없애고 백성을 살릴 수 있을 것이라 하였다. 이에 ○○를 부군副君으로 삼았다. 혜성이 곧 사라졌다. 七月 彗星出東方二十五日不滅 帝憂之 群臣皆以爲○○能消灾生民 乃以○○爲副君出南堂 星卽滅藏

15년(261년), 겨울 12월 28일에 왕이 갑자기 병이 나서 훙하였다. 十五年 冬十二月二十八日 王暴疾薨	15년 12월, 제가 아후, 부군과 함께 운제산당에 들러 대일제를 행하고 해택으로 돌아와서 **갑자기 병이 나서 붕하였는데 28일 저녁이다**. 부군의 즉위를 유명遺命으로 남겼다. 부군이 고사하고 피하여 숨었다. 아후가 눈을 부릅뜨고 부군이 숨어있는 야인野人의 집에 이르러 함께 말을 타고 돌아와 **상서로운 즉위식을 거행하였다**. 이 때가 청계 원단(1월1일)이다. 十五年 十二月 帝與阿后副君登雲梯山堂 行大日祭 而還海宅 疾作暴崩 乃二十八日之夕也 遺命副君卽位 而副君固辭 避匿 阿后冒雪 而至副君之隱居野人家 幷騎而歸 行祥登祚 則靑鷄元旦也

259년(첨해13)~261년(첨해15)까지 3년간 기록이다. 두 기록의 내용은 같다. 다만 『삼국사기』는 발생한 사실만을 기록하지만, 『신라사초』는 사실과 더불어 특정 의미와 해석을 부여한다. 『삼국사기』 기록의 소략疏略함을 가감없이 보여주는 대표적인 사례라 할 수 있다.

『신라사초』 기록에 나오는 아후阿后는 아이혜阿爾兮다. 당시 아이혜는 왕실의 최고 어른이다. 내해왕의 딸이며 조분왕의 왕후고, 첨해왕에게는 태후가 된다. 아이혜는 메뚜기떼가 출몰하고 가뭄으로 흉년이 들어 도적이 들끓자 첨해왕에게 국정을 ○○에게 맡기라고 강권한다. 첨해왕이 국정을 넘기려하자 ○○은 한사코 고사한다. 또 큰 비가 내려 도처에서 산사태가 발생한다. 첨해왕은 다시금 ○○에게 국정을 맡아달라고 주문한다. 이번에는 재상급 신하들도 적극 나서서 재촉한다. 이어서 혜성이 출현한다. 고대에 있어 혜성의 출현은 단순한 천체현상이 아니다. 불길한 재앙의 전조다. 첨해왕은 신하들의 압박에 못이겨 ○○를 부군^{副君}(후계자)에 봉한다. 그리고 마지막으로 첨해왕이 병이 나서 갑자기 죽자 아이혜가 야인^{野人}(왜인)의 집에 숨어있는 ○○를 찾아내어 왕위에 오르게 한다.

▲ 황충, 혜성, 가뭄

○○은 누구일까? 『삼국사기』는 ○○의 이름이 미추^{味鄒}며, '이것이 김씨가 나라를 다스리는 시초가 된다.'(此 金氏有國之始也)고 적는다. ○○는 바로 김씨왕조의 실질 시조인 미추왕^{味鄒王}이다.

첨해왕 말기의 자연재해와 천체현상 기록은 미추왕의 즉위를 정당화하기 위해 재해석한 사건이다.

| 미추왕 출생 미스터리 |

미추왕^{味鄒王}(13대)은 북방민족 오환족 계통의 김씨왕조 최초 왕이다. 미조^{未照} 혹은 미소^{未召}라고도 한다. 재위 기간은 262년부터 284년까지 23년간이다.(*『신라사초』 325년~349년) 『삼국사기』 계보는 아버지가 구도^{仇道}이고, 어머니는 이칠^{伊柒}의 딸이다. 그런데 『신라사초』 계보는 아버지가 장훤^{톶萱}이고, 어머니는 술례^{述禮}다. 어느 기록이 맞을까?

▲ 뿔잔토기

미추왕의 출생계보 실체

『신라사초』〈미추니금기〉다.

옛날 구도^{仇道}세신이 병이 들어 장훤^{톶萱}의 집에 머물렀는데 꿈속에서 금색 대조를 보였다. 마음속으로 기이하다 여겼는데 **장훤의 처 술례**^{述禮} 역시 꿈속에 금색 대조를 보고 장훤에게 고하길 "반드시 귀한 아들이 태어날 것이니 합궁을 함이 옳겠습니다." 하였다. 이에 장훤이 술례를 끌어안고 잠자리에 들었으나 추위와 싸우느라 제대로 합궁이 되지 않았다. 장훤은 깨달은 바 있어 말하길 "내가 무슨 공적이 있어 감히 이 꿈을 감당할 수 있겠는가. 이 꿈은 구도^{仇道} 주공의 것이다." 하였다. 이에 술례에게 나아가도록 하니 술례가 부끄러워하며 스스로 나아감을 옳게 여기지 않았다. **장훤이 술례를 업고서 강제로 구도의 침전에 들게 하였다. 구도가 말하길 "나의 꿈이 크게 길하니 너의 처를 빌려주는 것은 가장 좋은 일이다." 하였다. 장훤이 말하길 "하늘의 뜻입니다." 하고 술례를 밀어 넣고 물러났다. 구도가 술례를 안고 따뜻한 햇볕이 있는 쪽으로 누워있다가 드디어 운우**^{雲雨}(남녀 육체관계)**를 이루어 임신하였는데 기이하고 상서로운 조짐이 많았다. 이때부터 술례는 구도의 처가 되어 미추니금(미추왕)을 낳았다.

先是 仇道世神 養疾於長萱之家 夢見金色大鳥 心奇之 時長萱妻述禮 亦夢金色大鳥 而告于長萱曰 必生貴子 可以相合 長萱乃携述禮入寢 戰寒不能成房 乃大悟曰 吾有何功 而敢當此夢 此必仇道主公之兆也 乃命述禮進而薦之 述禮羞慚不肯自進 長萱乃負述禮 而強之仇道寢 仇道曰 吾夢大吉 可借汝妻 一好 長萱曰 天也 乃推述禮而退 仇道乃抱述禮 向暖日臥 遂成雲雨 而娠 多異祥 自是述禮爲仇道妻 生味鄒尼今

정리하면 이렇다. 구도가 병이 들어 장훤의 집에 머무는데, 어느 날 장훤의 처 술례가 꿈속에서 금색 대조大鳥를 보고 귀한 아들이 태어날 것이라 여겨 남편 장훤에게 합궁을 요구한다. 그러나 추위로 인해 합궁이 제대로 이루어지지 않자 장훤은 술례의 꿈이 구도에게 있다 판단하여 술례를 구도에게 빌려준다. 구도가 이를 받아들여 따뜻한 햇볕이 드는 곳에서 술례와 합궁하고 미추왕을 임신한다. 그렇다면 미추왕의 생물학적 아버지는 구도가 맞을까? 그런데 『신라사초』는 덧붙여 기록한다. '이때 구도의 나이가 이미 75세여서 사람들은 모두 다 장훤의 아들이라 의심하였다.'(自是述禮爲仇道妻 生味鄒尼今 時仇道年已七十五 人多疑 爲長萱子) 적어도 당시 사람들은 구도가 75세의 고령인 관계로 미추왕의 아버지를 구도가 아닌 장훤으로 본다.

미추왕이 김씨가 된 이유

장훤은 누구일까? 위 관구검毌丘儉이 고구려를 침공할 때(244년/245년), 관구검 군대의 일원으로 참전한 오환선우烏丸單于 구루돈寇婁敦이다. 고구려 동천왕(11대)에게 패퇴하여 고국으로 돌아가지 않고 곧바로 남하하여 신라 지배층이 된 오환족의 수장이다.

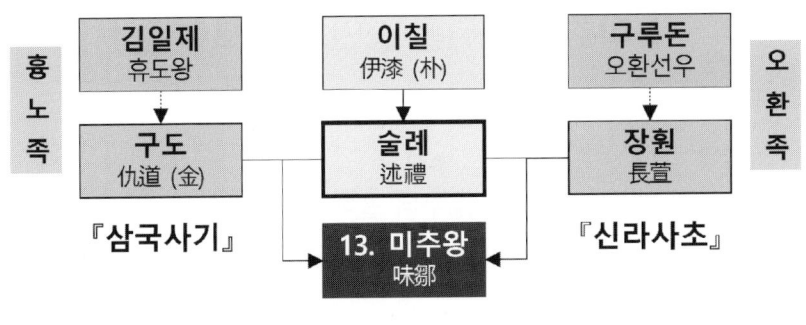

▲ 미추왕의 출생 계보도

『신라사초』 미추왕 출생 기록은 중요한 역사적 사실을 증언한다. 오환족의 수장 장훤(*구루돈)이 신라 김씨의 수장인 구도와 정치적, 혈연적으로 결합한 점과 또한 오환족집단이 구도(김씨)집단과 결합하면서 신라 지배층으로 편입된 점이다.

그렇다면 오환족집단은 당시 왕족인 석씨과 손을 잡지 않고 김씨를 선택한 걸까? 구도의 선조인 신라 김알지집단의 기원은 북방민족 흉노의 왕족 출신 투후 김일제金日磾다. 장훤의 오환족집단은 동호東胡로 총칭되는 흉노에서 분화한 북방민족이다. 따라서 두 집단은 근원이 같은 동일 계통의 북방민족이다. 이런 까닭에 오환족집단은 자연스레 김씨집단을 선택하며, 또한 두 집단의 결합물인 미추왕은 당연히 김씨가 된다.

미추왕의 생부는 신라 김씨 구도仇道가 아닌 오환족 출신 장훤長萱이다.

| 미추왕 즉위를 승인한 옥모여왕 |

　신라 석씨왕조는 벌휴왕(8대)부터 흘해왕(16대)까지다. 대략 170여 년간이다. 그런데 중간에 김씨왕조 시조 미추왕(13대)이 덜렁 들어간다. 특히 당시는 석씨왕조의 권력기반이 확고히 구축된 시기여서 미추왕의 즉위는 매우 이례적이다. 그렇다면 미추왕은 어떻게 해서 왕이 된 걸까?

옥모, 신라왕실의 중심

　미추왕 즉위에 결정적인 역할을 한 여성이 있다. 옥모玉帽다. 아버지는 김알지의 후손인 구도仇道고, 어머니는 조문국(경북 의성) 왕녀인 운모雲帽다. 옥모는 벌휴왕의 며느리가 되면서 석씨왕실과 인연을 맺는다. 벌휴왕에게는 2명의 아들이 있다. 첫째 골정骨正태자와 둘째 이매伊買다. 옥모는 골정태자의 처가 되어 2명의 아들을 낳는다. 그러나 골정이 병사病死하는 바람에 졸지에 과부가 된다. 이때 벌휴왕은 구도를 견제하기 위해 옥모가 낳은 골정의 아들을 제쳐두고, 대신 이매의 아들 내해왕(10대)에게 왕위를 넘긴다. 그러나 내해왕이 사망하면서 옥모에게 기회가 찾아온다. 옥모는 두 아들 조분왕(11대)과 첨해왕(12대)을 연거푸 옹립하며 왕실권력의 중심에 선다.

　옥모는 조선왕조의 인수仁粹대비와 비슷하다. 인수대비는 세조(7대)의 장자 의경세자가 병사하는 바람에 두 아들(월산군, 자을산군)을 데리고 사가로 물러났다가 세조의 둘째 아들 예종(8대)이 단명하면서 성종(9대, 자을산군)의 즉위와 함께 화려하게 왕실로 복귀한다. 다만 인수대비는 폐비 윤씨를 죽게 만든 일로 훗날 손자인 연산군(10대)에게 죽임을 당한다.

고구려 왕과 인연을 맺은 옥모

그러나 옥모는 인수대비와는 전혀 다른 삶을 산다. 옥모는 신라를 떠나 고구려 중천왕(12대)과 함께한다. 『고구려사략』에 따르면, 중천왕은 옥모를 위해 계림성모사鷄林聖母祠를 짓고 옥모의 초상화를 걸어 놓는 등 깊은 애정을 표시한다. 특히 신라 김씨의 조상인 세한, 아도, 수류, 욱보, 구도 등 5명의 신주를 모셔놓고 제사도 지낸다. 또한 미추왕은 옥모의 승인을 통해 신라 왕으로서의 정통성을 부여 받는다. 『고구려사략』〈중천대제기〉다.

14년(261년) 신사 12월 28일에 첨해가 갑자기 죽어 조분의 **사위 미추가 왕위에 올랐다.** 옥모의 동생이다. 미추가 글을 올려 청하길 "조카인 황제가 나라를 등졌습니다. 모든 신하들이 신에게 감국하라고 하나 신은 재주가 용렬하여 왕위에 오르기엔 미치지 못합니다. **누님이신 후**(옥모)**와 형황**(중천왕)**께서 될 만한 사람을 택하여주시면 좋겠습니다.**" 하였다. 상(중천왕)이 옥모와 단궁에서 함께 있다가 급보를 듣고 옥모에게 묻길 "당신 동생 미추가 조신하고 후덕하여 가장 나으니 또한 시켜볼 만하지 않겠소?" 하니 옥모가 눈물 흘리며 아뢰길 "첩은 이미 나라를 등지고 와서 지아비를 따르고 있으니 지아비이신 황상의 뜻이 소첩의 뜻이옵니다." 하였다. 상이 이윽고 **명림어윤으로 하여금 칙명을 받들고 신라로 가서 미추를 봉하여 「신라국황제동해대왕우위대장군」으로 삼고 금은으로 만든 인장과 포와 면을 하사하니** 이날이 바로 임오년(262년) 정월 25일이다.

十四年辛巳 十二月二十八日 沾解暴殂 助賁婿味鄒立 玉帽之弟也 上書請立曰 姪皇棄國 群臣以臣監國 臣才庸劣 不足以立 姊后兄皇宜擇可人 上與玉帽同枕 于檀宮 聞此急報 問於玉帽曰 爾弟味鄒謹厚長者也 不亦可乎 玉帽泣曰 妾已負 國從夫 夫皇之心乃妾之心也 上乃使明臨於潤 奉勅徃羅 封味鄒爲新羅國皇帝 東海大王右衛大將軍 賜金銀印裒冕 此乃壬午正月二十五日也

중천왕은 옥모의 요청에 따라 미추왕에게 「신라국황제동해대왕우위대장군」의 작위를 수여한다. 특히 『고구려사략』은 옥모가 중천왕과 연을 맺어 아들 달가達賈를 낳은 사실도 전한다. 달가는 고구려에서 숙신을 정벌한 공로로 안국군安國君에 봉해지며 승승장구한다. 그러나 조카뻘인 봉상왕(14대)에게 자결을 명받고 갑자기 사망한다. 달가의 표면적인 죄는 왕권 도전이나 실상은 달가가 신라왕실의 피를 받은 점이다. 참고로 달가는 돌고咄固를 낳는데 돌고 역시 봉상왕에게 반역죄로 죽임을 당하며, 훗날 돌고가 낳은 아들 을불乙弗이 고구려의 왕위를 잇는다. 우리가 잘 아는 소금장수 출신의 미천왕(15대)이다.

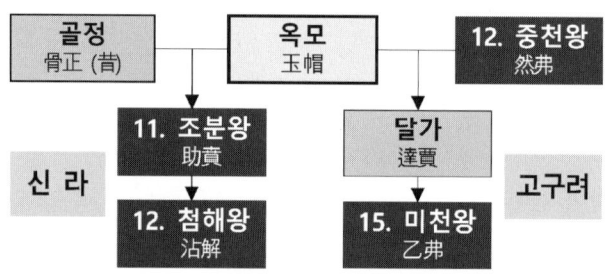

▲ 옥모와 후손 계보도

이후 옥모는 신라로 돌아와 첨해왕 때인 311년(첨해2) 사망한다. 『신라사초』〈첨해니금기〉다.

2년(311년) 3월, 옥모태후가 해택에서 붕하여 내해릉에 반장返葬하고 골정릉에 분골하였다. 처음에 운모雲帽(조문국 묘덕왕 딸)가 구도와 사통하여 태후를 낳았는데 기이한 향기가 방안에 가득하였다. 꿈에 **옥야**玉耶가 금화金花를 낳는 것을 보아서 **옥모**玉帽라 **이름하였다.** 성장하면서 아름답고 가무에 능하여 16세에 가선歌仙으로 나아가 월가月歌를 행하였다. 선도들이 옥모를 흠모하였는데 골정태자가 집으로 데려가 행幸하여 임신하였다. 이에 옥모가 처로 삼아주기를 청하였으나 신분이 미미하여 이루지 못하자 스스로 불타 죽으려 하였다. 벌휴제가 골정에게 혼인을 명하고 조분제를 낳았다. 또 내해제를 섬겨 니금(첨해제)을 낳았다. 태후로 존숭되어 조문국 유신遺臣들을 힘껏 도왔다. 당시 사람들이 태후를 마정馬精이라 불렀다. 춘추 74세다.

二年 三月 玉帽太后崩 于海宅 返葬于奈解陵 分骨于骨正陵 初足達妻雲帽 私通于仇道 而生后 異香滿室 夢見 玉耶生金花 故名玉帽 及長 美而善歌舞 十六列 于歌仙 行月歌 衆仙慕之 骨正太子引歸于宅 而幸之有娠 玉帽請爲妻 而骨微不得 欲自焚而死 伐帝乃命 骨正行吉 生助賁帝 又事 奈帝生尼今 尊爲太后 力扶召文遺臣 時人以后爲馬精 春秋七十四

옥모는 석씨왕조의 묘역인 양정릉원의 내해릉에 묻힌다. 양정릉원은 경주 대릉원 일원 신라고분의 「쪽샘지구」내 무덤이다.

감신총(龕神塚)은 평안남도 남포시 와우도구역 신령리에 소재한 고구려 벽화무덤이다. 무덤방은 널길 → 앞방 → 이음길 → 널방으로 이어진다. 특히 앞방 좌우에 별도의 감실이 있으며, 감실 벽면에 남녀 인물상의 벽화가 있다. **좌측 감실은 남성, 우측 감실은 여성**이다. 각각 동천왕, 옥모여왕으로 추정된다. 『고구려사략』〈영락대제기〉에는 동명(추모왕)단상과 중천·옥모상을 만들어 아침저녁으로 참배한 기록도 나온다.

옥모는 신라와 고구려 왕실의 공통분모로 『삼국사기』가 기록하지 않은 또 한 분의 위대한 여성이다.

| 석우로를 제거한 미추왕 |

신라 김씨왕조 미추왕은 재위 전반기에 강력한 경쟁자 한 사람을 제거한다. 그것도 자신의 손에 피를 묻히지 않고 외부세력(왜)의 힘을 빌어 전격적으로 제거한다. 누구일까?

왕이 되지 못한 군사영웅 석우로

석우로昔于老다. 원래 석우로는 내해왕(10대)의 유일한 후계자로 왕위를 이어야 하나, 옥모玉帽가 낳은 조분왕(11대)과 첨해왕(12대)이 잇따라 왕위를 잇게되자 왕위계승 서열에서 자연스레 멀어진다. 대신 석우로는 석씨왕조 기반 다지기에 적극 나선다.

석우로는 231년(조분2) 조분왕으로부터 이찬(제2등)의 관등을 받고 대장군이 되어 감문국(경북 김천)을 정벌하며, 233년(조분4) 왜인의 병선을 불태워 물리친다. 244년 서불한(국무총리)에 올라 지병마사를 겸임하며, 245년(조분16) 고구려의 공격을 직접 나서서 방어한다. 또한 첨해왕 때에는 사량벌국(경북 상주)을 토벌한다.(*『삼국사기』〈열전〉) 이처럼 석우로는 상당한 군사적 역량을 갖춘 당대 최고의 영웅이다. 그런데 석우로는 뜻밖의 사건에 휘말려 죽음을 맞는다.

석우로 제거는 미추왕의 작품

『삼국사기』〈열전〉 석우로 편에 상세한 내막이 나온다. 때는 첨해왕이다. 왜 사신이 객관에 머무르고 있을 때 석우로는 왜 사신을 찾아가 접대하는 과정에서 '왜왕을 염전의 노예로 만들고, 왕비는 부엌데기로 만들겠다.'(以汝王爲鹽奴 王妃爲爨婦)며 농담을 건넨다. 이에 격분한 왜 사신은 돌아가 석우로의 말을 왜왕에게 고하자, 왜왕은 군사를 보내 신라를 공격한다. 이로 인해 석우로는 책임을 지고 왜국을 찾아가 '전에 한 말은 농담일 뿐인데 어찌 군대를 보내 공격하느냐?'(前日之言 戱之耳 豈意興師至於此耶)며 되묻는다. 그러나 왜는 이를 무시하고 석우로를 아예 장작더미위에 불태워 죽인다. 『삼국사기』〈열전〉이 전하는 석우로의 죽음이다.

▲ 석우로 화형 (AI 그림)

그런데 『신라사초』는 사건의 발생 시기가 첨해왕이 아닌 미추왕 때로 적는다. 또한 『삼국사기』 설명과는 다소 차이가 난다. 농담의 대상은 왜왕과 왜왕비가 맞으나, 이는 어디까지나 모두 미추왕과 왕후 아후^{阿后}(아이혜)를 노비에 빗대어 경모^{輕侮}(모욕하거나 업신여김)한 말로 설명한다.(皆元上拂于尼今及阿后 視王后如奴婢而輕侮之心) 다시 말해 석우로의 농담은 미추왕과 아후에 대한 평소의 불만이 무의식중에 표출된 말이다. 그 불만은 왕위가 석씨에서 김씨 미추왕으로 넘어간 것이며, 더구나 석우로의 여동생인 아이혜 왕후가 이를 용인한 점이다.

또한 『신라사초』는 덧붙인다.

석우로는 용감하고 장병을 잘 다루어 자긍심이 높았는데 대중의 마음을 얻지 못하여 반역하려는 불궤의 마음이 있었다. **왕**(미추왕)**이 왜와 더불어 밀통하여 우로를 제거했다고 하고 혹은 내홍을 염려하여 왜의 힘을 빌려 우로를 친 것이라고 한다.**
于老勇而善將兵 然高尤好自矜 不得衆心 故悒 悒有反志 尼今之臣與倭使相通而密謀制之云

결과적으로 석우로의 죽음은 미추왕의 작품이다. 미추왕은 왜의 힘을 빌려 전격적으로 석우로를 제거한다. 미추왕의 입장에서 보면 석우로는 반드시 죽어야 할 운명을 타고난 셈이다.

미추왕과 왜의 상관성

▲ 복천동고분군 [부산 동래]

미추왕이 힘을 빌린 왜는 누구일까? 또한 미추왕은 왜와 어떤 상관관계가 있어 이용한 걸까? 부산 동래 복천동의 야트막한 구릉일대에 조성된「복천동고분군」은 부산일대 세력을 대표하는 무덤군이다. 1969년부터 발굴 조사하여 지금까지 모두 190여 기를 확인한다. 시기는 2세기부터 5세기까지며, 무덤 양식은 널무덤(목관묘) → 덧널무덤(목곽묘) → 돌방무덤(석곽묘/석실묘) 등으로 변화하는 양상을 보인다. 이 중 덧널무덤은 77기로 전체대비 과반수를 차지하여, 무덤군의 조성 시기는 주로 3~4세기에 집중된다.

출토 유물은 토기 3천여 점, 철기를 포함한 금속류 3천여 점, 유리를 비롯한 장신구 4천여 점 등 1만여 점에 이른다. 특히 금속류의 경우 철제 갑옷이 대표적이다.

▲ 복천동고분군 출토 철제 갑주와 어깨가리개

지금까지 우리나라에서 출토된 갑옷(종장판갑)은 모두 33점인데, 복천동에서만 22점(57%)이 확인된다. 찰갑 (8점), 투구(27점), 목가리개(경갑/8점)을 합치면 65점에 이른다. 북천동은 고대의 갑주백화점이다. 또한 말머리갑옷, 말안장발걸이(鐙子), 재갈, 말띠드리개, 말종방울, 띠고리 등 철제 마구류도 상당수 출토한다. 철제 갑옷과 철제 마구류는 북방 기마민족의 상징물이다. 이로 미루어 보아 적어도 3~4세기에 이들 북방 기마민족이 부산 동래의 복천동일대에 정착한 사실을 알 수 있다.

미추왕이 석우로를 제거하는데 힘을 빌린 왜는 바로 북방 기마민족 출신이다. 이들은 위^魏의 관구검^{毌丘儉} 군대의 일원으로 245년 고구려를 침공한 오환족의 수장 구루돈^{寇婁敦} 일파로, 이후 관구검이 패퇴할 때 돌아가지 않고 곧바로 남하하여 신라 미추왕을 옹립한 장훤^{長萱}집단과 같은 오환족이다. 이런 까닭으로 복천동고분군의 덧널무덤 조성 세력인 왜는 미추왕의 요구에 따라 석우로를 제거하는데 적극 나선다.

▲ 복천동고분군 금동관

원래 부산 동래일대는 변한12국 중 하나인 독로국^{瀆盧國}이 위치한 지역이다.『일본서기』가 의부가라(딸린/업힌 가라)로 소개한 임나며,『삼국사기』가 시종일관 왜로 표기한 고대 국가다. 임나 역시 신라와 마찬가지로 3세기 중반 남하한 오환족에 의해 지배층이 교체된다.

미추왕은 석우로를 제거하는데 성공하지만 안타깝게도 자신의 직계로 왕위를 잇지 못한다. 대신 유례왕(14대)이 즉위하면서 다시금 석씨왕조가 부활한다.

석우로는 왕이 되지 못한 비운의 인물이다. 다만 역사는 석우로를 철저히 보상한다. 석우로의 직계 아들이 훗날 왕위를 승계한다. 석씨왕조 마지막 왕인 흘해왕(16대)이다.

석우로의 죽음에는 부산 동래를 점령한 북방 기마민족 오환족이 있다.

| 미추왕릉 죽엽군과 이서국 멸망 |

▲ 이서고국 표지석 [경북 청도]

미추왕릉(대릉)의 별칭은 죽장릉竹長陵이다.(*『삼국유사』-죽현릉) 죽장릉은 죽엽군竹葉軍(댓잎을 귀에 꽂은 병사)으로 인해 붙여진 이름이다. 죽엽군 이야기는 『삼국사기』에 나온다. 시기는 유례왕(14대-석씨) 때다. 이서국伊西國(경북 청도) 군사가 수도 금성(경주)을 공격해와 막지 못하자, 홀연히 죽엽군이 나타나서 이서국 군사를 물리친다. 이후 사람들은 댓잎 수만 개가 능에 쌓여 있는 것을 보고 죽은 미추왕(13대-김씨)이 음병陰兵을 보내 도운 것으로 믿는다.(由是國人謂先王以陰兵助戰也) 죽엽군은 미추왕이 보낸 음병이라는 얘기다.

죽엽군은 신라 선도집단

일반적으로 음병陰兵은 '귀신 병사'로 해석한다. 음陰은 어둠이며 지하(저승)세계를 가리키기 때문이다. 그럼에도 귀신 병사는 현실성이 떨어지며 실체 또한 모호하다. 설화적 냄새만 물씬 풍긴다.

그런데 『신라사초』는 죽엽군을 미추왕의 신병神兵으로 소개한다. 〈유례니금기〉다.

이서국이 내침하여 장흔長昕이 삼군三軍을 거느리고 맞서 싸웠다. 모두 댓잎을 귀에 꽂은 신병이 전투를 도와 적을 크게 깨뜨렸다. 모두 대릉으로 돌아가니 이에 능에 제사를 지냈다.
伊西國來侵 長昕率三軍擊之 有神兵皆珥竹葉而來助戰大破之 皆歸大陵 乃行陵祭

신병은 귀신 병사가 아니다. 신라 신선도神仙道를 믿는 무리徒를 말한다. 줄여서 선도仙徒다. 신선도는 최치원이 《난랑비》 서문에 현묘지도玄妙之道로 표현한 우리민족의 고유신앙인 풍류도다. 풍월도, 국선도라고도 하며, 신선사상神仙思想이 근본이다. 대표적인 선도는 고구려의 조의선인皂衣先人, 백제의 무절武節, 신라의 화랑도花郎徒다. 특히 화랑도는 법흥왕(23대)이 불교를 수용하면서 인재양성단체로 탈바꿈한다.

선도(仙徒)	시원(始原)	대모(大母)	비고
호도 (범)	굴공(屈公)	봉황(鳳凰) 대모	고삼도 (古三徒)
우도 (소)	길공(吉公)	흘고(紇古) 대모	
양도 (양)	을공(乙公)	금강(金剛) 대모	
계도 (닭)	흑치(黑齒)	도생(道生) 대모	후삼도 (後三徒)
구도 (개)	목아(木我)	아세(阿世) 대모	
마도 (말)	돌산(突山)	옥모(玉帽) 성모	

▲ 신라 선도집단 분류

그렇다면 미추왕의 신병은 어떤 선도일까? 신라 화랑의 기원인 선도의 계보를 정리한 『위화진경』에 신라 선도 6개 집단이 나온다. 호도(범), 우도(소), 양도(양), 계도(닭), 구도(개), 마도(말) 등이다. 6개 선도는 받드는 대모大母(받드는 여성)가 각기 다르다. 이 중 우도(소)는 석탈해의 딸 흘고紇古를 대모로 한다. 석씨 계열인 흘고대모의 우도가 바로 미추왕의 신병이다.

유탄맞은 이서국의 멸망

석씨의 우도집단과 김씨의 미추왕은 무슨 관계일까? 『신라사초』에 이서국이 신라를 공격한 사유가 나온다. 아후阿后(아이혜) 때에 불평하는 자들을 이서국에 유배시키는데 마침 이들이 이서국 왕과 더불어 난을 일으켜 신라를 공격한다. 〈유례니금기〉다.

| 신화와 역사의 경계 | 경주의 새주인 박씨왕조 | **석씨왕조의 조용한 행로** | 김씨왕조 혈통 갈등 |

14년(297년) 8월, 장흔 등이 이서국을 평정하여 대성군으로 삼았다. **아후**(아이혜) 때에 불평하는 자들을 이서국에 유배시켰는데 마침내 이들이 이서국 왕과 더불어 난을 일으켜 군사를 이끌고 침략해 왔다. 물품이 먼저 기이한 계책으로 이들의 위세를 꺾고 장흔이 대군으로 이들의 군사를 깨뜨리고 나아가 성을 포위하여 항복시켰다. 그 무리를 모두 잡아 죽이고 혹은 유배를 보내 그 나라를 폐한 것이다.

十四年 八月 長昕等進平伊西國爲大城郡 阿爾兮后時 不平之臣多流於伊西 遂與其君作亂 引兵來侵 勿品以奇計撓之 先挫其威 長昕大軍繼之破其軍 進圍其城降之 悉捕其黨 或誅 或流 仍廢其國

아이혜는 석씨왕조 내해왕(10대)의 딸이다. 석씨다. 원래 조분왕(11대)의 왕후인 아이혜는 김씨왕조 미추왕을 옹립하며 또다시 왕후가 된다. 이때 아이혜는 미추왕 즉위에 불만을 품은 반대파들을 이서국으로 추방한다. 이후 아이혜와 미추왕이 함께 사망하자 반대파들은 이서국과 공모하여 신라를 공격한다. 반대파들의 목표는 '아이혜-미추왕'의 능을 파헤쳐 보복하는 것이다. 그래서 석씨 우도집단(석탈해 딸 흘고대모)이 미추왕(또는 아이혜)의 신병이 되어 이들의 공격을 물리친다. 다만 우도집단은 댓잎을 귀에 꽂은 까닭에 『삼국사기』의 죽엽군이 된다. 죽엽군(석씨 우도집단)의 도움으로 이서국의 침략을 물리친 신라는 아예 이서국을 공격하여 병합한다. 『삼국사기』는 죽엽군 설화만을 소개하지만, 『신라사초』는 이서국을 평정하여 대성군^{大城郡}으로 편입한 사실도 전한다. 한마디로 이서국은 신라 내부 문제의 유탄을 맞아 졸지에 나라의 문을 닫는다.

미추왕릉의 죽엽군 사건은 설화가 아닌 역사다. 『삼국사기』 기록의 부실함이 우리 역사를 감춘 대표적인 사례다.

| 경주 대릉원 미추왕릉의 실제성 |

경주 대릉원내 남쪽지역에 「傳미추왕릉」(106호분)이 있다. 봉분은 지름 56.7m, 높이 12.4m로 경주시내 평지에 조성된 고분 중에 비교적 규모가 크다. 무덤 앞에는 혼유석(직육면체 석상)이 있으며, 무덤 전체는 담장을 둘러 보호하고 있다. 무덤 앞쪽에는 미추왕의 위패를 모신 숭례전이 있다.

▲ 傳미추왕릉 [경주 대릉원지구]

경주 대릉원의 傳미추왕릉

대릉원은 4세기 후반 마립간 시기부터 조성된 김씨왕조의 집단묘역이다. 따라서 3세기 후반의 미추왕과는 100여년의 시간 격차가 난다. 더구나 미추왕릉 내부는 마립간 시기 조성된 돌무지덧널무덤(적석목곽분)으로 확인되어 미추왕릉의 실제성은 상당히 떨어진다. 다만 『삼국사기』〈잡지〉에 신라 혜공왕(36대)때 5묘를 제정하며 미추왕을 김씨 시조로 추증한 기록이 있다. 다시 말해 5묘 중 하나를 고고학적 상황과는 무관하게 미추왕릉으로 지정한다. 그래서 傳미추왕릉이다.

> 『삼국사기』〈잡지〉 제사 편. '제36대 혜공왕 때에 비로소 5묘(五廟)를 제정하였다. 미추왕을 김씨의 시조로 세우고 태종대왕(김춘추)과 문무대왕(김법민)은 백제와 고구려를 평정한 큰 공덕이 있어 모두 대대로 제사를 지내는 조상으로 삼고 친묘(親廟) 둘을 합하여 5묘를 만들었다.'(至第三十六代惠恭王 始定五廟 以味鄒王爲金姓始祖 以太宗大王文武大王 平百濟高句麗 有大功德 並爲世世不毁之宗 兼親廟二爲五廟)

대릉원의 대릉은 미추왕릉에서 유래한다. 『삼국사기』다. '왕이 훙하여 대릉에 장사지냈다.'(王薨 葬大陵) 미추왕을 대릉에 장사지내며 대릉의 명칭이 생기고, 이후 마립간 시기 김씨왕족들이 대릉 주변에 무덤을 추가하면서 김씨왕조 집단묘역인 대릉원으로 확대된다.

『신라사초』 기록의 화림(花林)

그런데 『신라사초』는 미추왕릉을 다르게 설명한다. 『선지』를 인용한 기록이다.

> 유례니금13년, 신림에서 미추왕이 아후(아이혜)를 따라 붕하여 이에 화궁을 대릉大陵으로 삼고 사당을 명당明堂이라 이름하였다.
> 儒禮尼今十三年 殉崩于新林 仍花宮爲大陵 廟曰明堂

부연하면 미추왕은 생존시 유례왕(석씨-14대)에게 왕위를 넘기고 신림新林의 화궁花宮으로 물러나 살다가 왕후 아이혜阿爾今가 사망하자 따라 죽는다. 이에 화궁의 건물을 밀어버리고 그 자리에 미추왕의 대릉을 조성한다. 대릉의 원래 의미는 특정장소가 아닌 '커다란 능'을 가리키는 일반명사다. 또한 명당明堂이라 이름 지은 별도의 사당도 짓는다.

미추왕릉은 바로 신림의 화궁이 있던 자리다. 미추왕릉이 조성된 후 이 일대는 화림花林으로 명명된다. 화림은 미추왕이 묻힌 신라 김씨왕조의 성지다.

미추왕릉은 경주향교 서북쪽의 쌍무덤이 유력

▲ 119호분 [경주 계림지구]

『삼국유사』는 미추왕릉이 흥륜사 동쪽에 있다고 설명한다.(陵在興輪寺東) 흥륜사는 현재의 흥륜사를 포함하는 주변 일대다. 흥륜사 동쪽은 지금의 경주향교 주변 일대다. 향교와 접한 서북쪽에 표형의 대형고분(119호분)이 하나 있다. 왕과 왕후의 무덤을 붙여 만든 쌍무덤이다.

대릉원내 傳미추왕릉이 미추왕릉이 아니라면 경주향교 북쪽 인근의 쌍무덤이 실제 미추왕릉일 가능성이 크다. 특히 쌍무덤은 미추왕과 왕후 아이혜가 같이 사망한 점을 반영한다. 더구나 향교 동쪽은 계림이 인접해 있으며, 남쪽에는 월성궁궐이 위치한다. 미추왕이 사망한 화궁 역시 월성궁궐의 지근에 위치했다고 보면 쌍무덤의 가능성은 더욱 높아진다.

우리는 고대 삼국의 왕릉을 정확히 특정하지 못하고 있다. 고구려의 경우 무덤떼가 집중된 중국 길림성 집안

▲ 傳미추왕릉과 定미추왕릉

일대와 북한 평양 일대의 왕릉급 대형고분의 주인공이 누구인지 잘 모른다. 신라의 경우도 마찬가지다. 대릉원을 포함한 경주 일대의 주요 왕릉급 고분의 무덤주인을 알지 못한다. 모두 명문(묘지명)이 새겨진 결정적인 유물이 나오지 않기 때문이다.(*백제 무령왕릉 예외) 이는 어떻게 받아들이고 이해해야 하나? 역설적이지만 당시 사람들은 어느 무덤이 누구의 무덤인지는 모두 알고 있었을 것이다. 적어도 왕릉만큼은 굳이 명문을 남길 필요가 없다는 것이 당시의 지배적인 판단이다. 그러나 왕조가 바뀌고 세월이 흐르며 이들 왕릉에 대한 사람들의 기억도 점차 잊혀져 가며 일부 기록의 파편들만 남게 된다.

실제 미추왕릉은 어디일까? 傳미추왕릉일까? 定미추왕릉일까?

| 유례왕이 만난 왜의 실체 |

▲ 등잔모양토기

유례왕^{儒禮王}(14대)은 김씨 미추왕(13대)으로 넘어간 왕통을 다시금 석씨로 되돌려 놓은 석씨왕조 다섯 번째 왕이다. 이름은 세리지^{世里智}다.(*『삼국유사』) 재위 기간은 284년부터 298년까지 15년간이다.(*『신라사초』 350년~364년) 아버지는 조분왕이며, 어머니는 내음^{奈音}(박씨)갈문왕의 딸 아소례^{阿召禮}다.

『삼국사기』는 미추왕이 사망하여 유례왕이 왕위를 이은 것으로 기록하나, 『신라사초』는 미추왕이 살아생전에 유례왕에게 양위한 것으로 나온다. 왕위 승계가 매끄럽지 못하다는 얘기다. 미추왕은 어떤 사유에 의해 실각한다. 특히 유례왕은 즉위 직후 이찬 홍권^{弘權}을 서불한에 임명하고 정사를 위임한다.(伊飡 弘權爲舒弗邯 委以機務) 바로 홍권이 미추왕을 실각시키고 유례왕을 옹립한 실세관료다. 유례왕의 홍권정권이다. 다만 홍권은 앞서 미추왕의 생부인 외부 출신 장훤(오환족 계통)과 달리 내부 출신으로 추정된다.

왜 공격 기록

그런데 유례왕은 재위 기간 내내 왜로부터 집중적인 공격을 받으며 상당한 시달림을 당한다. 『삼국사기』다.

① 4년(287년)	여름 4월, 왜인이 일례부를 습격하여 불을 지르고는 백성 1천을 붙잡아갔다. 夏四月 倭人襲一禮部 縱火燒之 虜人一千而去

② 6년(289년)	여름 5월, **왜병이 쳐들어온다는 소문이 있어, 배와 노를 수리하고 갑옷과 무기를 손질하였다.** 夏五月 聞倭兵至 理舟楫 繕甲兵
③ 9년(292년)	여름 6월, **왜병이 사도성을 공격하여 함락시켰다. 일길찬 대곡에게 명하여 병사를 거느리고 가서 구원하여 지켰다.** 夏六月 倭兵攻陷沙道城 命一吉湌大谷 領兵救完之
④ 11년(295년)	여름, **왜병이 장봉성을 공격했으나 이기지 못하였다.** 夏 倭兵來攻長峰城 不克

기록에 등장하는 왜는 왜인과 왜병이다. 왜인은 일반인이지만 왜병은 정규군이다. 왜병의 표현은 당시 왜가 국가체제를 갖춘 집단임을 시사한다.

왜는 누구일까? 특히 기록 ②는 왜의 침입에 대비해 선박을 수리한다. 왜 역시 선박을 이용해 신라를 침입한다. 또한 왜가 침공한 사도성과 장봉성은 각각 포항과 울산 정도로 추정되어(*사도성은 경북 영덕으로 보는 견해도 있음) 왜의 침공로는 신라 해안가임을 알 수 있다. 그렇다면 왜는 현해탄을 건너온 일본열도 세력일까?

뜻밖의 단서가 『신라사초』에 나온다. 『삼국사기』 ②에 해당하는 기록이다.

5월, 수로^{水路}의 전언에 왜가 올 것이라 하여 배와 노를 수선하고 갑병을 대기시켰으나 끝내 오지 않았다. 당시 **북쪽에는 고구려와 말갈이 있고 남쪽에는 왜구가 있으며 부여**(백제) **또한 수차례 배반하다 돌아오니** 나라에서 이를 걱정하였다.
五月 水路傳言倭至 理舟楫繕 甲兵而待 竟不至 時北有句麗末曷 南有倭寇 夫餘亦數反復 國家憂之

왜는 일본열도 세력이 아닌 신라의 남쪽에 있는 한반도 세력이다. 바로 부산 동래에 소재한 임나다.

미추왕의 실각에 대항한 왜

왜(임나)가 신라를 공격한 이유는 무엇일까? 그것도 유례왕 때에 수차례 집중해서 침공한 것일까? 이유는 단 하나다. 미추왕의 실각에 대항하여 왜가 보복차원에서 신라를 공격한다. 이 시기 왜는 부산 동래「복천동고분군」의 덧널무덤(목곽묘) 조성세력으로 미추왕을 옹립한 오환족(*구루돈 집단)의 장훤과 같은 계열의 오환족 출신이다. 미추왕이 실각하자 이에 대항하여 이들이 시간 격차를 두고 유례왕을 집중적으로 공격한다. 아마도 왜는 미추왕을 재옹립하려 한 것은 아닐까?

▲ 복천동고분군 53호분

그러나 미추왕은 유례왕에게 양위하며 실각하고, 유례왕 13년(297년)에 사망한다.(*『신라사초』) 이후 왜의 침공도 중지되며 더 이상 유례왕 기록에 나오지 않는다.

유례왕 때 신라를 집중 공격한 왜는 미추왕의 실각에 대항한 오환족 계통의 부산 동래「복천동고분군」세력이다.

| 기림왕이 석씨왕조에 편입된 이유 |

기림왕^{基臨王}(15대)은 석씨왕조 여섯 번째 왕이다. 재위 기간은 298년부터 310년까지 13년간이다.(*『신라사초』364년~370년) 아버지는 이찬 걸숙^{乞淑}(박씨)이며, 어머니는 내해왕의 딸 아이혜^{阿爾兮}다. 그런데 『삼국사기』는 기림왕을 조분왕의 손자로 설정하며, 또한 아버지 걸숙도 조분왕의 손자로 적는다.(一云 乞淑 助賁 之孫也) 세대가 맞지 않는다. 부자지간인 걸숙과 기림왕이 실제 석씨인지 조차도 불분명하다. 기림왕의 사적^{史蹟}은 크게 3가지다. 비열홀 순행, 태백산 망제 실시, 국호 '신라'로의 환원 등이다.

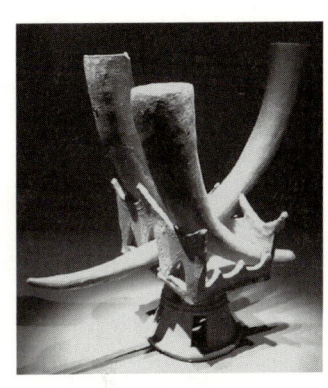
▲ 뿔잔 및 받침 토기

비열홀 순행과 태백산 망제 실시

기림왕은 재위 초기 친히 북쪽으로 비열홀을 순행하며 노인과 가난한 사람들에게 곡식을 나눠주는 등 위무^{慰撫}행사를 실시한다. 또한 우두주의 태백산에 들러 망제를 행한다. 『삼국사기』 기림왕이다.

> 3년(300년) 2월, 비열홀을 두루 돌아보며 나이 많은 사람과 가난한 사람을 몸소 위문하고 어려운 정도에 따라 곡식을 차등있게 나눠주었다. 3월, 우두주에 이르러 태백산에서 망제를 지냈다.
> 三年 二月 巡幸比列忽 親問高年及貧窮者 賜穀有差 三月 至牛頭州 望祭太白山 樂浪帶方兩國歸服

비열홀은 지금의 함남 안변으로 옛적에 동예가 소재한 지역이다. 당시 비열홀은 고구려 영역에 소재한 신라의 알박기 땅과 같다. 기림왕은 무슨 연유로 비열홀까지 친히 찾아간 걸까? 비열홀은 시조 박혁거세와 관련이 깊다. 북부여 고두막한(5대)의 딸인 박혁거세의 어머니 파소^{婆蘇}는 섭라국(요동반도 남안) 여왕으로 있으면서 폐신^{嬖臣} 혁서거^{奕西居}과 연을 맺어 박혁거세를 임신한다. 혁서거의 출신이 바로 비열홀이다. 과거 안변(비열홀)에는 안변 혁씨의 집성촌이 있었다고 전해진다. 혹여 기림왕은 신라 원조 혁서거의 고향을 찾아가 그의 후손들을 특별히 위무한 것은 아닐까?

비열홀 위무 순행을 마친 기림왕은 곧바로 남쪽으로 내려오면서 태백산에 올라 망제를 지낸다. 망제^{望祭}는 멀리 떨어진 곳에서 조상의 무덤이 있는 쪽을 향해 올리는 제사다. 기림왕이 제사를 지낸 조상은 시조 박혁거세보다는 박혁거세의 아버지 혁서거일 것이다. 현재 강원도 태백산 정상부에는 3개의 천제단이 있다. 정상의 원형 천제단(천왕단)을 중심으로 북쪽 아래에 방형 천제단(장군단), 남쪽 아래에 각형 천제단 등이다. 기림왕이 망제를 올린 제단은 3개 제단 중 하나일 것이다. 정상의 방형 제단이 유력해 보인다. 특히『삼국사기』〈잡지〉제사 편에는 신라의 북쪽에 위치한 태백산을 중사^{中祀}를 지낸 신라의 5악^{五岳} 중 하나로 적는다. 기림왕 때 망제를 지내며, 태백산이 제사지내는 장소로 중시되었음을 알 수 있다.

▲ 태백산 천제단 (左:방형, 中:원형, 右:각형) [강원 태백]

국호 '신라'로의 환원

기림왕은 국호를 '신라'로 환원한다. 『삼국사기』다. '10년(307년) 국호를 다시 신라新羅로 하였다.'(十年 復國號新羅) 『삼국사기』는 전후 설명없이 결과만을 적는다. 그러나 『신라사초』는 명확한 사유를 밝힌다. 〈기림니금기〉다.

> 9월, 다시 지진이 일어나 집이 무너지고 사람이 다치니 아후(아이혜)가 흘해를 부군副君으로 삼기를 청하여 제(기림왕)가 허락하였다. 부군이 꿈에 백마를 보아서 국호를 다시 신라로 하였다.
> 九月 又震 壞屋傷人 帝乃請以訖解爲副君 許之 以副君夢見白馬 復號新羅

기림왕은 부군 흘해가 꿈에 백마를 본 사유를 들어 국호를 '신라'로 환원한다. 백마는 시조 박혁거세의 탄생신화에 등장하는 상서로운 동물이다. 이전 국호는 김씨왕조 미추왕이 들어서면서 바꾼 계림鷄林(김알지 닭)이다. 원래 '신라'는 시조 박혁거세의 탄강지로 알려진 나정羅井을 조성하면서 만든 국호다. 신

▲ 나정 복원도 [경주 탑동]

라新羅는 '나정을 새롭게 한다.(羅之新)'는 뜻이다. 백마를 꿈에 보고 국호를 신라로 환원한 기림왕의 조치는 김알지(닭)에서 다시 박혁거세(백마)로의 귀복을 의미한다.

기림왕이 석씨왕조에 편입된 이유

이처럼 석씨왕조 기림왕의 사적은 온통 박씨왕조(박혁거세)와 연관된다. 기림왕은 석씨가 아닌 박씨일 가능성이 높다. 그렇다면 기림왕은 무슨 사유로 석씨왕조에 편입된 걸까? 기림왕의 아버지 걸숙乞淑은 박씨

다. 다만 어머니 아이혜(阿爾兮)는 내해왕(10대)의 딸인 석씨로 조분왕(11대), 첨해왕(12대), 미추왕(13대) 등 3대에 걸쳐 왕후가 되며 석씨왕조를 좌지우지한다. 이런 까닭에 기림왕은 부계 혈통이 아닌 모계 혈통에 따라 석씨왕조 일원으로 편입된다.

> 『신라사초』〈유례니금기〉. '처음 아후(阿后)가 꿈에 태백산에 올라 두왕(桓王)을 찾아뵈었는데 선동(仙童)이 후를 안고 미과를 먹는 꿈을 꾸며 서로 좋아하였다. 잠에서 깨어보니 걸숙(乞淑)이 산에서 딴 과일을 올리는 것이 꿈과 같았다. 이에 걸숙을 안고 증하여 부군(副君,기림)을 낳았다.'(初 阿后夢 登太白山 謁桓王仙童抱后 食以美果 而交好 及醒 乞淑進山果如夢 乃抱而烝之生)

기림왕이 석씨왕조에 포함된 이유는 모계 혈통에 따른 결과다.

| 신공왕후 삼한정벌의 역사적 실제성 |

일본학자들이 '역사의 신神'으로 떠받드는 기록이 『일본서기』〈신공왕후기〉에 나온다. 4세기 일본이 한반도 남부지방을 정벌했다는 소위 「신공왕후 삼한정벌론」이다. 신공왕후는 일본학자들조차 그 실체

▲ 신공왕후 초상의 일본지폐

에 대해 의구심을 갖는 다소 불명확한 인물로 2세기 일본 북규슈 일대에 소재한 야마대국의 여왕 비미호卑彌呼(히미코)가 모델이다. 신공왕후는 가라 계열의 중애왕(14대)과 부여(백제) 계열의 응신왕(15대) 사이를 잇는 가교 역할을 한다. 〈신공왕후기〉 기록은 크게 둘로 나뉜다. 전반기는 일본열도 기록이며, 후반기는 한반도 기록이다. 「삼한정벌론」은 후반기 기록에 나온다.

신공왕후 삼한정벌 『일본서기』 기록

『일본서기』〈신공왕후기〉 기록이다.

> 섭정49년 봄 3월, 황전별과 녹아별을 장군으로 삼았다. 구저 등과 함께 군대를 거느리고 건너가 탁순국에 이르렀다. … 곧 목라근자木羅斤資와 사사노궤에게(이 두 사람은 그 성을 모르는데 다만 목라근자는 백제장군이다) 정병을 이끌고 사백, 개로와 함께 가도록 명하였다. 함께 탁순국에 모여 신라를 격파하고, 비자발, 남가라, 녹국, 안라, 다라, 가라 등 7국을 평정하였다. 거듭 군사를 서쪽으로 옮겨 고혜진에 이르러 남만 침미다례를 도륙내어 백제에 주었다. 이에 백제왕 초고와 왕자 귀수가 군대를 이끌고 왔다. 비리, 벽중,

신화와 역사의 경계 　경주의 새주인 박씨왕조 　**석씨왕조의 조용한 행로** 　김씨왕조 혈통 갈등

포미지, 반고 4읍은 스스로 항복하였다. 그래서 백제왕 부자(근초고왕, 근구수태자)와 황전별, 목라근자 등은 의류촌(지금은 주류수지라 한다)에서 서로 만나 함께 기뻐하고 후하게 대접하여 보냈다. **천웅장언**千熊長彦이 백제왕(근초고왕)과 더불어 벽지산에 올라 맹세하였다. 또 고사산에 올라 반석위에 함께 앉았다. … 천웅장언을 데리고 도성에 이르러 후하게 예우를 더하고 구저 등을 딸려 보냈다.

攝政四十九年 春三月 以荒田別鹿我別爲將軍 則與久氏等共勒兵而度之 至卓淳國 … 卽命木羅斤資沙沙奴跪〔是二人不知其姓人也 但木羅斤資者 百濟將也〕 領精兵與沙白盖盧共遣之 俱集于卓淳 擊新羅而破之 因以平定比自㶱南加羅喙國安羅多羅卓淳加羅七國 仍移兵西廻至古爰津 屠南蠻彌多禮 以賜百濟 於是 其王肖古及王子貴須 亦領軍來會 時 比利辟中布彌支半古四邑自然降服 是以百濟王父子及荒田別木羅斤資等 共會意流村〔今云州流須祇〕 相見欣感 厚禮送遣之 唯千熊長彦與百濟王 至于百濟國辟支山盟之 復登古沙山共居磐石上 … 則將千熊長彦 至都下厚加禮遇 亦副久氏等而送之

신공왕후의 섭정49년은 『일본서기』 기년을 적용하면 249년이다. 그러나 일반적으로 249년은 이주갑(*120년)을 인상하며 369년으로 이해한다. 그런데 369년의 단서가 『신라사초』에 명확히 나온다. 〈신공왕후기〉에 등장하는 천웅장언千熊長彦이 〈내물대성신제기〉에 웅언熊彦으로 나온다. '7년(383년) 왜신 웅언熊彦은 잘 생기고 말을 잘하였다. 아이阿爾가 상통하여 그의 말을 많이 들었다. 그래서 국인이 이반하여 혹은 우리에게 또는 고구려에게 귀속하였다.'(七年 倭臣熊彦美而善辯 與阿爾相通 多聽其言 故國人異反 或歸于我 亦歸于麗) 왜신 웅언은 〈신공왕후기〉의 천웅장언이다. 369년 삼한정벌에 등장하는 천웅장언(웅언)이 14년 후인 383년 백제 아이阿爾부인(근구수왕 왕후, 신라 출신)과 상통하며 백제의 국정을 농단한다.

삼한정벌의 역사적 해석

신공왕후의 삼한정벌은 엄밀히 따지면 목라근자(木羅斤資)의 삼한정벌이다. 목라근자는 먼저 경남으로 진격하여 가라7국을 평정(平定)한다. 비자발(경남 창녕), 남가라(경남 김해), 녹국(경남 영산), 안라(경남 함안), 다라(경남 합천), 탁순(경남 창원), 가라(경남 고령) 등이다. 이어 서쪽으로 방향을 돌려 고혜진(전남 강진)에 상륙하여 침미다례를 도륙(屠戮)낸다. 침미다례는 영상강유역(전남)의 20개 마한연맹 왕국인 신미제국이다. 이어 북쪽으로 기수를 돌린다. 이때 비리(전북 옥구), 벽중(전북 김제), 포미지(전북 부안), 반고(전북 정읍) 등 전북지역 4개 마한소국이 목라근자의 위용에 눌려 항복(降伏)한다. 이 시기

▲ 목라근자의 삼한정벌 루트

백제 근초고왕(13대)은 아들 근구수를 데리고 남쪽으로 내려온다. 목라근자와 근초고왕 부자는 의류촌(주류성, 전북 부안)에 만나 두터운 예를 쌓는다. 이후 근초고왕 부자는 천웅장언과 함께 벽지산(전북 김제)과 고사산(전북 고부)에 올라 연거푸 맹세를 한다. 여기까지가 목라근자의 삼한정벌 전모다.

그런데 이 사건을 해석하는 한일사학계의 시각은 정반대다. 가장 큰 차이는 백제장수 목라근자를 보내 삼한정벌을 단행한 주체의 문제다. 일본학자는 왜의 신공왕후로 보고, 한국학자는 백제 근초고왕으로 본다. 기존 「신공왕후 삼한정벌론」에 대응하는 새로운 해석의 「근초고왕 삼한정벌론」이다.

삼한정벌 주체는 부여백제(한반도 부여기마족)

그러나 목라근자 삼한정벌의 주체는 왜의 신공왕후도 백제의 근초고왕도 아니다. 한반도 부여기마족인 「부여백제」다. 이들의 출신은 대륙 부여기마족이다. 4세기 초반 대륙 요서지방에서 한반도 서쪽지방으로 백가제해百家濟海하며, 스스로를 백제(백가제해 줄임말)라 칭한 세력집단이다. 「구태백제」 또는 「삼한백제」라고도 한다. 대륙 부여기마족은 부여왕족 출신 위구태尉仇台(*백제 세 번째 시조)를 시조로 하는 서부여다. 서부여는 2세기 초(*122년) 서자몽(내몽골자치구 다륜현)에서 건국되며, 이후 요서지역으로 내려와 대방세력(하북성 당산)과 녹산세력(요녕성 건창현)으로 분리한다. 이중 대방세력이 한반도로 백가제해하며, 거발성居拔城(충남 공주)을 수도로 삼아 부여백제를 세운다.(*316년) 이어서 마한 전체를 흡수하고 한반도 서남부 일대를 장악

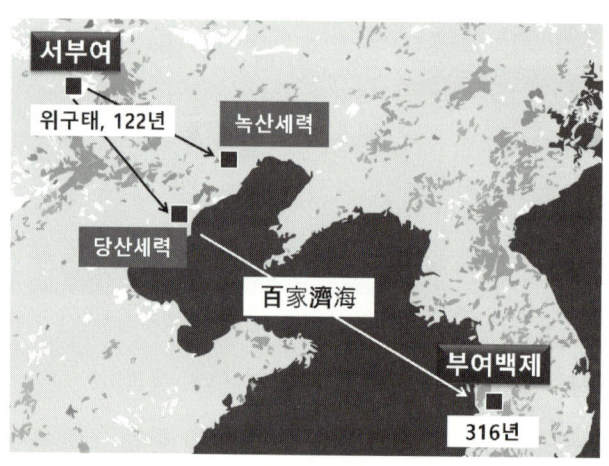

▲ 서부여와 부여백제

한다. 바로 369년 단행된 부여백제 목라근자의 삼한정벌이다. (*『우리가 몰랐던 백제사』 신아출판사. 2024)

특히 『삼국사기』가 기록한 369년 당시의 근초고왕 행적을 보면, 근초고왕은 고구려 고국원왕(16대)과 수곡성(황해 신계)과 치양성(황해 배천)에서 전투 중이다. 이때 부여백제는 막고해莫古解를 보내 근초고왕과 연합전선을 펴서 두 곳 전투에서 모두 승리한다. 그리고 근초고왕은 부여백제 장병들과 전리품을 나눈 뒤 곧바로 남쪽으로 내려와 뒤늦게 목라근자 군대에 합류한다.

이는 삼한정벌에 임하는 근초고왕의 위상을 단적으로 보여준다. 근초고왕은 삼한정벌의 주체가 아닌 객체다. 또한 근초고왕은 목라근자의 삼한정벌이 완료된 직후 벽지산과 고사산에 올라 연거푸 맹세한다. 맹세의 대상은 당연히 신공왕후가 아니다. 부여백제 왕이다. 근초고왕의 맹세는 부여백제에 대한 일종의 속국 조인식이다.

목라근자의 삼한정벌은 근초고왕의 작품이 아니다. 근초고왕은 단지 다 된 밥에 숟가락 하나 얹은, 말 그대로 손님이다. 이는 『삼국사기』가 부여백제 존재를 아예 삭제했기 때문에 벌어진 일이다. 이런 까닭으로 같은 시기 활동한 근초고왕의 업적에 삼한정벌을 포함시키는 어정쩡한 해석이 만들어진다. 또한 『일본서기』가 삼한정벌의 주체를 신공왕후로 설정한 것도 잘못이다. 그럼에도 『일본서기』〈신공왕후기〉의 삼한정벌 기록은 나름의 의미를 가진다. 이 시기 『일본서기』의 한반도 기록은 모두 부여백제의 역사 기록이기 때문이다. 훗날 부여백제는 396년에 고구려 광개토왕에게 처참히 패해 일본열도 망명하며 야마토(일본열도 부여기마족)로 재탄생한다. 이런 연유로 한반도의 부여백제 역사는 일본열도의 야마토 역사로 재구성된다.

그렇다면 369년 단행된 부여백제(목라근자)의 삼한정벌은 신라에 어떤 영향을 미쳤을까? 〈신공왕후기〉는 목라근자가 가라7국 평정에 앞서 '탁순국에 모두 모여 신라를 공격하여 파하였다.'(俱集于卓淳 擊新羅而破之)고 적는다. 신라 역시 목라근자의 삼한정벌에서 자유롭지 못하다는 증언이다.

목라근자의 삼한정벌 사건은 『삼국사기』 최고의 미스터리 기록으로 이어진다. 어떤 기록일까?

| 김제 벽골제를 축조한 흘해왕 |

▲ 수레바퀴토기

흘해왕訖解王(16대)은 석씨왕조 일곱 번째 왕이다. 걸해乞解라고도 한다. 재위 기간은 310년부터 356년까지 47년간이다.(*『신라사초』 370년~377년) 아버지는 내해왕의 둘째 아들 각간 우로于老며, 어머니는 조분왕의 딸 명원命元이다.

흘해왕 때 신라는 전북 김제의 벽골지 제방을 축조한다. 벽골지碧骨池는 동진강(원평천)을 끼고 펼쳐진 우리나라 최대의 곡창지대인 호남평야에 위치한다. 벽골지 제방 길이는 1,800보步다. 1보는 주척周尺 6자(*주척1자=20㎝)로 현대의 길이로 환산하면 2.2㎞에 해당한다. 이는 연인원 32만 명이 동원된 대규모 토목공사로 최소 수천명이 장기간에 걸쳐 축조한다.

벽골제 축조 세력집단의 의문

『삼국사기』가 기록한 벽골제 축조 연대는 330년이다. 이 시기 신라는 흘해왕(16대)이며, 백제는 비류왕(11대)이다. 그런데 『삼국사기』는 〈백제본기〉가 아닌 〈신라본기〉에만 벽골제 축조 사실을 전한다. 특히 신라가 벽골지를 개통하였다고 분명히 적는다. '21년(330년) 처음으로 벽골지를 개통하였다. 둑의 길이는 1,800보다.'(二十一年 始開碧骨池 岸長 一千八百步) 그러나 전북 김제지역은 결코 신라의 영토가 된 적이 없다. 벽골제는 신라가 축조한 것은 맞으나, 엄밀히 말하면 신라인이 동원되어 만든 제방이다. 그렇다면 신라인을 동원한 세력은 누구일까? 대체적으로 백제로 이해한다. 그러나 당시 전북지역은 백제의 지배영역이 아니다. 백제가 전북지역을 병합한 시기는 1백여 년이 지난 비유왕(20대) 때다. 이런 까닭으로 과거 전북 김제지역에 소재한 마한의 벽비리(辟卑離)로 보기도 한다. 그러나 이 역시 무리한 해석이다. 마한의 일개 소국이 신라를 동원한다는 자체가 어불성설에 가깝기 때문이다.

신라를 동원한 부여백제(한반도 부여기마족)

그런데 『신라사초』는 벽골제 축조 연대를 371년으로 적는다. 〈흘해니금기〉다. '2년(371년) 백양 3월, 벽골지를 개통하였다. 준설한 둑의 길이는 1,800보다.'(二年 白羊 三月 碧骨池開 浚岸長千八百步) 특히 『신라사초』 기록은 『삼국사기』 기록과 다소 차이를 보인다. 『삼국사기』는 벽골제 개통이 처음始이라 못 박고 있으나, 『신라사초』는 처음이란 표현이 없다. 또한 둑의 길이에 대해서도 『삼국사기』는 그냥 1,800보나 『신라사초』는 1,800보를 준설浚했다는 표현을 쓴다. 삼한시대 만들어진 벽골지의 제방을 이 시기 대대적으로 개축한 것으로 추정된다.

벽골제 축조에 신라인을 동원한 세력은 부여백제다. 4세기 초엽 대륙 요서지방(하북성 당산)에서 한반도 서부지방으로 백가제해百家濟海한 위구태尉仇台의 후손집단인 한반도 부여기마족(부여백제)이다. 이들은 마한(충남 지방)을 일거에 병합하고, 이어 369년 「목라근자의 삼한정벌」을 통해 서남부 지방 전체로 강역을 확대한다. 『일본서기』에 부여백제 강역이 구체적으로 나온다. 곡나谷那(충북), 지침支侵(충남), 현남峴南(전북), 침미다례枕彌多禮(전남), 동한東韓(경남 남해안) 등 5개 지역이다. 이 중 목라근자가 삼한정벌을 통해 병합한

▲ 부여백제 강역

지역이 현남(항복), 침미다례(도륙), 동한(평정) 등이다.

벽골제를 축조(개축)한 이유

벽골지는 부여백제 강역 중 현남(전북)지방에 속한다. 이전 마한의 벽중(벽비리)이 운영하고 관리한 저수지다. 부여백제는 한반도 최대 곡창지대인 만경평야의 안정적인 곡물생산을 위해 대대적으로 벽골지를 축조(개축)한다. 그래서 부여백제에 종속된 신라를 포함하여 새로이 병합한 부여백제 강역내에서 차출한 대규모 인원을 공사에 투입한다. 벽골지 축조에는 비단 신라인 뿐만 아니라 마한인, 가라인 등도 포함되었을 것이다.

그러나 벽골지를 축조하며 한반도 정착을 꿈꾼 부여백제는 허무하게 무너진다. 벽골제 축조후 25년이 지난 396년 고구려 광개토왕의 대대적인 남정南征에 의해 처참히 패배하며(*《광개토왕릉비》), 이때 부여백제 지배층은 한반도를 떠나 일본열도로 망명하여 새로운 터전을 마련한다. 바로 에가미 나미오江上波夫의 「기마민족정복왕조설」의 주인공인 일본 고대국가 야마토를 건국한 전방후원분 조성세력이다. 또한 레드야드Gary Ledyard와 코벨Jon Carter Covell이 '대륙의 부여 전사戰士들'로 규정한, '4세기 중후반 한반도 서남부를 거쳐 일본열도를 점령한 백제세력'이다. 바로 일본열도 부여 기마족인 야마토다.

▲ 게리 레드야드

신라의 벽골제 축조는 4세기 중후반 한반도의 신흥강자로 급부상한 부여백제에 종속되어 발생한 사건이다. 신라는 자신과 무관한 일로 머나먼 타지인 전북 김제지역으로 건너와 벽골제를 축조한다.

김제 벽골제 축조에는 약소국 신라의 설움과 애한의 역사가 담겨있다.

| 석씨왕조 후반기 왜와의 관계 변화 |

석씨왕조 후반기는 미추왕(김씨)에 이어 유례왕, 기림왕, 흘해왕으로 이어진다. 이 시기 신라는 암흑시대다. 『삼국사기』 기록을 살펴보면 두 가지 특징이 확연히 드러난다. 첫째는 왕을 압도하는 실세관료가 국정을 주도한다. 실세관료 정권이 들어선다. 둘째는 신라가 외부세력에 종속된다. 대표적인 사례가 김제 벽골제 축조다. 신라는 자국의 일이 아닌데 머나먼 타국의 저수지 제방 공사에 동원된다. 특히 석씨왕조 후반기 왜(임나)와의 관계는 실세관료 정권과 연동하여 급격한 변화를 겪는다.

석씨왕조 후반기 실세관료 정권

『삼국사기』가 기록한 석씨왕조 후반기 실세관료의 현황이다.

왕명		실세 관료	관직	업무
13대	미추왕	양부良夫	서불한	겸지(兼知) 內外兵馬事
14대	유례왕	홍권弘權	서불한	위(委) 機務
15대	기림왕	장흔長昕	이찬	겸지(兼知) 內外兵馬事
16대	흘해왕	급리急利	아찬	겸지(兼知) 內外兵馬事
		강세康世	이벌찬	-

실세관료 정권은 미추왕 때 양부, 유례왕 때 홍권, 기림왕 때 장흔, 흘해왕 때는 전반기 급리, 후반기 강세 등이다. 이 중 유례왕 때 홍권을 제외한 나머지는 내외병마를 '겸하여 알게하는兼知'는 외부출신이다.

실세관료 정권과 왜와의 관계 변화

① 미추왕 때는 오환족 계열의 양부良夫정권이다. 미추왕의 생부는 오환족의 장훤長萱(구루돈)으로 신라 지배층을 접수하면서 양부정권이 출

범한다. 이때 미추왕은 왜의 힘을 빌어 강력한 경쟁자인 석우로를 제거한다. 왜는 신라와 마찬가지로 오환족 계열의 부산 동래「복천동고분군」세력이다. 적어도 미추왕 때 신라와 왜는 긴밀한 협력관계를 유지한다.

② 유례왕 때는 홍권弘權정권이 출범하며 왜와의 관계는 극도로 악화된다. 홍권은 신라 내부 출신으로 미추왕을 실각시키고 유례왕을 옹립한다. 미추왕의 실각에 반발한 왜는 미추왕을 재옹립하기 위해 여러 차례 신라를 공격한다.

③ 기림왕 때는 장흔長昕정권이 출범한다. 장흔은 미추왕의 생부 장훤의 아들로 오환족 계열이다. 장흔정권이 가장 먼저 취한 행동은 왜와의 관계 개선이다. 『삼국사기』는 이때 '왜국과 교빙하였다.'(與倭國交聘)라고 적는다. 교빙은 사신을 주고 받는 국가간 교류 행위이다. 장흔정권은 왜를 국가로 인정하며, 유례왕 때 악화된 적대적 관계를 일소한다.

④ 흘해왕 때는 둘로 나눈다. 전반기는 급리急利정권이 출범한다. 급리 역시 왜와의 우호적 관계를 유지한다. 『삼국사기』는 이때 '왜국 왕이 사신을 보내어 아들의 혼인을 청하여 아찬 급리急利의 딸을 보냈다.'(倭國王遣使 爲子求婚 以阿湌急利女送之)고 적는다. 『신라사초』는 '급리의 딸 수황水凰을 왜태자에게 시집보냈다.'(急利女水凰 妻倭太子)고 적는다. 급리의 딸은 수황水凰이며, 왜왕의 아들은 태자를 이른다. 적어도 이 시기 신라와 왜는 혼인동맹으로까지 발전한다. 특히 왜태자의 혼인 대상은 신라 왕실 여성이 아닌 실세관료 딸이다. 왜는 권력이 없는 왕보다 권력을 가진 실세관료를 선택한다.

강세 정권과 신왕조 출현의 예고

그런데 흘해왕 후반기에 강세康世정권이 들어서며 왜와의 관계는 또 한 번 변화한다. 『삼국사기』 흘해왕 기록이다.

34년 (344년)	2월, 왜국에서 사신을 보내 혼인을 청해 왔으나 딸이 이미 출가하였다하고 거절하였다. 春二月 倭國遣使請婚 辭以女旣出嫁
35년 (345년)	춘 정월, 강세를 이벌찬으로 삼았다. 2월, 왜왕이 글을 보내와 국교를 끊었다. 春正月 拜康世爲伊伐湌 二月 倭王移書絶交
36년 (346년)	왜병이 갑자기 풍도에 이르러 변방의 민가를 노략질하였다. 또다시 금성을 에워싸고 급히 공격하였다. … 적들이 식량이 떨어져 물러가려 하자 왕이 강세에게 명하여 강한 기병을 이끌고 추격하여 쫓아버렸다. 倭兵猝至風島 抄掠邊戶 又進圍金城急攻 … 賊食盡將退 命康世率勁騎追擊 走之

왜국이 또다시 혼인을 요구하나 이번에는 거절한다. 그러자 왜는 국교를 단절하고 즉시 신라를 공격한다. 왜병은 신라 수도 금성(경주)을 포위하기까지 한다. 이때 이벌찬에 임명된 실세관료 강세가 나선다. 강세는 왜병이 식량이 떨어지자 '강한 기병勁騎'을 이끌고 추격하여 왜병을 물리친다.

강세康世는 누구일까? 북방 기마민족 모용선비 출신의 장수다. 신라는 오환족에 이어 고구려를 침공한 선비족 일파가 다시금 신라로 내려와 지배층이 되면서 또 한 번 변곡한다. 마립간의 칭호를 사용한 내물왕 계열이 등장하며, 신라 왕통은 김씨왕조로 재조정된다.

▲ 철갑기마병 [김해 대성동]

석씨왕조 후반기 왜와의 관계 변화는 신왕조 출현의 예고편이다.

| 석씨왕조를 이끈 신라 여왕들 |

신라는 이성치국二聖治國이다. 두 성인聖人인 남왕과 여왕이 공동 통치하는 왕조 국가다. 이는 건국 초기부터 만들어진 신라만의 독특한 지배체제에 기인한다. 박혁거세(남왕)는 '백마신화', 알영(여왕)은 '용신화'를 가진다. 특히 석씨왕조 시기 여왕의 권력은 남왕을 압도할 정도로 절대적이다. 전반기는 아이혜阿爾兮여왕, 후반기는 광명光明여왕이 실질적인 통치자로 군림한다. 두 여왕은 필요에 따라 남편왕을 바꿔가며 권력을 오로지한다.

전반기의 아이혜 자황

『신라사초』〈유례니금기〉다.

13년(362년) 수구 6월, 아이혜 신후가 춘추 77세에 붕하였다. 신후는 내해의 딸이며 어머니 홍모는 골정의 딸이다. 처음에 조분(조분왕)의 후가 되었는데 총명하고 정사를 잘 처리하여 신선에 빠진 조분이 정사를 모두 신후에게 위임하였다. 신후는 안팎으로 권세를 심고 첨해, 미추, 그리고 왕(유례왕)까지 두루 섬기며 모두 자신의 뜻대로 하였다. 골문에서 불평하는 이가 있으면 유배를 보내고 국정을 오로지하며 많은 폐신을 기르니 사람들이 잘못이라 하였다.
十三年 水狗 六月 阿爾兮神后崩 春秋七十七 后奈解女也 母紅帽后骨正女也 初爲助賁后 聰明善決政事 助賁沈惑神仙 盡以政事委之 后乃樹權內外 歷事沾解 味鄒及帝 而皆以己意立之 骨門有不平者則流之 及專國政 多畜私嬖 人多非之

아이혜 자황雌皇(여왕)은 아버지가 내해왕(10대), 어머니는 홍모紅帽(골정 딸)다. 신라 석씨왕조의 성골이다. 아이혜는 처음 조분왕(11대)의 왕후가 된 이후로 첨해왕(12대), 미추왕(13대), 유례왕(14대) 등 4명을 남편왕으로 삼는다.

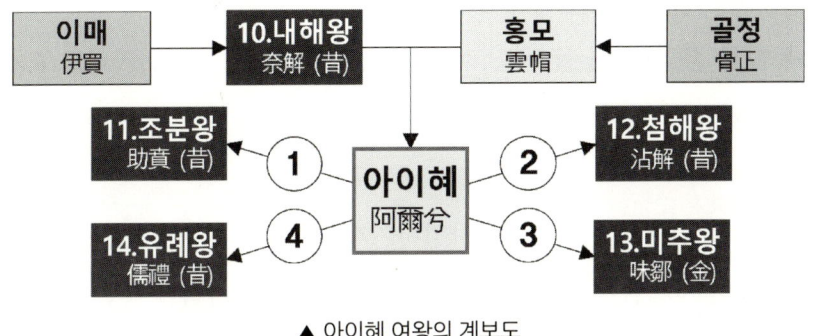
▲ 아이혜 여왕의 계보도

후반기의 광명 자황, 최고의 다산녀

『신라사초』〈내물대성신제기〉다.

16년(392년) 흑룡 2월, 광명 신후가 침궁에서 붕하였다. … 신후는 곧 아이혜 성후의 일곱 번째 딸이다. 신장은 7척이며 몸무게는 2백근(120kg)으로 한 끼에 돼지 한 마리를 먹었다. 향가와 신사에 능하며, **아이혜에 이어 자황이 된 이후로 4십여 년에 걸쳐 부제**(남편왕)**를 바꾼 것이 다섯이니 모두 자녀를 가졌다.** 미추제의 딸은 막희, 인송, 족송, 솔류, 고류, 도류, 단판, 잡판, 옹판, 보반, 내류며, 유례제의 딸은 기탄이며, 기림제의 딸은 동탄, 근단, 석단이고, 흘해제의 딸은 방단이며, 금제(내물왕)의 아들은 호동, 숙단이고, 딸은 성단이다. **춘추 69세며 왕손이 수백인이다.**

十六年 黑龍 二月 光明神后崩 于寢宮 … 神后乃阿爾兮聖后之第七女也 身長七尺 重二百斤 一食盡一豚 能善鄉歌神事 繼阿爾兮爲雌皇 四十餘年 易夫帝五位 皆有子女 味鄒帝女 莫姬仁竦足竦卒留古留道留丹判迤判雍判保反內留 儒禮帝女曰 其炭 基臨帝女曰 柬炭斤丹昔丹 訖解帝女曰 方丹 今帝子曰 好童叔丹 女曰 成丹 春秋六十九 王孫數百人

광명 자황雌皇(여왕)은 조분왕(11대)과 아이혜 사이에서 태어나 미추왕(13대)이 즉위하면서 왕후가 된다. 이후 첫 번째 남편 미추왕을 끌어내리고 석씨인 이복형제 유례왕(14대)을 옹립, 두 번째 남편으로 삼으며, 다시 또 다른 이복형제 기림왕(15대)을 옹립, 세 번째 남편으로 삼는다. 이어 동복형제 흘해왕(16대)을 옹립, 네 번째 남편으로 삼으며, 마지막으로 흘해왕마저 끌어내리고 김씨의 내물왕(17대)을 옹립, 다섯 번째 남편으로 삼는다.

특히 광명 자황은 69세로 사망하기까지 5명의 남편왕을 통해 19명(2남 17녀)의 자식을 낳는다. 폐경이 올 때까지 매년 자식을 낳은 셈이다. 광명은 명실공이 우리 역사가 기록한 최고의 다산녀多産女다.

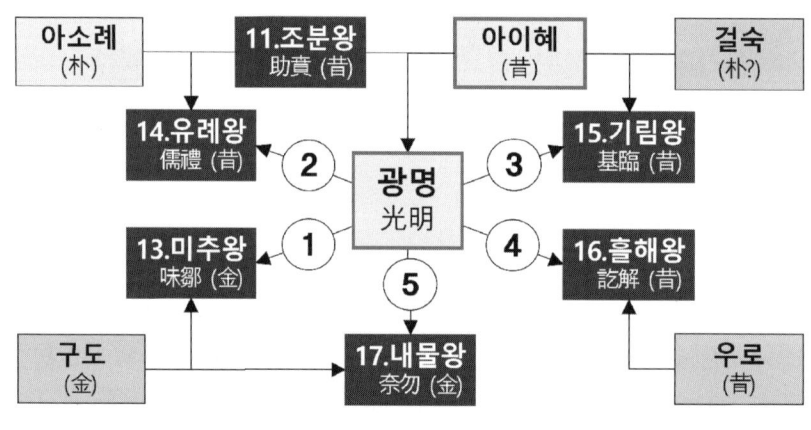

▲ 광명 여왕의 계보도

아이혜, 광명의 무덤

두 자황의 무덤은 어디에 있을까?

먼저 아이혜 자황이다. 『선지』를 인용한 『신라사초』 기록이다.

유례니금13년(362년) 신림에서 미추왕이 아후(아이혜)를 따라 붕하여 이에 화궁을 대릉大陵으로 삼고 사당을 명당明堂이라 이름하였다.

儒禮尼今十三年 殉崩于新林 仍花宮爲大陵 廟曰明堂

아이혜 자황은 미추왕과 함께 무덤을 쓴다. 미추왕의 무덤 장릉(대릉)은 대릉원 일원 「계림지구」 119호분(쌍무덤)이다.

다음은 광명 자황이다. 『신라사초』〈내물대성신제기〉다.

16년(392년) 흑룡 임진 2월, 신후神后(광명 자황)가 침궁에서 붕하였다. … 신후를 장릉長陵 옆에 장사지내고 유골은 각 남편의 융릉隆陵에 나누었다.
十六年 黑龍 壬辰 二月 光明神后崩 于寢宮 帝乃與保反行祥 葬神后于長陵側 分骨于各夫隆陵

광명 자황은 장릉(미추왕+아이혜자황) 옆에 묻힌다. 바로 대릉원 일원 「계림지구」 118호분(홑무덤)이다.

우리는 선덕여왕(27대)을 신라 여왕의 시초로 이해한다. 『삼국사기』 기록에 의한 판단이다. 그러나 『신라사초』는 선덕여왕 이전

▲ 아이혜, 광명 자황의 무덤

에도 여왕이 존재했음을 분명히 기록한다. 바로 석씨왕조를 이끈 아이혜와 광명이다. 두 사람은 자황雌皇(여황제)의 존호를 받은 여왕이다.

우리는 역사를 너무 잘못 알고 있다. 『삼국사기』가 남긴 축소(삭제)의 그림자가 너무나도 짙다.

석씨왕조 전반기 왕들의 무덤

석씨왕조의 무덤떼는 양정릉원(壤井陵園)이다. 전반기 왕은 벌휴왕을 비롯하여 내해왕, 조분왕, 첨해왕 등 4명이다. 『삼국사기』는 이들 왕에 대해 사망 기록만 전할 뿐 무덤(왕릉)에 대한 정보와 단서는 일체 남기지 않는다.

양정릉원은 대릉원 쪽샘지구 고분군

경주 대릉원 일원 신라고분의 「쪽샘지구」는 총 14개 구역으로 분류하며 알파벳순으로 각 구역 명칭을 부여하고 있다. 행정구역상으로 A, B, C, D, E, F, G, H, I, L구역은 황오동, J, K, N구역은 황남동, M구역은 인왕동에 속한다. 이 중 서쪽의 A, B, J, M구역과 북쪽의 E, F구역은 비교적 무덤의 밀집도가 높은 돌무지덧널무덤(적석목곽묘)가 주를 이룬다. 김씨왕조의 무덤들이다. 나머지 C, D, H, L구역의 무덤들은 원래의 석

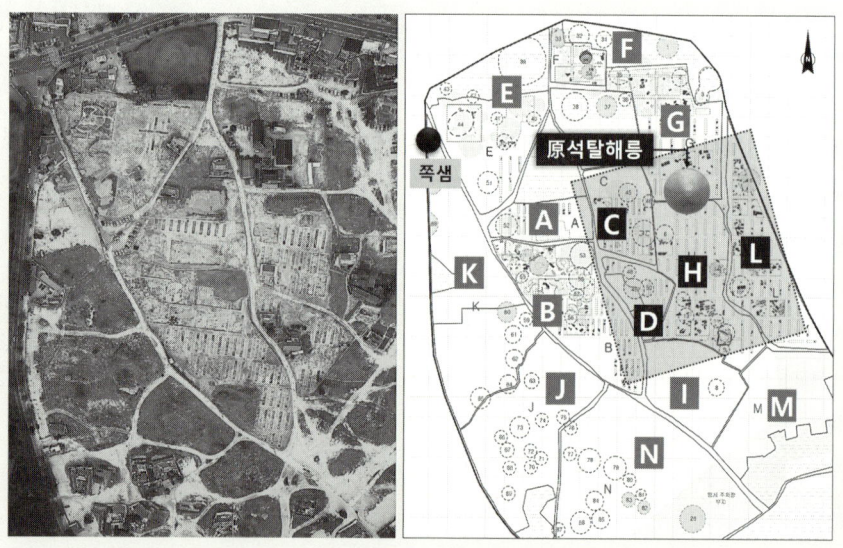

▲ 경주 쪽샘지구 전경 및 무덤 분포

탈해릉(*추정)을 포함한 석씨왕조의 무덤들로 추정된다. 바로 양정릉원이다.

① C구역은 A구역 동쪽, D구역 북쪽에 위치한다. 무덤은 모두 48기로 적석목곽묘 6기, 목곽묘 31기, 석곽묘 6기, 매납대호 5기 등이다. 비교적 큰 무덤은 북쪽의 45호분, 45-1호분, 46호분, 남쪽의 47호분이다.

② D구역은 B구역 동쪽, C구역 남쪽에 위치한다. 무덤은 모두 11기로 적석목곽묘 4기, 목곽묘 6기, 매납대호 1기다. 비교적 큰 무덤은 48호분, 49호분, 50호분 등이다. 다른 구역에 비해 무덤 수가 적으며 밀집도 또한 낮다.

③ H구역은 G구역 남쪽, C구역과 D구역의 동쪽에 위치한다. 무덤은 모두 101기로 적석목곽묘 13기, 목곽묘 67기, 석곽묘 16기, 옹관묘 5기 등이다. 남쪽은 무덤의 밀집도가 높은 반면 북쪽은 대형고분이 없는 공백지대로 밀집도 또한 낮다. 이곳에는 원래의 석탈해릉이 있었을 것으로 추정된다. 비교적 큰 무덤 8기다. 6호분, 7호분, 9호분~14호분 등이다.

④ L구역은 G지구의 동남쪽, H지구의 동쪽에 위치한다. 무덤은 모두 135기로 적석목곽묘 34기, 목곽묘 41기, 석곽묘 52기, 옹관묘 6기다. 비교적 큰 무덤은 15호분, 16호분이다. 전체적으로 밀집도가 높으며, 남쪽으로 갈수록 밀집도가 낮다. 석곽묘가 가장 많다.

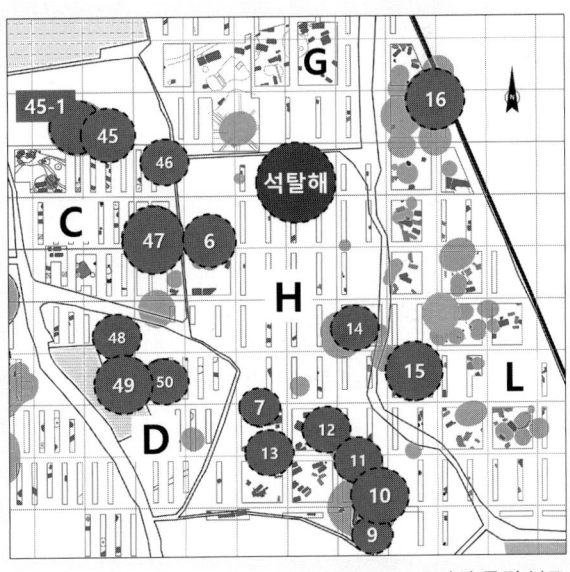

▲ C, D, H, L지역 무덤 분포

석씨왕조 선조들의 무덤 기록과 비정

석씨왕조 선조의 사망 및 관련 기록이다. 『신라사초』다.

선조	『신라사초』 기록	무덤
석탈해 (130년)	파사5년(130년) 8월, 태군(석탈해)이 더위로 병들어 일지택에서 붕하였다. … 부금의 예로 양정릉문에 장사지냈다. 五年 八月 太君以暑疾崩于日知宅 … 以父今禮 葬于壤井陵門	양정릉원
석탈해 * 구추	벌휴2년(245년) 정월, 양정에 들어가서 탈해와 모시(毛施), 구추(仇鄒)와 미생(味生)의 대제(大祭)를 지냈다. 二年 正月 入壤井 行大祭 于脫解毛施 仇鄒味生	양정릉원
석추 (209년)	일성18년(209년) 12월, 석추(昔鄒)를 양정릉문에 장사지냈다. 十八年 十二月 葬昔鄒于壤井陵門	양정릉원

석씨왕조의 선조는 석탈해가 원조다. 석탈해와 모시(毛施)의 아들이 구추(仇鄒)며, 구추와 미생(味生)의 아들이 석추(昔鄒)다. 석추는 지진내례(只珍內禮)와 사이에서 벌휴왕을 낳는다.

이들 석씨왕조 선조는 석탈해를 필두로 대부분 양정릉원에 묻힌다. 이들 무덤은 원래의 석탈해 무덤과의 배치 관계를 고려하면 쪽샘지구 C구역 북쪽의 45호분과 45-1분, 그리고 46호분이 유력한 후보다. 쌍무덤인 46호분과 45-1호분은 구추와 부인 미생의 무덤이며, 46호분은 석추의 무덤으로 추정된다. 벌휴왕을 낳은 석추의 왕후 지진내례는 일성왕과의 관계 때문에 박씨왕족 묘역인 사릉원의 일성왕릉(사릉원 2호분)에 합장된다. 다만 석추의 무덤에는 뼈의 일부를 분골한다.

석씨왕조 전반기 왕들의 무덤 기록과 비정

석씨왕조 전반기 왕들의 사망 기록이다. 『신라사초』다.

왕	『신라사초』 기록	무덤
벌휴왕 (256년)	벌휴13년(256년) 4월, 이때에 이르러 상(벌휴왕)이 도산에서 붕하였다. 十三年 四月 至是上崩於桃山	양정릉원
내해왕 (291년)	내해35년(291년) 3월, 제(내해왕)가 붕하였다. 三十五年 三月 帝崩 첨해2년(311년) 3월, 옥모태후가 해택에서 붕하여 내해릉에 반장하고 골정릉에 분골하였다. 二年 三月 玉帽太后崩 于海宅 返葬于奈解陵 分骨于骨正陵	양정릉원
조분왕 (329년)	미추5년(329년) 2월, 조분선금이 붕하였다. … 해택과 도산(선도산)에서 20년을 살았다. … 그런 까닭에 그곳을 백성들이 받들어 장산사杖山祠로 삼았다. 의복과 허리띠, 금관, 약물藥物 등을 매장하고 월백릉月白陵이라 불렀다. 五年 二月 助賁仙今崩 … 居海宅桃山二十年 … 故居民奉爲杖山祠 葬衣帶金冠藥物等 曰月白	선도산 장산
첨해왕 (324년)	첨해15년(324년) 12월, 제가 아후(아이혜), 부군(미추왕)과 함께 운제산당에 가서 대일제를 행하고 해택으로 돌아왔다. 병이 나서 갑자기 붕하였다. 28일 저녁이다. 十五年 十二月 帝與阿后副君登雲梯山堂 行大日祭 而還海宅 疾作暴崩 乃二十八日之夕也	양정릉원

석씨왕조 전반기 왕들의 무덤 소재지(*장지)는 앞의 석씨왕조 선조들의 경우(양정릉원)와 달리 개별적으로 밝히고 있지 않다. 장지가 모두 양정릉원이기 때문이다. 다만 조분왕의 경우는 다르다. 개별 무덤을 구체적으로 살펴보면 이렇다.

① 벌휴왕(9대)의 무덤은 석탈해릉 우측에 위치한 쪽샘지구 L구역 16호분으로 추정된다. 특히 16호분은 여러 무덤이 연접해 있다. 연접 무덤들은 왕후 자황紫凰(*여황제 자황雌皇과 한자 다름)을 비롯한 여러 여성의 무덤들로 추정된다. 벌휴왕은 왕후 외에도 홍개洪介, 알인謁仁, 난판暖板, 현신玄臣, 원씨元氏, 남채南采, 미시美時 등을 통해 여러 자녀를 얻는다.

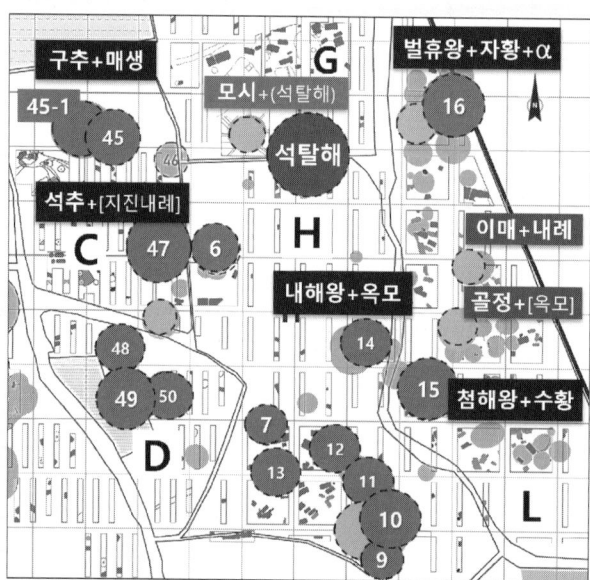

▲ 석씨왕조 선조들과 전반기 왕들의 무덤 비정

② 내해왕(10대)의 무덤은 석탈해릉 아래의 쪽샘지구 H구역 14호분으로 추정된다. 14호분의 연접무덤은 내해왕의 왕후인 옥모玉帽의 무덤이다. 원래 구도의 딸인 옥모는 골정태자와 혼인하여 조분왕을 낳고, 내해왕과 사이에 첨해왕을 낳는다. 골정骨正과 이매伊買는 벌휴왕의 아들이다. 이들 역시 양정릉원에 묻혔을 것이다.

③ 조분왕(11대)의 무덤은 선도산의 「장산고분군」내로 추정된다.

④ 첨해왕(12대)의 무덤은 쪽샘지구 L구역 15호분으로 추정된다. 연접 무덤은 왕후 수황秀凰이다.

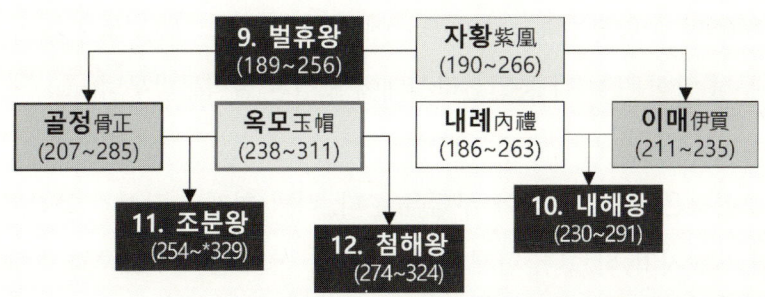

▲ 석씨왕조 전반기 왕들의 계보도

조분왕의 무덤 선도산 장산고분군

경주 선도산(380.9m)은 경주의 진산鎭山이며 선도산 성모(박혁거세 어머니 파소) 신앙의 발원지다. 선도산에는 법흥왕릉과 태종무열왕릉이 있는 「서악동고분군」, 진지왕릉이 있는 「선도산고분군」, 그리고 「장산고분군」 등 3개의 신라 고분군이 소재한다.

▲ 선도산 소재 3개 고분군

장산고분군은 선도산 동남쪽으로 길게 뻗은 능선(장산)의 말단에 위치하며, 1994년과 2007년의 두 차례 무덤의 분포 조사를 통해 총 404기가 확인된 엄청난 규모의 무덤군이다. 신라 고분군 중 밀집도가 매우 높아 일종의 신라판 공동묘지라 할 수 있다. 무덤은 대부분 수풀과 나무로 덮여 있으며, 무덤의 크기와 밀집도의 분포에 따라 크게 3개 구역(Ⅰ,Ⅱ,Ⅲ)으로 나눈다.

특히 장산고분군에는 1909년 일본인 야스이 세이이치谷井齊一가 발굴한 '석침(돌베게)총'

▲ 장산 석침총 [1909년]

과 1968년 국립경주박물관이 도굴에 따라 발굴 조사한 '토우총'이 있다. 무덤 양식은 둘 다 통일신라시대에 조성된 굴식돌방무덤(횡혈식석실묘)이다.

조분왕은 장산고분군에 무덤을 쓴다. 다만 현재의 장산과 조분왕의 장산은 한자가 다르다. 현재의 장산獐山은 '산의 형태가 노루와 같다'고 해서 붙여진 이름이며, 조분왕의 장산杖山은 '나무로 만든 어른의 지팡이'를 이른다. 그럼에도 조분왕이 재위 기간 중에 주로 기거한 곳이 선도산(*장산고분군 소재)이기에 지금의 장산과 조분왕의 장산은 같은 장소로 이해해도 큰 무리는 없어 보인다.

▲ 장산고분군 조분왕의 무덤 위치

조분왕의 무덤은 Ⅱ구역에서 비교적 큰 무덤이 일정한 간격으로 능선을 따라 정렬된 정상부의 109호분으로 추정된다. 109호분은 지름 27m, 높이 4.9m로 장산고분군 내에서 가장 규모가 큰 대형급 무덤이다. 또한 109호분 아래쪽으로 능선을 따라 조성된 무덤들은 조분왕의 왕후 아소례阿召禮를 비롯하여 후궁 격인 유모乳帽, 동례冬禮 등과 그녀가 낳은 여러 자녀로 보인다. 이들은 조분왕릉의 딸린무덤이다.

특히 조분왕릉의 무덤 양식과 착장품, 부장품 등은 어느 정도 기록을 통해 추론할 수 있다. '의복과 허리띠, 금관, 약물 등을 매장하다.'(葬衣帶金冠藥物等) 당시(*3세기 말~4세기 중엽)의 신라 무덤 양식은 가늘고 긴 직사각형 모양의 무덤방(매장주체부)에 주곽과 부곽을 함께 위치시키는 소위 '세장방형細長方形 동혈주부곽식同穴主副槨式 목곽묘'인 신라식 목곽묘다. 또한 피장자의 착장품은 의복, 허리띠, 금관 등이며, 부장품은 약물이다.

▲ 세장방형 동혈주부곽식 목곽묘 [경주 탑동]

> 신라 금관은 일반적으로 내물왕 계열이 처음 도입한 것으로 이해한다. 그러나 『신라사초』〈조분기〉 기록을 통해 신라 금관의 도입 시기는 오환족 계통의 미추왕 계열로 앞당겨야 한다. 조분왕의 착장품에 금관이 사용되었기 때문이다. 금관 사용을 명기한 『신라사초』 기록이 참으로 위대하다.

조분왕릉은 선도산 「장산고분군」 109호분으로 추정된다.

| 석씨왕조 후반기 왕들의 무덤 |

석씨왕조 후반기 왕은 유례왕, 기림왕, 흘해왕 등 3명이다. 이들 역시 석씨왕조 선조들과 전반기 왕들처럼 무덤은 양정릉원에 소재할 것으로 추정된다. 장소는 경주 대릉원 일원 신라고분의 「쪽샘지구」내다.

석씨왕조 후반기 왕들의 무덤 기록과 비정

석씨왕조 후반기 왕들의 사망 기록이다. 『신라사초』다.

왕	『신라사초』 기록	무덤
유례왕 (367년)	기림4년(367년) 2월, 적토제를 행하였다. 다음날 유례선금이 붕하였다. 四年 二月 行赤兎祭 翌日 儒禮先今崩	양정릉원
기림왕 (372년)	흘해3년(372년) 6월, 기림제가 초궁에서 붕하였다. … 유조에 따라 분골하여 장사지냈다. 三年 六月 基臨帝崩于綃宮 … 從其遺詔 分骨葬之	양정릉원 분골
흘해왕 (377년)	흘해8년(377년) 5월, 신후(광명)가 붕하자 흘해제가 애통하며 쇠약해져 병이 생겼다. 장례기간에 신후를 따라 붕하였다. … 유명에 따라 우곡牛谷에 장사지냈다. 八年 五月 及神后崩 哀毀成病 葬期迫而殉崩 … 從其遺命 葬於牛谷	우곡

① 유례왕(14대)의 무덤은 쪽샘지구 H구역 10호분으로 추정된다. 또한 10호분 연접무덤과 10호분 주변의 여러 딸린무덤은 유례왕의 부인

들로 자녀를 낳은 삼원^{三元}, 선추^{宣秋}, 벽지^{碧芝}, 변활^{邊活}, 백해^{白海} 등 5명의 무덤으로 추정된다.

② 기림왕(15대)의 무덤(분골묘)은 쪽샘지구 D구역 하단의 49호분으로 추정된다. 딸린무덤(48호, 50호)은 접황^{蝶皇}, 막희^{莫姬} 등 기림왕의 부인으로 추정된다.

③ 흘해왕(16대)의 무덤은 양정릉원이 아닌 우곡^{牛谷}에 소재한다.

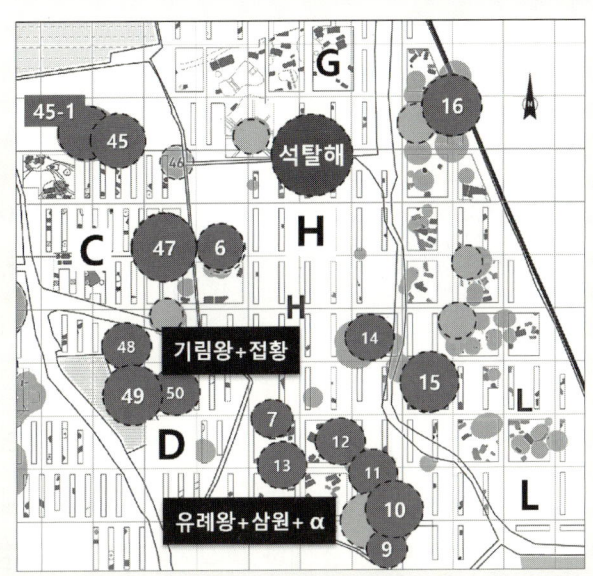

▲ 석씨왕조 선조들과 후반기 왕들의 무덤 비정

흘해왕의 무덤은 경남 양산에 소재

우곡은 어디일까? 단서는 『삼국사기』와 『신라사초』에 나온다. 눌지왕과 〈눌지천왕기〉 기록이다.

『삼국사기』 눌지왕	3년(419년) 여름 4월, 우곡^{牛谷}에 물이 솟구쳤다. 三年 夏 四月 牛谷水湧
『신라사초』 눌지천왕기	3년(419년) 토양 기미 4월, 우곡^{牛谷}에 큰 비가 내려 물이 솟구쳐 범람하여 옥릉^{玉陵}으로 들어왔다. 호원 등을 파견하여 물을 막고 수호^{守戶}(수묘인)를 구휼하고 위문하였다. 三年 土羊 己未 四月 大雨牛谷 水湧濫入玉陵 遣好原等 防守賑問守戶

특히 『신라사초』는 우곡牛谷이 범람하여 옥릉玉陵이 물에 잠기는 바람에 신라 조정에서 관리를 파견하여 물을 막고 옥릉을 지키는 수묘인 守戶/烟戶을 구휼했다고 전한다.

▲ 傳흘해왕릉 [경남 양산]

경남 양산 상북면 대석리에 傳석씨왕릉이 있다. 천성산 서쪽 자락 계단 논밭 가운데 위치한(대석리 579-2) 길이 50m, 높이 15m의 구릉이다. 전언에 따르면(*양산역사문화원장 성규 원장) 1980년대까지 이곳에는 '흘해왕릉'의 비석이 있었다고 한다. 또한 북쪽 460m에는 조선의 관리가 1년에 한 번 흘해왕릉에 제사지내기 위해 찾아와 말을 매어두던 하마대下馬臺 돌탑이 있다. 양산에 소재한 傳석씨왕릉은 바로 흘해왕릉이다. 『신라사초』 기록의 우곡에 소재한 옥릉이다.

그렇다면 흘해왕은 경주 대릉원의 쪽샘지구(양정릉원)가 아닌 남쪽으로 51㎞ 떨어진 경남 양산의 외진 곳에 따로 무덤을 썼을까? 그것도 유명遺命을 통해 지정하였을까? 이는 전적으로 아버지 석우로의 죽음과 관련된다. 석우로는 왜왕을 농락했다는 모함을 받고 왜인(부산 동래)에게 사로잡혀 화형을 당한다. 아마도 흘해왕은 아버지를 죽인 왜인에 대한 적개심이 어느 누구보다도 컸을 것이다. 그래서 사후에까지 왜인의 경주 침략을 막기 위해 그 길목인 양산에 무덤을 쓴 것으로 보인다.

흘해왕의 무덤(옥릉)은 경남 양산의 傳석씨왕릉이다.

| 대릉원 계림지구 무덤의 주인공 |

경주 계림은 신라 김씨왕조의 발상지다. 이곳에는 대릉원 일원의 신라고분 중 「계림지구」에 소속된 무덤이 4기가 있다. 북쪽의 27호분과 남쪽의 28호분, 29호분, 30호분 등이다. 30호분은 傳내물왕릉이다.

무덤 외형에 대한 주요 재원이다.

▲ 계림지구 무덤

무덤명	외형(m)		
	동서	남북	높이
27호분 (쌍무덤)	7.8(남)	34.7	2.8
	28.9(북)		3.5
28호분	28.3	25.3	5.6
29호분	23.7	25.0	5.8
30호분 (傳내물왕릉)	19.8	19.3	5.6

첨성대에 인접한 27호분은 쌍무덤(표형)이다. 부부의 무덤이다. 규모가 작은 남분(지름 7.8m)은 여성이며, 규모가 큰 북분(지름 28.9m)은 남성이다. 계림 숲속에 소재한 28호분, 29호분, 30호분 등 3기는 홑무덤이다. 규모는 28호분(지름 28.3m)이 가장 크며, 29호분(지름 23.7m), 30호분(지름 19.8m) 순이다. 이 중 규모가 가장 작은 30호분은 傳내물왕릉이다. 특히 이들 3기의 무덤은 둘레석 일부가 남아 있어 공히 비슷한 시기(*7세기)에 일괄 조성된 무덤으로 추정된다. 다만 무덤 내부는 덧널무덤(목곽묘) 또는 돌방무덤(석실묘)이다.

27호분은 구도와 운모의 쌍무덤

27호분의 단서가 『신라사초』〈조분기〉에 나온다.

10년(301년) 2월, 태공 구도仇道가 훙하였다. 왕례王禮로 장사지냈다. 춘추 84세다. 공은 병권을 맡은 지가 거의 40년이고, 군주軍主들이 다 그의 문하에서 나왔다.
十年 二月 太公仇道薨 葬以王禮 年八十四 公掌兵權殆四十年 軍主皆出門下

구도仇道는 301년(조분10) 84세의 나이로 사망한다. 구도의 무덤은 27호분의 북분이며, 남분(여성)은 구도의 부인 운모雲帽로 비정된다. 운모는 조문국 묘덕왕(20대)의 딸로 구도가 조문국을 정벌하며 맞이한 부인이다. 특히 27호분을 구도의 무덤으로 보는 이유는 대릉원내의 무덤의 위상때문이다. 「계림지구」는 김씨왕조가 가장 신성시 여기는 장소다. 북분을 기준으로 남서쪽 160m 지점에 지증왕(22대) 때부터 조성된 김씨왕조의 신주를 모신 종묘宗廟인 '황남동 건물유적'이 위치하며, 북분과 건물유적 사이에는 선덕여왕(27대) 때에 건축된 천문관측소인 첨성대가 위치한다. 27호분은 구도와 운모의 쌍무덤이다. 무덤 내부는 덧널무덤(목곽묘)일 가능성이 높다.

28호분, 29호분, 30호분은 김씨왕조 선조의 홑무덤

28호분, 29호분, 30호분 3기 무덤은 계림 숲속에 소재한다. 북쪽의 28호분을 기준으로 20m 남쪽에 29호분, 다시 40m 남쪽에 30호분이 각각 위치한다. 이 무덤들은 처음부터 계림 숲속에 조성된 것이 아니라 나중에 계림 숲의 일부를 밀어내고 조성한 무덤이다. 또한 3기 모두 둘레돌이 있어 비슷한 시기에 일괄 조성된 무덤으로 추정된다. 그렇다면 이처럼 신성한 장소에 무덤을 쓸 수 있는 권위와 위상을 가진 사람은 누구일까? 김씨왕조의 선조들 뿐이다. 계보는 알지^{閼智} → 세한^{勢漢} → 아도^{阿道} → 수류^{首留} → 욱보^{郁甫} → 구도^{仇道} 등이다. 다만 『신라사초』 기록에 나오지 않는 알지와 세한(*《문무왕릉비》 성한^{星漢})을 제외하면 아도 → 수류 → 욱보 → 구도 등이다. 이 중 확인된 구도의 무덤(27호분)을 제외하면, 남은 선조는 아도, 수류, 욱보 등 3명이다. 이들 무덤은 각각 28호분은 아도, 29호분은 수류, 30호분은 욱보로 비정된다. 특히 3기 무덤은 비슷한 시기에 조성된다. 아마도 각기 다른 장소에 있던 무덤들을 지금의 장소로 일괄 이장한 것으로 보인다. 시기는 삼국통일 직후인 7세기 말이며, 문무왕(30대) 또는 신문왕(31대) 때다. 무덤 내부는 돌방무덤(석실묘)일 가능성이 높다.

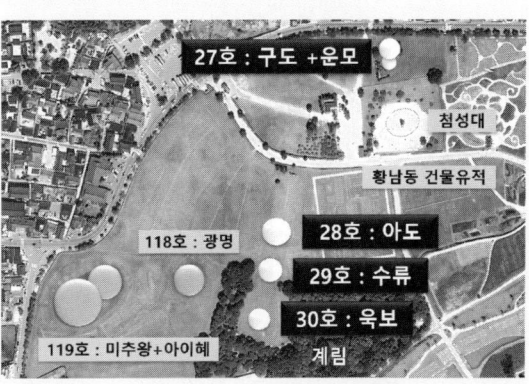

▲ 계림지구 김씨왕조 선조들의 무덤 비정

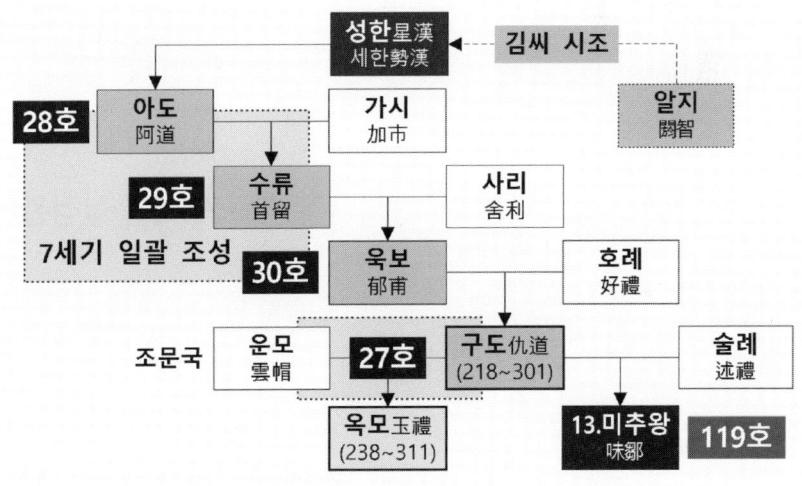

▲ 계림지구 무덤주인 계보도

「계림지구」 4기 무덤의 주인공은 김씨왕조 선조들이다.

4 김씨왕조 혈통 갈등

선비계 시조 내물왕

흉노계 적통 실성왕

최초 군사쿠데타 눌지왕

김씨왕조 왕호 마립간과 매금	내물왕 계보의 허와 실
모용선비 출신 내물왕	최초 중원왕조 사신 파견
고구려 복속을 선택한 내물왕	광개토왕 신라 구원 사건(Ⅰ)
광개토왕 신라 구원 사건(Ⅱ)	광개토왕 신라 구원 사건(Ⅲ)
내물왕의 무덤 傳미추왕릉	내물왕릉 딸린무덤의 무덤주인

실성왕 계보와 다양한 이름	실성왕 즉위 비밀
복수에 집착한 실성왕	실성왕과 눌지의 극단적인 갈등
평양대교를 건설한 실성왕	실성왕의 무덤을 찾아서
대릉원 황남지구 무덤주인

눌지왕의 군사쿠데타	애국 충절의 표상 박제상
눌지왕과 신라-백제 동맹	불교 전파자 묵호자
눌지왕의 무덤 황남대총	대릉원지구 90호, 99호분 무덤주인
눌지왕릉(황남대총) 딸린무덤의 무덤주인	천마총 무덤주인을 찾다
호우총 무덤주인	은령총 무덤주인은 호우총과 부부관계

| 김씨왕조 왕호 마립간과 매금 |

마립간麻立干은 신라 내물왕 계열의 김씨왕조가 사용한 왕호다. 『삼국사기』에 실린 김대문金大問의 마립간 해석이다.

마립麻立은 방언에서 궐橛(말뚝)을 일컫는 말이다. 궐은 함조諴操(자리를 정함)를 뜻하는데 그것은 위계에 따라 놓은 것이다. 왕궐王橛이 주主가 되고 신궐臣橛은 그 아래에 위치하는데 이를 이름한 것이다.
金大問云 麻立者 方言 謂橛也 橛謂諴操 准位而置 則王橛爲主 臣橛列於下 因以名之

▲ 품계석 [서울 경복궁 근정전]

마립은 위계에 따라 말뚝을 세워 그 위치를 지정한 것을 말한다. 이에 대해 이병도는 『삼국사기역주』에서 '마립은 마리頭, 마루宗/棟/廳 등과 같은 어원에서 유래한 것으로서 극소極所, 정상을 뜻하며, 고구려의 최고 관직인 막리지莫離支와도 상통하는 말'로 설명한다.

마립간을 한자로 표기하면 폐하陛下, 전하殿下와도 같다. 글자의 뜻만 본다면 마립간과 폐하, 전하는 상반된 듯 보이지만 존칭을 나타낸다는 점에서 같다. 후세에 군주폐하君主陛下를 '상감마루하上監瑪樓下', '상감말루하上監抹樓下'라 하고, 하인이 자기 상전을 '영감마님', '나리마님'이라 부르는데 '마루하', '말루하', '마님' 등은 모두 마립간에서 유래한다.

마립간은 모루한에서 유래한 왕호

마립간은 어떻게 해서 신라의 왕호가 되었을까? 『통전』 신라 전이다.

부견(전진) 때(381년)에 그 나라 왕 루한^{樓寒}이 보낸 사신 위두^{衛頭}가 조공하였다. 부견이 묻길 "경이 말하는 해동의 사정이 옛날과 같지 않으니 어찌된 일인가?" 하였다. 위두가 답하길 "또한 중국과 같은 경우입니다. **시대가 변하고 명호**^{名號}(국호/왕호)**가 바뀌었으니 어찌 예전과 같다 할 수 있겠습니까?**" 하였다. … 양무제 보통2년(521년)에 왕의 성씨는 모^慕요 이름은 진^秦인데 처음 백제의 사신을 따라 방물을 바쳤다.
苻堅時 其王樓寒遣使衛頭朝貢 堅曰 卿言海東之事與古不同何也 答曰 亦猶中國 時代變革 名號改易 今焉得同 梁武帝普通二年 王姓慕名秦 始使人隨百濟獻方物 … 梁武帝普通二年 王姓慕名秦 始使人隨百濟獻方物

『통전』은 전진^{前秦}(351~394)에 사신을 파견(381년)한 신라 내물왕(17대)의 이름을 루한^{樓寒}으로 적는다. 내물왕은 성이 모^慕씨인 모루한^{慕樓寒}이다. 모씨 성은 양^梁(502~557)에 사신을 파견(521년)한 내물왕의 직계 후손 법흥왕(23대)을 모씨 성의 모진^{慕秦}으로 쓰고 있는 데서 명확히 확인된다.

마립간은 내물왕의 이름 모루한에서 유래한다. '마립'은 '모루'의 음차다. '간^干'은 북방 유목민족의 왕호인 '칸'으로 '한^寒'에 해당한다. 또한 '루^樓'에는 이병도의 지적처럼 '마루'의 뜻도 있다.

매금은 모씨 이사금을 축약한 당대 왕호

마립간과는 달리 매금^{寐錦} 왕호를 쓴 경우도 있다. 매금은 『삼국사기』와 『삼국유사』 등의 문헌 기록에는 나오지 않으나, 비문 기록인 《충주고구려비》(397년, 내물왕), 《광개토왕릉비》(414년, 실성왕), 《울진봉평신라비》(524년, 법흥왕) 등에 명확히 나온다. 신라매금, 동이매금, 매금 등을 쓴다. 매금은 또 어떻게 해서 만들어진 왕호일까? 매금은 '모^慕씨 이사금'을

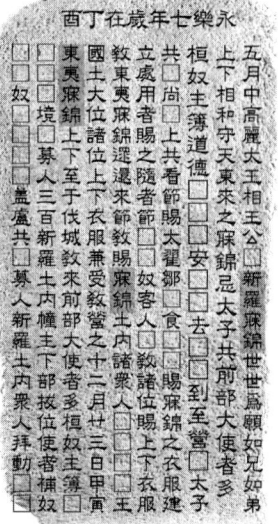

▲《충주고구려비》

축약한 말이다. 이사금^{尼師今}은 내물왕 이전의 박씨, 석씨왕조가 사용한 왕호다. 내물왕의 성씨 모^慕와 기존의 왕호 이사금이 결합한 '모+이사금'이다. 이의 줄임말이 '마이금'이며, 또한 줄여서 '매금'이다.

특히 『삼국유사』와 『삼국사기』는 마립간시대의 내물왕, 실성왕, 눌지왕, 자비왕, 소지왕 5명의 왕호를 다르게 표기한다. 『삼국유사』는 5명 모두를 마립간으로 쓰지만, 『삼국사기』는 앞의 내물왕, 실성왕은 이사금으로, 뒤의 눌지왕, 자비왕, 소지왕은 마립간으로 쓴다. 『삼국사기』 표기는 매금 왕호가 내물왕 때의 이사금 왕호 연장선에서 만들어진 사실을 부연한다. 바로 '모+이사금'이다.

정리하면 이렇다. 마립간은 내물왕 이름 모루한에서 유래한 후대에 정리된 왕호며, 매금은 내물왕 성씨 모와 기존 왕호 이사금이 결합한, '모씨 이사금'을 축약한 당대에 사용된 왕호다.

그런데 말이다. 김씨왕조를 대표하는 내물왕 계열의 왕들은 어떻게 해서 모^慕씨 성을 가지게 되었을까?

| 내물왕 계보의 허와 실 |

내물왕奈勿王(17대)은 선비계 김씨왕조의 최초 왕이다. 나밀那密이라고도 한다. 재위 기간은 356년부터 402년까지 47년간이다.(*『신라사초』 377년~402년) 아버지는 각간 말구末仇며, 어머니는 휴례休禮다. 왕후는 미추왕의 딸이다. 『삼국사기』는 내물왕의 가계를 온통 김씨로 도배한다. 아버지 김말구, 어머니 김휴례, 왕후는 미추왕의 딸 김씨다.

▲ 인면유리구슬 [경주 황남동]

내물왕 계보의 실제성

『신라사초』는 『삼국사기』 내물왕 계보를 좀 더 구체화한다. 아버지 말구는 미추왕의 이복동생 말흔末昕의 아들이며, 어머니 휴례는 미추왕과 달례達禮 사이에서 태어난 딸이다. 또한 내물왕의 왕후로 기록한 '미추왕의 딸'은 보반保反으로 미추왕과 광명光明(석씨)여왕 사이에서 태어난 딸이다. 내물왕의 어머니(휴례), 왕후(보반)는 둘 다 미추왕의 딸이다.

『삼국사기』와 『신라사초』 기록을 종합해 보면 내물왕의 계보는 다소 복잡하면서도 단순하다. 세대 간의 격차를 무시한 일차원의 계보다. 이는 내물왕의 선대(부모) 또는 후대(자손) 중 어느 한쪽 계보에 오류가 있음을 시사한다. 특히 후대 계보는 내물왕의 자손이 명확하여 오류 가능성이 적다. 내물왕의 왕후 보반은 광명여왕의 딸로 훗날 여왕을 승계하며, 내물왕의 아들 눌지왕, 복호(보해), 미사흔(미해) 등을 낳는다. 따라서 내물왕의 후대 계보에 잘못이 없다면 선대 계보의 오류를 의심해야 한다.

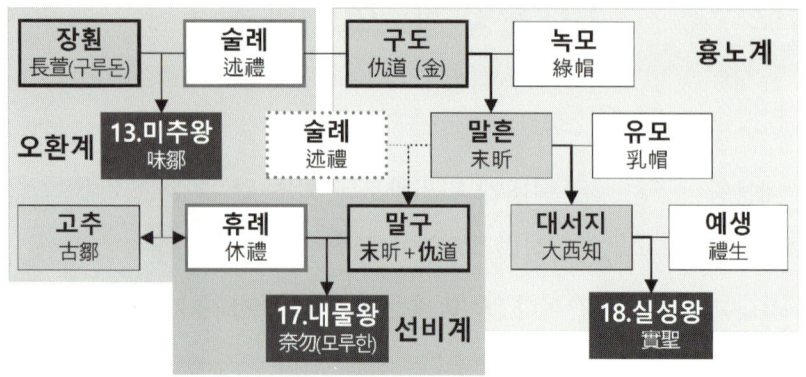

▲ 내물왕의 계보도

『신라사초』 기록의 내물왕에 대한 배려

『삼국사기』와 『신라사초』의 내물왕 기록을 보면, 기년과 편년에 있어 확연히 차이가 난다. 사망년도 402년은 같으나 즉위년도는 다르다. 『삼국사기』는 356년이고, 『신라사초』는 377년이다. 또한 이로 인해 재위 기간도 조정된다. 『삼국사기』는 47년간이고, 『신라사초』는 26년간이다.

내물왕	즉위전사	즉위년도	사망년도	재위 기간
『삼국사기』	-	356년	402년	356년~402년 (47년)
『신라사초』	350년~377년	377년	402년	377년~402년 (26년)

그런데 『신라사초』에는 특이한 기록이 있다. 편년별로 정리된 즉위전사卽位前史다. 일반적으로 즉위전사는 왕의 계보나 성품 등 주요 특징을 간략히 기술하는데, 내물왕의 경우는 아예 출생 시부터 즉위 전까지의 과정을 편년별도 모두 기록한다. 특히 즉위전사에는 내물왕의 즉위 과정이 상세히 담겨 있다. 375년 광명여왕에 의해 부군副君(후계자)에 봉해진 내물왕은 376년 광명여왕이 내물왕의 아들 호동好童을 낳자, 이듬해

인 377년 흘해왕(석씨)으로부터 양위를 받아 즉위한다. 내물왕의 즉위에는 당시 실권자인 광명여왕이 깊숙이 개입되어 있다.『삼국사기』는 이 모든 과정을 흘해왕이 사망하여 내물왕이 즉위한 것으로 축약해서 정리한다.『신라사초』내물왕〈본기〉명칭은〈내물대성신제기〉다. '대성신제大聖神帝'는 내물왕의 권위와 위상을 성신聖神의 반열에 올리며 추존한 칭호다. 또한 편년별 즉위전사 기록은 내물왕이 특별한 존재임을 부각시킨 기록상의 배려다.

내물왕의 정치행사는 김씨왕조의 편입

내물왕은 즉위 이후 곧바로 중대한 정치행사를 실시한다. 조묘祖廟 제사와 수왕연리樹王連理다. 조묘(*『삼국사기』시조묘)는 미추왕의 아버지 김구도 사당으로 내물왕은 제사 형식을 빌어 김구도를 시조로 받아들이며 김씨왕조 계승자임을 천명한다. 또한 내물왕은 조묘에서 수왕연리를 실시한다. 수왕연리는 '나뭇가지들이 서로 맞붙는 것'이다. 이는 생물학적 접목 행위가 아닌 족보상의 결합 행위다. 내물왕은 김씨왕조와의 결합을 통해 '김말구 - 김휴례'의 선대 계보를 새로이 획득하며, 비로소 김씨왕조 족보를 가지게 된다.

▲ 연리목 [중국 자금성]

> 내물왕의 아버지 **말구는 선비족** 출신이다. **말구**(末仇)는 족보상의 **아버지 말흔**(末昕) **과 할아버지 구도**(仇道)**의 첫 글자를 따서 만든 이름**이다. 본명은 기록이 없어 알 수 없다. 다만 말구는 휴례(休禮)와 혼인하기 이전에 탕례(湯禮)를 통해 동구(冬九)와 성구(城九) 두 아들을 얻는다. 둘 다 '九'자 돌림자다. 이를 내물왕의 본명 루한(婁寒)의 '婁' 자와 조합하면, **말구의 본명은 루구**(婁九)일 가능성이 존재한다.

내물왕의 선대 계보는 김씨왕조에 편입되며 새로 만든 계보다.

| 모용선비 출신 내물왕 |

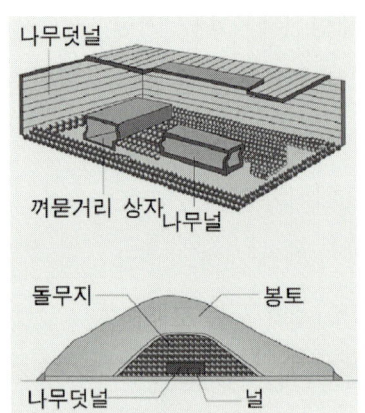
▲ 돌무지덧널무덤 도식도

김씨왕조 내물왕 계열의 무덤 양식은 돌무지덧널무덤(적석목곽분)이다. 바닥에 냇돌을 깐 다음 그 위에 상자모양의 나무덧널木槨을 만들어 시신을 안치하고, 나무덧널 위로 돌을 차곡차곡 쌓아 올린積石 다음, 마지막 바깥은 흙으로 덮어 봉분을 만드는 방식이다. 주로 김씨왕조 묘역인 경주 대릉원 일대에만 분포하며, 조성 시기는 4세기 후반에서 5세기 후반까지 대략 1백여 년간으로 한정된다. 특히 이들 돌무지덧널무덤은 이전 경주 일원에 조성된 흙무지덧널무덤(토광목곽묘)과는 현격한 차이를 보인다. 흙무지덧널무덤은 나무덧널 위에 돌이 아닌 흙을 쌓아 봉분을 만드는 방식이다. 특히 주목할 부분은 신라의 돌무지덧널무덤 양식이 흉노를 비롯한 중앙아시아 기마민족의 무덤 양식과 매우 유사한 점이다. 이는 적어도 신라의 돌무지덧널무덤 조성세력이 중앙아시아 기마민족과 깊은 친연성을 갖는다.

출토 유물은 중앙아시아 기마민족의 제품

신라 돌무지덧널무덤의 출토 유물은 가히 우리의 상상을 초월한다. 금관과 장신구, 금제 허리띠, 뿔잔脚背, 보검, 유리그릇 등이 무더기로 쏟아져 나온다. 특히 유리그릇은 지중해 연안에서 제작된 '로만글라스Roman glass'로 밝혀져 우리를 더욱 놀라게 한다. 또한 무덤에서는 기마문화를 상징하는 말안장, 발걸이鐙子, 말다래障泥 등 호화롭게 장식한 각종 마구류도 다수 출토한다. 신라 돌무지덧널무덤은 기마문화의 타임캡슐이다. 특히 유물은 신라 돌무지덧널무덤의 조성세력을 대변한다. 이들은 중앙아시아의 기마민족 출신으로 로마와 페르시아 등과 활발히 교역한 집단이다.

내물왕 계열의 원래 성씨는 모씨

『통전』 신라 전은 내물왕 계열의 성씨를 모慕씨로 기록한다.

> 부견(전진 건국자) 때(381년)에 그 나라 왕 루한樓寒이 보낸 사신 위두가 조공하였다. … 양무제 보통2년(521년)에 왕의 성씨는 모慕요, 이름은 진秦인데 처음 백제의 사신을 따라 방물을 바쳤다.
> 苻堅時 其王樓寒遣使衛頭朝貢 … 梁武帝普通二年 王姓慕名秦 始使人隨百濟獻方物

내물왕(20대)의 이름은 모루한慕樓寒이다. 그의 직계 자손인 법흥왕(23대)도 모진慕秦이다. 둘 다 모씨다. 내물왕의 모씨는 법흥왕 때까지 이어져 내려온다. 특히 《울진봉평신라비》(524년)는 법흥왕을 '모즉지 매금왕'으로 적는다. 모즉지牟卽智는 모진慕秦의 신라식 표기다. 매금왕은 기존 왕호 매금과 신규 왕호 왕이 중첩된 과도기의 왕호다.

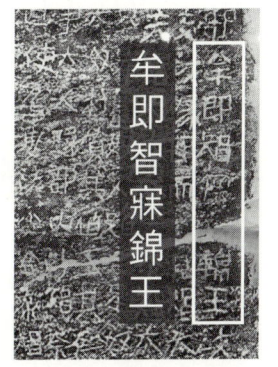

▲《울진봉평신라비》

> 『팔린통빙고』 인덕 조. '조서를 내려 기각숙니, 우전실전숙니, 석천숙니, 목토숙니를 보냈다. 백제가 동맹을 배신함을 책망하였다. 또한 습진언을 도와 신라를 벌하였다. 백제는 즉시 진사왕을 죽여 사죄하였다. 신라 왕 루한(樓寒) 역시 명령에 복종하였다. 4명의 장수는 곧 군사를 돌렸다.'(詔遣紀角宿禰 羽田矢田宿禰 石川宿禰 木兎宿禰 噴讓百濟背盟 且援襲津彦伐新羅 百濟卽殺王辰斯謝罪 新羅王樓寒亦服命 四將乃班師) 백제 진사왕의 사망을 다룬 392년 기록이다. 신라 내물왕의 이름을 루한(樓寒)으로 적는다.

선비족 모용씨의 신라 남하

　내물왕 계열의 모^慕씨 출자는 북방 기마민족 선비족의 모용^{慕容}씨다. 북방 동몽골지방에서 발원한 선비족은 우문씨, 모용씨, 단씨, 탁발씨 등 4부족으로 구성된다. 이 중 모용씨는 3세기 말경 대륙 요서지방으로 남하하며, 337년 모용황^{慕容皝}이 전연^{前燕}(337~370)을 건국하며, 고구려와 대륙 동북방의 패권을 놓고 대결한다.

　342년 겨울, 모용황은 5만 5천의 병력으로 고구려를 침공한다. 이에 고국원왕(16대)은 과거 동천왕(11대) 때 위^魏 관구검^{毌丘儉}의 침공로가 북쪽인 점을 고려하여 고구려 5만 주력군을 북쪽에 배치하고 1만 예비병력으로 남쪽을 방어케 한다. 그러나 모용황은 고국원왕의 허를 찌른다. 모용황의 4만 주력군은 남쪽 침공로를 맡고, 북쪽 침공로는 1만 5천 별동군을 투입한다. 이로 인해 고구려 예비병력이 담당한 남쪽 방어선은 허무하게 무너지며, 모용황은 곧바로 고구려 수도 환도성(요녕성 해성)을 유린하고 미천왕릉(석굴, 요녕성 본계)을 파헤쳐 시신을 탈취하는 등 악행을 저지른다.

　그러나 북쪽은 고구려가 승리한다. 다만 『삼국사기』는 모용황의 1만 5천 별동군이 '모두 패하여 몰살하였다.'(皆敗沒)고 적고 있으나 별동군 일부는 살아남았을 것으로 추정된다. 이유는 『삼국사기』 기록이 『자치통

▲ 모용황의 고구려 침공

감』 기록을 축약한 것으로 별동군 자체가 모용황의 본진에 합류하지 않았기에 몰살^沒의 표현을 쓴 것으로 보이기 때문이다. 아마도 모용황의 별동군 중 최소 수백 정도는 살아남았을 것이다. 그런데 이들이 고구려 땅에서 감쪽같이 사라진다.(*『신라 법흥왕은 선비족 모용씨 후예였다』 장한식, 1999년)

모용황의 별동군은 흉노 출신 선비족으로 추정된다. 『삼국지 위서』에 후한 때 흉노 10여 만 락^{落/家}이 선비족에 귀화한 기록이 있다. 수십만의 흉노인이 선비족이 된다. 또한 이들 중 지배층 일부가 모용선비의 전연(모용황)이 성립되면서 모용씨 성을 하사받은 것으로 추정된다.

> 『삼국지 위서』 선비 전. '순제시(125~144) … 흉노와 북선우가 달아난 후 남은 종(種) **10여 만 부락이 요동으로 건너와 뒤섞여 지냈는데 모두 선비병(鮮卑兵)이라 자칭하였다.**'(順帝時 … 匈奴及北單于遁逃後 餘種十餘萬落 詣遼東雜處 皆自號鮮卑兵)

고구려 땅에서 사라진 수백의 흉노 출신 모용선비는 신라로 남하한다. 이들의 선택에는 신라 김씨의 원조인 흉노 출신 투후 김일제^{金日磾}가 있다. 과거 김일제의 후손집단과 미추왕의 오환족집단이 신라를 선택하였듯이 같은 북방 기마민족이기에 자연스럽게 신라를 선택한다. 신라에 정착한 시기는 대략 343년~345년 정도로 추정된다.

그렇다면 내물왕은 신라에 정착한 모용선비 출신 1세대일까? 아니다. 『신라사초』는 내물왕의 출생년도를 350년으로 명기한다. 내물왕은 모용선비 출신 2세대다. 신라에서 태어나 신라에서 성장하여 왕위를 거머쥔 완전한 신라인이다.

내물왕은 북방 기마민족 모용선비 출신이다.

| 최초 중원왕조 사신 파견의 비밀 |

　　신라는 내물왕 때인 381년 건국 이래 처음으로 중원왕조에 사신을 파견한다. 대상은 전진前秦(351~394)이다. 전진은 저족氏族(티베트계) 출신 부건苻建이 351년 세운 나라로 5호16국 시대를 대표하는 왕조국가다. 370년 동쪽의 전연前燕(선비족-모용황)을 멸하고, 이어 376년 서쪽의 전량前涼(한족 장궤)을 병합하며 북방의 패권을 장악한 전진은 이후 여세를 몰아 양쯔강 이북의 화북지역 전체를 평정하며 거대 국가로 발돋움한다. 신라가 사신을 파견한 381년 당시 전진의 왕은 3대 부견苻堅이다.

『삼국사기』의 사신 파견 기록

　『삼국사기』 내물왕이다.

> 26년(381년) 위두를 부진(전진)에 파견하여 방물을 바쳤다. 부견苻堅이 위두에게 묻길 "경이 말하는 해동의 사정이 옛날과 같지 않으니 어찌된 일인가?" 하였다, 위두가 답하길 "또한 중국과 같은 경우입니다. 시대가 변하고 명호(국호/왕호)가 바뀌었으니 어찌 예전과 같다 할 수 있겠습니까?" 하였다.
> 二十六年 遣衛頭入苻秦 貢方物 苻堅問衛頭曰 卿言海東之事與古不同 何耶 答曰 亦猶中國 時代變革 名號改易 今焉得同

　　이는 『통전』, 『태평어람』 등 중원왕조 문헌에도 수록된 내용으로 『삼국사기』가 차용한 기록이다. 기록은 내물왕이 전진에 사신을 파견한 사실과 전진의 왕 부견이 사신 위두와 주고받은 단편적인 대화가 전부다. 내용 자체가 다소 부실함에도 '해동(신라)의 사정'이 변하여 신라의 명호名號가 바뀐 사실을 전한다.

『신라사초』의 사신 파견 기록

『신라사초』도 전진의 사신 파견을 기록한다. 〈내물대성신제기〉다.

5년(381년) 금사 7월, 위두 등이 진(전진)에서 돌아와 금인과 옥마 등 보물을 바쳤다. 처음에 제(내물왕)가 위두(왕실 경호원) 7인에게 명하여 부량 등 7인을 진에 보내도록 하였다. 진왕 부견이 묻길 "계림을 어찌하여 신라라 하는가?" 하였다. 답하길 "계鷄의 상서로움이 있기에 계림이라고 합니다. 라蘿를 새롭게 하기에 신라라고 합니다." 하였다. 부견이 묻길 "듣자하니 너희 나라 왕의 성씨가 변했다는데 어찌 된 일이냐?" 하였다. 답하길 "우리 나라에서는 어진 사람을 택하여 서로 왕위를 전하는 것은 예전부터 있어온 일이니 결코 변한 것은 아닙니다. 그런 까닭에 계림과 신라는 비록 글자는 다르지만 실상 말은 서로 같습니다." 하였다.

五年 金蛇 七月 衛頭等自秦回獻金人玉馬等寶器 初帝命衛頭七人送苻良等七人于秦 秦主苻堅問 鷄林何爲新羅 答曰 有鷄之瑞故曰鷄林 有蘿之新故曰新羅 苻堅曰 聞爾國君變何如 答曰 我國擇賢相傳 自古然也 非變也 故鷄林新羅字雖不同 而語實相同

『신라사초』 기록은 『삼국사기』 기록보다 상세하다. 또한 몇 가지 중요한 정보를 담고 있다. 첫째는 부량을 전진으로 송환한 점이다. 둘째는 신라의 국호가 계림에서 신라로 바뀐 점이다. 셋째는 신라 왕조의 성씨가 바뀐 사실을 전한 점이다. 특히 신라의 국호 변경을 설명한 부분이다. 계림鷄林은 '닭鷄의 상서로움(鷄之瑞)'으로 김씨왕조 미추왕(13대)이 즉위하면서 정한 국호며, 신라新羅는 '라蘿를 새롭게 함(蘿之新)'으로 시조 박혁거세의 탄강지인 나정蘿井을 새롭게 하면서 다시 환원한 국호다. 계림에서 신라로 국호를 환원한 왕은 기림왕(15대)이다.

『신라사초』〈기림니금기〉. '4년(367년) 적토 9월, … 아후(아이혜)가 흘해를 부군(副君)으로 삼기를 청하여 제(기림왕)가 허락하였다. 부군(흘해)이 꿈에 백마(白馬)를 보아서 국호를 다시 신라(新羅)로 하였다.'(四年 赤兎 九月 又震 壞屋傷人 帝乃請以訖解爲副君 許之 以副君夢見白馬 復號新羅)

사신 파견은 부량을 송환한 사건

내물왕이 전진에 송환한 부량符良은 누구일까? 부량은 전진 왕족 출신의 망명객이다. 거슬러 올라가면 367년 10월 전진 부견의 종제 부류符柳가 부견에 대항하여 포판에서 반란을 일으킨다. 그러나 반란은 실패하고, 이듬해인 368년 9월 부류 등은 처자와 함께 참수당한다. 이때 살아남은 사람이 부류의 아들 부량이다. 부량은 전진을 탈출하여 동진東晉(317~420)에 머무르다 379년 신라로 표류해 온다. 내물왕은 381년 부견에 대항한 부량 등 7명을 위두(왕실 경호원)의 호위하에 전진으로 송환한다.

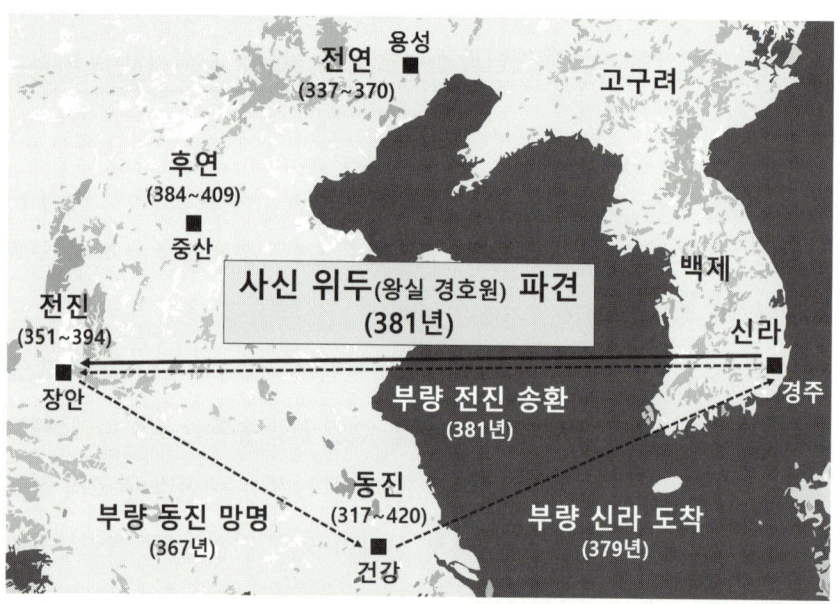

▲ 전진 망명객 부량의 이동 경로

그렇다면 내물왕은 부량의 망명을 받아들이지 않고 전진으로 송환하였을까? 정확히 알 수 없다. 특히 『신라사초』를 비롯한 중원사서 어디에도 전진의 부견이 신라 내물왕에게 부량의 송환을 요구한 기록이 나오지 않기 때문이다. 아마도 부량의 송환은 전진과의 외교적 관계를 모색하기 위해 선택한 내물왕의 자발적인 행위로 판단된다.

『신라사초』는 부량의 송환사건을 이렇게 마무리 한다.

부견이 그 대답을 선하다 여겨 예우하고 위두를 보내며 신후(광명여왕)**와 제**(내물왕)**에게 보물을 헌상하였다. 신후가 부견의 상**象**을 조각하라고 명하였다.**
堅善其對優禮而送之 獻宝于神后及帝 后命刻符堅象

그러나 내물왕의 기대와는 달리 전진 부견은 383년 중원 통일을 꿈꾸며 강남의 동진東晉으로 쳐들어갔다가 비수淝水전투에서 크게 패하며 그 후유증으로 385년 사망한다. 이후 전진은 급격히 쇠락하며, 394년 걸복乞伏씨의 서진西秦에게 멸망당한다. 전진은 45년(351~394)간 존속한 단명한 왕조다.

▲ 부견 동상 [출처: 바이두]

신라 최초의 중원왕조 사신 파견은 전진前秦의 망명객 부량苻良을 송환한 사건이다.

| 고구려 복속을 선택한 내물왕 |

『삼국사기』를 보면 내물왕이 실성을 고구려에 볼모로 보낸 기록이 있다. '37년(392년) 봄 정월, 고구려가 사신을 보내왔다. 왕은 고구려가 강성하므로 이찬 대서지의 아들 실성을 볼모로 보냈다.'(三十七年 春正月 高句麗遣使 王以高句麗強盛 送伊飡大西知子實聖爲質) 그런데 기록이 다소 어색하다. 실성을 고구려에 보낸 사유를 고구려의 강성強盛으로 표현한다. 더구나 강성의 실체가 무엇인지 명확히 밝히고 있지 않다. 기실 이런 표현은 사실'적 기록이라기 보다 해석적 기록에 가깝다. 실성을 볼모로 보낸 배경을 고구려의 강성으로 해석할 수 있기 때문이다. 그렇다면『삼국사기』는 강성의 실체가 불명확한 다소 애매한 기록을 남겼을까?

고구려 강성의 실체 의문

당시 고구려의 상황을 살펴보면 이렇다. 내물왕이 실성을 볼모로 보내기 한 해전인 391년 정월에 우리 역사의 최고 정복군주 광개토왕이 즉위한다. 광개토왕은 곧바로 백제에 대한 압박 강도를 강화하는 군사적 행동에 돌입한다. 7월에 석현성 등 백제 북쪽지역의 10개 성을 공취하고, 이어 10월에 관미성도 공취한다. 관미성은 한강과 임진강이 만나는 지금의 파주 오두산성이다. 백제는 관미성의 손실로 사실상 해상 진출로가 봉쇄된다. 이 충격으로 백제 진사왕(16대)은 11월에 구원행궁(경기 김포)에서 급사한다.

그렇다면 광개토왕의 백제에 대한 군사적 압박 강도를 고구려 강성의 실체로 볼 수 있을까? 물론 어느 정도 반영된 결과로 볼 수 있다. 그러나 이것만으로 고구려의 강성을 설명하기에는 부족하다. 특히 내물왕이 실성을 고구려에 볼모로 보낸 사건의 본질은 '고구려 복속'이다. 다시 말해 신라는 백제가 광개토왕에게 무참히 패하는 모습을 보고 고구려 복속을 선택한다. 그러나 이 또한 어딘가 부족한 해석이다. 결국 '고구려 강성'의 표현은 내물왕이 실성을 볼모로 보내기 위한 하나의 명분에 불과하다.

《광개토왕릉비》「신묘년 기사」의 재해석

내물왕이 '고구려 복속'을 선택한 이유가 《광개토왕릉비》의 「신묘년 기사」에 나온다. 「신묘년(391년) 기사」는 광개토왕의 【영락6년(396년) 왜잔국 정벌】의 배경이 된 사건이다.

> 百殘新羅舊是屬民 由來朝貢 而倭以辛卯年 來渡海破 百殘▨▨新羅 以爲臣民
> 백잔과 신라는 옛적부터 속민으로서 조공을 바쳐왔다. 왜가 신묘년에 바다를 건너와 백잔, ▨▨, 신라를 파하고 신민으로 삼았다.

고구려의 속민屬民인 백잔(백제), ▨▨, 신라를 왜가 신묘년(391년)에 나타나 이들을 파하고 신민臣民으로 삼는다. 특히 「신묘년 기사」 중 '바다를 건너와 파하다'의 한자 '도해파渡海破'는 일본의 비문 조작이 가장 의심되는 부분이다. 그럼에도 백번 양보하여 일본이 만든 쌍구가묵본(탁본)을 액면 그대로 인정한다 하더라도 '도해파'는 다른 해석이 요구된다. 일반적으로 '건너다'의 뜻을 가진 한자는 '제濟'와 '도渡'가 있다. 濟는 큰 물(바다)을 건널 때 사용하며(濟海), 渡는 작은 물(강, 하천)을 건널 때 사용한다(渡江/渡河). 따라서 한자의 용례로 본다면 도해渡海는 제해濟海 이거나 도강渡江 또는 도하渡河이어야 한다. 설령 일본이 판독한 도해渡海가 맞다 하더라도 해석 만큼은 달리해야 한다. 도해는 바다를 건넌 것이 아니라

| 신화와 역사의 경계 | 경주의 새주인 박씨왕조 | 석씨왕조의 조용한 행로 | **김씨왕조 혈통 갈등** |

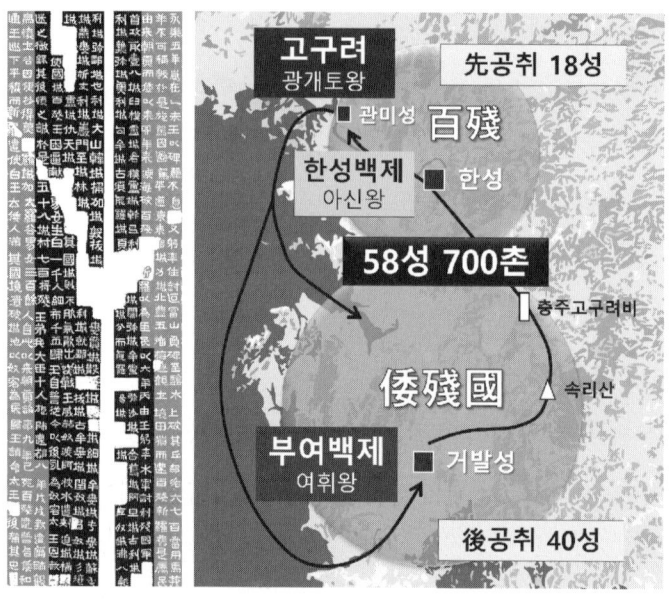

▲《광개토왕릉비》【영락6년 왜잔국 정벌】 기록과 도식

바다 연안(해안)을 따라 건넌 것으로 볼 수 있기 때문이다. 이는 「신묘년 기사」를 배경으로 한 【영락6년 왜잔국 정벌】에서 명확히 확인된다. 광개토왕은 한반도 서남부지방 남정南征을 통해 백잔(백제) 18성과 왜잔국 40성 등 총 58성 700촌을 공취한다. 백잔 18성은 남정 이전에 선先(미리)공취한 성이며, 왜잔국 40성은 남정을 통해 후공취한 성이다. 이들 왜잔국 40성은 주로 충청도 일대에 소재한다. 따라서 당시 왜잔국은 일본열도가 아닌 한반도 서남부 지방에 위치한다.

한반도 왜잔국은 대륙 요서지방의 서부여에서 출발한다. 위구태尉仇台(*백제 세 번째 시조)를 시조로 하는 서부여는 대방세력(하북성 당산)과 녹산세력(요녕성 백랑산)으로 분화하는데, 이 중 대방세력이 4세기 전반(*316년 추정) 황해를 건너 한반도로 백가제해百家濟海한다. 스스로를 '백제百濟(백가제해의 줄임말)'라 칭하였기에 '부여백제夫餘百濟'로 명한다.(*「우리가 몰랐던 백제사」, 신아출판사. 2024) 부여백제는 거발성(충남 공주)을 수도로 삼고 한반도 서남부지방 전체로 지배영역을 확대한다. 이 과정에서 주변국을 신민화(예속)하는 「신묘년 기사」사건을 일으킨다. 이로 인해 부여백제는 고구려의 정벌 대상으로 규정되며, 광개토왕은 【영락6년(396년) 왜잔국 정벌】을 단행하여 부여백제의 본거지인 충청도 40성을 공취한다.

이 여파로 부여백제는 한반도에서 퇴출된다. 당시 광개토왕에게 패한 부여백제 여휘餘暉왕은 한반도를 급히 떠나 일본열도로 망명하며, 이듬해인 397년 야마토大倭 응신應神(오진)왕으로 재탄생한다. 그래서《광개토왕릉비》는 부여백제를 '왜잔국倭殘國'으로 표기한다.《광개토왕릉비》가 세워진 414년에는 이미 한반도의 부여백제(왜잔국)가 일본열도의 왜(야마토)로 전환되었기 때문이다.

고구려를 선택한 신라

《광개토왕릉비》의 「신묘년 기사」는 『고구려사략』에도 나온다. 〈고국양대제기〉다. '8년(391년) 신묘 4월, 이때 왜가 가라, 신라에 침입하고 백제의 남쪽에 이르렀다.'(八年 辛卯 四月 時倭侵加羅至南濟) 왜(부여백제)가 침侵한 대상은 가라, 신라, 백제 등 3개다. 다만 〈국강호태왕기〉는 이들 나라를 백잔百殘, 임나任那, 신라新羅로 적는다.(南有百殘任那新羅) 여기서 가라는 임나를 말하며,《광개토왕릉비》비문의 '백잔, ▨▨, 신라' 중 결자 ▨▨는 바로 임나다. 특히 『고구려사략』은 왜의 행위를 파破가 아닌 침侵으로 표기한다. 그냥 침략하는 정도다.

▲『고구려사략』〈국강호태왕기〉

「신묘년 기사」는 내물왕이 '고구려 복속'을 선택한 직접적인 이유다. 내물왕은 신묘년(391년) 부여백제(왜잔국)의 침략을 받아 예속(신민화)되자, 이듬해인 392년 서둘러 실성을 광개토왕에게 볼모로 보내며 고구려 복속(속민화)을 선택한다. 내물왕은 부여백제에서 고구려로 말을 갈아탄다.

내물왕이 실성을 고구려에 볼모로 보내며 내세운 '고구려 강성'은 신묘년 사건이 계기가 된 '고구려 복속'을 에둘러 표현한 명분이다.

| 광개토왕 신라 구원 사건 (1) |

고구려 광개토왕은 대규모 군사를 파견하여 왜의 범탈로 인해 위기에 처한 신라를 구원한다. 《광개토왕릉비》에 나오는 【영락10년(400년) 신라 구원】이다. 이는 【영락6년(396년) 왜잔국 정벌】에 버금가는 광개토왕의 주요 정복사업이다. 특히 『고구려사략』〈영락대제기〉는 두 정복사업을 통해 '남방이 모두 평정되었다.'(南方悉平)고 적는다. 참으로 위대한 선언이다.

> 【영락6년(396년) 왜잔국 정벌】과 【영락10년(400년) 신라 구원】을 통해 고구려 광개토왕은 한반도 전체를 지배한다. **고구려에 의한 최초의 한반도 통일**이다.

삼한백성의 신라 국경 범탈

먼저 광개토왕이 신라에 군사를 파견한 배경이다. 《광개토왕릉비》다.

> 九年 己亥 百殘爲誓與倭和通 王巡下平壤而新羅遣 使白王云倭人滿其國境 潰破城池以奴客爲民歸王請命 太王恩慈矜其忠誠特遣使還告以密計
>
> 9년(399년) 기해, 백잔(백제)이 맹세를 어기고 왜와 화통하였다. 왕이 평양으로 행차하여 내려오니 신라가 사신을 보내 아뢰길 **"왜인이 국경에 가득 차서 성과 못을 파괴하니 노객**(신라)**은 백성으로서 왕명을 내려달라."** 하였다. 태왕은 인자하여 그 충성심을 칭찬하고 신라 사신을 돌려보내며 밀계를 내렸다.

때는 사건 발생 한 해 전인 399년이다. 전쟁 명분은 백제가 맹세를 어기고 왜와 화통한 부분이다. 이는 【영락6년 왜잔국 정벌】의 결과물이다. 당시 부여백제(왜잔국)는 광개토왕에게 일방으로 패하며(396년 3월) 일부 지배층이 한반도를 떠나(396년 7월) 일본열도로 망명하여 야마토를 건국한다.(397년 1월) 이때 백제(한성백제) 아신왕(17대)은 전지태자를 야마토에 볼모로 보내며(397년 5월), 왜잔국(부여백제)의 옛 서남부 땅 전체를 인수한다. 바로 백제가 왜와 화통한 부분이다.

광개토왕의 군사 파견은 신라 내물왕의 요청에 의해 이루어진다. 사유는 '왜인이 신라 국경에 가득 차서 성과 못을 파괴하기' 때문이다. 이들의 실체가 『일본서기』〈응신기〉에 나온다.

14년(399년) 이 해에 **궁월군**弓月君이 백제로부터 내귀하여 고하길 "신이 120현의 인부(백성)를 이끌고 귀화하려 하는데 신라인이 방해를 하여 모두 가라에 머물고 있습니다." 하였다. 이에 갈성습진언을 보내 가라에 있는 궁월군의 인부를 불렀다. 그러나 3년이 지나도록 습진언은 돌아오지 않았다.
十四年 是歲 弓月君自百濟來歸 因以奏之曰 臣領己國之人夫百廿縣而歸化 然因新羅人之拒 皆留加羅國爰遣葛城襲津彦 而召弓月之人夫於加羅 然經三年 而襲津彦 不來焉

궁월군弓月君(융통왕)과 120현민이 등장한다. 《광개토왕릉비》가 왜인으로 표기한 실제 주인공이다. 120현민은 삼한백성을 지칭하며, 궁월군은 이들 삼한백성을 이끈 지도자다. 궁월군은 훗날 『송서』가 왜왕 찬贊으로 기록한 한반도 모한慕韓(*전남지역 마한) 출신의 인덕仁德(닌토쿠)왕(16대)이다. 삼한백성은 주로 옛 한반도 부여백제(왜잔국)의 유민이며 일부는 고구려인, 백제인, 신라인도 포함된다. 『삼국사기』〈백제본기〉는 이때 '상당수 백제인이 신라로 빠져나가 호구수가 줄었다.'(多奔新羅 戶口衰滅減)고 기록한다. 여하히 수십만을 헤아리는 대규모 삼한백성이 가라를 중심으로 경남 남해안에 집결한다. 이는 마치 6.25 한국동란시 부산에 모여든 피난민과 흡사하다. 좁은 공

▲ 6.25 한국동란시 부산 피난민 행렬

간에 수많은 사람이 차고 넘치니 자연스레 신라 국경을 넘게 되고, 또한 신라의 성과 못을 파괴하는 일이 발생한다. 이에 내물왕은 사태의 심각성을 깨닫고 급히 광개토왕에게 SOS를 친다.

부여백제 유민의 엑소더스 준비

삼한백성이 가라에 집결한 이유는 일본열도로 건너가기 위해서다. 궁월군과 삼한백성은 일종의 엑소더스^{Exodus}(대량탈출)를 준비한다. 이는 『구약성경』에 나오는 모세가 히브리백성을 이끌고 애굽(이집트)을 탈출하기위해 홍해 해변에 집결하는 장면과 유사하다.

그렇다면 엑소더스를 준비하게 된 이유는 무엇일까? 앞서 396년 일본열도로 망명한 옛 부여백제(왜잔국)왕인 야마토 응신^{應神}왕을 뒤따르기 위해서다. 응신왕(부여백제 여휘왕)은 광개토왕의 【영락6년 왜잔국 정벌】에서 일방으로 패해 일부 지배층만 데리고 급히 한반도를 탈출한다. 『일본서기』〈신무기〉에 「신무왕(일본 건국시조) 동정기^{東征記}」에 당시 사정이 구체적으로 나온다. 응신왕은 처음 규슈^{九州} 후쿠오카^{福岡}에 도착하나 군사력이 없어 이곳 선주^{先住}세력을 제압하지 못하고 동쪽으로 수천리 떨어진 기내^{畿內}(오사카 일대)지역으로 이동하여 나라^{奈良}현에 야마토를 건국한다. 다시 말해 부여백제(왜잔국)의 삼한백성은 뒤늦게 응신왕의 야마토 건국 소식을 듣고 일본열도로 건너가기 위해 본격적으로 엑소더스를 준비한다.

【영락10년 신라 구원】사건은 옛 부여백제(왜잔국) 삼한백성이 일본열도로 엑소더스하기 위해 경남 남해안에 집결하면서 발생한 일이다. 응신왕(부여백제 여휘왕)과 일부 지배층이 선발대라면, 궁월군과 삼한백성은 응신왕을 뒤따라간 본진이다.

| 광개토왕 신라 구원 사건 (Ⅱ) |

《광개토왕릉비》의 【영락10년(400년) 신라 구원】 사건은 옛 부여백제(왜잔국) 삼한백성의 일본열도 엑소더스 준비를 배경으로 한다. 다음은 전쟁 경과다. 광개토왕이 군사를 파견하여 경남 남해안에 집결하고 있는 삼한백성에게 행한 군사행동의 실체와 결과다.

고구려 한반도 남방 평정

399년 신라 내물왕의 구원 요청을 받은 광개토왕은 이듬해인 400년 대규모 군사를 보내 왜를 평정하고 신라를 구원한다. 왜는 옛 한반도 부여백제(왜잔국)의 삼한백성이다. 《광개토왕릉비》다.

> 十年 庚子 敎遣步騎五萬往救 新羅從男居城至新羅城 倭滿其中 官軍方至倭賊退 ▨▨▨▨▨▨ 自倭背急追至任那 加羅從拔城 城卽歸服安羅人戍兵
> 10년(400년) 경자, 교시를 내려 보기(보병/기병) 5만을 보내 신라를 구원하였다. 이때 남거성에서 신라성까지 왜가 가득하였다. 관군이 도착하자 왜적이 물러갔다. ▨▨▨▨▨▨ 왜의 뒤를 급히 추적하여 임나에 이르니 가라가 뒤따라와 성을 공격하자 성은 즉시 귀복하였다. 이에 안라인 술병을 두었다.

광개토왕은 보기군(보병/기병) 5만을 출진시킨다. 5만은 광개토왕이 동원한 최대 규모의 병력이다. 이는 광개토왕이 경남 남해안에 집결한 궁월군과 수십만의 삼한백성 존재를 심상치 않게 본 증거다. 이어 고구려군은 남진하여 신라 영토(남거성/신라성)에 들어온 삼한백성을 몰아내고 내친걸음으로 임나에까지 쳐들어간다. 이때 가라(금관가라)가 고구려군을

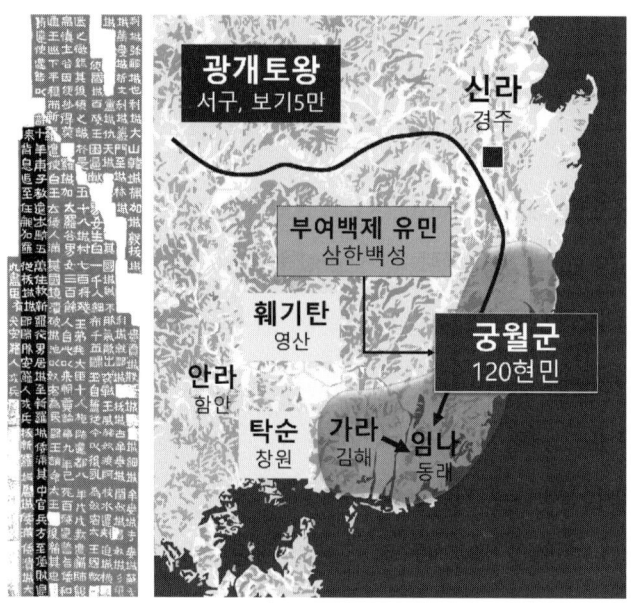

▲《광개토왕릉비》【영락10년 신라 구원】 기록과 도식

뒤따라와 임나성을 공격하자, 성은 즉시 항복하며 고구려에 귀복한다. 귀복의 표현은 과거 고구려 속민인 임나가 신묘년(391년)에 한반도 왜(부여백제/왜잔국)의 신민이 되었다가 다시 고구려의 속민이 된 사실을 말한다. 또한 고구려는 귀복한 임나성에 안라인으로 편성한 술병(수비병)을 배치한다.

이에 대응하는 『고구려사략』〈영락대제기〉다.

10년(400년) 경자 2월, 왜가 신라에 들어왔다는 소식을 듣고 서구胥狗와 해성解猩 등에게 5만 군사를 이끌고 가서 구원하여 왜를 물러나게 하였다. 임나任那, 안라安羅, 가락加洛(금관가라) 등 모두가 사신을 보내 입조하였다. **남방이 모두 평정되었다.**
十年 庚子 二月 聞倭入羅 遣胥狗解猩等將五万徃救退倭 任那安羅加洛等皆遣使來朝 南方悉平

광개토왕은 왜(궁월군 삼한백성)뿐 아니라 임나도 평정한다. 또한 안라, 가락은 자연스레 광개토왕에게 굴복한다. 안라는 아라가라(경남 함안)며, 가락은 금관가라(경남 김해)다. 이 결과로 광개토왕은 이들 3개 나라로부터 입조入朝를 받는다.

삼한백성의 소요사태 진압

광개토왕의 군사행동은 도륙屠戮과 같은 대규모 살상 행위를 동반한 무력행사가 아니다. 상대는 무장한 군대가 아닌 비무장의 삼한백성이다. 그래서『고구려사략』은 평정平定의 단어를 쓴다. 광개토왕의 군사행동은 일종의 소요사태를 진압하는 정도다. 그래서 세 나라(임나, 안라, 가락)는 군사적 저항보다 복속을 선택하며 광개토왕에게 사신을 보내 입조한다. 또한 광개토왕은 평정 이후 이들 지역에 안라 출신의 술병(수비병)을 따로 두기도 한다.

이는 무슨 의미일까? 광개토왕이 파견한 5만 정예군사 대부분은 철수한다. 그래서 고구려 자체적으로 술병을 두지 않고 안라 출신으로 술병을 편성하여 배치한다. 3개 나라 중 안라는 비교적 고구려에 협조적이었을 것으로 추정된다.『태백일사』에는 '안라는 본래 홀본사람이다.'(安羅本忽本人也)는 기록이 있다.

『삼국사기』도【영락10년 신라 구원】사건을 축약해서 기록한다. 〈열전〉 박제상 편이다. '백제인이 앞서 왜에 들어와 "신라와 고구려가 왕의 나라를 침입하려 모의한다."고 참언하였다. 왜가 마침내 군사를 보내 신라 국경 밖에서 순찰하였는데 때마침 고구려가 들어와 침략하여 왜의 순찰병을 잡아 죽였다.'(百濟人前入倭讒言新羅與高句麗謀侵王國 倭遂遣兵邏戍新羅境外 會高句麗來侵 幷擒殺倭邏人) 다만『삼국사기』는 광개토왕이 신라를 구원하기 위해 파견한 군대의 행동을 침략來侵으로 표기한다.

【영락10년 신라 구원】은 고구려 광개토왕이 일본열도로의 엑소더스를 위해 경남 남해안에 집결한 옛 부여백제(왜잔국) 삼한백성의 소요사태를 진압하고 남방을 평정한 사건이다.

신화와 역사의 경계   경주의 새주인 박씨왕조   석씨왕조의 조용한 행로   **김씨왕조 혈통 갈등**

| 광개토왕 신라 구원 사건 (Ⅲ) |

《광개토왕릉비》의 【영락10년(400년) 신라 구원】 사건은 옛 부여백제(왜잔국) 삼한백성이 일본열도로의 엑소더스를 위해 경남 남해안에 집결하며 발생한다. 삼한백성이 신라의 국경을 범탈하자 내물왕은 급히 구원을 요청하고, 광개토왕은 5만 군사를 내려보내 삼한백성의 소요사태를 진압하며 남방을 평정한다. 마지막으로 광개토왕의 군사행동 이후 전개된 삼한백성의 엑소더스 결과다.

삼한백성의 일본열도 엑소더스

【영락10년 신라 구원】 이후 전개된 상황이다. 광개토왕의 남방 평정 이후의 궁월군과 120현 삼한백성의 행방이다. 일본열도로의 엑소더스 성공 여부다. 『일본서기』〈응신기〉다.

> 16년(401년) 8월, 평군목토숙니와 적호전숙니를 가라에 보냈다. 정병을 주며 이르길 "습진언이 오래도록 돌아오지 않고 있다. 필시 신라가 막아서 지체하고 있을 것이다. 그대들은 빨리 가서 신라를 치고 길을 열라." 하였다. 이에 **목토숙니 등이 정병을 거느리고 진격하여 신라의 국경에 이르렀다. 신라왕은 두려워하여 복죄하였다. 그래서 궁월군의 인부(백성)를 이끌고 습진언과 함께 돌아왔다.**
> 十六年 八月 遣平群木菟宿禰的戶田宿禰於加羅 仍授精兵詔之曰襲津彦久之不還 必由新羅人 拒而滯之 汝等急往之擊新羅披其道路 於是木菟宿禰等進精兵 莅于新羅之境新羅王愕之服其罪乃率弓月之人夫與襲津彦共來

때는 광개토왕의 남방 평정 이듬해인 401년이다. 야마토 응신왕은 갈성습진언葛城襲津彦이 궁월군과 120현의 삼한백성 엑소더스를 제대로 수행하지 못하자, 추가로 평군목토平群木菟와 적호전的戶田 두 숙니宿禰(*백제 좌평에 해당)에게 군사를 주어 가라에 파견한다. 이에 평군목토는 군사를 이끌고 신라 국경에 이르고, 이에 당황한 신라왕(내물왕)은 복죄하며 삼한백성의 엑소더스가 본격적으로 이루어진다.

신라왕의 복죄는 무엇일까? 복죄는 죄를 인정하는 행위다. 기록대로라면 내물왕의 죄는 삼한백성의 엑소더스를 방해한 행위다. 방해의 실체는 명확히 알 수 없으나 결과적으로 내물왕은 야마토의 군사적 압박에 굴복한다. 이는 이듬해인 402년 내물왕의 뒤를 이은 실성왕이 미사흔왕자를 야마토에 볼모로 보내며, 삼한백성의 엑소더스는 사실상 마무리된다.

또한 일본열도로의 엑소더스는 한 차례 더 이루어진다. 아지사주阿知使主가 이끄는 17현민이다. 『일본서기』〈응신기〉다. '20년(403년) 9월, 왜한직의 조상 아지사주와 그의 아들 도가사주가 17현민을 이끌고 돌아왔다.'(二十年 秋九月 倭漢直祖阿知使主其子都加使主並率己之黨類十七縣而來歸焉) 『속일본기』에는 아지사주와 17현민의 출신이 대방帶方(황해도)이며, 응신왕의 부름을 받고 야마토로 건너왔다고 적는다.

> 『속일본기』 연력4년(785년) 6월. '예전(응신)천황 치세 때다. 아지왕이 청하여 아뢰길 "신은 예전에 대방에 살았는데 남녀노소 모두 재능을 지녔습니다. 근래에 백제와 고구려 사이에서 혼란스러워 거취를 정하지 못하고 있사오니 엎드려 바라건대 천황의 은혜로 사신을 파견하여 우리를 불러 주십시오." 하였다. 이에 천황이 조칙을 내려 신하 팔복씨를 파견하자 그 백성 남녀 모두가 사신을 따라와 영원히 공민이 되었다. 여러 대의 세월이 흘러 오늘에 이른 바 지금 여러 국의 한인은 그 후예다.'(是則譽田天皇治天下之御世也 於是阿智王奏 臣舊居在於帶方 人民男女皆有才藝 近者寓於百濟高麗之間 心懷猶豫未知去就 伏願天恩遣使追召之 乃勅遣臣八腹氏 分頭發遣 其人民男女 舉落隨使盡來 永爲公民 積年累代 以至于今 今在諸國漢人亦是其後也)

궁월군의 삼한백성과 아지사주의 대방백성은 이후 야마토로부터 각각 하타秦씨와 아야漢씨의 성씨를 하사받는다. 하타씨는 오사카 일대,

아야씨는 나라현 금래^{今來}(이마키)군에 정착하며 토목과 양잠기술 그리고 행정관리 체제 등 선진화된 문물과 문화를 일본열도에 전파한다. 이들 두 엑소더스집단은 일본열도의 뉴커머$^{new\ comer}$다. 우리가 잘 아는 문자와 학문을 전한 왕인^{王仁}박사(*전남 영암 출신)도 이 시기 일본열도로 건너간다. 일본열도는 이들 한반도에서 건너온 엑소더스집단으로 인해 인구가 폭발적으로 증가하며, 일본사회는 본격적인 국가체제를 갖추고 급성장하기 시작한다. 가히 '역사의 신^{神}'이 일본열도에 내린 축복 중의 축복이다.

▲ 傳왕인묘 [오사카 히라카타]

광개토왕의 신라 구원 사건 정리

【영락10년 신라 구원】(400년)은 한반도 부여백제(왜잔국)가 광개토왕에게 무참히 패한 【영락6년 왜잔국 정벌】(396년)을 배경으로 한다. 그 결과로 부여백제의 주류세력이 일본열도에 급히 망명하여 야마토왕조를 수립하고(397년), 이를 뒤따르던 옛 부여백제의 삼한백성(궁월군과 120현민)이 일본열도로 건너가기 위해 한꺼번에 경남 남해안에 집결한다(400년). 광개토왕은 5만 정예군사를 보내 삼한백성의 소요사태를 진압하고 신라를 구원한다. 이후 야마토는 추가로 군사를 파견하여 신라를 압박하고, 또한 협상을 통해 삼한백성의 엑소더스를 완결한다(402년). 다만 이 과정 중에 백제(한성백제)

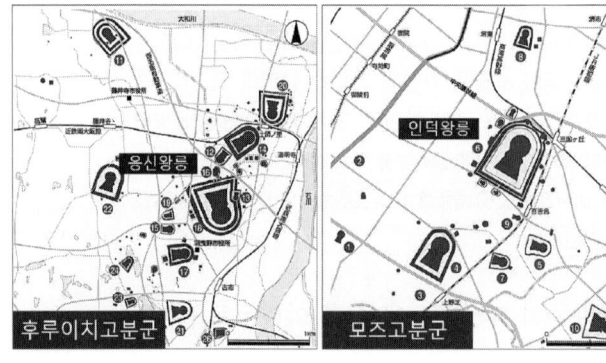
▲ 응신왕릉과 인덕왕릉 [일본 오사카부]

는 옛 부여백제(왜잔국)의 삼한 땅을 얻기 위해 전지태자를, 신라는 삼한 백성의 엑소더스를 보장하기 위해 미사흔왕자를 각각 야마토에 볼모로 보낸다.

▲ 한반도 부여기마족의 일본열도 엑소더스 정리

이 모든 일련의 파노라마는 한마디로 표현하면 부여기마족의 대장정이다. 대륙(서부여)에서 출발하여 한반도(부여백제)를 거쳐 일본열도(야마토)로 건너간 부여기마족의 위대한 역사다.

| 내물왕의 무덤 傳미추왕릉 |

▲ 대릉원 계림지구

『삼국사기』에 따르면, 내물왕은 402년 2월 53세(350년생)로 사망한다. 사망 사유는 밝히고 있지 않으나, 사망 8개월 전인 401년 7월 고구려에 볼모로 가 있던 실성이 10년 만에 돌아온다. 이는 실성의 귀환과 내물왕의 죽음 사이에 어떤 인과성Causation의 존재를 시사한다. 특히 실성은 392년 내물왕이 '고구려 복속'을 선택하면서 광개토왕에게 볼모로 보내진 까닭에 내물왕에 대한 실성의 불만은 클 수밖에 없다.

『신라사초』 기록의 내물왕 죽음

그런데 『신라사초』는 내물왕의 죽음을 병사病死로 기록한다. 〈내물대성신제기〉다.

> 수호(402년) 2월, 제(내물왕)의 병이 극심해져 신산에서 약을 구하였다. 제가 말하길 "천명은 스스로 존재하거늘 약의 효능으로 어찌 할 수 있겠느냐?" 하고는 편안한 모습으로 붕하였다.
> 水虎 二月 帝复病劇 求藥于神山 帝曰 天命自在藥能何爲 晏然而崩

특히 기록은 내물왕이 병이 생기자 사망 한 해 전인 401년 내물왕이 실성의 환국을 고구려에 요청한 것으로 나온다.

> 『신라사초』〈내물대성신제기〉. '백우(401년) 4월, 봄부터 큰 가뭄이 들고 제(내물왕) 또한 몸이 편치 못한데 **여러 왕자들이 모두 황음하는 것을 일로 삼았다**. 제가 이에 일동과 구리내 등을 고구려에 보내 비단과 진주 등을 바치고 **마야(실성)의 귀환**을 청하였다.'(白牛 四月 自春大旱 帝且不寧諸王子皆以荒淫爲事 帝乃遣一同仇里酒等于麗 贈錦帛珍珠 而請還馬兒)

따라서 실성의 귀환과 내물왕의 죽음 사이에는 인과성이 존재하지 않는다.

傳내물왕릉의 실제성

현재 내물왕릉은 월성 서북쪽 계림 숲속에 소재한 대릉원 일원「계림지구」의 인왕동고분군 30호분이다. 『삼국유사』〈왕력〉의 '내물왕릉은 점성대(첨성대) 서남쪽에 있다.'(陵在占星臺西南)는 기록에 근거한다. 다만 확정이 아닌 전해져 내려오는 傳내물왕릉이다.

▲ 계림지구 傳내물왕릉

첨성대 서남쪽에 위치한 인왕동고분군의 무덤은 모두 5기다. 28호분, 29호분, 30호분 등 3기는 동쪽에, 118호분, 119호분 등 2기는 서쪽에 위치한다. 이 중 동쪽의 3기 무덤은 6~7세기 조성된 원형봉토분의 돌방무덤이며, 서쪽의 2기 무덤은 4~5세기 조성된 적석목곽분의 덧널무덤이다. 傳내물왕릉인 30호분은 동쪽의 계림 숲속에 소재하며 지름은 20m 정도다. 5기 무덤 중에서 가장 크기가 작은 소형급 무덤이다. 특히 무덤 아래쪽에 둘레돌

▲ 계림지구 5기 무덤 분포

일부가 드러나 있어 무열왕릉(경주 서악동 소재)과 같은 7세기 후반에 축조된 무덤으로 본다. 따라서 30호분은 마립간 계열의 돌무지덧널무덤과는 상당한 시간적 격차가 발생한다.

> 계림지구 인왕동고분군의 동쪽에 위치한 3기는 김씨왕조 선조들의 무덤이다. 28호분은 아도(阿道), 29호분은 수류(首留), 30호분 傳내물왕릉은 욱보(郁甫)다.

실제 내물왕릉은 傳미추왕릉이 유력

▲ 내물왕릉[傳미추왕릉]

그렇다면 실제 내물왕릉은 어떤 무덤일까? 「대릉원지구」의 傳미추왕릉(106호분)이 유력하다. 무덤의 지름은 동서 54.6m 남북 59.1m, 높이는 13.5m의 대형급 무덤이다. 『신라사초』〈실성기〉다. '수호 원년(402년) 2월 7일, 내물제가 붕하였다. … 3월, 내물을 옥릉에 장사지냈다.'(水虎 元年 二月七日 奈勿帝崩 … 三月 葬奈勿于玉陵) 실성왕은 402년 2월에 내물왕이 사망하자 3월에 장사지낸다. 특히 『신라사초』는 내물왕릉을 '옥릉玉陵'으로 소개한다. 옥玉은 구슬, 보석처럼 사물의 '귀함'을 나타낸다. 내물왕릉은 존재 자체가 귀함이다. 다만 옥릉 명칭이 당시에 붙여진 이름인지 아니면 사후에 부여된 이름인지는 명확하지 않다. 그럼에도 내물왕릉을 옥릉이라 칭한 것은 나름의 의미가 있다. 마립간 계열의 시조인 내물왕에 대한 특별한 배려는 아니었을까?

내물왕릉은 「대릉원지구」의 「傳미추왕릉」(106호분)이 유력하다.

내물왕릉 딸린무덤의 무덤주인

내물왕릉은 『신라사초』가 '옥릉玉陵'으로 표현한 「대릉원지구」의 傳미추왕릉(106호분)이다. 내물왕릉을 중심으로 주변에는 크고 작은 무덤 7기가 분포한다. 이들 주변 무덤은 돌무지덧널무덤(적석목곽분)으로 추정되며 내물왕릉의 딸린무덤(배총)이다.

▲ 내물왕릉과 딸린무덤 분포

딸린무덤의 재원

무덤명	외형(m)		
	동서	남북	높이
100호 (검총)	46.6	40.2	9.3
101호	38.5	35.0	8.5
102호	39.1	39.6	10.3
103호	39.3	39.1	8.5
104호	8.3	14.0	2.7
105호	48.7	52.6	14.2
106호 (내물왕릉)	54.6	59.1	13.5
107호	20.2	15.2	2.8

내물왕릉(106호분)을 포함한 4기 무덤의 재원이다. 특히 관심을 끄는 무덤은 지름 39m의 102호, 103호와 지름 50m의 105호, 그리고 지름 20m의 107호, 108호다. 이들 7기 무덤은 내물왕의 왕후와 후궁들의 무덤으로 추정된다.

내물왕의 가계도 분석

『신라사초』와 『상장돈장』 기록에 따르면 내물왕의 부인 중 자식을 낳은 여성은 모두 9명이다. 광명光明, 휴례休禮, 보반保反, 내류內留, 옹판雍判, 방단方丹, 난황暖凰, 사씨思氏, 운화雲花 등이다. 이 중 내물왕을 옹립한 조분왕(11대,석씨)의 딸 광명과 내물왕의 어머니인 미추왕(13대)의 딸 휴례(김씨)는 각각 「계림지구」 118호분과 「황남지구」 143호분(쌍무덤)에 묻힌다.

따라서 광명과 휴례를 제외한 나머지 7명이 내물왕릉 딸린무덤의 무덤주인이다. 이들의 출신을 살펴보면, 보반, 내류, 옹판 등 3명은 미추왕의 딸로 광명의 소생이며, 방단, 난황 등 2명은 흘해왕(16대)의 딸로 각각 광명과 접황의 소생이다. 사씨와 운화는 출신 계보 기록은 없으나 귀족의 딸로 추정된다. 따라서 이들 7명의 골품은 광명의 소생인 보반, 내류, 옹판, 방단 순이며, 접황의 소생인 난황, 그리고 사씨와 운화 순으로 서열이 정해진다.

딸린무덤의 무덤주인 비정

▲ 대릉원 105호분

특히 가장 서열이 높은 보반은 광명의 뒤를 이은 여왕으로 내물왕의 정실왕후다. 눌지(내지), 보해(복호), 미해(미사흔), 실상實相 등을 낳는다. 보반은 내물계의 적통자를 생산한 명실공히 최고 골품의 여성이다.

『신라사초』〈눌지천왕기〉다.

> 2년(428년) 황룡 10월, 태태 보반이 붕하였다. 춘추 69세다.
> 十二年 黃龍 十月 太太保反崩 春秋六十九

보반은 아들 눌지왕 때인 428년(눌지12) 69세로 사망한다. 보반의 무덤은 105호가 가장 유력하다.

다음 서열인 보반의 친자매인 내류^{內留}의 경우다. 〈눌지천왕기〉다.

> 16년(432년) 수원, 4월 내류 태태가 붕하였다. 나이 71세다. 내물과 실성의 두 릉에 뼈를 나누고, 조생과 초생을 두 릉의 제주^{祭主}로 삼았다.
> 十六年 水猿 四月 內留太太崩 壽七十一 分骨于奈勿實聖之兩陵 以鳥生草生爲兩陵祭主

내류는 보반이 사망하면서 태태^{太太}에 봉해진 후 432년(눌지12) 71세로 사망한다. 다만 기록은 내물과 실성의 릉에 분골하였다고만 적고 있어 내류의 릉을 별도로 만들지 않은 것으로 보인다. 다음 서열인 옹판과 방단의 경우 사망기록은 없으나 각각 102호와 103호로 추정되며, 마찬가지로 101호는 난황, 104호와 107호는 각각 사씨와 운화의 무덤으로 추정된다.

▲ 내물왕릉 딸린무덤 분포 및 무덤주인

내물왕릉(傳미추왕릉)의 딸린무덤은 내물왕의 왕후와 후궁의 무덤이다.

실성왕 계보와 다양한 이름

▲ 청동호우 [경주 호우총]

실성왕實聖王(18대)은 마립간 계열로 설정된 흉노계 김씨 왕이다. 이름은 마아馬兒, 보금宝金, 실성實聖이다. 재위 기간은 402년부터 417까지 16년간이다. 아버지는 이찬 대서지大西知며, 어머니는 아간 석등보昔登保의 딸 이리伊利다. 다만 『삼국유사』와 『신라사초』는 어머니 이리를 석등보의 딸 예생禮生으로 적는다. 이리와 예생은 동일인이다.

실성왕은 흉노계 김씨의 적통

실성왕의 계보를 『신라사초』 기록에 의거 좀 더 펼쳐보면 이렇다. 실성왕은 김씨왕조 중시조인 구도仇道에서 출발한다. 구도는 벌휴왕(9대 석씨)의 아들 골정태자의 딸 녹모綠帽를 통해 말흔末昕을 낳고, 말흔은 내해왕(10대 석씨)의 딸 유모乳帽를 통해 대서지大西知를 낳으며, 대서지는 석등보의 딸 예생禮生(이리)을 통해 실성왕을 낳는다. 실성왕의 부계는 구도 → 말흔 → 대서지로 이어지는 흉노계 김씨며, 모계는 모두 석씨왕조 출신 여성이다.

신라 김씨왕조는 흉노계 김씨를 정통으로 새로이 김씨에 편입된 미추왕의 오환계와 내물왕의 선비계로 분류된다. 오환계는 장훤(*구루돈)의 처 술례가 구도와 합환 형식을 빌어 미추왕을 낳음으로써 김씨 계보에 편입되며, 선비계는 내물왕(*모루한)의 아버지 말구末仇를 말흔이 술례를 통해 낳은 아들로 설정하며 김씨 계보에 편입된다. 장훤(오환계)과 말구(선비계)의 계보상 부인이 된 술례述禮는 아달라왕(8대)의 손녀다. 이처럼 흉노계는 석씨왕조 출신을 모계로, 오환계와 선비계는 박씨왕조 출신을 계보상의 모계로 한다. 특히 선비계 말구는 미추왕의 딸 휴례를 통해 내물왕을 낳는데, 말구가 사망하자 휴례는 대서지의 부인이 된다. 이런 연유로 대서지의 예생부인 소생인 실성왕과 말구의 휴례부인 소생인 내물왕은 이복형제가 된다.

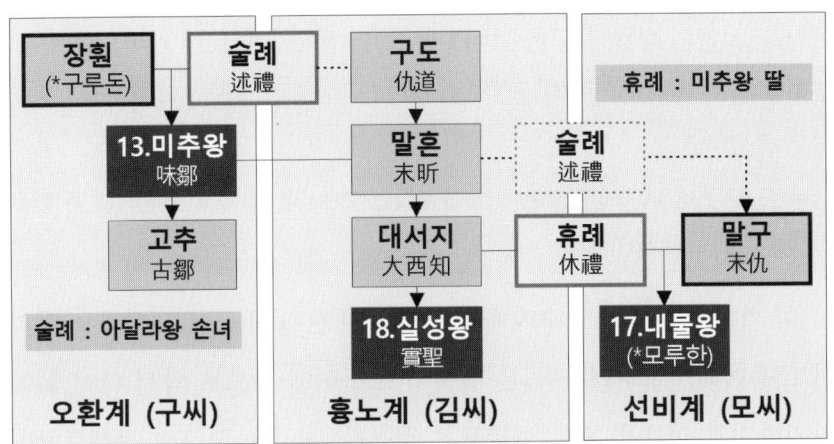

▲ 김씨왕조 계보도

실성왕의 다양한 이름의 의미

실성왕은 마아, 보금, 실성 등 다양한 이름을 가지고 있다.

먼저 마아^{馬兒}다. 『신라사초』〈실성기〉다.

> 이보다 앞서 **삼원공주에게 딸이 있어 예생이라 하였는데 꿈에서 큰 흰 말을 보고 이를 기이하게 여겼다. 때마침 대서공**(대서지)**이 와서 꿈 이야기를 듣고 그녀와 사통하여 실성을 낳았다. 처음에는 마아**^{馬兒}**라 불렀는데 용모가 아름답고 부드러워 사람들이 유마아라고 하였다.**
> 先是 三元公主有女曰禮生 夢見白大馬而奇之 大西公適至聞夢而私之生實聖 初呼馬兒兒 美而柔人以爲柔馬兒

마아는 실성왕의 아명兒名이다. 어머니 예생이 태몽에 흰 말을 본 까닭에 지어진 이름이다. 『신라사초』는 실성이 왕이 되기 전까지의 이름을 모두 마아로 적는다.

다음은 보금宝金이다. 보금은 '보물같은 김씨' 또는 '김씨의 보물' 정도로 읽혀진다. 『고구려사략』〈영락대제기〉다.

2년(392년) 임진 정월, 서구를 보내 내밀의 딸 운모와 하모를 맞아들여 좌·우 소비로 삼고, 보금宝金을 비궁대부로 삼았다. 보금은 내밀의 유자猶子로 키도 크고 유식하였다.
二年 壬辰 正月 遣胥狗迎奈密女雲帽霞帽爲左右小妃 以宝金爲妃宮大夫 宝金奈密之猶子也 身長而有識

이 기록은 실성이 고구려에 볼모로 보내진 당시(392년)의 상황을 정리한 내용이다. 『고구려사략』은 실성이 고구려에 볼모로 와서 다시 돌아가기까지의 이름을 모두 보금으로 적는다. 보금은 고구려 광개토왕이 실성을 신라 김씨왕조의 유일한 적자로 인정하며 지어준 이름이다. 보금의 이름은 『삼국유사』〈왕력〉에도 나온다.

> 『삼국유사』〈왕력〉. '제18대 **실성마립간**, **실주**(實主)왕이라고도 하고 **보금**(寶金)이라고도 한다. 아버지는 미추왕의 동생 대서지 각간이다. 어머니는 예생부인으로 석씨인데 등야 아간의 딸이다.'(第十八 實聖麻立干 一作實主王 又寶金 父未鄒王弟 大西知角干 母禮生夫人 昔氏 登也阿干女也)

마지막으로 실성實聖이다. 실성은 '실제하는 성인'의 뜻이다. 『신라사초』〈실성기〉다.

때에 **내물은 병을 고칠 수 없게 되자 마아**馬兒가 정사를 보길 원했는데, 귀국을 기뻐하며 그 연유를 물었다. 마아가 말하길 "소제가 형님(내물왕)의 병환을 듣고 돌아가고자 하여 음식을 먹지 않고 하늘에 기도하니 **하룻밤 사이에 까**

마귀 머리가 모두 하얗게 되어 고구려인들이 크게 놀라더니 돌아가는 것을 허락하였습니다." 하였다. 내물은 그를 신^神이라 여겨 실성^{實聖}이라 이름 짓고 부군^{副君}의 지위에 있게 하였는 바 이때에 이르러 왕위에 오르니 춘추 44세다.

時奈勿以疾不能理事願見馬兒 及歸喜而問其故 馬兒曰 吾聞兄疾而欲歸不食而禱 天一夜之間鳥頭盡白 麗人大驚許我歸之也 奈勿神之乃名實聖而居副君之位 至是卽祚 春秋四十四

실성^{實聖}은 내물왕이 까마귀의 검은 머리를 하룻밤 사이에 하얗게 변화시킨 신통력을 듣고 직접 지어준 이름이다. 머리가 하얀 흰 까치^{白鵲}는 서조 또는 길조다. 상서^{祥瑞}에 해당하는 조류다. 이는 실성왕이 상서로운 존재라는 의미로 읽혀진다. 『삼국유사』〈왕력〉은 실성왕을 실주^{實主}왕으로도 적는다. 실성, 실주는 같은 맥락이다.

▲ 白鵲 [출처 : 바이두]

『삼국사기』에 흰 까치가 발견되어 조정에 헌상한 기록이 있다. 문무왕 때 남천주, 성덕왕 때 완산주와 웅천주, 효성왕 때 완산주, 애장왕 때 삽량주 등이다.

실성왕은 계보와 이름에서 볼 수 있듯이 선비계인 마립간 계열의 왕이 아니다. 김씨왕조의 정통이자 흉노계 김씨의 적자다. 또한 흉노계 김씨가 배출한 유일한 왕이다.

| 실성왕 즉위 비밀 |

김씨왕조 정통인 실성왕(흉노계)은 392년 내물왕(선비계)이 '고구려 복속'을 선택하면서 광개토왕에게 볼모로 보내진다. 그리고 10년간의 고구려 볼모 생활을 청산하고 신라로 돌아와 402년 왕위를 잇는다. 『삼국사기』 실성왕이다. '내물왕이 훙하자 그의 아들들이 어려서 국인이 실성을 세워 왕위를 잇게 하였다.'(奈勿薨 其子幼少 國人立實聖繼位) 실성왕은 내물왕이 사망하면서 즉위한다. 다만 『삼국사기』는 내물왕의 아들들이 어리다는 단서를 단다.

실성의 환국을 요청한 내물왕

『신라사초』〈내물대성신제기〉다.

> 25년(401년) 백우 4월, 봄부터 큰 가뭄이 들고, 제(내물왕) 또한 몸이 편치 않은데 여러 아들이 모두 황음하는 것을 일로 삼았다. 이에 **제가 일동과 구리내 등을 고구려에 보내 비단과 진주 등을 선사하고 마아**(실성)**의 귀환을 청하였다.**
> 二十五年 白牛 四月 自春大旱 帝且不寧 諸王子皆以荒淫爲事 帝乃遣一同仇里酒等于麗 贈錦帛珍珠而請還馬兒

『신라사초』는 내물왕의 여러 아들이 황음을 일삼자, 내물왕이 직접 고구려 광개토왕에게 실성의 귀환을 요청한 것으로 나온다. 신라 왕실의 족보인 『상장돈장』에 열거된 내물왕의 직계 자녀는 모두 25명이다. 이들은 내물왕을 옹립한 광명光明여왕, 뒤를 이은 보반保反여왕, 보반여왕의 딸 내류內留, 그리고 옹판, 사씨, 난황 등 모두 내물왕 부인들이 낳은 자녀다. 특히 실성왕이 고구려에서 돌아온 401년 당시(실성왕 43세) 20세 이상의 내물왕 아들은 장자 호동好童(광명여왕 소생)을 비롯하여 5명이나

된다. 따라서 '내물왕의 아들들이 어리다.'는 『삼국사기』의 단서 조항은 실성왕의 왕위 승계를 정당화하기 위한 정리한 명분에 불과하다.

광개토왕을 설득한 천성공주

그렇다면 실성왕은 어떻게 해서 즉위할 수 있었을까? 여기에는 의외의 여성이 등장한다. 『신라사초』〈실성기〉다.

> 고구려 왕 담덕(광개토왕)이 그 누이 두씨杜氏를 처로 삼게 하여 아들 셋을 낳았다. 두씨가 마침내 그를 위하여 담덕을 설득하며 말하길 "현명한 왕은 신의를 숭상하니 볼모로 잡는 것과는 다릅니다. 지금 첩의 남편(실성)이 신라로 돌아가면 금지옥엽이지만 고구려에 머무르면 구우일모일 뿐입니다. **원컨대 첩은 신라로 함께 돌아가 대왕의 계책이 되고자 합니다.**" 하였다. 담덕이 이를 허락하였다.
> 麗主談德以其妹杜氏妻之生三子 杜乃爲之說談德曰 賢主尙信而不若質 今妾之夫歸彼則金枝玉葉留此則九牛一毛也 妾願同歸其國以爲大王計 談德許之

광개토왕을 설득한 사람은 실성왕의 부인 두씨杜氏다. 이름은 두양杜陽이며, 『고구려사략』이 광개토왕의 이복여동생으로 소개한 소수림왕의 딸 천성天星공주다. 『고구려사략』〈영락대제기〉다.

> 2년(392년) 임인 정월, 서구를 보내 내밀(내물왕)의 딸 운모와 하모를 맞아들여 좌·우 소비로 삼고, 보금(실성)을 비궁대부로 삼았다. 보금은 내밀의 유자(조카)로 키도 크고 유식하였다. **홀로 된 공주 천성天星을 처로 주었다.**
> 二年 壬辰 正月 遣胥狗迎奈密女雲帽霞帽爲左右小妃 以宝金爲妃宮大夫 宝金奈密之猶子也 身長而有識 以寡公主天星妻之

천성공주는 실성이 고구려에 볼모로 건너온 392년에 실성의 부인이 된다. 그리고 아들 셋과 딸 하나를 낳는다. 아들은 격중鬲中, 연중允中, 혼씨渾氏며, 딸은 효진曉辰이다.

천성공주는 내물왕이 실성의 환국을 요청하자, 이복오빠 광개토왕을 적극 설득하여 남편 실성의 환국을 성사시킨다. 특히 『신라사초』는 '담덕(광개토왕)이 그럴듯하게 여겨 마침내 보화를 일곱 수레에 실어 마아(실성)와 두씨(천성공주)를 정예 기병 3백으로 호송하여 보냈다.'(談德然之 乃以宝貨七車載 馬兒杜氏 以精騎三百護送之)고 적는다.

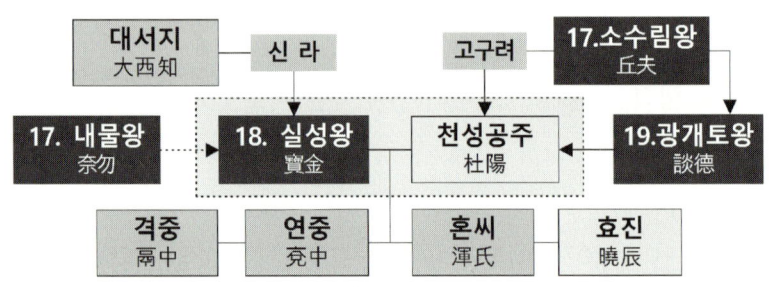
▲ 실성왕과 천성공주 계보도

신라 왕후가 된 천성공주

천성공주는 실성왕이 즉위하면서 곧바로 왕후에 봉해진다. 『고구려사략』〈영락대제기〉다.

> 12년(402년) 임인 2월, 춘태자를 금성(신라)에 보내 내밀을 조상하고, 보금(실성)을 신라 왕으로, 천성天星을 신라 비로 삼았다.
> 十二年 壬寅 二月 遣春太子于金城吊奈密 冊宝金羅主 天星爲羅妃)

실성왕은 왕후가 3명인 삼궁三宮을 둔다. 제1왕후는 상궁上宮, 제2왕후는 하궁下宮, 제3왕후는 난궁暖宮이다. 이때 천성공주는 난궁에 봉해진다. 『신라사초』〈실성기〉다.

> 수호 원년(402년) 2월, 보반을 상궁으로 삼고, 내류를 하궁으로 삼고, 두씨(천성공주)를 난궁으로 삼아 이를 삼궁으로 하였다.
> 水虎 元年 二月 以保反爲上宮內留爲下宮杜氏爲暖宮 是爲三宮

또한 실성왕은 416년(실성15) 3궁을 5궁으로 확대하면서 난궁(제3왕후) 천성공주를 별신궁別神宮(제5왕후)에 봉한다. 이후 천성공주 두양의 삶은 실성왕의 뒤를 이은 눌지왕 때에도 계속된다. 눌지왕의 후궁이 된 천성공주는 418년(눌지2) 눌지왕의 아들 승僧을 낳는다. 그러나 천성공주는 435년(눌지19) 사망한다. 〈눌지천왕기〉다.

19년(435년) 목시 4월, 후궁 두씨가 난산으로 훙하였다. 왕이 이를 애석히 여겨 후하게 장사지냈다.
十九年 木豕 四月 後宮杜氏難産而薨 帝惜之 厚葬之

이때 나이는 대략 50세다. 특히 눌지왕이 그녀를 후하게 장사지낸 점으로 보아 아마도 무덤은 경주 대릉원에 조성되었을 것으로 본다. 눌지왕의 무덤인 황남대총 딸린무덤 중의 하나로 추정된다.

▲ 대릉원 황남대총과 딸린무덤

천성공주 두양杜陽은 실성왕의 즉위에 결정적인 역할을 한 여성이다. 또한 고구려 출신 공주가 신라왕실과 인연을 맺은 최초의 사례다.

| 복수에 집착한 실성왕 |

고구려 광개토왕의 후원에 힘입어 즉위한 실성왕(흉노계)은 전임 내물왕(선비계)과의 차별화를 꾀한다. 우선 먼저 유례왕(석씨)의 아들인 미사품^{未斯品}을 등용하여 서불한(1관등)에 임명하고, 군국^{軍國}(군사/정사)의 업무를 맡기며 옛 석씨왕조 출신들과 손을 잡는다. 이어서 흉노계 구도^{仇道}의 사당을 직접 찾아가 배알한다. 그리고 내물왕의 직계 아들인 미해^{美海}(미사흔)와 보해^{宝海}(복호)를 각각 왜(야마토)와 고구려에 볼모로 보낸다. 『신라사초』〈내물대성신제기〉다.

실성은 고구려에 있으면서 돌아갈 생각으로 수차례 볼모를 교체해 달라 청하였으나 이를 들어주지 않자 내심 불만을 품었다. 즉위하자 비록 보반을 후로 삼았으나 음으로 보복할 뜻을 가지고 보해와 미해를 나누어 볼모로 보냈다.
實聖在麗 思歸累請代質 不得內懷不平 及卽位雖以保反爲后 而陰有報復之意 分質宝海美海

기록은 실성왕이 보해와 미해를 볼모로 보낸 사유를 명확히 밝힌다. 내물왕에 대한 복수다.

미해(미사흔)의 왜 볼모 사건

미해(미사흔)는 402년(실성1) 왜와 화친을 맺으며 볼모로 보내진다. 《광개토왕릉비》【영락10년(400년) 신라 구원】 사건의 대상이 된 경남 남해안에 집결한 궁월군^{弓月君}(융통왕)과 120현민(부여백제 삼한백성)의 일본열도 엑소더스를 보장하기 위해 취해진 조치다. 아래는 미사흔의 볼모 사건을 다룬 『삼국사기』, 『고구려사략』, 『신라사초』 기록이다.

원년(402년) 3월, 왜국과 우호를 맺고 내물왕의 아들 미사흔(미해)을 볼모로 보냈다. ☞『삼국사기』〈실성왕〉
元年 三月 與倭國通好 以奈勿王子未斯欣爲質

12년(402년) 상(광개토왕)이 왜 사신에게 이르길 "보금(실성)은 짐의 고굉지신 股肱之臣이고 그의 처가 나의 딸(마련공주)이거늘 너희 왕이 아신(백제 아신왕)과 더불어 서로 혼인하고 보금을 도모함은 결단코 불가하다. 이후로 보금과 화친하며 서로 혼인하여도 좋다." 하니, 왜가 미해(미사흔)를 사위로 삼고 화친하였다. 미해는 겨우 10세다. ☞『고구려사략』〈영락대제기〉
十二年 上謂倭使曰 宝金朕之股肱 其妻吾女也 爾王與莘相婚而欲圖宝金 決不可矣 自此 亦與宝金和親而相婚可也 倭乃以美海爲婿而和親 美海年才十歲也

금구9년(410년) 3월, 제(실성왕)가 눌지의 아우 미해(미사흔)를 아찬으로 삼고 야野(왜국)에 사신으로 보내며 내신 사람沙覽에게 보좌토록 명하였다. 야왕이 접견하고 아름답다 여겨 대를 쌓아 머물게 하고 그 딸로 하여금 시중들게 하였다. ☞『신라사초』〈실성기〉
金狗 九年 三月 帝以訥祇弟美海爲阿湌使于野 命內臣沙覽輔之 野王見而美之 築臺以留之 使其女侍之

『삼국사기』는 '質'의 표현을 써가며 미해의 자격이 볼모임을 강조한다. 이에 반해『고구려사략』은 볼모의 표현은 없고, 미해가 왜로 건너 간 사유를 '신라-왜' 화친의 결과물이 아닌 '고구려-왜' 밀약으로 설명한다. 또한 두 기록 공히 미해가 왜로 건너간 시기를 402년(실성2)으로 못 박는다. 그런데『신라사초』는 발생년도를 410년(실성9)으로 적는다. 내용도 다르다. 미해가 10세(402년)가 아닌 18세(410년)에 왜로 건너가며 볼모가 아닌 사신 자격이다.

세 기록을 겹쳐보면 다음의 시나리오가 가능하다. 미해는 402년(10세) 왜와 화친을 맺으며 왜로 건너간다. 그리고 어느 시기 신라로 돌아왔

신화와 역사의 경계 경주의 새주인 박씨왕조 석씨왕조의 조용한 행로 **김씨왕조 혈통 갈등**

▲ 왜 인덕왕 [일본 야후]

다가, 410년(18세) 또다시 사신자격으로 왜에 파견된다. 그리고 야왕의 딸과 혼인한다. 야왕은 왜 인덕왕(16대)으로 미해와 혼인한 딸은 보미^{宝美}다. 이후 미해는 418년(눌지2) 왜에서 도망쳐 돌아온다.(王弟未斯欣 自倭國逃還 -『삼국사기』) 미해는 410년 사신 자격으로 왜에 파견되었다가 418년이 되어서야 신라로 돌아온다. 미해의 왜 체류 기간은 9년으로 볼모 기간에 해당한다. 특히 미해는 왜에 체류하면서 혼인한 보미를 통해 딸 하나를 얻는다. 나해^{羅海}다.

보해(복호)의 고구려 볼모 사건

보해(복호)는 412년(실성11) 고구려에 볼모로 보내진다. 아래는 보해의 볼모 사건을 다룬 『삼국사기』, 『신라사초』, 『고구려사략』 기록이다.

11년(412년) 내물왕의 아들 복호(보해)를 고구려에 볼모로 보냈다.
十一年 以奈勿王子卜好 質於高句麗 ☜ 『삼국사기』〈실성왕〉

흑서11년(412년) 2월, 보해를 고구려에 볼모로 하여 내신 무알^{武謁}을 보좌로 삼아 떠나보냈다. ☜ 『신라사초』〈실성기〉
黑鼠十一年 二月 以宝海質于句麗 內臣武謁爲其輔而去

10년(410년) 정월, 내밀의 아들 보해가 래조하였다. 마련을 그의 처로 주었다. 11년(411년) 5월, 보금(실성왕)이 보해를 돌려 보내주길 청하여 마련을 따라가게 하였다. 마련이 보준을 낳았다. 12년(412년) 7월, 마련이 글을 올려 돌아오고 싶다 청하여 보해와 함께 들어오게 하고 천성의 옛 궁에 살게 하였다.
☜ 『고구려사략』〈영락대제기〉
二十年 庚戌 正月 奈密子宝海來朝 以馬連妻之 二十一年 辛亥 五月 宝金請還

宝海 使馬連從去 馬連生子宝俊 二十二年 壬子 七月 馬連上書請還 乃召宝海 幷入 使居天星舊宮

『삼국사기』,『신라사초』 공히 보해의 고구려 파견이 볼모임을 명시한다. 다만 보해는 미해의 경우(*왜 화친)와 달리 고구려에 볼모로 가게 된 사유는 밝히고 있지 않다.

그런데『고구려사략』은 보해의 볼모 사건을 다르게 기술한다. 발생년도는 410년, 411년, 412년이다. 먼저 410년 보해의 고구려 파견은 래조來朝다. 래조는 조공朝貢의 반대말로 고구려 입장이다. 신라 입장에서 보면 보해는 고구려에 파견된 조공사다. 이에 광개토왕은 보해에게 자신의 딸 마련馬連을 처로 준다. 이듬해인 411년 실성왕의 요청에 의해 보해는 다시 신라로 돌아오며, 또 다음해인 412년 보해와 마련은 고구려로 돌아간다. 이후 보해는 418년(눌지2) 신라로 돌아오기까지 7년간 (412~418)을 고구려에 체류한다. 이 기간은 보해의 실제 볼모 기간이다. 특히 보해는 마련을 통해 아들 하나를 얻는다. 보준宝俊이다.

▲ 광개토왕 [이종상 作]

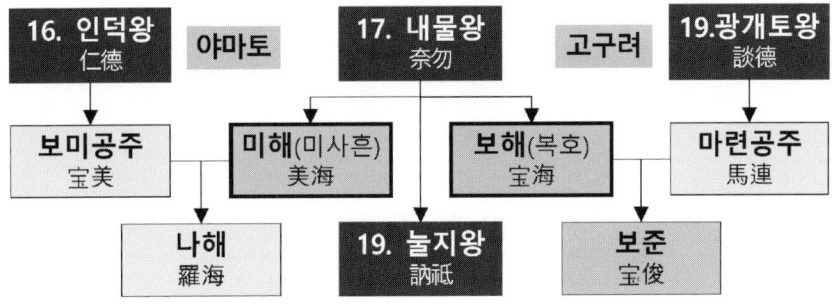

▲ 미해와 보해의 볼모 사건 관계도

볼모 사건의 본질은 경쟁자 축출

그런데 볼모 사건의 기록을 보면 왜와 고구려가 볼모 대상을 구체적으로 지명하지 않는다. 왜는 미해를 요구하지 않고, 고구려는 보해를 요구하지 않는다. 볼모 대상의 선정은 오로지 실성왕의 선택에 의해 이루어진다. 결국 실성왕은 왜와 고구려와의 대외 관계 개선을 빌미로 국내 정치 상황을 철저히 이용한다. 그래서 자신의 왕권 강화에 걸림돌이 될 수 있는 내물왕의 직계 아들들을 왜와 고구려에 볼모로 보내며 신라에서 내쫓는다. 『신라사초』가 실성왕이 '음으로 보복할 뜻을 가졌다.'(陰有報復之意)고 기록한 것은 이를 구체화한 표현이다.

▲『삼강행실도』박제상 삽화

실성왕은 미해와 보해를 축출하는데 성공한다. 그러나 실성왕에게는 두 사람보다 더욱 강력한 경쟁자가 따로 있다. 미해와 보해의 형인 내물왕의 적자 눌지訥祗다.

실성왕과 눌지의 대결은 신라사에 있어 또 하나의 분수령이 된 사건을 만든다. 신라 최초의 군사쿠데타다.

| 실성왕과 눌지의 극단적인 갈등 |

실성왕은 415년(실성14) 눌지를 경주 도성에서 내쫓는다. 명분은 북로北路 시찰이다. 그리고 실성왕은 은밀히 고구려인에게 눌지를 암살하라는 밀명을 내린다. 그러나 암살 계획은 실패로 끝난다. 『삼국사기』다.

> 고구려인이 눌지의 외모가 시원스럽고 정신이 고아하여 군자의 풍모가 있음을 보고 도리어 고하길 "그대 나라 왕이 나에게 그대를 죽이라 하였으나 지금 그대를 보니 차마 죽일 수가 없구나." 하고 곧바로 되돌아갔다.
> 麗人見訥祇 形神爽雅 有君子之風 遂告曰 爾國王使我害君 今見君 不忍賊害 乃歸

그러나 고구려인은 실성왕의 밀명을 따르지 않고 눌지를 살려준다.

태자가 된 내물왕의 적자 눌지

눌지는 내물왕의 직계 아들이다. 내물왕은 보반保反(미추왕 딸)여왕을 통해 4명의 아들을 얻는다. 눌지(387년생), 보해(복호-390년생), 미해(미사흔-393년생), 실상實相(395년생) 등이다. 특히 내물왕은 실성왕에게 왕위를 넘겨주며 보반여왕을 왕후로 맞이할 것을 유명遺命한다. 이에 따라 실성왕은 즉위하면서 곧바로 보반여왕을 상궁上宮(제1왕후)에 봉한다.

원래 눌지는 내물왕의 여덟째 아들이다. 그러나 보반여왕이 낳은 첫째 아들인 까닭에 내물왕의 직계 아들 중에서는 가장 골품이 높은 적자適子가 된다. 『삼국사기』는 기록하지 않았으나, 『신라사초』에는 눌지가 태자에 책봉된 기록이 있다. 〈실성기〉다. '수호 원년(402년) 눌지를 태자로 삼고 초로를 태자비로 삼았다. 대개 내물의 유촉이다.'(水虎 元年 訥祇爲太子 初老爲太子妃 盖奈勿之遺囑也) 눌지의 태자 책봉은 내물왕의 유촉遺囑

(유언)에 따른 조치다.

특히 『신라사초』〈실성기〉는 흥미로운 기록 하나를 남긴다.

보반후(여왕)가 신제(실성왕)에게 말하길 "내가 그대를 계부로 삼은 것은 그대가 아름다워서가 아니라 선제(내물왕)가 그대를 아꼈기 때문이다. 원컨대 선제의 자식들을 보호하여 내 마음을 흡족하게 해달라." 하니, 제(실성왕)가 따르겠다고 말하였다.

保反后謂新帝曰 吾所以君爲繼夫者非君之美也 先帝愛君之故也 願保先帝遺兒以洽我心 帝曰諾

보반여왕은 실성왕의 왕후가 되면서 자신이 낳은 내물왕의 아들들을 특별히 보호해달라 당부하고 실성왕 또한 보호하겠다고 약속한다.

그러나 실성왕은 보반여왕과의 약속을 지키지 않는다. 눌지의 동생인 미해와 보해를 각각 왜와 고구려에 볼모로 보낸다. 그리고 마지막 남은 내물왕의 적자인 태자 눌지마저 제거하기로 마음먹는다.

눌지 제거는 태자 교체 시도

그렇다면 실성왕은 무슨 이유로 눌지를 제거하려 했을까? 단순히 내물왕에 대한 복수심 때문일까? 『신라사초』는 또 다른 이면을 소개한다. 〈눌지천왕기〉다.

실성이 고구려에 십년 동안 있으면서 속으로 원망하는 마음이 가졌다. 이에 돌아와 즉위하게 되자 **내물의 아들들을 아끼지 않고 모두 볼모로 하여 밖으로 내보냈다**. 보반이 청연靑淵을 낳자 실성이 말하길 "청연은 너와 내가 함께 낳았지만 눌지는 내 소생이 아니다. 마땅히 청연에게 물려줘야 할 것이다." 하였다.

實聖在麗十年 怨心內生 及歸卽祚 不愛奈勿之子 皆質于外 保反及生青淵 實聖曰 青淵爾我共生 而訥祇非我生也 宜傳于青淵

실성왕은 보반여왕(왕후)이 낳은 자신의 직계 아들 청연靑淵에게 왕위를 물려주길 희망한다. 그래서 눌지 제거를 계획한다. 이어지는 기록이다.

당시 내류와 아로는 천왕(눌지)의 편이 되어 간하길 "눌지는 내물의 정골입니다. 그를 폐하면 필히 신벌이 있을 겁니다." 하였다. **실성은 이를 듣지 않고 천왕으로 하여금 북로를 순시하게 하고서 고구려인에게 밀명을 내려 잡게** 하였다. 천왕이 고구려의 군중에 있는데 신이한 광채를 지녀 **고구려 장수 패세沛世가 감히 핍박하지 못하고 그 딸을 바쳐 국경으로 나아가게 하였다.**
時 內留阿老黨于天王以諫之曰 訥祇乃奈勿之正骨也 廢之則必有神罰 實聖不聽使天王出視北路 密令麗人得之 天王在麗軍 有神彩麗將沛世不敢窘之 以其女獻之使出境上

실성왕은 눌지를 태자에서 폐하려다 왕후인 내류內留와 아로阿老가 반대하자, 아예 북로 순시를 명하여 경주도성에서 내쫓는다. 그리고 고구려 장수 패세沛世에게 은밀히 눌지 암살의 밀명을 내린다. 그러나 패세는 실성왕의 밀명을 받들지 않고 오히려 자신의 딸을 바치며 눌지를 살려준다.

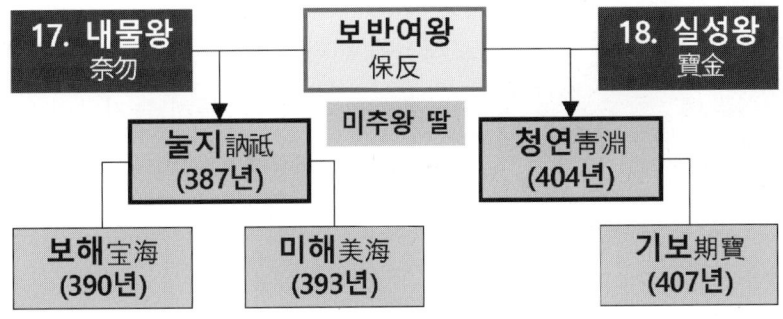

▲ 보반여왕의 가계도

군사쿠데타를 일으킨 눌지

그러나 실성왕의 눌지 제거 실패는 단순히 실패로만 끝나지 않는다. 눌지가 군사쿠데타를 일으켜 실성왕을 왕위에서 끌어내린다. 〈눌지천왕기〉다. '비열성주 호물好勿이 이에 눌지를 받들어 천왕으로 삼자 북로가 모두 귀부하였다. 패세 역시 그를 도와 진공하여 실성을 공격하여 꺾었다.'(比列城主好勿乃奉爲天王 北路悉附之 沛世亦助之 進攻實聖克之) 궁지에 몰린 눌지는 북로의 도움을 얻어 군사를 이끌고 경주도성을 공격하여 아예 실성왕을 무너뜨린다.

군사쿠데타를 성공시킨 눌지왕의 전언이다.

우리 조종이 나라(왕위)를 전해온 이래로 오직 선양만 있었을 뿐 서로 벌한 일은 없었다. 과인의 시대에 이르러 처음으로 불의를 정벌하였다. 과인의 잘못이다.
我朝宗傳國以來 唯以禪讓 未有相伐 至寡人之世 始征不義 寡人之過也

▲ 5.16 군사쿠데타

우리 현대사는 박정희의 5.16과 전두환의 12.12 그리고 윤석열의 12.3 등 3번의 군사쿠데타를 경험하고 있다. 역사는 아주 오래전에 신라에도 군사쿠데타가 있었다고 분명히 증언한다. 특히 눌지왕의 마지막 말이 진한 여운을 남긴다.

'과인의 잘못이다.(寡人之過也)'

| 평양대교를 건설한 실성왕 |

『삼국사기』에 413년(실성12) 실성왕이 평양주平壤州에 대교大橋를 건설한 기록이 있다.(新成平壤州大橋) 평양주는 어디일까? 평양은 지금의 북한 평양을 지칭한다. 그러나 당시 신라가 평양지역을 자국의 영토로 삼은 일은 없다. 다만 일연은 『삼국유사』에 실성왕이 건설한 대교의 평양주를 고구려 남평양으로 이해하고 경기도 양주를 지목한다.

▲ 고구려 나무다리 [참환역사신문]

『신라사초』와 『고구려사략』 기록

실성왕의 평양주 대교 건설은 『신라사초』와 『고구려사략』에도 기록이 나온다. 〈실성기〉(앞)와 〈영락대제기〉(뒤)다. 때는 413년이다.

8월, 낭산狼山 정상에 상서로운 구름이 일었다. 이를 보니 마치 누각과 같고 향기로운 바람이 자욱이 퍼져 오래도록 없어지지 않았다. 신사 이동二同 등이 아뢰길 "천선天仙이 내려와 노는 것입니다. 제의 덕이 공경의 뜻으로 받아들여진 것입니다." 하였다. 제(실성왕)는 그렇다 여겨 낭산 숲의 벌목을 금지시키고 이르길 "복받은 땅이로구나. 유원한 신수로다." 하였다. **평양주平壤州의 대교大橋를 새로이 완성하였다.** ☞ 『신라사초』〈실성기〉

八月 瑞雲起狼山上 望之如樓閣香風郁然久而不歇 神士二同等奏曰 天仙降遊也 抑帝德之致歟 帝以爲然禁伐狼山林曰 福地可以幽遠神邃也 平壤州大橋新成

8월, 보금^{宝金}(실성왕)과 천성^{天星}(광개토왕 여동생)이 낭산^{狼山}에서 동명신상^{東明神像}을 배알하였는데 색색이 구름이 휘몰아 일어나고 저절로 누각이 나타나니 향기가 자욱하여 사라지지 않았다. 선사^{仙師}를 보내달라하고 도장을 설치한다하여 상^(광개토왕)이 경^鯨태자에게 그곳에 가보라고 명하였다. **보금이 평양^{平壤}의 대교^{平壤大橋}를 만들어 황은에 보답하였다.** 『고구려사략』〈영락대제기〉

八月 宝金與天星 謁東明神像 于狼山 彩雲回繞自成樓閣 香氣郁郁不滅 乃求仙師 而欲置道場 上命鯨太子徃之 宝金作平壤大橋而答皇恩

다만 두 기록은 다소 차이를 보인다. 『신라사초』는 실성왕이 대교를 건설한 사유를 밝히지 않으나, 『고구려사략』은 광개토왕(19대)에 대한 보답으로 설명한다. 대교는 실성왕이 만들어 고구려에 헌납한다. 광개토왕에 대한 보답은 무엇일까? 실성왕은 고구려에 볼모로 가 있다가 풀려나며, 또한 광개토왕의 후원에 힘입어 신라 왕에 즉위한다. 바로 이 점이 실성왕의 광개토왕에 대한 보답이다.

고구려 나무다리의 발견

▲ 고구려 나무다리 유적 [평양 대동강]

1981년 여름, 북한은 평양 대동강변에서 나무다리(목교)의 구조물인 다리 유적을 발견한다. 발굴조사 결과 나무다리는 대동강 남쪽의 사동구역^{寺洞區域} 휴암동과 북쪽의 대성구역^{大城區域} 청호동을 연결하는 폭 9m, 길이 375m의 대교로 확인된다. 발굴된 유적을 근거로 나무다리의 전체적인 형태를 추정하면 이렇다. 먼저 다리 입구는 부채살 모양이다. 다리 상판은 세로와 가로로 보를 놓고 그 위에 두꺼운 깔판을 깐다. 다리

본체는 井(우물 정)자의 나무 귀틀을 만들고 그 안은 돌을 채우며, 다리 가장자리는 난간을 만들고, 강 양쪽은 든든한 각재들로 기초를 다진 후 기둥을 세운다. 특히 주목을 끄는 부분은 다리 건설에 쓰인 나무에 그 어떤 쇠붙이(쇠못, 꺽쇠)도 쓰지 않고 오로지 나무의 이음새를 사개물림(*네 갈래로 오려내어 맞추는 일) 방법으로 조립한 점이다.

고구려 나무다리는 평양을 관통하는 대동강에 위치한 길이 375m의 대교다. 이는 통일신라 시기 건설된 경주 월정교(길이 60m)와 비교하면 월등히 긴 다리임을 알 수 있다. 현재

▲ 사개물림 흔적

북한은 고구려 나무다리 유적을 국보(문화유물 제160호)로 지정하고 있다.

평양대교의 실체

고구려 나무다리의 지리적 위치를 보면, 다리를 중심으로 북쪽에는 왕궁 안학궁安鶴宮과 대성산성大城山城이, 서쪽에는 청암리토성淸巖里土城이, 동쪽에는 고방산성高芳山城이 각각 위치한다. 그리고 다리 남쪽에는 미림벌이 펼쳐 있다. 고구려 나무다리는 대동강을 사이에 두고 평양의 북쪽과 남쪽을 연결하는 대동맥인 셈이다.

일반적으로 고구려 나무다리의 건설 시기는 5세기 초엽으로 이해한다. 고구려 장수왕(20대)이 수도를 평양(안학궁/대성산성)으로 옮긴 427년(장수 15) 이후다. 다시 말해 대동강 북쪽의 수도 평양이 완성되며, 대동강 남북을 연결하는 매체로서 나무다리가 건설되었다고 본다. 또한 건설 주체도 고구려며 당연히 고구려인이 동원되어 건설한 것으로 추정한다.

그러나 나무다리 건설 시기에 대한 판단은 재검토되어야 한다. 역으로 나무다리가 먼저 건설되고, 이후 안학궁이 완성되며 장수왕의 평양

▲ 평양대교 위치 [평양 대동강]

천도가 이루어졌다고 볼 수 있기 때문이다. 특히 《광개토왕릉비》는 400년(광개토10) 【영락10년 신라 구원】때 광개토왕이 직접 평양에 행차하고(王巡下平壤) 있음을 증언한다. 장수왕의 427년(장수15) 평양 천도 이전이다.

고구려 나무다리는 실성왕이 413년(실성12,장수1) 건설한 평양대교다. 실성왕은 고구려에 볼모로 가 있다가 광개토왕의 절대적인 후원에 힘입어 402년(실성1) 즉위한다. 이런 까닭에 실성왕은 후원자인 광개토왕에게 보답 차원에서 평양대교를 건설하여 헌납한 것으로 추정된다. 건설 기간은 최소 수년(402~413)은 소요되었을 것으로 본다.

평양대교(고구려 나무다리)를 건설한 사람은 고구려인일까? 신라인일까? 당연히 신라 기술자들이다.

| 실성왕의 무덤을 찾아서 |

실성왕은 눌지왕(19대)의 군사쿠데타에 의해 실각하며 사망한다. 그런데 『삼국사기』, 『삼국유사』 등에는 실성왕의 무덤에 대한 언급 자체가 없다. 그래서 경주 대릉원의 황남대총을 주목하기도 한다. 황남대총은 경주 대릉원 일원의 신라고분 중에서 5세기에 축조된 돌무지덧널무덤을 대표하는 무덤으로 가장 규모가 크며, 2개의 봉분을 결합한 표형(표주박)이다. 남분은 왕, 북분은 왕후의 무덤이다.

> 황남대총 남분의 주인공을 두고 내물왕, 실성왕, 눌지왕, 자비왕 등 다양한 의견이 존재한다. 그러나 어느 하나 명확한 증거는 없다. 실성왕의 무덤으로 보는 경우, 고구려에 볼모로 가 있으면서 영향을 받았을 것으로 추정되는 불교의 상징인 연화문 도상(圖像)과 유물, 그리고 고구려 계통의 부장품이 다량 출토된 점을 근거로 든다.

『신라사초』의 실성왕 죽음

그런데 『신라사초』에 실성왕의 무덤에 대한 기록이 명확히 나온다. 〈눌지천왕기〉다.

> **원년(417년)** 정사 **5월**, 해간, 하기 등이 성문을 열고서 **왕**(눌지왕)을 맞아들이자, **이사금**(실성왕)은 낭산의 선대로 도망쳐 들어갔다. 왕이 구음, 호원 등에게 명하여 나아가 낭산을 포위하자 이사금은 성위로 나와 대왕 보기를 원하며 화해를 청하였다. 왕이 허락하지 않자 **이사금이 마침내 성루 아래로 떨어져서 붕하니** 곧 중오일(5월 5일)이다.
>
> 五月 海干河期等開城門而納王 尼師今走入狼山仙臺 王命垢音好原等進圍狼山 尼師今出城上願見大王和解 王不許 尼師今乃墮樓下而崩 即重五日也

▲ 누각무늬 전돌 [울주 중산리 절터]

실성왕은 417년 5월 5일 경주 낭산의 선대仙臺(누각)에서 성루 아래로 몸을 던져 사망한다. 특히 기록은 이어진다. '9월, 왕이 실성이사금을 낭산에 장사지내라고 명하였다. … 10월, 사류(실성왕 딸)를 낭산주로 삼아 실성릉을 지키게 하였다.'(九月 王命葬實聖尼師今于狼山 … 十月 以舍留爲狼山主守實聖陵也) 눌지왕은 실성왕이 사망한 낭산에 실성왕을 장사지내며, 실성왕의 딸 사류舍留로 하여금 실성왕릉을 지키게 한다. 실성왕은 경주 대릉원이 아닌 낭산에 묻힌다.

> 『신라사초』〈아달라기〉. '31년 5월, 선금(아달라왕)을 낭산(狼山)에 장사지냈다. 사당을 세워 아달라라 하였다.'(三十一年 五月 葬先今于狼山 立廟曰阿達羅) 박씨왕조 아달라왕도 낭산에 무덤을 쓴다.

경주 낭산에 묻힌 실성왕

낭산은 경주 월성 동쪽에 위치한 해발 115m, 102m, 100m 등 3개 봉우리로 이루어진 야트막한 산이다. 남북으로 길게 누에고치처럼 누워 있는 모양으로 남쪽과 북쪽은 봉우리를 이루며, 허리는 잘록하여 야산처럼 낮고 부드러운 능선을 하고 있다. 『신증동국여지승람』에 신라의 진산鎭山으로 기록된 낭산에는 현재 사천왕사지, 능지탑, 마애불, 황복사지 등의 유적이 남아 있다. 특히 남쪽 봉우리 정상부에는 "내가 죽으면 도리천 중에 묻어라."는 선덕여왕의 유언에 따라 조성된 선덕여왕릉이 소재한다.

실성왕이 묻힌 낭산은 실성왕 자신과도 관계가 깊다. 『삼국사기』에는 실성왕이 낭산에 구름이 일어 바라보니 누각과 같고 향기가 가득하여 신선이 내려와 노는 곳(仙靈降遊)이라 여겨 벌목을 중지시킨 내용이 있다. 또한 『신라사초』에는 실성왕이 낭산에 선대를 신축하고 선대 바깥쪽에 작은 성을 쌓았다(狼山仙臺成命築小城于其外)는 기록도 나온다. 아이러니컬하게도 실성왕은 자신이 가장 아끼고 정성을 들여 만든 자신의 공간에서 목숨을 잃는다.

현재 낭산에서 실성왕의 흔적은 전혀 찾을 수가 없다. 또한 실성왕과 관련된 전설마저도 전해오지 않는다. 아마도 후대에 누군가에 의해 의도적으로 모두 지운 듯하다. 앞으로 우리 고고학이 좀 더 관심을 갖고 낭산을 정밀 조사

▲ 경주 낭산 일원과 실성왕릉 추정장소

하길 기대한다. 그래서 실성왕릉을 비롯하여 실성왕이 쌓은 성의 흔적과 선대의 주춧돌이라도 찾아내어 복원한다면 실성왕의 영혼을 조금이나마 위로할 수 있지 않을까!

실성왕은 김씨왕조의 정통이자 흉노계의 적자다. 그러나 지나친 복수심으로 자신의 목숨 뿐 아니라 왕통마저 선비계인 눌지왕에게 넘겨주고 만다.

실성왕은 낭산에 묻힌 불운한 왕이다.

신화와 역사의 경계 | 경주의 새주인 박씨왕조 | 석씨왕조의 조용한 행로 | **김씨왕조 혈통 갈등**

| 대릉원 황남지구 무덤주인 |

▲ 대릉원 황남지구

경주 대릉원 일원 신라고분 「황남지구」는 6개 지구 무덤군 중에서 가장 서남쪽에 위치한다. 지금까지 확인된 무덤은 모두 9기다. 우측에 위치한 120호분~124호분 등 5기 무덤은 봉분이 완전 또는 일부가 소실되어 정확한 형태를 알 수 없으나, 좌측에 위치한 143호분~146호분 등 4기 무덤은 비교적 봉분 형태가 온전하다.

무덤의 재원

무덤명	외형(m)		
	동서	남북	높이
120호	26.1	23.6	-
123호	19.0	12.0	14.2
124호 (쌍무덤)	16.0(남)	31.5	3.8
	16.5(북)		3.8
143호 (쌍무덤)	38.4(남)	70.4	8.3
	40.7(북)		11.5
144호	45.6	32.3	9.6
145호	35.1	33.4	6.9
146호	10.2	9.3	1.1

9기 무덤(*121호분, 122호분 봉분 소멸) 중 규모가 큰 무덤은 4기다. 쌍무덤인 124호분과 143호분 그리고 홑무덤인 144호분과 145호분이다. 다만 144호분과 145분은 서로 연결되어 있어 쌍무덤과 유사한 형태를 띠고 있다. 이 중 143호분과 144호분, 145호분은 관심의 대상이다.

143호분(쌍무덤)은 말구와 휴례의 무덤

143호분은 「황남지구」 무덤 중에서 가장 규모가 큰 쌍무덤(표형)이다. 특히 143호분(길이 70.4m)은 동쪽으로 400m 떨어져 있는 동일 위도상의 「계림지구」 119호분(길이 84.7m, 미추왕릉)과 비교할 때 외형의 크기만 다소 작을 뿐 동일한 형태여서 왕릉급 무덤임에는 의심의 여지가 없다. 『신라사초』는 이 무덤을 백릉白陵으로 소개한다. 〈내물대성신제기〉다.

▲ 143호분(쌍무덤) 전경

> 23년(399년) 황시 10월, 휴례태후가 붕하였다. 말구릉에 장사지내고 대서릉(대서지릉)에 유골을 나누었다. 백릉白陵이라 이름하였다.
> 二十三年 黃豕 十月 休禮太后崩 葬于末仇陵 分骨大西陵 名曰白陵

백릉은 내물왕의 아버지 말구末仇와 어머니 휴례休禮의 연접무덤이다. 말구(297~358)는 343년~345년 사이 북방에서 내려온 선비계의 수장급 인물로 미추왕의 딸 휴례(331~399)와 혼인하여 350년 내물왕을 낳는다. 그리고 358년 사망한다. 특히 143호분은 북분이 직경 40.7m(높이 11.5m)로 크고 남분이 직경 38.4m(높이 8.3m)로 다소 작다. 북분은 말구의 무덤, 남분은 휴례의 무덤으로 추정된다.

144호분은 대서지와 예생의 쌍무덤

144호분은 143호분의 남쪽 55m에 위치한다. 무덤의 외형은 홑무덤이다. 그러나 지름의 경우, 동서길이(45.6m)가 남북길이(32.3m)보다 13m 정도 월등히 길어 전체적인 모양은 타원형을 하고 있다. 특히 봉분 중앙부는 요철 모양이며, 북동쪽 봉분 일부는 침식되어 있다. 두 개의 무덤

을 결합한 쌍무덤일 가능성이 높다.

◀ 144호분(좌), 145호분(우) 전경

무덤주인은 『신라사초』〈실성기〉에 나온다.

2년(403년) 흑토 5월, 성모 예생부인이 붕하였다. 태후의 예로써 대서지릉에 장사지냈다.

二年 黑兎 五月 聖母禮生夫人崩以太后禮葬于大西知陵

144호분은 실성왕의 아버지 대서지^{大西知}와 어머니 예생^{禮生}의 연접묘다. 대서지(314~384)는 흉노계인 말흔^{末昕}과 유모^{乳帽} 사이의 아들이며, 예생(339~403)은 석등보^{昔登保}의 딸이다. 대서지는 384년 사망하며, 예생은 403년 사망한다. 특히 144호분 동쪽에 인접하여 봉분이 없는 돌무지덧널무덤의 파괴고분(145-1호분) 4기가 존재한다. 이들 무덤은 144호분의 딸린무덤이다. 출토 유물은 토기류, 마구류, 철제류, 농기구류 등으로 대부분 남성의 무덤으로 추정된다. 『상장돈장』에 따르면 대서지는 실성왕 말고도 계물^{癸勿}, 대물^{大勿}, 초물^{初勿}, 성물^{成勿} 등 4명의 아들을 둔다.

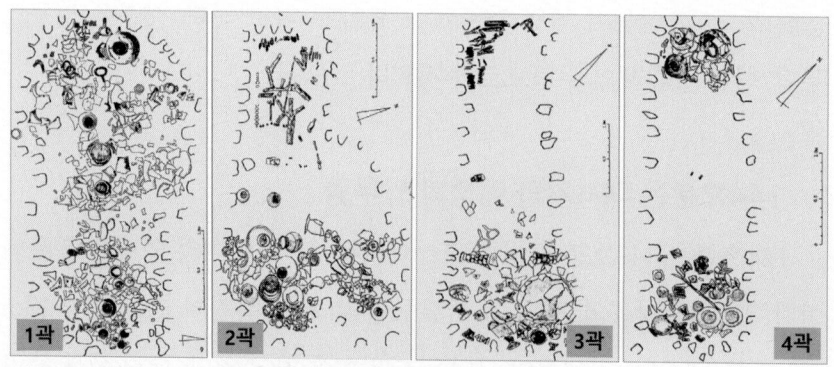

▲ 145-1호 파괴고분 평면도

145호분은 말흔의 홑무덤

145호분은 144호분 남쪽에 위치하며 145호분과 1~2m의 토단^{土壇}으로 연결되어 있다. 특히 145호분은 일제강점기인 1909년 일본인 세키노 타다시^{關野貞}와 야스이 세이이치^{谷井濟一}가 무덤에 손을 댄 아픈 역사를 가지고 있다. 무덤을 파는 도중에 굴이 무너져 내려 발굴을 중단하며,

▲ 145호분 발굴 [일제강점기 유리건판]

다만 돌무지덧널무덤임을 확인된다. 무덤주인은 누구일까? 『신라사초』〈내물대성신제기〉다.

> 금구(350년) 12월, 말흔각간이 훙하였다.
> 백시(351년) 2월, 휴례공주가 성자^{聖子}(내물)와 함께 … 말흔각간릉을 참배하였다.
> 金狗 十二月 末昕角干薨 白豕 二月 休禮公主與聖子謁 … 末昕角干陵

145호분은 말흔^{末昕}의 무덤이다. 근거는 145호분이 144호분(대서지+예생)과 직접적으로 연결되기 때문이다. 말흔은 흉노계 김씨 구도^{仇道}의 적통이다. 말흔은 350년 12월 사망하며, 이듬해인 351년 2월 말흔릉에 묻힌다.

▲ 대릉원 황남지구 무덤주인

경주 대릉원 「황남지구」 고분은 말구, 말흔, 대서지 등의 무덤이다.

눌지왕의 군사쿠데타

▲ 환두대두 [황남대총 남분]

눌지왕^{訥祗王}(19대)은 내물계 왕통을 확립한 왕이다. 최초로 마립간 왕호를 사용한다. 이름은 내지$^{內只/乃智}$다.(*『삼국유사』,《포항냉수리비》) 재위 기간은 417년부터 458년까지 42년간이다. 아버지는 내물왕이며, 어머니는 미추왕의 딸 보반^{保反}이다. 왕후는 실성왕의 딸 아로^{阿老}다. 눌지왕은 군사쿠데타를 일으켜 실성왕을 실각시키고 왕위를 승계한다.

쿠데타 진행 과정

『신라사초』〈실성기〉와〈눌지천왕기〉에 쿠데타의 진행 과정이 상세히 나온다. 기간은 417년 2월~418년 5월까지 15개월간이다. 쿠데타는 처음 북방의 비열성(함남 안변)에서 시작하여 남쪽으로 내려와 아슬라(강원 강릉)를 포함한 북로^{北路} 전체를 점령하며 세를 불리고, 이어 본격적으로 남진하여 서로^{西路}를 점유한다. 그리고 곧바로 경주 도성으로 진격하는 코스를 밟는다. 아래는 월별로 진행된 쿠데타 상황일지다.

년월	내 용 *원문생략
417년 2월	비열성주 호물^{好勿}이 눌지를 받들어 신국(신라)의 대왕(천왕)으로 삼고 마립간^{麻立干}을 칭하다. 북방이 모두 이에 호응하다.
7월	아슬라의 여러 주가 호물을 지지하다. 고구려 장수 패하^{沛夏}가 아우 패세^{沛世}를 보내 고구려군 1천을 이끌고 호물의 남진을 지원하다. 실성이 구음^{坵音}에게 호물의 진압을 명하다.

9월	구음이 호물에게 항복하자 서로西路의 많은 주가 호물을 따르다.
10월	실성왕이 굴호屈戶를 정의군주正義軍主로 삼다.
11월	실성왕이 옹기雍己, 하기河期 등 27인을 북천北川에 가두다.
12월	큰 눈이 내리다. 굴호 군사가 대부분 동상에 걸려 전진하지 못하다.
418년 정월	경도에 와설訛說이 퍼져 도망하는 자가 속출하다. 실성왕이 북천에 가둔 하기를 석방하여 경사군주京師軍主로 삼다.
3월	정의군주 굴호가 패하여 죽다.
4월	구음垢音, 숙단叔丹 등이 경도를 포위하다. 서로군주西路軍主 일동一同이 패하며 죽다.
5월	이찬 나기奈己가 보반保反 후의 밀조를 받들어 하기河期, 진사進思 등과 함께 성문을 열어 눌지를 맞아들이다. 실성왕이 사사沙沙, 총화寵花 등과 함께 낭산狼山으로 피신하다. 눌지가 대궁(월성)에 입궁하고 백성을 안심시키는 방을 내걸다.

　기록에 나오는 호물好勿은 쿠데타를 실질적으로 주도한 인물이다. 내물왕의 이복동생인 호물은 409년(실성8) 실성왕에 의해 비열성주에 임명되며 변방의 성주로 좌천된다. 절치부심하던 차에 눌지가 쫓겨 오자 호물은 눌지를 천왕(대왕)으로 받들고 쿠데타를 일으킨다. 먼저 북로를 규합하여 세를 모으고 이어 남하하여 서로의 호응을 얻어내며, 곧바로 경도(경주)로 전진하여 성을 포위한다. 이때 눌지왕의 어머니 보반여왕이 쿠데타군을 지지하자 성문이 열리고 결국 실성왕은 낭산으로 피신한다.

실성왕은 타살이 아닌 자살

낭산으로 피신한 실성왕은 어떻게 되었을까? 『신라사초』〈실성기〉다.

제(실성왕)가 사신 향숙을 보내 화해를 청하며 말하길 "남로를 얻을 수 있다면 가히 천수를 다하겠다." 하였다. 태자(눌지)가 말하길 "신기神器(*신에게 제사지내는 그릇, 왕위 지칭)는 사사로이 논할 수 있는 것이 아니며 천명을 가진 자만이 이를 지킬 수 있다." 하였다. 이에 제는 포위를 뚫고 도망가고자 하였으나 좌우에 따르는 자가 없고 시첩들 또한 허다히 성을 뛰어넘어 도주하였다. 5월 5일重五日에 이르러 양식이 떨어지자 제는 사사 등에게 말하길 "너희는 젊으니 신주新主(눌지)를 섬길 수 있을 것이다. 짐은 마땅히 자처함으로 속죄하고자 한다." 하였다. 마침내 문루에 올라 아래로 떨어지니 좌우가 목놓아 호곡하였다.

帝使享叔請和曰 可得南路以終天年 太子曰 神器不可私議 有天命者守之而已 帝乃脫圍欲逃而 左右無可爲者 侍妾多越城而走 至重五日糧盡 帝謂沙沙等曰 汝等年少可事新主 朕當自處以贖之 乃登門樓墮之 左右號哭

▲ 석조상 [경주 낭산]

실성왕은 마지막 타협점을 모색한다. 눌지가 점령한 북로北路, 서로西路는 눌지가 맡고, 실성왕 자신은 남로南路를 맡는 일종의 신라 영토를 나누는 분집分執을 제안한다. 그러나 눌지는 실성왕의 제안을 단호히 거절하고, 결국 실성왕은 5월 5일에 낭산 선대에서 아래로 몸을 던진다. 실성왕의 죽음은 타살이 아닌 자살이다. 눌지의 쿠데타는 실성왕이 낭산에서 사망하면서 마무리된다. 이어 눌지는 보반保反의 명에 의해 월성 대궁에서 즉위한다.

쿠데타를 성공시킨 눌지왕에 대한 『신라사초』 찬술자의 평가다. 〈눌지천왕기〉다.

크도다! 왕의 계책이여! 왕은 효우하고 자애하니 선골仙骨의 상하가 모두 흡족해 마지않았다. 진원眞元과 천문天文에 통달하고 성궁聖躬이 대단히 크고 큰 힘을 가져 능히 큰 활을 당겼고 한 끼에 꿩 5마리를 해치웠다. 늘상 아침 일찍 일어나 백마를 타고 성안을 순시하니 어린 아이들이 천왕임을 알고 모두 다투어 그를 따랐다. 왕은 큰 체구를 가져 편애하지 않은 까닭에 비빈은 서로 질투하지 않고 군신은 서로 화목하였다. 자녀 수백인이 모두 준예하고 영웅이 되어 능히 왕업을 떠받쳤다. 성대하고 지극하도다!
大哉 王謨 王孝友慈愛仙骨上下莫不洽然 通眞元天文聖躬鴻 壯有大力能彎大弓 一食五頭雉 常早起跨白馬巡城中 兒童皆知爲天王而爭趣之 王持大體不偏愛 故妃嬪不相妬群臣自相睦 子女數百人皆俊乂英雄能扶王業 盛矣至矣

눌지왕은 실성왕의 핍박을 군사쿠데타를 통해 반전시킨 왕이다.

애국 충절의 표상 박제상

눌지왕 때를 대표하는 인물은 단연코 박제상이다. 박제상은 눌지왕의 요청에 따라 고구려와 왜로 직접 건너가 볼모로 가있던 눌지왕의 동생 보해(복호)와 미해(미사흔)를 각각 탈출시켜 귀국시킨다. 박제상 이야기는 『삼국사기』〈열전〉과 『삼국유사』〈기이〉에 자세히 실려 있다. 다만 두 기록의 포커싱focusing은 다소 차이가 있다. 『삼국사기』는 눌지왕에게 고통을 준 실성왕의 부도덕과 이를 해결한 외교관으로서의 박제상의 충성스런 모습을 담고 있는 반면, 『삼국유사』는 육신을 희생하며 충절을 지킨 박제상과 그 희생을 갸륵하게 여긴 눌지왕의 품격을 담고 있다.

제상의 성씨?

그런데 제상의 성씨가 『삼국사기』와 『삼국유사』의 기록이 다르다. 『삼국사기』는 박朴씨로 적는다. 〈열전〉 박제상 편이다. '박제상[혹은 모말이라고도 한다]은 시조 혁거세의 후손이요, 파사이사금의 5세손이다. 할아버지는 아도 갈문왕이며, 아버지는 파진찬 물품이다.'(朴堤上[或云毛末] 始祖赫居世之後 婆娑尼師今五世孫 祖阿道葛文王 父勿品波珍飡) 제상은 아도-물품 계열의 박씨다. 이에 반해 『삼국유사』는 김씨로 적는다. 〈기이〉 김제상 편에 나온다. 다만 『삼국유사』는 제상이 왜 김씨인지는 밝히고 있지 않다.

제상의 성씨에 대한 일반적인 해석은 『삼국사기』는 제상의 아버지 성씨를, 『삼국유사』는 제상의 어머니 성씨를 따랐다고 본다. 제상의 어머니의 경우 신라왕실 족보인 『상장돈장』에 나온다. 제상의 어머니는 이찬 급리急利의 딸 지황志皇이다. 급리는 석씨왕조 후반기인 흘해왕 때에 정사와 내외병마사를 겸하며 막강한 실세관료 정권을 출발시켜 김씨왕조 내물왕 즉위의 토대를 마련한다. 급리는 내물왕 계열과 같은 선비계 김씨다.

제상의 또 다른 이름은 모말^{毛末}이다.『일본서기』〈신공왕후기〉는 모마리질지^{毛麻利叱智}로 쓴다.(*질지는 경칭) 모말과 모마리는 같다. 모마리는 '모=못=^堤'와 '마리=머리=^上'이다. '堤上'은 한자를 훈차한 이름이다. 또한 모말의 모^毛는 선비계 김씨의 본래 성씨인 모^{慕/牟}와 음이 같다.

제상의 성씨 변화를 보면 이렇다. 본래 제상의 성씨는 박이다. 박^朴+마리^末이다. 그러나 보해(복호)와 미해(미사흔)를 탈출시킨 공로로 사후 모씨 성을 하사받아 모^毛+마리^末가 된다. 이후 모씨가 김씨로 재조정되며 모마리는 한자를 훈차한 제상^{堤上}이 된다.『삼국유사』는 조정된 성씨 김씨를 따르고,『삼국사기』는 본래의 성씨 박씨를 따른다.

복호와 미사흔의 탈출 사건

제상이 복호와 미사흔을 탈출시킨 사건은『삼국사기』,『삼국유사』에 자세히 실려 있다.『신라사초』는 이를 압축하여 기록한다.

복호 탈출은 418년(눌지2) 7월에 이루어진다. 〈눌지천왕기〉다.

2년(418년) 황마 무오 7월, 보해(복호)가 돌아왔다. 이에 앞서 거련(장수왕)은 이미 귀국을 허락하였으나 참언을 듣고 다시 추격하였다. 이에 변복을 하고 도망쳐 나와 달이홀 수구에 이르렀는데 추격하는 자가 제상에게서 금을 받고 빈 화살로 쏘아 맞지 않았다. 마침내 아슬라로 들어와 바다에 배를 띄워 돌아왔다. 왕은 교외로 나가 맞이하고 태후를 뵙게 하였다. 큰 잔치를 열어 공로를 포상하였다.

二年 黃馬 戊午 七月 宝海還 先是巨連旣許歸而聞讒言復追之 乃變服逃出 至達已忽水口 追者受堤上金以空矢射之不中 乃入阿瑟羅浮海而歸 王迎于郊外 而入見太后 大宴賞功

신화와 역사의 경계   경주의 새주인 박씨왕조   석씨왕조의 조용한 행로   **김씨왕조 혈통 갈등**

미사흔 탈출은 419년(눌지3) 5월에 이루어진다. 〈눌지천왕기〉다. '3년 (419년) 토양 기미 5월, 왕의 동생 미해(미사흔)가 뗏목을 타고 도망쳐 돌아왔다. 왕이 교외에 나가 맞이하고 우식가를 지어 즐겁게 하였다.'(三年 土羊 己未 五月 王弟美海浮槎逃歸 王出迎郊外作憂息歌以娛之) 그러나 제상은 신라로 돌아오지 못하고 422년(눌지6) 왜국에서 사망한다. 〈눌지천왕기〉다.

6년(422년) 수구 임술 3월, 금관 사신이 래조하여 토산물을 바치며 **제상이 목도에서 불타죽었다고 알렸다.** 애초에 보미^{宝美}가 제상의 목숨을 구하여 목도에 유배되었다. 야인이 미색과 금은보화로 그 마음을 기쁘게 하였으나 **제상은 충심이 변하지 않았다. 불에 타 죽음에 이르렀는데도 계림의 신하를 칭할 뿐 야왕에게는 신하라 칭하지 않았다.** 야인이 그 뼈를 바다위에 내던져 뼈가 모두 서쪽으로 흘러가 없어졌다. 왕은 그 소식을 듣고 크게 놀라 국중에 발상하고 해상에 초혼하여 사당을 세웠다.

六年 水狗 壬戌 三月 金官使來獻土物報堤上被燒于木島 初宝美救堤上而流木島 野人以美色金寶悅其心 堤上不變忠心 至被燒殺而口稱鷄林之臣 不稱臣於野王 野人投其骨於海上 骨皆西流而盡 王聞之大驚爲之發喪國中 招魂于海上而立祠

▲ 순국비 [일본 대마도]

목도^{木島}는 대마도다. 불타 죽은 장소는 『일본서기』가 사우미^{鋤海} 미나토^{水門}로 기록한 지금의 대마도 북단 사고^{佐護}의 방파제다. 특히 기록은 왜왕이 제상을 죽이지 않고 목도에 유배시킨 일에는 보미^{宝美}의 역할이 있음을 전한다. 보미는 미사흔과 혼인한 왜 인덕왕의 딸이다.

제상은 충절^{忠節}을 지킨 신하의 표상이다. 조선 세종은 '신라 천년에 으뜸가는 충신'으로 평가하고, 정조는 '도덕은 천추에 높고 정충^{貞忠}은 만세에 걸친다.'고 극찬한다.

순절한 제상의 부인 치술

제상의 부인은 치술^{鵄述}이다. 실성왕의 딸인 치술은 제상과 혼인하여 청아, 자아, 녹아, 홍아 등 딸 4명을 낳는다. 〈눌지천왕기〉다.

6년(422년) 수구 임술 4월, 치술궁은 청아, 자아, 녹아 등 세 딸과 함께 해발령에 올라 동쪽의 목도를 향해 통곡하다가 기가 다하여 훙하였다. 왕이 이를 슬프고 가슴 아파하여 **상궁의 예로 장사지내고 봉우리 정상에 사당을 세워 치술신모사**라 하였다.

六年 水狗 壬戌 四月 鵄述宮與靑紫綠三女登海發岺 東向木島痛哭氣盡而薨 王哀傷之以上宮禮葬之 立其祠于岺上 曰鵄述神母祠

치술은 제상이 목도에서 불타 죽었다는 소식을 듣고 해발령(*『삼국유사』 치술령)에 올라 제상을 그리워하며 사망한다. 눌지왕은 상궁의 예로 장사지내며, 신모^{神母}로 받들고 사당을 세우기도 한다. 적어도 신라사회는 충절을 지킨 남편 제상 못지않게 치술부인의 순절^{殉節}도 높게 평가한 것이다.

치술령 신모사지 ▶

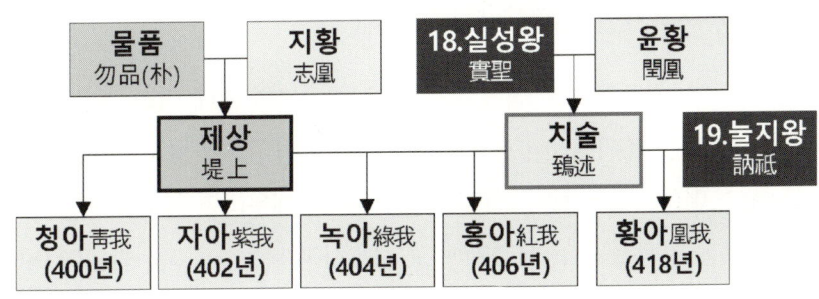

▲ 박제상 가계도

박제상은 충절^{忠節}, 치술은 순절^{殉節}의 표상이다. 부창부수^{夫唱婦隨}다.

눌지왕과 신라-백제 혼인동맹

나제동맹羅濟同盟은 신라 눌지왕과 백제 비유왕이 화친을 맺으며 체결한 동맹이다. 동맹은 상호 직접적인 군사지원을 전제로 한다. 『삼국사기』다.

17년(433년) 가을 7월, 백제가 사신을 보내 화친하기를 청하여 이에 따랐다. 18년(434년) 봄 2월, 백제왕이 양마 두 필을 보내왔다. 가을 9월, 또 흰 매를 보내왔다. 겨울 10월, 왕이 황금과 명주로써 백제에 답례하였다.
十七年 秋七月 百濟遣使請和 從之 十八年 春二月 百濟王送良馬二匹 秋九月 又送白鷹 冬十月 王以黃金明珠 報聘百濟

그런데 기록은 신라와 백제 양국이 혼례품으로 추정되는 선물만 주고받았을 뿐 누가 누구와 혼인한 것인지 혼례 당사자에 대한 언급이 없다.

나제화친의 동상이몽

『신라사초』〈눌지천왕기〉다.

17년(433년) 수계 계유 7월, 비유가 그 아우 호가부를 보내 미녀 7인을 바치며 말하길 "어린 조카(비유왕)가 새로 섰으나 상국(신라)을 받들지 못하고 있습니다. 삼가 여동생를 바치니 이로 하여금 구궁을 채운다면 심히 다행입니다. 원컨대 묵은 감정을 풀고 서로가 돕고 보호하여 북노(고구려)를 막음이 어떠하신지요?" 하였다. 왕은 야인(왜인)을 정벌하고자 한 까닭에 그 화친을 허락하였다.
十七年 水鷄 癸酉 七月 毗有遣其弟好嘉夫 獻美女七人曰 小侄新立無以奉上國 謹以妹獻以備九宮則幸甚 願解宿感而互相持護 以禦北虜如何 王欲伐野人 故許其和

화친 체결의 배경이다. 비유왕(20대)은 고구려를 공동으로 막자고 제안한다. 그러나 눌지왕은 다른 생각을 한다. 백제의 힘을 빌려 야인(왜인)을 막고자 한다. 동상이몽^{同床異夢}이다. 목적은 같으나 목표가 다르다.

비유왕이 눌지왕에게 시집보낸 여동생은 소시매^{蘇時昧}다. 비유왕은 해씨왕조(온조계)를 무너뜨리고 부여씨왕조(구태계)를 개창한 시조격 군주다. 비유왕은 부여기마족(부여백제)의 한반도 잔류세력으로 상좌평 여신^{餘信}에 의해 옹립된다. 『삼국사기』는 비유왕을 '구이신왕의 장자' 혹은 '전지왕의 서자'로 기록하여 계보상으로는 해씨왕조에 편입한다. 소시매는 소^蘇씨 여성이 낳은 딸이다. 소씨는 진한6촌의 소벌^{蘇伐} 집단의 직계 후손이다. 비유왕이 눌지왕에게 자신을 낮춰 '어린 조카^{小姪}'로 표현한 것은 어머니가 바로 신라 출신 여성이기 때문이다.

혼인동맹의 실체

눌지왕도 비유왕에게 왕녀를 시집보낸다. 〈눌지천왕기〉다.

> 8년(434년) 목구 갑술 2월, 비유가 또 숙부 이신을 보내와 설화마 2필을 바치고 **왕녀를 맞이하여 정비로 삼길 청하였다.** 왕은 딸들의 얼굴이 이쁘지 않아 근심하였는 바, **어린 딸 주씨^{周氏}가 나이 13세로 얼굴이 이뻤는데 스스로 가길 청하였다.** 왕은 크게 기뻐하며 성대하게 치장하여 보냈다.
> 十八年 木狗 甲戌 二月 毗有又遣其叔伊辛來 獻雪花馬二匹 請娶王女爲正妃 王以王女色不美憂之 少女周氏年十三而色美 願自往 王大喜 盛飾以送之

눌지왕이 비유왕에게 보낸 왕녀는 어린 딸 주^周씨다. 주씨는 눌지왕의 후궁 용명^{龍明}(실성왕 딸)이 낳은 궁주다.

이로써 두 나라의 혼인동맹은 완성된다. 비유왕은 여동생 소시매를 눌지왕의 비로 보내고, 눌지왕은 딸 주씨를 비유왕의 비로 보낸다.

눌지왕의 딸 주씨 이야기

그런데 『신라사초』에 눌지왕의 딸 주씨에 대한 흥미로운 일화가 있다. 비유왕은 주씨가 너무 어린 탓에 가까이 하지 않는데 뜻밖에도 주씨가 백제 신하와 놀아난다. 하는 수 없이 비유왕은 눈물을 머금고 주씨를 신라로 돌려보낸다. 이에 격분한 눌지왕은 동맹 파기를 운운하고, 비유왕은 별도로 두 차례 사신을 파견하여 주씨를 다시 백제로 데려온다.

그리고 주씨는 442년(눌지36, 비유16) 비유왕의 아들을 낳는다. 〈눌지천왕기〉다. '26년(442년) 수마 임오 2월, 주씨가 비유의 아들 문주를 낳았다. 비유가 명주와 양마를 바쳤다.'(二十六年 水馬 壬午 二月 周氏生 毗有子文周 毗有獻明珠良馬) 주씨가 낳은 아들은 문주왕(22대)이다. 문주文周의 이름에 '周'자가 들어간 이유는 주씨가 낳은 아들이기 때문이다. 눌지왕의 비가 된 소시매 역시 444년(눌지28) 아들 하나를 낳는다. 무공武公이다.

어찌 보면 혼인동맹은 최상의 선택카드다. 서로의 핏줄을 담보하니 쉽사리 배신할 수 없다. 혹여 혼인한 왕녀가 아들을 낳으면 다음 왕위를 이을 수도 있다. 결코 손해 볼 일도 나쁠 것도 없다.

눌지왕의 나제동맹은 왕실간 왕녀를 주고받은 혼인동맹이다.

| 불교 전파자 묵호자 |

신라에 최초로 불교를 전파한 사람은 묵호자^{墨胡子}다. 묵호자는 승려 개인의 이름이 아닌 '얼굴이 검은 외래인'의 외모를 표현한 인도 승려다.

신라 불교 전래 설화를 살펴보면 가장 이른 것은 미추왕 때의 고구려 승려 아도(我道)고, 다음은 눌지왕 때의 묵호자(墨胡子)며, 마지막은 소지왕 때 묵호자와 모습이 비슷한 아도(阿道)다. 아도 명칭은 아두삼마(阿頭彡摩)에서 기인한 것으로 아두는 아이 머리며, 삼마는 터럭을 깎았다는 표현으로 머리를 깎은 승려의 외형을 통칭한 것으로 이해한다.

『삼국유사』 기록

묵호자의 불교 전파 이야기는 『삼국유사』〈흥법〉아도기라 편에 나온다.(*『삼국사기』법흥왕 기록 동일)

제19대 눌지왕 때, 승려 묵호자가 고구려에서 일선군에 이르렀다. 고을 사람 모례가 집안에 굴을 파서 방을 만들고 편안히 지내게 하였다. 당시 양^梁이 사신을 보내 옷과 향을 바쳤는데, 왕과 신하가 향의 이름과 사용처를 몰랐다. 그래서 **사람을 시켜 향을 가지고서 온 나라에 두루 알아보게 하였는데, 묵호자가 이것을 보고 말하길** "이것은 향입니다. 이것을 태우면 향기가 진하게 풍기며 정성이 신성한 곳으로 이르게 합니다. 신성한 것은 삼보^{三寶}보다 더한 것은 없습니다. 만약 이것을 태우며 소원을 빈다면 반드시 영험이 있을 것입니다." 하였다. 당시 왕의 딸이 위독하여 묵호자를 불러 향을 피우고 기도를 하였는 바 곧 병이 나았다. 왕은 기뻐하며 후하게 사례하였는데 **얼마 후 그가 간 곳을 알 수 없었다.**

第十九 訥祗王時 沙門墨胡子自高麗至一善郡 郡人毛禮 於家中作堀室安置 時
梁遣使賜衣著香物 君臣不知其香名與其所用 遣人齎香遍問國中 墨胡子見之
曰 此之謂香也 焚之則香氣芬馥 所以達誠於神聖 神聖未有過於三寶 若燒此發
願 則必有靈應 時王女病革 使召墨胡子焚香表誓 王女之病尋愈 王喜厚加賚貺
俄而不知所歸

▲ 고구려 무용총 접객도 인도 승려(中) [길림 집안]

때는 눌지왕이다. 승려 묵호자가 고구려에서 신라로 건너와 일선군(경북 구미 선산)의 모례毛禮 집에 머물고, 중원왕조 양梁의 사신이 가져온 향의 이름과 쓰임새를 알리며, 또한 향을 피워 신라 왕녀의 병을 낳게 한다. 기록은 신라 왕녀의 병을 고쳤다는 사실에 방점을 두다 보니 묵호자의 행적이 구체적이지 못하다.

『신라사초』 기록

『신라사초』는 좀 더 상세하다. 〈눌지천왕기〉다.

년월	내 용 *원문생략
427년 7월	일선一善 여자 모례毛禮가 집안에 토굴을 만들고 괴인怪人을 두었다. 모례는 처음 무당이었는데 주리州吏가 그녀를 첩으로 삼자, 주칸州干이 그녀를 보고 빼앗았다. 모례가 주칸을 좋아하지 않아서 마침내 주리와 함께 산속으로 도망쳐 살았다. 구변口辯이 좋아 능히 대중을 미혹하니 유사有司에게 명하여 모례와 괴인을 체포하게 하였다.
10월	모례와 그 무리를 대대적으로 수색하였다.

428년 2월	일선一善 도주녀 모례와 괴인 묵호墨胡가 날이捺已의 백성에게 잡혀 경도로 압송하였다.
4월	묵호와 모례를 성 서쪽에 가뒀다. 유사有司가 그를 죽이려하는 바, 상궁(아로)이 말하길 "호촌虎村은 오히려 토벌을 못하게 하면서 어찌 일개의 묵호墨胡는 용납하지 못하는가?" 하였다. 이에 명하여 그를 유폐시켰다.
430년 1월	모례가 기도를 청하는 바 묵호를 입궁시켜 기도를 올렸는데 효험이 있었다. 이에 명하여 석방하고 일선一善으로 돌아가게 하였다. 모례가 자식을 낳았는데 묵호와 닮았다. 스스로 말하길 상교相交한 것이 아니라 신접神接한 것이라고 하였다.

시기는 427년 7월부터 430년 1월까지다. 기록은 묵호자를 괴인怪人으로 표기한다. 또한 묵호자를 받아들인 모례는 무당출신 여성이다. 묵호자와 모례는 일선에서 포교활동을 하다가 발각되어 체포되었다가 날이捺已(경북 영주)로 도망가나 그곳 백성에게 잡혀 경주로 압송되어 감옥에 갇힌다. 그리고 신라 왕녀의 병을 기도로 치료하고 석방되어 일선으로 돌아간다. 특히 묵호자와 모례는 관계를 맺어 자식까지 낳는다.

▲ 나한상 [경주 석굴암]

묵호자墨胡子는 신라 불교의 효시인 인도 계통의 호법승護法僧이다.

| 눌지왕의 무덤 황남대총 |

「황남대총」(98호분)은 신라 김씨왕조 마립간시대를 대표하는 경주 대릉원 일원 신라고분 중에서 가장 규모가 큰 돌무지덧널무덤으로 「대릉원지구」에 속한다. 지름 80m인 원형의 홑무덤 2개를 남북으로 붙여 만든 표형의 쌍무덤이다. 전체 남북길이는 120m, 높이는 22~23m다. 황남대총 명칭은 '경주 황남동에 있는 큰 무덤'이라는 의미에서 붙여진 이름이다. 황남대총은 1973년~1975년까지 3년간의 발굴 조사를 통해 쌍무덤의 실체를 밝혀낸다. 남분은 남성, 북분은 여성의 무덤이다. 출토 유물은 모두 58,441점이다. 이 중 북분의 금관, 금제 허리띠, 남분의 봉수형 유리병, 금목걸이 등 4점은 국보다.

▲ 황남대총 발굴 장면 (1973년)

출토 유물 검토와 무덤주인 추정

남성무덤인 남분의 매장부는 바깥덧널外槨과 안덧널內槨의 이중 구조로 안덧널은 무덤주인의 시신을 안치한 으뜸덧널主槨과 부장품을 모아둔 딸린덧널副槨로 구성된다. 유물은 으뜸덧널에서 금동관, 금제 허리띠, 금동장식 환두대도 등을, 딸린덧널에서 은관, 은모, 금관관식, 금은반지, 금귀걸이, 유리병, 유리잔과 다양한 무기류, 마구류 등을 출토한다. 특히 으뜸덧널에서 무덤주인으로 추정되는 60세 전후의 남성 인골 일부와 순장된 20세 전후의 여성 인골도 확인한다.

여성무덤인 북분의 매장부는 남분과 마찬가지로 바깥덧널과 안덧널의 이중 구조다. 다만 안덧널은 남분과 달리 으뜸덧널만 있고 딸린덧널은 따로 만들지 않는다. 대신 부장품은 바깥덧널에 별도 공간을 마련하여 모아 둔다. 유물은 으뜸덧널에서는 금관, 금제 관드리개, 금구슬, 유리구슬 목걸이, 금제 허리띠, 금팔찌, 금반지 등 주로 다양한 장신구를 출토한다. 북분의 출토품은 남분에 비해 장신구가 월등히 많은 반면 무기류와 마구류가 적은 점이 특징이다. 특히 부장품 공간에서 '夫人帶(부인대)' 명문이 새겨진 은제 허리띠銙帶꾸미개가 나와 무덤주인이 여성임을 확인된다.

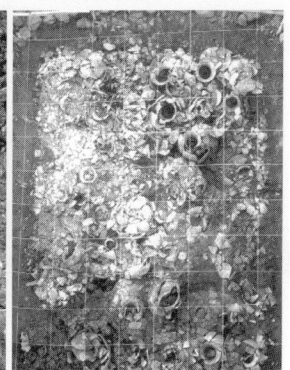

▲ 황남대총 주곽과 부곽 유물

황남대총은 누구의 무덤일까? 왕과 왕후의 무덤이다. 다만 남분의 주인공인 왕에 대해서는 다양한 견해가 존재한다. 내물왕, 실성왕, 눌지왕, 자비왕 등이다. 이는 무덤 덧널 형식의 변천, 출토 유물인 마구류의 등장 시기, 신라 토기의 편년 등에 나타난 고고학적 판단에 근거한다. 그럼에도 축조 연대를 5세기 중반 정도로 이해하여 눌지왕으로 보는 견해가 우세하다.

남분은 눌지왕의 무덤

『신라사초』는 황남대총 남분의 주인공을 눌지왕으로 소개한다. 〈눌지천왕기〉다.

> 42년(458년) 황구 무술 8월, 왕이 두을궁에서 붕하였다. 춘추 72세다. 왕은 사람을 사랑하고 선비를 알았으며 신을 섬김에 심히 부지런하였다. 동으로 야인을 정벌하고 남으로 여러 번국을 토벌하여 신국(신라)의 중흥을 이루었다. 많은 내실을 두고 총애한 까닭에 아로^{阿老}가 이를 질투하여 별거하다 붕하니 왕은 평상시도 꿈속에서도 이를 후회하였다. … 능문^{陵門}에 장사지내니 따라 죽은 자가 심히 많았다.
>
> 四十二年 黃狗 戊戌 八月 王崩于豆乙宮春秋七十二 王愛人知士奉神甚勤 東征野人南伐諸藩中興神國 多內寵阿老妬之別居及其崩 而悔之常夢 … 葬王于陵門 從殉者甚衆

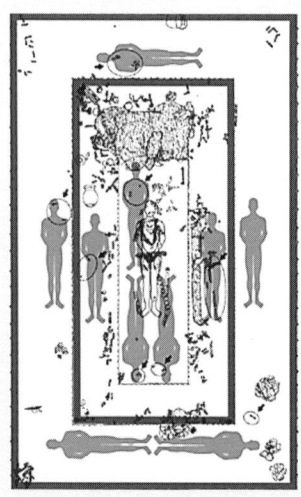

▲ 황남대총 남분 평면도

눌지왕은 72세(387~458)에 사망한다. 이때 '따라 죽은 자가 심히 많았다.'(從殉者甚衆)하니 황남대총 남분에서 발견된 여성의 인골(20세 전후)은 순사자임을 알 수 있다. 특히 〈자비성왕기〉는 눌지왕릉의 위치를 명확히 지정한다. '원년(458년) 황구 무술 10월, 태왕(눌지왕)을 능문^{陵門}에 장사지내니 아로^{阿老}태후릉이다.'(元年 黃狗 戊戌 十月 葬太王 于陵門 乃阿老太后陵也) 눌지왕의 무덤은 아로왕후릉에 붙여 만든다. 그래서 황남대총은 쌍무덤(표형)이 만들어진다.

북분은 아로왕후의 무덤

그렇다면 눌지왕의 왕후 아로는 언제 죽었을까? 아로왕후는 눌지왕이 태자시절 혼인한 여성이다. 눌지왕의 아들 자비왕을 낳고, 눌지왕이 쿠데타를 통해 즉위하면서 상궁上宮(제1왕후)에 봉해진다. 〈눌지천왕기〉다.

> 39년(455년) 목양 을미 2월, 상궁上宮 아로阿老부인夫人이 붕하였다.
> 三十九年 木羊 乙未 二月 上宮阿老夫人崩

아로왕후는 눌지왕보다 3년 앞서 455년 65세(391~455)로 사망한다. 그런데 특이한 점은 아로를 왕후가 아닌 부인으로 기록한다. 이는 『신라사초』의 일관된 필법에 맞지 않는 이례적인 표현이다. 아마도 아로왕후가 눌지왕의 여러 내실(후궁)때문에 장기간 별거한 점으로 보아, 당시 아로의 칭호가 왕후가 아닌 부인으로 격하된 듯 보인다. 황남대총 북분의 은제 허리띠 꾸미개에 새긴 명문 '夫人帶(부인대)'는 이를 반영한 결과다.

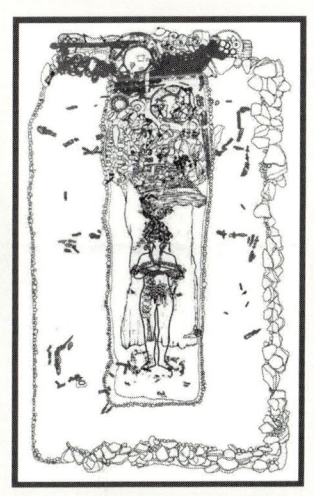

▲ 황남대총 북분 평면도

황남대총의 외부 유입 유물

황남대총의 출토 유물 중 외부에서 유입된 물품은 남분(눌지왕)의 은관, 동경(청동거울), 바둑돌통 등을 들 수 있다.

① 은관은 머리쪽 껴묻거리副葬槨에서 출토된 관모다. 크기는 높이 17.2㎝, 머리띠(대륜)는 너비 3.2㎝, 지름 16.6㎝로 중앙은 휘어진 활 모양으로 위가 넓고 아래가 좁은 마름모 형태의 은판이다. 좌우는 반달형으로 바깥쪽에는 새털 모양의 돌기를 단다. 이 은관은 어디에서 왔을까? 이와 유사한 관모가 중국 요녕성 조양의 원대자고분의 수렵도 벽화에

나타나 있다. 모용선비 전연^{前燕}(337~370)의 귀족으로 추정되는 인물이 사냥을 하면서 쓴 모자다. 마름모 형태의 모자는 황남대총 은관의 중앙 은판과 매우 비슷하다. 이로 미루어 보아 황남대총 은관은 모용선비 계통의 장례용 은관임을 알 수 있다. 이는 내물계가 모용선비 출신임을 나타내는 결정적인 증거다.

특히 은관의 좌우 새털 모양 관식은 경북 의성의 탑리리고분에서 출토된 금동관과 비슷하다. 이 역시 모용선비 계통의 문화를 흡수한 것이라 할 수 있다.

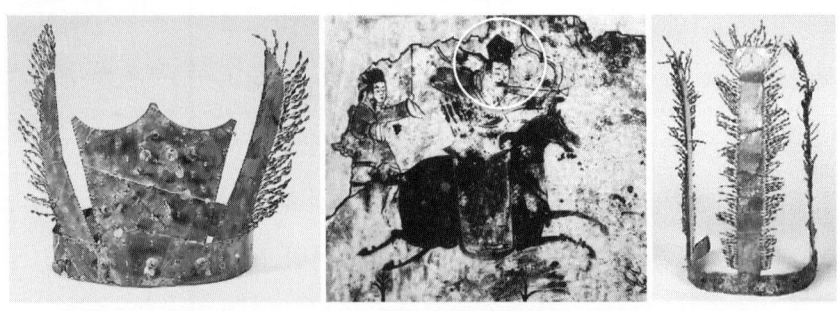

▲ 황남대총 은관 / 원대자고분 벽화 [중국] / 경북 의성 탑리리고분 금동관

② 동경은 방격규구경^{方格規矩鏡}이다. 지름 20cm의 원판에 외각 테두리를 따라 3중의 톱니무늬^{鋸齒文}를 장식하고, 그 안쪽에 명문^{銘文}(한자)과 기하문(사신문, 조문도 있음)을 배치한다. 중앙에는 정방형의 박국^{博局}(바둑판 모양) 문양을 새기고 돌기를 단다. 명문은 '王公大中昌▨▨宜官▨(왕공대중창▨▨의관▨)'이다. 그래서 「왕공대중명 동경」이라고도 한다.

방각규구경은 주로 후한 시기(*1세기 후반~2세기 전반)에 제작된다. 황남대총 동경은 후한의 동경이 신라에 유입된 경우다. 더 정확히 표현하면 모용선비 출신의 내물계가 신라로 들어오면서 가져온 동경이다. 특히 방격규구경은 평양 낙랑고분에서도 출토된다. 8마리 서수^{瑞獸} 문양을 새긴 방격규구수문경^{方格規矩獸文鏡}과 8마리 길조^{吉鳥} 문양을 새긴 방격규구조문경^{方格規矩鳥文鏡}이다. 황남대총 동경은 이들 두 동경보다 다소 고졸^{古拙}하여 보다 이른 시기에 제작된 것으로 보인다.

▲ 황남대총동경(左) / 낙랑고분동경〔한국기독교박물관(中),국립중앙박물관(右)〕

③ 바둑돌통은 머리쪽 껴묻거리에 청동시루 안에서 출토한다. 옻나무에서 채취한 수지를 입힌 칠기^{漆器} 제품이다. 크기는 구경 9cm, 높이 4cm, 저경 5cm로 비교적 아담한 사이즈로 겉면에는 불꽃문양을 새긴다. 그런데 바닥면에 '馬朗(마랑)' 한자가 붉은 색으로 써 있다. 마랑은 중원왕조 서진^{西晉}(266~316) 시기에 활약한 바둑 최고수인 기성^{棋聖} 칭호를 받은 인물이다. 따라서 바둑돌통은 마랑이 직접 사용한 물건일 가능성이 높다.

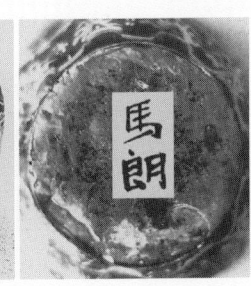

▲ 바둑돌통

그렇다면 어떻게 해서 마랑의 바둑돌통이 황남대총에 묻히게 되었을까? 서진 시기는 신라 내물왕과 실성왕의 재위 시기다. 그런데 서진 시기에 신라가 서진과 공식적으로 교류한 기록이『삼국사기』와『신라

『사초』에 일절 나오지 않는다. 따라서 마랑명 칠기 바둑돌통은 서진과 교역하는 어떤 상인으로부터 눌지왕이 선물받았을 것으로 본다. 적어도 이 시기 서진의 바둑문화가 신라왕실에 전해진 것은 분명하다.

> 황남대총에서는 다량의 바둑돌도 출토한다. 추가하여 현재까지 바둑돌이 출토된 무덤은 금관총, 천마총, 쪽샘지구 44호분 등이다.

▲ 감옥금팔찌, 타출문은잔

또한 황남대총의 북분(아로왕후 무덤)에서는 감옥嵌玉 금팔찌, 타출문 은잔 등을 출토한다. 감옥 금팔찌(보물 제623호)는 지름 7cm, 높이 2.1cm다. 감옥嵌玉은 다양한 유색 보석을 장식한 것이다. 신라 자체 제작품으로 보는 견해도 있으나, 독특한 외형과 희소성을 감안하면 서역에서 들어온 외래품으로 추정된다. 타출문 은잔(보물 제627호)은 직경 7cm, 높이 3.5cm다. 뒷면을 두드려 무늬가 돌출되게 하는 타출打出기법으로 제작한 은잔이다. 육각형의 거북등 무늬 안에 새, 호랑이, 뱀, 사슴 등 동물과 여성을 입체적으로 새긴다. 특히 문양의 여성은 다소 이국적인 모습과 얼굴을 하고 있어 서역인으로 추정된다. 타출문 은잔은 감옥 금팔찌와 마찬가지로 서역에서 들어온 것이다. 이외에도 외부에서 들어온 유물은 로만글라스Romanglass로 알려진 봉수형鳳首形 유리병을 비롯하여 다양한 형태의 유리잔 등이 있다.

「황남대총」(98호분)은 눌지왕(남분)과 아로왕후(북분)의 쌍무덤이다.

| 대릉원지구 90호, 99호분 무덤주인 |

경주 대릉원 일원 신라고분의 「대릉원지구」 황남대총(98호분)은 눌지왕(남분)과 아로왕후(북분)의 쌍무덤이다. 그런데 눌지왕릉 주변의 무덤 배치를 보면 남분(눌지왕릉)을 기준으로 동북쪽에 쌍무덤인 「90호분」이, 서남쪽에 홑무덤인 「99호분」이 각각 100여m 간격을 두고 일직선상에 위치한다. 두 무덤은 황남대총 남분의 좌청룡과 우백호 역할을 한다. 이는 두 무덤의 주인공이 눌지왕과 특수관계에 있는 인물임을 보여준다. 다만 90호분과 99호분은 발굴조사하지 않은 처녀분이다.

▲ 98호분(황남대총)과 90호분, 99호분의 배치도

90호분, 미해(미사흔)와 보미의 쌍무덤

「90호분」은 우백호(*동북쪽)에 해당하는 중대형급의 쌍무덤이다. 2개의 봉분을 합친 남북길이는 80.1m다. 남분은 동서길이 57.25m, 높이 13.8m 이고, 북분은 동서길이 59.5m, 높이 16.0m이다. 북분이 남분보다 봉분 크기가 다소 커서 북분은 남성, 남분은 여성으로 추정된다.

90호분의 북분은 눌지왕의 둘째 동생 미해(미사흔)의 무덤이다. 『신라사초』〈눌지천왕기〉다.

| 신화와 역사의 경계 | 경주의 새주인 박씨왕조 | 석씨왕조의 조용한 행로 | **김씨왕조 혈통 갈등** |

17년(433년) 수계 계유 4월, 미해(미사흔)공이 졸하니 나이 41세다. 공은 전아하고 청수하며 사람을 아끼고 선비에게는 몸을 굽힐 줄 알았다. 일찍이 실성(실성왕)의 명으로 야인(왜국)에게 사신으로 가서 십수년이 지나서 비로소 돌아왔다. 그 왕녀 보미가 공을 사모하여 딸 나해를 낳고서 도망쳐오자, 제상공의 양녀로 삼아 침궁에 속하게 하였는 바 공은 감히 스스로 차지하지 못하고 왕과 복호(보해)에게 바치니 무릇 기쁨과 걱정을 함께 하였다. 공은 야인의 배와 노의 이로움을 깊이 알아 우리 함선을 보수하여 대적케 하였다. 야인이 허다히 투항해온 바 모두 공의 신하가 되어 쓸모 있게 하는데 많은 공을 세웠다. 이때에 이르러 병이 위독해지니 왕이 손을 잡고 눈물을 흘리며 하고 싶은 바를 묻자 공이 말하길 "신제는 죽어서 나라를 위하는 영령으로 해상을 보호하리니 형왕은 슬퍼하지 마소서." 하였다. 마침내 왕은 서불감으로 추증하고 태공의 예로 장사지내니 나라 안팎의 사람들 모두가 애석해 마지않았다.

十七年 水鷄 癸酉 四月 美海公卒年四十一 公典雅淸秀愛人下士 嘗以實聖之命使于野人十數年而始還 其王女宝美慕公生女羅海 而逃歸以爲堤上公 養女使屬枕宮 公不敢自居獻于王及卜好 而 凡有喜憂同之 公深知野人舟楫之利 命繕我艦以敵之 野人多歸降皆屬公臣以爲用多有功績 至是病劇王執手下淚問其欲爲公曰 臣弟死爲國靈以保海上兄王勿悲 王乃以舒弗 邯贈之 葬以太公禮 中外莫不哀惜

미사흔은 433년 41세(393~433)로 사망한다. 특히 『신라사초』는 남분의 주인공도 밝힌다. 〈소지명왕기〉다. '7년(485년) 목우 을축 정월, 대원부인 보미宝美가 훙하였다. 나이 82세다. 미해(미사흔)릉에 장사지냈다.'(七年 木牛 乙丑 正月 大元夫人宝美薨 壽八十二 葬于美海陵) 여성무덤인 남분의 주인공은 미사흔이 왜에 볼모로 가있을 때 혼인한 왜 인덕왕의 딸 보미宝美다. 보미는 485년 82세로 사망하여 미해(미사흔)릉에 묻힌다.

90호분은 미사흔과 보미의 쌍무덤이다. 훗날이라도 90호분을 발굴하면 북분에서는 초기 단계 금관이, 남분에서는 후기 단계 금관이 나올 가능성이 높다. 특히 보미 무덤인 남분에서는 왜 계통의 유물도 일부 출토될 것으로 예상된다.

99호분, 복호(보해)의 홑무덤

「99호분」은 좌청룡(*서남쪽)에 해당하는 중형급의 홑무덤이다. 동서길이 52.5m, 남북길이 50.3m, 높이 12.6m로 동서가 남북보다 2m정도 긴 것은 시신을 안치한 목곽을 동서방향으로 배치하였기 때문이다.

99호분은 눌지왕의 첫째 동생 복호(보해)의 무덤이다.『신라사초』〈눌지천왕기〉다.

> 25년(441년) 백사 신사 3월, 왕의 동생 복호(보해)공이 훙하니 52세다. 왕의 예로 장사지냈다. 공은 마음이 깊고 정이 도타우며 큰 뜻을 가졌다. 고구려에 있을 때 선정을 다하여 쓰임이 있었고, 용모는 겸손하며 수려하였다. 각지에 성을 쌓고 말갈을 대적하고 부여(백제)와 결호하는데 공을 세워 중흥을 이루었다. 왕이 이를 알아주지 못함을 애통하게 여겨 보해(복호)사당을 세워 제사지냈다.
> 二十五年 白蛇 辛巳 三月 王弟卜好公薨 年五十二 葬以王禮 公沈敦有大志 在麗地 悉其善政而來用 又容降麗 築城各地 連結末曷扶餘 大有功績 以致中興 王哀痛不己 立宝海廟而祀之

복호는 441년 52세(393~441)로 사망한다. 특히 99호분을 복호릉으로 추정하는 이유는 북쪽 70m 거리에 인접한 천마총(155호분) 때문이다. 천마총은 마립간시대 가장 늦게 조성된 5세기 말경의 무덤으로 천마도天馬圖 장니障泥(말다래)와 후기 단계 금관이 출토된 중형급(지름 47m)의 홑무덤이다.『신라사초』는 천마총 무덤주인을 복호의 아들로 설명한다.

> 내물왕의 아들 3형제는 눌지(387년) → 복호(390년) → 미사흔(393년) 순으로 출생하나, 사망은 출생의 역순이다. 미사흔(41세) → 복호(52세) → 눌지(72세) 순이다.

99호분은 복호의 홑무덤인 복호(보해)릉이다. 미사흔(미해)릉인 90호분(북분)과 마찬가지로 초기 단계 금관이 출토될 가능성이 높다.

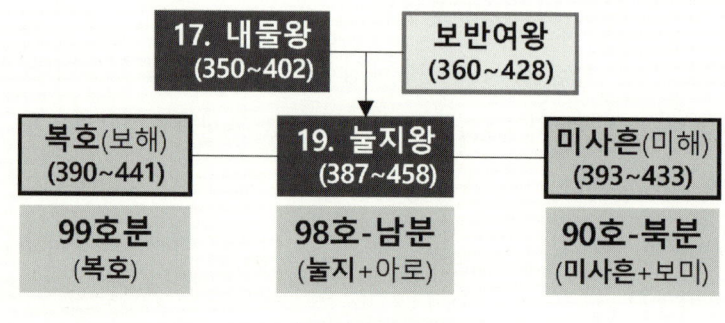

▲ 눌지왕과 형제 무덤

3형제 무덤의 상징성

눌지, 복호, 미사흔 3형제는 보반(保反)여왕이 낳은 내물왕(선비계)의 아들들로 최고의 골품을 가진 적통이다. 이런 까닭에 3형제는 실성왕(흉노계)으로부터 집중적인 견제와 핍박을 받는다. 복호와 미사흔은 고구려와 왜에 볼모로 가며, 눌지는 변방으로 쫓겨나 죽음으로 내몰리기까지 한다. 그러나 역사는 이들 3형제를 철저히 보상한다. 눌지가 쿠데타를 성공시켜 왕통을 잇고, 복호와 미사흔은 형 눌지왕의 치세를 든든히 떠받친다. 특히 이들 3형제로 인해 신라 김씨왕조는 내물왕 계열로 확고히 자리 잡는다. 3형제의 무덤은 바로 내물왕 계열의 상징물이다.

경주 「대릉원지구」의 「90호분」 남분과 「99호분」은 눌지왕의 동생 미사흔(미해)과 복호(보해)의 무덤이다.

| 눌지왕릉(황남대총) 딸린무덤의 무덤주인 |

「황남대총」(98호분)은 눌지왕릉이다. 눌지왕(남분)과 아로왕후(북분)의 쌍무덤이다. 주변에는 크고 작은 무덤 7기가 밀집되어 있다. 이들은 눌지왕릉의 딸린무덤이다.

▲ 눌지왕릉(황남대총)과 딸린무덤 분포

딸린무덤의 재원

무덤명	외형(m)		
	동서	남북	높이
91호분	10.3	11.0	2.3
① 92호분	28.5	24.8	6.6
② 93호분 (쌍무덤)	35.9	45.8	6.9
	42.1		9.8
③ 94호분	23.5	23.5	3.2
④ 95호분	39.6	35.0	7.6
96호	-	-	-
⑤ 97호분 (쌍무덤)	40.0	63.7	8.9
	47.9		13.6

딸린무덤 7기의 재원이다. 이 중 쌍무덤(표형)인 93호분과 97호분, 홑무덤(원형)인 92호분, 94호분, 95호분 등 5기는 관심의 대상이다. 이들 무덤은 눌지왕과 어떤 관계일까? 무덤 배치 및 크기 등을 고려하면 어느 정도 추정이 가능하다.

『신라사초』와 『상장돈장』에 기록된 눌지왕의 부인은 아로왕후를 비롯하여 성명聖明공주, 호명晧明공주, 용명龍明공주, 천성天星공주(두양), 자아紫我 등 비교적 골품과 지위가 높은 여성들과 이들보다는 지위가 낮은 신루蜃樓, 홍아紅我, 섭황攝凰, 산황山凰, 비사지比斯只, 도매都妹 등 모두 12명이다. 이들은 모두 눌지왕의 자녀를 낳는다.

① 92호분 홀무덤이다. 무덤주인은 박제상의 딸 자아紫我(402~)로 추정된다. 자아는 미해(미사흔)와 사이에는 파호巴胡, 금해金海, 오수五壽 등을, 눌지왕과 사이에는 우인祐仁, 역인易人, 송아宋兒 등을 낳는다. 특히 92호분은 90호분(미해릉)에 가장 근접한다.

② 93호분 쌍무덤(표형)이다. 무덤주인은 고구려 광개토왕(19대)의 이복동생 천성공주 두양杜陽(~435)과 아들 승僧으로 추정된다. 『신라사초』 〈눌지천왕기〉다.

> 19년(435년) 목시 4월, 후궁 두씨(천성공주 두양)가 난산으로 훙하였다. 왕이 이를 애석히 여겨 후하게 장사지냈다.
> 十九年 목시 四月 後宮杜氏難産而薨 帝惜之 厚葬之

▲ 93호분(표형) 전경

천성공주 두양은 실성왕과 인연을 맺어 격중鬲中, 연중亮中, 혼씨渾氏를 낳으며, 실성왕 사후 눌지왕의 후궁이 되어 승僧을 낳고, 435년(눌지19) 난산으로 사망한다.

③ 94호분 홀무덤이다. 무덤주인은 실성왕의 딸 용명龍明(403~)공주로 추정된다. 용명은 눌지왕의 딸 주씨周氏를 낳는다. 주씨는 백제 비유왕(18대)과 혼인하며(*나제동맹) 문주왕(20대)을 낳는다.

④ 95호분 홀무덤이다. 무덤주인은 내물왕의 딸 호명皓明(400~)공주로

추정된다. 눌지왕의 이복동생(내류 소생)인 호명은 효아^{孝兒}를 낳는다.

⑤ 97호분 쌍무덤(표형)이다. 무덤주인은 내물왕의 딸 성명^{聖明}(397~)공주와 그녀의 딸 탕명^{湯明}으로 추정된다. 눌지왕의 이복동생(내류 소생)인 성명은 처음 복호의 정실부인이 되어 습보^{習寶}(420년, 지증왕 아버지)를 낳고, 이후 눌지왕의 딸 순명^{順明}(424년)과 아들 격명^{格明}(426년)을 낳는다. 특히 97호분은 99호분(복호릉)에 가장 근접한다.

▲ 눌지왕릉(황남대총) 딸린무덤 분포 및 무덤주인

황남대총 딸린무덤의 무덤주인은 골품이 높은 눌지왕의 후궁들이다. 특히 고구려계인 천성공주 두양^{杜陽}이 포함된 점이 특이하다. 그런데 말이다. 천마총의 무덤주인은 누구일까?

| 천마총 무덤주인을 찾다 |

「천마총」(155호분)은 말다래의 천마도^{天馬圖}로 인해 붙여진 이름이다. 경주 대릉원 황남대총(98호분)의 좌측에 위치하며, 신라 김씨왕조를 대표하는 돌무지덧널무덤의 중형급 홑무덤이다. 원래 봉분은 지름 47m, 높이 12.7m나, 1973년 발굴 후 기존보다 약간 크게 복원한다. 현재 봉분은 동서지름 57.1m, 남북지름 52.6m며, 높이는 12.2m다. 출토 유물은 장신구류 8,767점, 무기류 1,234점, 마구류 504점, 용기류 226점, 기타 796점 등 모두 11,526점이다. 천마총은 가히 신라 유물의 보물창고다. 이 중 천마도 장니^{障泥}(말다래)를 비롯하여 금관, 금제 관모^{冠帽}, 금제 허리띠^{銙帶} 등 4점은 국보다.

▲ 천마총 발굴 장면 (1973년) [국립문화재연구소 제공]

천마도 장니와 천마총 금관

「천마도 장니」는 시신을 안치한 목관이 아닌 부장품 보관장소에서 출토한다. 천마도는 두 종류다. 1973년 발굴 당시 공개한 자작나무껍질^{白樺樹皮} 바탕에 그린 「백화수피 채화^{彩畵}형 천마도」와 2014년 추가로 공개한 대나무 살을 엮어 만든 바탕에 금동으로 투조 장식한 「금동 투조^{透彫}형 천마도」다. 채화형 천마도는 2점이며, 투조형 천마도는 1점이다. 이

중 국보로 지정된 천마도는 채화형 천마도다. 천마도는 말 그대로 무덤 주인의 상징물이다.

▲ 천마도 장니 (채화형/투조형)

「천마총 금관」은 지금까지 발견된 5개의 신라 금관 중 가장 늦은 시기에 제작된 신라 금관의 정수다. 특히 금관은 나뭇가지 모양의 '出'자형 입식을 3단에서 4단으로 한 단계 업그레이드하였으며, 금관에 달린 각종 곡옥曲玉과 달개瓔珞 등의 장식이 유달리 많은 점이 특징이다. 한 마디로 천마총 금관은 화려함의 극치다.

천마총 금관의 제작 시기를 고려하여 천마총을 마립간시대 후기 무덤으로 이해하고, 조성 시기는 대략 5세기 후반~6세기 초반으로 추정한다. 이에 근거하여 천마총 무덤주인을 5세기 후반의 소지왕(21대)이나 6세기 초반의 지증왕(22대)으로 보는 견해가 지배적이다. 그러나 천마총의 봉분은 대릉원에 소재한 왕릉급 무덤의 봉분(지름 80m급)과 비교하면 다소 왜소할 정도로 크기가 작은 편이다(지름 47m). 결코 왕릉이 될 수 없는 결격사유를 가지고 있다.

▲ 천마총 금관

『신라사초』가 기록한 무덤주인

무덤주인의 단서가 『신라사초』에 명확히 나온다. 〈눌지천왕기〉다.

> 9년(425년) 청우 을축 7월, 보미가 복호(보해)공의 아들 장이章伊를 낳았다. 성명이 입궁하자 복호공은 좋은 짝이 없다며 신궁의 보미를 얻고자 하였다. 상(눌지왕)이 이를 허락하고 궁중에서 길례를 행하였다. 보미가 꿈에 천마가 흰 구름 속에서 내려와 그녀의 배에 교합하는 것을 보고 기분이 좋아져서 깨어났다. 이를 복호공에게 말하자 공이 "좋은 꿈이다!" 하고 이내 합환하여 임신하였는 바 태어날 때에 보랏빛 안개가 산실에 가득하고 향기가 났다.
>
> 九年 靑牛 乙丑 七月 宝美生卜好公子章伊 聖明入宮 卜好公無好偶 欲得新宮宝美 上許之 使之行吉于宮中 宝美夢見天馬自白雲中下來交于其腹 氣爽然而覺之言于卜好公 公曰好夢也 乃合而娠 生時紫霧滿室而香

　　무덤주인은 복호(보해)의 아들 장이章伊다. 장이는 어머니 보미宝美공주가 서수瑞獸(상서로운 동물) 천마와 교합하는 태몽으로 태어난다. 원래 보미공주는 왜 인덕왕(16대)의 딸이다. 복호의 동생인 미사흔(미해)이 왜에 볼모가 가 있을 때에 혼인한 여성이다.

　　통상적으로 서수 출현의 태몽은 왕의 신성성을 부여할 때 서상瑞相(상서로운 조짐)으로 인식되어 만들어지며 기록화한다. 『신라사초』는 마립간 시대 왕들도 서수 출현의 태몽을 적고 있다. 내물왕, 눌지왕, 지증왕의 서수는 황룡黃龍이며, 실성왕, 법흥왕의 서수는 백마白馬다. 그런데 장이는 왕이 아님에도 천마와 교합하는 태몽을 당당히 기록한다.

　　보미의 천마 교합 태몽은 당시 왕실과 지배층을 포함한 신라사회에 널리 알려졌을 것이다. 장이 또한 이 사실을 잘 알고 있어 자신이 왕 못지않은 특별한 존재임을 스스로 인식했을 가능성이 크다. 그래서 평소 타고 다니던 말의 말다래에 천마도를 그려 자신의 아이덴티티를 가감

없이 표현한다. 그리고 죽어서 자신의 무덤에까지 이를 가져간다.

천마는 한무제가 대완(大宛, 중앙아시아 페르가나 지방)을 정벌하며 중국으로 가져온 한혈마(汗血馬)다. '피와 같은 땀을 흘리며 달리는 말'이라 하여 붙여진 이름이다. 원산지는 중앙아시아 투르크메니스탄이며 말은 아할테케(AkhalTeke)라고 부른다. 아라비안 말의 교잡종 또는 아라비안 말의 선조 종으로 알려져 있다.

▲ 투르크메니스탄 아할테케(천마)

장이는 490년 66세(425~490)로 사망한다. 〈소지명왕기〉다.

> 12년(490년) 금마 경오 12월, **국선 장이**章伊**가 졸하였다. 나이 66세다. 보해**(복호)**공의 서자다. 욕심이 없고 깨끗하였으며 세상에서 빼어난 풍체를 지녔고 진경에 통달하였다. 왕이 이를 애석하게 여겨 각간의 예로 장사지냈다.**
> 十二年 金馬 庚午 十二月 國仙章伊卒 年六十六 乃寶海公庶子也 淡然有絶世之風 深通眞經 王惜之 以角干禮葬之

장이는 진경眞經에 통달한 당대의 석학이다. 장이의 마지막 관직은 국선國仙이다. 화랑도의 모체인 신라 선도仙徒를 이끄는 최고의 수장이다. 『신라사초』에 장이의 살아생전 관직이 줄줄이 나온다. 자비왕 때인 470년(자비13) 진경잡판眞經匝判, 475년(자비18) 골문잡판骨門匝判, 소지왕 때인 483년(소지5) 신관이찬神官伊湌, 485년(소지7) 대등이찬大等伊湌 등이다. 장이는 비록 복호의 서자지만 신라사회에 크나큰 영향력을 행사한다. 그래서 소지왕은 장이를 각간의 예로 장사지낸다.

천마총 무덤 위치의 배려

장이는 어떤 사유로 천마총에 묻힐 수 있었을까? 이는 전적으로 장이의 혈통 관계에 따른 배려다. 아버지 복호와 어머니 보미의 신라왕실내 위상을 반영한 위치 배정이다. 복호의 경우 적자인 습보($習寶$)의 아들이 지증왕이 되며, 보미의 경우 외손녀 연제($延帝$)가 법흥왕의 어머니가 된다.

▲ 천마총 : 장이 무덤

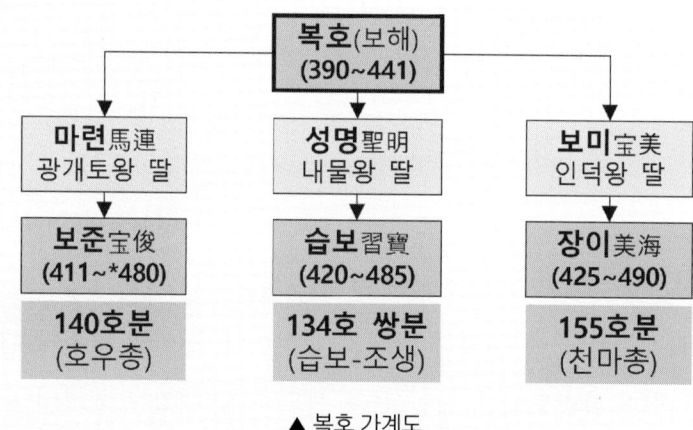

▲ 복호 가계도

「천마총」(155호분)은 복호의 서자이자 왜(야마토) 인덕왕의 외손자인 장이($章伊$)의 무덤이다.

| 호우총 무덤주인 |

「호우총」(140호분)은 8.15 광복 직후인 1946년 우리 손으로 발굴 조사한 신라고분이다. 봉분은 이미 파괴되어 소실되었으나, 무덤 크기는 대략 지름 16m, 높이 4m로 추정한다. 호우총은 돌무지덧널무덤 양식의 소형급 홑무덤(원형)이다. 호우총 명칭은 덧널 안에서 합盒이라 불리는 뚜껑 달린 청동호우靑銅壺杅가 출토되어 붙여진 이름이다.

 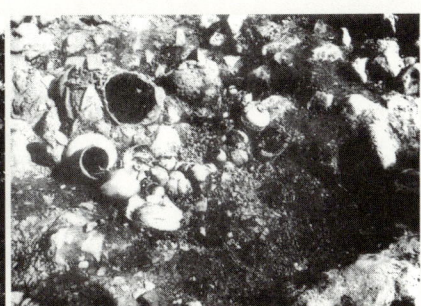

▲ 호우총 전경 및 발굴 (1946년)

청동호우로 본 무덤주인의 단서

그런데 청동호우 밑바닥에 16자의 명문이 양각으로 새겨 있다. '乙卯年國罡上廣開土地好太王壺杅十(을묘년국강상광개토지호태왕호우십)'이다. 을묘년은 415년으로 412년 사망한 고구려 광개토왕의 시신

 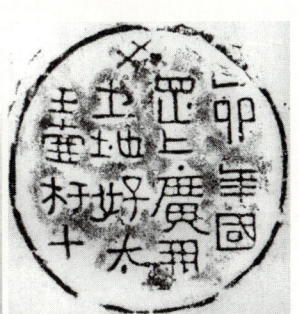

▲ 청동호우와 명문 탁본

을 산릉(*집안 태왕릉)에 안장하며 장사지낸 해다. 청동호우는 광개토왕의 장례 제사에 사용하기 위해 특별히 제작한 주물로 찍어낸 제기祭器로

추정된다.

> 명문 상단의 '#'의 해시(hash)기호 또는 '井(우물 정)'자를 닮은 마름모꼴(◇) 격자살 문양은 '천하의 으뜸 국가'인 '국강(國罡)'을 도식화한 문양이다. 광개토왕은 천하를 지배하고 다스린 국강(고구려)의 태왕이다.

청동호우 명문은 무덤주인의 단서를 제공한다. 을묘년(415년)을 전후하여 고구려에 체류한 신라인은 복호(보해) 뿐이다. 복호는 402년 고구려에 볼모로 갔다가 418년 신라로 돌아온다. 따라서 복호가 귀국하면서 광개토왕의 제사용 청동호우를 신라로 가져왔을 가능성이 크다. 그러나 호우총의 조성 시기는 마립간시대 후기인 4세기 후반에서 5세기 초반에 해당하여 4세기 중반(441년)에 사망한 복호와는 상당한 시간 격차가 난다. 그래서 복호가 아닌 복호의 후손으로 보는 견해가 우세하다.

복호(보해)의 아들 보준의 무덤

복호의 후손으로 고구려와 관계된 인물은 딱 한 사람이다. 복호가 고구려에 볼모로 가있을 때 혼인한 고구려 광개토왕의 딸 마련馬連공주가 낳은 보준宝俊이다. 『고구려사략』〈영락대제기〉다.

> 20년(410년) 경술 정월, 내밀(내물왕)의 아들 보해(복호)가 래조하여 마련馬連을 처로 주었다.(奈密子宝海來朝 以馬連妻之) 21년(411년) 신해 5월, 보금(실성왕)이 보해(복호)를 보내 달라 청하여 마련을 딸려 보냈다. 마련이 보준宝俊을 낳았다.(宝金請還宝海 使馬連從去 馬連生子宝俊) 22년(412년) 임자 7월, 마련이 글을 올려 돌아오길 청하자 보해와 함께 들어오게 하여 천성天星의 옛 궁에서 살게 하였다.(馬連上書請還乃召宝海井入 使居天星舊宮)

410년 복호와 혼인한 마련공주는 411년 복호의 아들 보준을 낳는다. 보준은 광개토왕의 외손자다. 그렇다면 보준은 어떻게 해서 신라로 오게 되었을까? 『고구려사략』〈장수대제기〉다.

> 5년(418년) 무오 정월, 눌지가 보해를 보내 달라 청하여 허락하였다. 마련이 보해와 2녀 1남(보준)을 낳고도 따라가지 않자 상이 부득이하게 명하여 각언角彦의 처가 되게 하였다. 10월, 눌지가 보해를 보내 조공하며 고하길 "미해(미사흔) 역시 왜에서 돌아와 신라에 대풍이 들었다." 하였다.
> 五年 戊午 正月 訥祇請還宝海許之 馬連與宝海生二女一子而不從去 上不得已命爲角彦妻 十月 訥祇遣宝海入貢 言美海亦自倭歸 羅亦大豊 云

복호는 418년 5월 고구려의 볼모 생활을 청산하고 신라로 귀국한다. 이때 보준을 낳은 마련공주는 복호와의 동행을 거부하고 고구려에 남아 각언角彦과 재혼한다. 그리고 그해 10월 복호는 다시 조공사 자격으로 고구려를 방문한다. 아마도 마련공주를 신라로 데려가기 위한 방문으로 보인다. 그러나 마련공주가 재혼한 상태라 복호는 아들 보준만을 데리고 귀국한다. 이때 마련공주는 청동호우를 보준에게 건네준다. 청동호우는 광개토왕의 외손자임을 잊지 말라는 일종의 증표다.

특히 『신라사초』는 보준의 기록 자체를 아예 남기지 않고 있다. 보준이 신라사회에서 어떤 삶을 살았고, 광개토왕의 외손자로서 어떤 대우를 받았는지 전혀 알 수 없다. 다만 보준의 사망 시기는 호우총 조성 시기와 비교하면 대략 480년 전후한 70세 정도로 추정된다. 특히 호우총에서 출토된 허리띠銙帶는 시사하는 바가 크다. 신라 왕족이 주로 사용한 금제품이 아닌 한 단계 격이 낮은 은제품이기 때문이다.

복호는 신라왕실 혈통에서 중요한 위치를 점한다. 복호의 적자嫡子인 내물왕의 딸 성명聖明공주가 낳은 습보習寶가 지증왕(지도로)의 아버지다. 신라왕통은 지증왕의 즉위로 눌지계에서 복호계로 넘어간다. 더구나 복호는 고구려 광개토왕의 딸 마련공주를 통해 보준宝俊을, 왜 인덕왕의 딸 보미공주를 통해 장이章伊를 각각 얻는다. 두 사람은 비록 복호

의 서자지만 고구려, 왜 왕실과의 인연으로 경주 대릉원의 호우총(보준)과 천마총(장이)에 각각 묻힌다.

◀ 호우총 : 보준 무덤

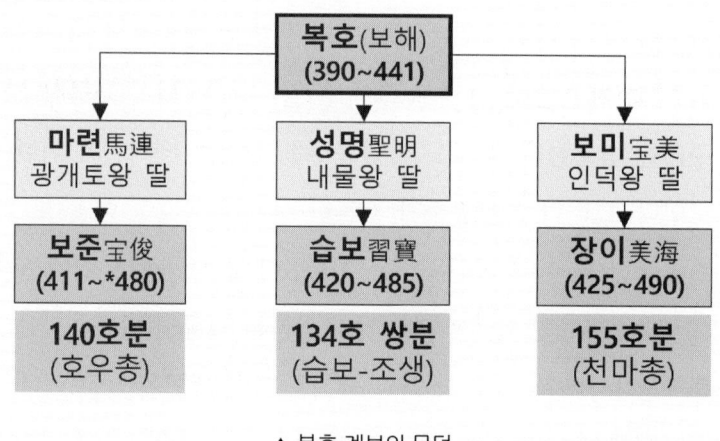

▲ 복호 계보의 무덤

「호우총」(140호분)은 복호의 서자이자 광개토왕의 외손자인 보준宝俊의 무덤이다.

| 은령총 무덤주인은 호우총과 부부관계 |

「은령총」(139호분)은 8.15 광복 직후인 1946년 호우총(140호분)과 함께 우리 손으로 발굴 조사한 신라고분이다. 무덤 양식은 돌무지덧널무덤이며 북쪽에 연접한 호우총과 함께 쌍무덤(표형)을 이룬다. 발굴 당시 봉분 주위의 둘레돌 배치 상태로 보아 봉분은 대략 지름 20m, 높이 5m 정도로 추정된다. 연접한 호우총(지름 16m)보다 약간 크다. 은령총 명칭은 무덤에서 출토된 은방울銀鈴로 인해 붙여진 이름이다.

▲ 은령총 발굴 장면 (1946년)

출토 유물로 본 피장자

출토 유물은 착장 유물과 부장 유물로 나눈다. 착장 유물은 금동관, 금제 관드리개冠垂飾, 금제 귀걸이, 곡옥이 달린 유리구슬 목걸이, 은제 팔찌와 반지, 은제 허리띠와 띠드리개腰佩, 금동 신발 등이며, 부장 유물은 금은장식 손칼, 쇠투겁창鐵矛, 쇠도끼, 철제 화살촉, 쇠낫 등의 무기 및 이기利器류와 철제 복륜覆輪, 철제 발걸이, 금동장식 재갈, 금동장식 종모양 말띠드리개鍾形杏葉 등의 마구류, 그리고 십(十)자형 손잡이가 달린 청동합盒, 쇠솥, 칠기漆器, 각종 신라 토기 등의 용기容器류다. 특이한 점은 가락바퀴紡錘車 1점과 볍씨껍질 약간도 채집한다. 무덤주인은 무기류와 마구류가 일부 포함되어 있지만, 둥근고리자루 큰칼環頭大刀이 없고 가락바퀴(방추차) 등이 출토된 점으로 보아 여성으로 추정된다.

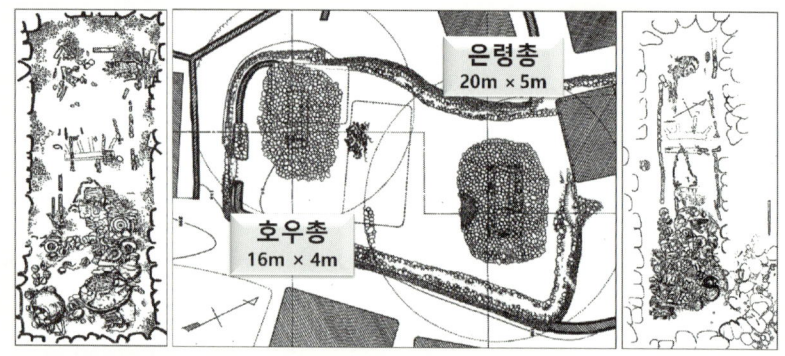

▲ 호우총과 은령총 평면도

청동합은 고구려 양식의 유물

특히 출토 유물 중에 십(十)자형 손잡이(꼭지)가 달린 청동합盒(그릇)이 눈길을 끈다. 신라고분에서 나온 합盒은 손잡이 모양에 따라 원圓형, 십十자형, 보주寶舟형, 고리環형, 탑塔형, 조鳥형 등으로 나눈다. 이 중 원형, 십자형, 보주형 등은 고구려적 요소가 강하며, 고리형, 탑형, 조형 등은 신라적 요소가 강하다. 은령총 청동합은 길림성 집안의 고구려 무덤인 「칠성산96호분」 청동합 손잡이와 경주 대릉원 서봉총(129호분) 은합 손잡이와 모양이 같은 십자형이다.

▲ 금속합 (은령총/칠성산96호분/서봉총)

무덤주인은 보준의 부인 초생

은령총 무덤주인(여성)은 호우총 무덤주인(남성)과 밀접한 상관관계를 갖는다. 두 무덤의 주인공은 부부다. 호우총 무덤주인(남편)은 복호의 서자이자 광개토왕의 외손자인 보준宝俊이다. 보준은 광개토왕의 딸 마련공주 소생으로 411년 출생하여 480년 전후로 사망한다.

은령총 무덤주인(부인)은 누구일까? 보준의 혼인 기록이 없어 정확히 특정할 수 없지만 은령총 봉분(지름 20m)이 호우총 봉분(지름 16m)보다 다소 큰 점이다. 쌍무덤(표형)의 경우, 봉분을 부인(여성)이 남편(남성)보다 크게 만드는 경우는 매우 이례적이기 때문이다. 이는 은령총 무덤주인의 왕족 골품이 호우총 무덤주인(보준)보다 높음을 말한다.

무덤주인은 눌지왕의 정실왕후 아로가 낳은 둘째 딸 초생草生(424~)공주로 추정된다. 아로왕후는 조생鳥生(418~), 초생, 호생好生(427~) 등 눌지왕의 딸 세명을 낳는다. 이들은 당대 최고의 왕족 골품을 보유한 정실왕후 소생의 공주들이다.

▲ 은령총 : 초생 무덤

초생공주는 424년 출생하여 보준(480년 사망 추정)보다 더 늦은 시기인 490년을 전후하여 사망한 것으로 보인다. 이는 은령총이 호우총보다 늦게 조성된 고고학적 판단에 근거한다.

「은령총」(139호분)은 호우총 보준宝俊의 부인 초생草生공주 무덤이다.

5 김씨왕조 체제 구축

축성의 대가 자비왕

안정속의 불안정 소지왕

복호 계열 지증왕

| 자비왕의 혈통 계보 의문 | 축성의 대가 자비왕 |
| 장수왕 남벌과 자비왕의 선택 |
| 자비왕의 무덤 봉황대 | 금령총 무덤주인 |

| 소지왕의 이름과 계보 | 구모국의 신라 방문 |
| 내을신궁에 대한 오해 | 사금갑 사건과 묘심의 옥사 |
| 소지왕과 백제 동성왕의 혼인동맹 |
| 소지왕의 태자 교체 속사정 |
| 소지왕의 무덤을 찾아서 | 금관총과 이사지왕 |

지증왕의 계보	신라 국호와 왕호 재정립
5묘제의 시원 고내궁	지증왕의 무덤 서봉황대
서봉총 무덤주인	데이비드총 무덤주인
노동노서지구 134호분, 135호분 무덤주인
쪽샘지구 44호분 무덤주인

| 자비왕의 혈통 계보 의문 |

자비慈悲王(20대)은 마립간 계열의 두 번째 왕이다. 이름은 소미小美다.(*『신라사초』) 재위 기간은 458년부터 479년까지 22년간이다. 아버지는 눌지왕이며, 어머니는 실성왕의 딸 아로阿老다. 왕후는 미사흔(미해)의 딸 파호巴胡다.

◀ 말모양토기 [금령총]

자비왕의 본래 이름은 소미(小美)

자비慈悲는 불교에서 많이 쓰는 용어다. 慈와 悲의 합성어다. 자慈는 애념愛念(사랑하는 마음)을 가지고 중생에게 낙樂을 주는 것이고, 비悲는 민념愍念(불쌍히 여기는 마음)을 가지고 중생의 고苦를 없애주는 사랑이다. 그렇다면 자비는 이름일까? 아니면 시호일까? 『신라사초』〈자비성왕기〉다.

22년(479년) 토양 기미 2월 3일, 왕이 상궁에서 붕하였다. 춘추 66세다. **왕은 성품이 관대하고 인자하며 크게 자비로워 풀 한 포기 벌레 한 마리도 함부로 죽이지 않았다. 백성을 사랑하고 군사를 구휼하며 폭서와 혹한이 성행할 때는 매양 병고를 묻고 옷과 식량을 하사하였다. 후궁과 종신 모두는 시집가는 것을 허락하고 그 허물을 묻지 않았다. 이때에 이르러 사람들은 성왕으로 우러러 받들었다.** 마치 부모가 돌아가신 것처럼 우는 자들이 상여에 모였고 이웃 나라 사람들도 모두 흰옷을 입고 발상하였다.

二十二年 土羊 己未 二月三日 王崩于上宮 春秋六十六 王性寬仁大慈 雖一草一虫 未嘗擅殺 愛民恤軍 每以盛暑暴寒 問其疾苦賜以衣食 後宮與宗臣有私 a

則皆許嫁與不問其咎 時人以爲聖王仰之 若父母凶聞一播 號泣者載于京野 隣國之人亦皆縞素發祥

자비왕은 풀 한 포기, 벌레 한 마리도 죽이지 않을 정도로 성품이 크게 자비롭고慈, 폭서와 혹한기에 옷과 식량을 보내 백성의 고통을 덜어주어悲 자비성왕慈悲聖王으로 우러러 받든다. 자비는 사후의 시호일 가능성이 높다.

자비왕의 본래 이름은 〈실성기〉에 나온다. '목호 13년(414년) 3월, 아로가 아들 소미小美를 낳았다. 이가 바로 자비성왕이다.'(木虎 十三年 三月 阿老生子小美 是爲慈悲聖王也) 자비왕의 이름은 소미小美다. 눌지왕이 태자 시절인 414년 아로阿老를 통해 낳은 아들이다. 다만 눌지왕은 소미를 얻기 전에 아로가 아닌 다른 여성을 통해 여러 아들들을 얻는다. 『삼국유사』가 자비왕을 눌지왕의 '아들子'로 기록한 것은 이를 말함이고, 『삼국사기』가 눌지왕의 '장자'로 기록한 것은 아로 태자비가 훗날 눌지왕의 정실왕후가 되었기 때문이다.

『고구려사략』의 또 다른 어머니 계보

그런데 『고구려사략』은 자비왕의 어머니를 아로가 아닌 효진曉辰으로 설명한다. 〈장수대제기〉다. '장수26년(458년) 무술 8월, 눌지가 죽어 그 아들 자비가 섰다. 효진이 낳았다.'(長壽二十六年 戊戌 八月 訥祇殂 子慈悲立 曉辰之出也) 효진은 실성왕이 고구려에 볼모로 가 있을 때, 광개토왕의 여동생 천성天星공주와 혼인하여 낳은 딸이다(392년생). 효진은 아로와 마찬가지로 실성왕의 딸이다. 아로는 미추왕의 딸 내류內留 소생이고, 효진은 고구려 소수림왕의 딸(광개토왕 여동생) 천성공주(두양) 소생이다. 둘 다 김씨다. 특히 효진은 실성왕이 즉위하면서 11세 나이에 눌지의 처가 된다. 실성왕이 눌지를 묶어두기 위한 정략적 혼인이다.

그렇다면 자비왕의 생모는 아로일까? 효진일까? 정확히 알 수 없다. 다만『신라사초』〈눌지천왕기〉에 따르면, 자비왕은 눌지왕 재위 14년인 430년 7월, 17세 나이로 태자에 봉해진다.(十四年 金馬 庚午 七月 以長子慈悲 爲太子) 통상 태자는 재위 초기에 결정하는 것과 달리 자비왕은 매우 이례적으로 늦게 결정된다. 혹여 어머니 효진의 신분 문제로 자비왕의 태자 책봉이 늦어진 것은 아닐까? 그럼에도 만약 효진이 자비왕의 생모라면『신라사초』,『삼국유사』등이 아로로 적은 것은 훗날 계보상으로 정리한 기록일 가능성이 높다. 다만『삼국사기』는 자비왕의 어머니를 '실성왕의 딸'로만 적고 있어, 아로와 효진 어느 쪽도 손을 들어주지 않고 애매한 입장을 취한다.

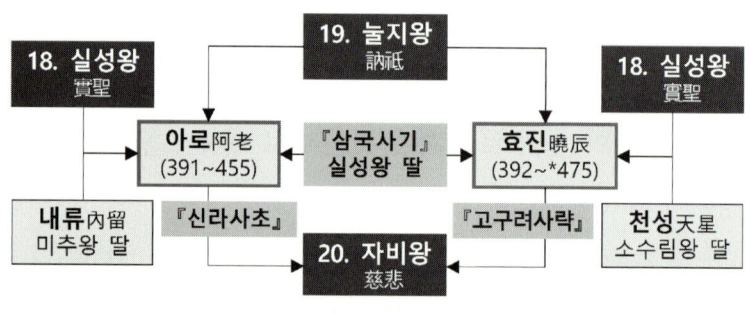

▲ 자비왕의 어머니 계보도

자비왕의 정실왕후 파호 선정 과정

자비왕의 어머니 신분 문제는 자비왕 즉위 이후 왕후 파호巴胡를 선정하는 과정에서 또다시 불거진다.『고구려사략』〈장수대제기〉다.

> 장수29년(461년) 신축 3월, 자비가 미해(미사흔)의 딸(파호)을 처로 삼았다. 효진이 얻은 공주(눌지왕 딸)를 며느리로 삼고자 하였으나 지금에 이르러 눌지가 죄를 지었고 또한 신분이 낮아져 허락되지 않아서 스스로가 서로(자비-파호) 혼인하였다.

長壽二十九年 辛丑 三月 慈悲以美海女爲妻 曉辰欲得公主以爲其婦 至是訥祇
得罪 而不許下降故自相婚嫁

　　효진이 자신의 딸을 며느리로 삼고자 하나, 자비왕이 이를 받아들이지 않고 미사흔의 딸 파호를 왕후로 삼은 내용이다. 이를 기록한 『신라사초』〈자비성왕기〉다.

4년(461년) 백우 신축 2월, 하궁 파호를 상궁으로, 난궁 사량을 하궁으로, 상궁 섭황을 두을궁으로 삼았다. 섭황의 사신 내하는 청연의 가노인데 **섭황이 상통하여 임신하였다. 왕**(자비왕)**이 이를 알고 섭황을 폐하여 두을궁으로 삼았다. 파호의 아들 비처**(소지왕)**를 태자로 삼았다.**
四年 白牛 辛丑 二月 以下宮巴胡爲上宮 暖宮沙梁爲下宮 以上宮攝凰爲豆乙宮 攝凰私臣奈河者 靑淵公家奴也 與攝相通而娠 上知之廢攝凰爲豆乙者也 以巴胡子毗處爲太子

　　당시 정실왕후인 상궁 섭황攝凰(복호 딸)이 바람을 피어 임신하자, 자비왕은 섭황을 상궁에서 폐하고 두을궁으로 격하시킨다. 대신 하궁 파호를 상궁으로 올려 봉한다. 이를 앞의 〈장수대제기〉 기록과 연결해 보면, 왕후 교체 과정에서 효진은 자신의 딸을 파호가 상궁이 되면서 공석이 된 하궁에 봉하려 한 것으로 보인다. 특히 〈장수대제기〉는 자비왕의 왕후를 효진의 며느리로 표현한다. 자비왕이 효진이 낳은 아들임을 다시 한 번 강조한다.

　　자비왕의 생모는 신라계 정통인 아로阿老가 아닌 고구려계 효진曉辰일 가능성도 존재한다.

| 축성의 대가 자비왕 |

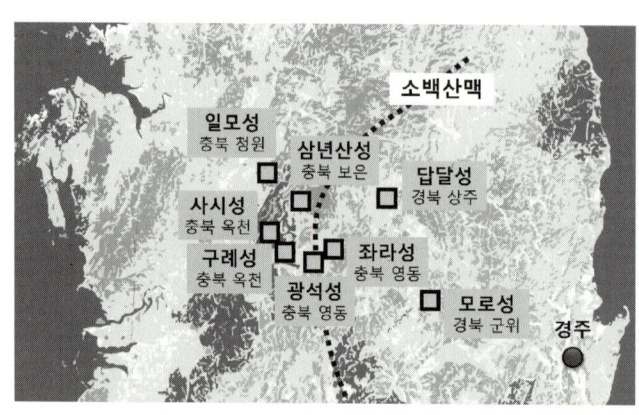

▲ 자비왕 축성

자비왕은 유달리 많은 성을 쌓은 축성築城의 대가다. 470년(자비13) 삼년산성(충북 보은)을 시작으로 471년(자비14) 모로성(경북 군위)를 쌓으며, 474년(자비17) 일모성(충북 청원), 사시성(충북 옥천 이원), 광석성(충북 영동), 답달성(경북 상주), 구례성(충북 옥천), 좌라성(충북 영동) 등 6개 성을 연거푸 쌓는다. 이들 성은 대부분 신라의 서북쪽 변방인 소백산맥 일대에 분포한다.

고대 산성의 형태

고대 산성은 입지 지형에 따라 크게 세 가지 형태로 나눈다. 첫째는 테뫼식山頂式으로 봉우리를 둘러쌓아 성을 축조한 경우다. 산 정상을 중심으로 대략 7~8부 능선을 따라 둘러 쌓는다. 주로 초기 형태의 산성에서 많이 나타난다. 둘째는 포곡식包谷式으로 성곽 안에 골짜기를 포함하여 축조한다. 성 내부는 물이 풍부하며 활동 공간이 넓은 것이 특징

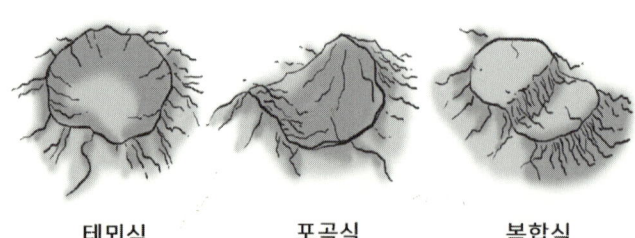

▲ 고대 산성의 축성 형태

이다. 테뫼식 보다는 규모가 크며 후기 형태에서 많이 나타난다. 셋째는 복합식複合式으로 테뫼식과 포곡식을 합쳐놓은 형태로 성안은 산 정상과 골짜기를 포함한다. 규모가 큰 산성인 도성의 경우가 많다.

고구려 남벌에 대비

자비왕이 축성에 매달린 이유가 『고구려사략』〈장수대제기〉에 나온다.

장수42년(475년) 갑인 7월, 상(장수왕)이 주유궁(요녕성 철령)에 갔다가 황산(길림성 집안)으로 돌아와 영락대왕께 제를 올리고 종실과 삼보에게 이르길 "선제(광개토왕)께서는 국강(고국원왕)이 당한 치욕을 씻고자 하였으나 하늘이 목숨을 여유 있게 주지 않아 짐은 군사를 키워 오랫동안 기회가 오기를 기다렸다. 이제 때가 무르익었다. 어린 아이들이 한 목소리로 백제 해골은 물 건너 도망가고 신라사람은 몸을 사리고 경계를 지킨다는 말들을 하고 있다. 인심은 암암리에 천심을 살피는 것이니 이제 경사(백제 개로왕)놈이 필히 망하는 가을이 될 것이다." 하니 모든 신하가 이구동성으로 찬동하였다. 상은 화덕에게 명하여 군사 3만을 이끌고 먼저 나아가게 하였다. **이때 신라는 일모, 사시, 광석, 답달, 구례, 좌라 등의 성을 쌓아 백제에 대비하였다.** 백제 백성은 북쪽의 군병이 크게 몰려올 줄을 알고 하루에도 세 번씩이나 놀라 집을 버리고 토굴로 숨었다. **신라는 양쪽을 잘 알고 미리 감을 잡았다.**

長壽四十二年 甲寅 七月 上如朱留宮而還至黃山 行永樂大祭 謂宗室三輔曰 先帝欲雪國罡之恥 而天不假壽 朕養兵待機已久 今其期已熟 兒童皆唱 伯濟骸骨南渡水 慈悲爲之警界云 人心察天心于默默之中 此乃慶奴必亡之秋也 諸臣異口同讚 上命華德引兵三萬先發 時新羅築一牟沙尸廣石沓達仇禮坐羅等城以備濟 濟民日三驚以爲北兵大至抑宸如穴居 知兩而預感矣

자비왕의 축성은 고구려 장수왕의 남벌을 대비한 방어선 구축이다. 표면적인 이유는 향후 발생할 백제유민의 유입을 막기 위함이지만 실질적인 이유는 고구려 공격을 막기 위한 방어선 구축이다. 특히 〈장수대제기〉는 장수왕의 남벌 한 해 전의 신라 상황도 전한다.

장수41년(473년) 계축 2월, 자비가 벌지와 덕지를 좌장군과 우장군으로 삼고 **명활성을 고쳐 천도하려** 하였다. 또한 일모, 사시, 광석 등의 성을 쌓았다. 벌지와 덕지는 일찍이 서도(요녕성 부신)에 와서 유학한 자다. 서도인西都人과 한인漢人과 상통이 많아 **백제가 필경 망할 것이라는 소문을 들어 스스로 지키려 한 것**이다.

長壽四十一年 癸丑 二月 慈悲以伐智德智爲左右將軍 而葺明活城欲遷都 又築一牟沙尸廣石等城 伐智德智曾來西都留學者也 多與西都人及漢人等相通 漏聞伯濟必亡之說 而自備也

자비왕은 고구려 남벌이 임박한 정보를 사전에 입수하고, 이에 대비하여 군제를 재편, 새로이 장수를 임명하며 예상되는 고구려 침공로의 주요 거점에 성을 쌓을 준비를 한다. 특히 자비왕은 장수왕이 경주도성까지 침공할 것을 예상하여 궁궐이 있는 월성(평지성)에서 명활성(산성)으로 왕의 거처를 옮긴다.

자비왕의 축성은 장수왕의 남벌에 대비한 방어선 구축이다.

| 장수왕 남벌과 자비왕의 선택 |

475년(자비18) 7월, 고구려 장수왕은 3만 군사를 이끌고 대대적으로 백제를 공격한다. 장수왕의 남벌전쟁이다. 이에 백제 개로왕은 고구려군이 수도 한성(풍납토성/몽촌토성)을 포위하자, 뒤늦게 사태의 심각성을 깨닫고 급히 신라에 구원을 요청한다. 이때 신라에 급파된 사람이 상좌평 문주文周다. 『삼국사기』는 '문주가 신라에 파견되어 군사 1만을 얻어 돌아왔다.'(使文周求救於新羅得兵一萬廻)고 적는다. 전후 상황에 대한 별도의 설명이 없어 우리의 상상만을 자극한다.

신라에 군사지원을 요청한 문주

문주는 백제 비유왕이 나제동맹 체결하면서 혼인한 눌지왕의 딸 주씨周氏가 낳은 아들이다. 문주의 몸속에는 신라왕실의 피가 흐른다.

신라에 급파된 문주의 상황이 『신라사초』에 나온다. 〈자비성왕기〉다.

> 7월, 고구려왕 거련(장수왕)이 군사 3만을 이끌고 남하하여 부여(백제)를 급습하여 공격하였다. **부여왕 경사**(백제 개로왕)**가 태자 문주를 보내 우리에게 구원을 청하며 말하길 "순망치한**脣亡齒寒**이오니 바라건대 대왕께서 살펴주소서."** 하였다. 왕(자비왕)이 신하와 조정에서 의논케 하니 기보가 말하길 "거련은 이리같은 마음을 가져 막기가 불가합니다." 하였다. 이에 **비태에게 명하여 서북로군 1만을 이끌고 가서 구하라 하였다.**
> 七月 麗主巨連引兵三萬南下攻夫餘甚急 夫餘君慶司使其太子文洲 請救於我 曰 脣亡齒寒 願大王察之 王下其議于朝廷 期宝曰 巨連之狼心不可不制也 乃命 比太引西北路軍一萬往救之

문주는 순망치한^{脣亡齒寒}(*『춘추좌씨전』출처)의 고사를 인용하여 외삼촌 자비왕을 설득하고, 자비왕은 군사 1만을 내어준다. 그러나 신라군은 북상하지 못한다. 이미 고구려군이 파죽지세로 충남 북부지역(충북 청원 남성골산성)까지 밀고 내려왔기 때문이다. 그래서 신라군은 일모성(충북 청주 양성산성)에 주둔하며 고구려군의 남진을 억제하는 수준에서 멈춘다.

그럼에도 고구려군이 남진을 계속하자 신라군과 백제군은 적극 방어에 나선다. 〈자비성왕기〉다. '10월, 비태와 벌지가 고구려군을 감매 벌판에서 크게 쳐부수었다. 해구와 연신도 하남에서 역시 고구려 병사를 쳐부수었다.'(十月 比太伐智大破麗軍于甘買之原 解仇燕信亦破麗兵于河南) 신라군(비태/벌지)은 감매에서, 백제군(해구/연신)은 하남에서 고구려군을 쳐부수며 승리한다. 감매^{甘買}는 지금의 충남 천안 풍세며, 하남^{河南}은 충남 아산이다. 둘 다 곡교천^{曲橋川} 남쪽이다. 이로써 고구려군과 신라-백제 연합군은 곡교천을 사이에 두고 대치전선을 형성한다.

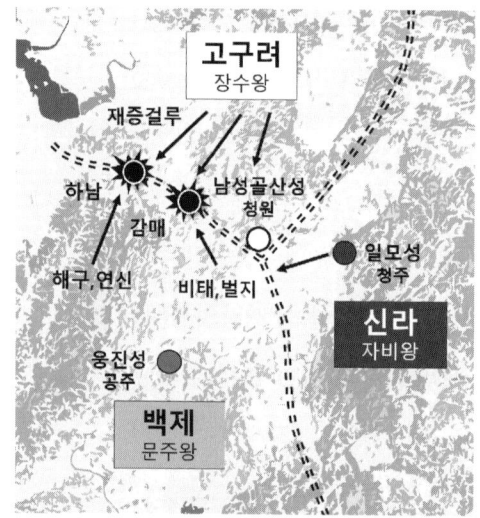

▲ 장수왕의 남벌전쟁과 삼국의 대치전선

> 하남의 '河'는 충남 아산의 곡교천을 가리킨다. 곡교천은 충남 아산시 염치읍 곡교리 앞을 흘러서 인주면 대음리에서 삽교천에 합류하는 하천이다. 천안시 광덕면에서 발원하여 풍세면에 이르는 구간을 한천(漢川) 또는 한내라고 부른다.

나제동맹의 대의를 지킨 자비왕

해가 바뀌어 476년(자비19)에 전개된 상황이다. 〈장수대제기〉다.

장수43년(476년) 을묘 **정월**, 자비가 자신에게 화가 미칠 것을 두려워하여 명활성으로 거처를 옮겼다. 5월, 상이 천조(고구려)를 거역한 자비에게 노하여 정벌하려다 황태자가 간하여 그만두었다. 6월, 풍옥태자를 자비에게 보내 **백제 땅을 나누는 것을 의논케하니 자비가 딸 둘을 태자에게 바쳐 시침을 들게 하였다**. 태자가 자비에게 조서를 봉행하지 않아 책망하여도 자비는 오락가락 결단을 내리지 않았다. 10월, **자비가 웅진**(공주)**땅을 문주에게 주어** 남은 무리를 수습케 하였다.

長壽四十三年 乙卯 五月 好德下濟五十餘城 文周逃于慈悲 上怒慈悲逆天欲伐之 晃太子諫曰 貴在知止 不可逐二鹿矣 乃止之 六月 遣風玉太子于慈悲議分濟地 慈悲以其女二人獻于太子侍枕 太子以慈悲不奉詔責之 慈悲疑貳不斷 十月 慈悲以熊津之地借文周使拾殘衆

장수왕은 전쟁이 장기화될 조짐을 보이자 백제를 지원하고 있는 자비왕을 문책하며 압박 강도를 높인다. 특히 6월 기록은 우리의 눈을 의심케 한다. 장수왕이 자비왕에게 백제 땅을 나눠 갖자는 분집分執을 제안한다. 그럼에도 자비왕은 자신의 두 딸을 희생해 가며 나제동맹의 대의를 지킨다. 이 대목에서『신라사초』〈자비성왕기〉는 7월에 백제 곤지昆支가 입조한 사실을 기록한다.(七月 文洲弟 昆支 來朝) 비유왕의 아들인 곤지는 461년 형 개로왕에 의해 정치적 숙청을 당해 왜(야마토)로 건너가 체류하다가, 475년 장수왕이 남벌을 단행하자 급히 야마토군을 이끌고 귀국한다. 이때 자비왕의 주선으로 곤지(백제)와 풍옥風玉(고구려)은 정전 협상을 벌여 전쟁을 마무리 한다. 그리고 고구려군이 물러간 10월 문주는 신라 지원에 힘입어 웅진(충남 공주)에 새로이 도읍을 정하고 즉위한다. 백제 웅진시대의 개막이다.

장수왕의 남벌에는 나제동맹의 대의를 지켜 백제 멸망을 막아낸 자비왕의 선택이 있다.

| 자비왕의 무덤 봉황대 |

　경주 대릉원 일원 신라고분의 「노동·노서지구」에 소재한 「봉황대鳳凰臺」(150호분)는 대릉원내의 고분 중에서 가장 규모가 크다. 무덤 양식은 원형봉토분의 돌무지덧널무덤이다. 봉분은 지름이 동서 83.9m, 남북 82.2m며, 높이는 동서 20.4m, 남북 21.1m다. 원형임에도 불구하고 지름과 높이가 방향에 따라 다소 차이가 나는 것은 무덤 내부가 무너져 내려 봉분이 일부 함몰되었기 때문이다. 봉황대는 단일 무덤으로는 황남대총보다 크다. 황남대총은 지름 80m의 2개 무덤을 붙인 쌍무덤이다. 봉황대는 아직 발굴 조사하지 않은 처녀분이다.

▲ 봉황대 과거와 현재

조선시대 봉황대 인식

　봉황대의 이름은 어떻게 해서 붙여졌을까? 봉황대가 문헌 기록에 나오기 시작한 시기는 조선 중기다. 경섬慶暹의 『해사록』(1607년)과 강홍중姜弘重의 『동사록』(1627년) 등에 나온다. 두 사람은 일본에 사신으로 가는 도중 경주에 들러 봉황대에 올라간 사실을 전한다. 특히 김세렴金世濂은 일본 사행使行 일기인 『동명해사록』(1636년)에 다음과 같이 적는다. '봉황대는 홍살문 밖에 있는데 높이가 수십 장丈이며 흙을 쌓아 만든 것이다. 비슷한 것이 성 남쪽에 열 개 정도 있으며 옛 도읍은 봉황대 남쪽에 있다.'
이처럼 당시의 봉황대는 무덤이 아닌 마을 주변을 조망하기 위해 흙으로 쌓아 만든 관망대 정도로 인식한다. 그래서 봉황대를 비롯하여 경주의 큰 무덤들은 모두 봉황대의 이름을 갖는다. 큰 봉황대, 작은 봉황대, 쌍둥이 봉황대, 서봉황대 등이다. 그러나 조선 후기부터는 여러 봉황대를 관망대가 아닌 무덤으로 인식하기 시작한다. 추사 김정희金正喜의 『완당집』(1867년)이다. '조산造山이 하나 무너졌는데 석축이 나온 것으로 보아 왕릉이 확실하다.' 이후 일제강점기를 거치면서 여러 봉황대는 비로소 신라고분(왕릉)으로 자리매김한다.

▲ 봉황대[1936년]와 신라고분[1956년] 전경

봉황대는 자비왕의 무덤 갈천릉(자비왕릉)

봉황대는 누구의 무덤일까? 자비왕의 무덤이다. 『신라사초』는 자비왕릉을 갈천릉葛川陵으로 소개한다. 〈소지명왕기〉다.

> 원년(479년) 토양 기미 4월, 태왕(자비왕)을 갈천葛川에 장사지냈다. 파호 태상이 따라 죽으려 하자 왕(소지왕)이 만류하여 금지시키고 단지 늙은 몸종 5인을 따라 죽게 허락하였다.
> 元年 土羊 己未 四月 葬太王于葛川 巴胡太上欲殉之 王扶止之 只許老媵五人

갈천릉이 소재한 갈천葛川은 황남대총이 있는 「대릉원지구」와 봉황대가 있는 「노동·노서지구」 사이를 가로지르는 지금의 태종로太宗路다. 일제강점기 일제가 촬영한 사진을 보면 복개공사 이전의 갈천 모습이 선명히 드러나 있다. 갈천은 쪽샘에서 발원하여 형산강(서천)으로 흐르는 일종의 용천천龍泉川인 소하천이다. 또한 기록은 늙은 몸종 5명을 순장한 사실도 소개한다. 아마도 훗날 봉황대를 발굴하게 되면 반드시 순장자 인골을 확인할 수 있을 것이다.

▲ 복개공사 이전의 갈천(소하천) 모습 [1926년]

자비왕은 479년(자비22) 2월 3일 66세로 사망한다. 특히 『고구려사략』은 사망 사유를 밝힌다. 〈장수대제기〉다.

> 장수46년(478년) 무오 10월, 자비의 도성에 큰 지진이 발생하여 자비 역시 흙에 깔렸으며 깔려 죽은 자가 수백이었다. 황상(장수왕)을 배반하여 벌을 받은 것이다.
> 長壽四十六年 戊午 十月 慈悲都城大震 慈悲震壓其地 壓死者數百人 背皇之罰
> 장수47년(479년) 기미 2월, 자비가 지난해 지진으로 무너진 흙에 깔린 이래로 극심하게 앓다가 이달 3일에 죽었다.
> 長壽四十七年 己未 二月 慈悲因去年震壓 以來疾劇 是月三日歿

자비왕은 478년 10월 수도 경주에 발생한 큰 지진으로 흙에 깔려 몸을 크게 상하며, 이를 회복하지 못하고 이듬해인 479년 2월에 사망한다.

갈천릉 장지 설정의 시사점

자비왕이 갈천 이북의 「노동·노서지구」에 무덤을 쓴 이유는 무엇일까? 갈천 이남의 황남대총(눌지왕릉+아로왕후)이 소재한 「대릉원지구」에 더 이상 왕릉을 쓸 수 있는 공간이 없기 때문이다. 이 일대는 눌지왕과 직계 가족의 능원이 들어서며 사실상 포화상태에 이른다. 자비왕으로서는 자신과 직계 가족이 묻힐 새로운 능원이 필요하여 자연스레 갈천 이북의 땅을 장지로 선택한다.

▲ 자비왕 무덤 갈천릉(봉황대)

「노동·노서지구」는 자비왕릉(갈천릉)이 들어서며 새로운 김씨왕조 능원으로 자리 잡는다. 마립간 후반기 왕들(자비왕, 지증왕)과 그들의 직계 가족이 이 능원에 묻힌다.

「노동·노서지구」의 「봉황대」(150호분)는 자비왕의 무덤 갈천릉葛川陵이다.

| 금령총 무덤주인 추적 |

「금령총金鈴塚」(127호분)은 경주 대릉원 일원 신라고분의 「노동·노서지구」에 속하며, 봉황대(125호분) 남쪽에 연접하여 위치한다. 일제강점기인 1924년 일본인 우메하라 스에지梅原末治와 고이즈미 아키오小泉顯夫가 발굴한 원형봉토분의 돌무지덧널무덤이다. 발굴 당시 민가가 들어서 있어 무덤은 상당히 파괴된 상태로 남북길이 13m, 높이 3m의 반달형 봉분만 남아 있었으나, 원래의 봉분 크기는 지름 18m, 높이 4.5m 정도의 원형으로 추정된다. 경주 대릉원 일원 신라고분의 중형급(*15~35m)에 해당한다. 금령총 명칭은 금관의 머리띠(관테) 드리개에 달린 금방울金鈴로 인해 붙여진 이름이다. 대표적인 유물은 「금령총 금관」과 「기마인물형토기」다.

▲ 금령총 전경 및 발굴 [1924년]

금령총 금관

「금령총 금관」(보물 제338호)은 수목樹木형 '出'자 장식이 3단에서 한 단계 업그레이된 4단이다. 특히 금령총 금관은 다른 금관과 확연히 구별되는 특징이 있다. 첫째는 머리띠 둘레 길이가 작다. 성인의 경우 보통 둘레가 18cm~20cm인데, 금관총은 15.0cm다. 둘째는 금관에 달린 장식을 보면 다른 금관들은 곡옥과 영락瓔珞(달개)을 골고루 달았는데, 금령총 금관은 오로지 영락만을 달았다. 곡옥은 생산을 상징한다. 곡옥을 달지 않은 것은 금관 주인이 혼인하지 않아 자식을 얻지 못했기 때문이다. 이러한 특징적 사실은 금령총 금관 주인이 누구인지를 알 수 있는 하나의 단서다. 금관 주인은 10세 전후의 미성년자로 신분이 높은 왕자로 추정된다.

▲ 금령총 금관과 금령

기마인물형토기와 배모양토기의 시사점

「기마인물형토기」(국보 제91호)는 2개다. 주인상과 하인상이다. 용도는 요즘의 주전자와 같다. 주인상은 높이 23.4cm, 길이 29.4cm이며, 하인상은 주인상보다 조금 작은 높이 21.3cm, 길이 26.3cm다. 주인상은 말 장식이 화려하고 사람은 고깔모자에 갑옷을 입었으며, 하인상은 말 장식이 단순하고 사람은 수건을 동여맨 상투머리에 웃옷을 벗고 등에 짐을 지고 있다. 기마인물형토기는 말을 타고 길 떠나는 주인과 이를 따르는 하인의 모습을 연상시킨다.

또한 금령총에서는 배모양舟型토기도 2개 출토한다. 큰 배모양과 작은 배모양이다. 큰 배는 높이 14.4cm, 길이 23cm며, 작은 배는 높이 12.7cm, 길이 23.6cm다. 큰 배는 선미에 앉은 사람이 노를 편안하게 젓는 모습이고, 작은 배는 선미에 앉은 사람이 노를 힘차게 젓는 모습이다. 이 역시 주인과 하인이 배를 타고 떠나는 장면을 연상시킨다.

기마인물형토기가 말을 타고 떠나는 땅길 여행이라면, 배모양토기는 배를 타고 떠나는 물길 여행이다. 비록 짧은 삶을 살았지만 내세로 향하는 사후 여행만큼은 보다 안전하길 바라는 뜻에서 특별히 제작한 토기로 보인다.

▲ 기마인물형토기(左,右) 배모양토기(中)

무덤주인은 자비왕의 요절한 왕자 원수(園帥)

『신라사초』에 무덤주인으로 추정되는 인물이 나온다. 자비왕의 늦깎이 아들(왕자) 원수園帥다. 〈자비성왕기〉다.

> 18년(475년) 청토 을묘 4월, 원군이 왕의 아들 원수園帥를 낳았다. 왕이 원군을 두을궁으로 삼았다.
> 十八年 靑兎 乙卯 四月 園君生王子園帥 王以園君爲豆乙宮

원수의 어머니는 원군園君이다. 원군은 습보(복호 아들)와 조생 사이에서 태어난 왕실 골품의 최상위를 점하는 여성이다.

원래 원군은 자비왕의 왕후가 아니다. 자비왕의 태자 소지의 태자소비小妃다. 자비왕은 며느리 원군이 자신의 아들 원수를 낳자 두을궁에 봉한다. 이후 자비왕이 사망하고 뒤를 이은 소지왕은 원군을 다시 불러들여 자신의 왕후(천궁)에 봉한다. 이렇게 해서 원군은 소지태자의 태자소비, 자비왕의 두을궁, 그리고 다시 소지왕의 천궁(제1왕후)이 되는 묘한 이력을 갖게 된다. 그런 의미에서 원수는 자비왕, 소지왕, 원군 등 3자의 혈연과 혈통 관계의 중심에 서 있는 상징적인 존재가 된다.

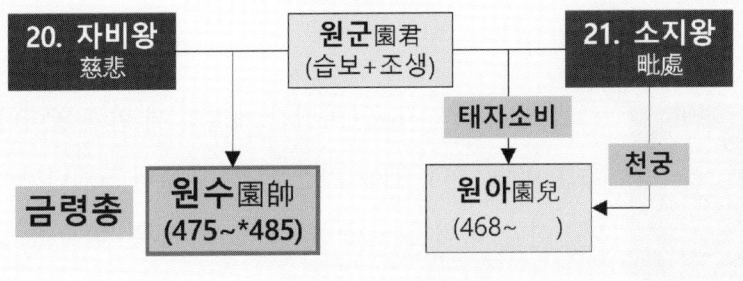

▲ 원수 계보도

『신라사초』는 원수의 출생 기록만 전할 뿐 사망 기록은 남기지 않는다. 또한 신라왕실의 족보인 『상장돈장』에는 원수의 이름이 아예 나오지 않는다. 원수가 혼인하지 않아 자손을 남기지 않았기 때문이다.

▲ 금령총 : 원수왕자 무덤

최근(2024.10월) 국립경주박물관에서 개최된 '금령총의 주인공과 그의 시대' 제목의 학술심포지엄에서 이현태는 **금관총 무덤주인 이사지왕을 자비왕의 아들이자 소지왕의 동생**으로 보고 **금령총 무덤주인은 이사지왕의 아들로 비정**한 바 있다.

「금령총」(127호분)은 자비왕의 요절한 어린 왕자 원수園帥의 무덤이다.

| 소지왕의 이름과 계보 |

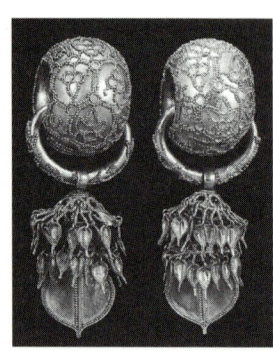
▲ 금귀걸이 [보문동고분]

소지왕^{炤知王}(21대)은 마립간 계열의 세 번째 왕이다. 이름은 비처^{毗處}다. 재위 기간은 479년부터 500년까지 22년간이다. 아버지는 자비왕이며, 어머니는 미사흔(미해)의 딸 파호^{巴胡}다. 그런데 『삼국사기』와 『삼국유사』를 보면 계보상으로 차이가 난다. 자비왕의 아들 순서가 다르다. 『삼국사기』는 장자^{長子}고, 『삼국유사』는 삼자^{三子}다. 또한 소지왕의 왕후도 『삼국사기』는 이벌찬 내숙^{乃宿}의 딸 선혜^{善兮}고, 『삼국유사』는 기보^{期寶}갈문왕의 딸이다.

이름 비처와 왕명 소지

일반적으로 비처^{毗處}는 이름, 소지^{炤知}는 시호로 본다. 『신라사초』 역시 이름 만큼은 비처로 쓴다. 소지왕이 태어난 436년(눌지20) 기록은 태손비처^{太孫毗處}, 소지왕이 태자가 된 459년(자비2) 기록은 태자비처^{太子毗處}다. 비처는 소지왕의 이름이 분명하다. 그렇다면 소지는 시호가 맞을까? 〈소지명왕기〉다.

> 신축13년(491년) 백양 신미 정월, 군신이 왕을 소지명왕^{炤知明王}으로 존호하고 천궁(후황)을 소명천궁^{炤明天宮}으로 존호하여 신궁에서 길례를 행하고 백관에게 잔치를 열어 술을 하사하였다.
> 辛丑十三年 白羊 辛未 正月 群臣尊王爲炤知明王 尊天宮爲炤明天宮 乃行吉 于神宮 賜酺百官

군신이 생전의 소지왕을 '소지명왕'으로 존호한 내용이다. '소명천궁'으로 존호된 여성은 새로이 소지왕의 제1왕후(천궁)가 된 지도로(훗날 지증왕)의 딸 후황厚凰을 이른다. 따라서 이 기록을 준용하면 소지를 단순히 사후의 시호로만 단정할 수는 없다. 소지는 왕명이다. 생전의 휘호이자 사후의 시호다.

> 『조선상고사』. '소지와 비처는 '비치'로 읽는 것이지만 비처는 원래 쓴 이두자고 소지는 불경에 맞추어 고쳐 만든 이두다.'

자비왕의 장자와 삼자

『삼국사기』는 소지왕을 자비왕의 장자長子로, 『삼국유사』는 자비왕의 삼자三子로 쓴다. 이는 소지왕을 낳은 자비왕의 왕후 파호巴胡의 왕실 내 위상 때문이다. 파호는 미사흔(미해)의 딸로 내물왕 계열의 최고 골품이며, 자비왕이 태자 시절 혼인한 태자비다. 소지왕은 파호가 낳은 자비왕의 적장자嫡長子다. 『삼국사기』가 자비왕의 장자로 쓴 이유다. 또한 자비왕은 소지왕을 낳기 이전에 파호가 아닌 다른 여성을 통해 아들 2명을 얻는다. 이들 두 사람은 소지왕의 이복형이다. 『삼국유사』가 자비왕의 삼자로 쓴 이유다.

> 『상장돈장』에 소지왕의 이복형 새덕(世德)이 나온다. 새덕은 소지왕의 두 살 터울 형으로 어머니는 새황(塞凰)이다. 참고하여 파호왕후는 태자비 시절 **비처(毗處,소지)를 비롯하여 비혜(毗惠), 비라(毗羅), 준삭(俊朔), 준명(俊明)** 등을 낳는다.

소지왕은 생물학적으로는 자비왕의 삼자이나, 공식적으로는 자비왕의 장자인 적장자다.

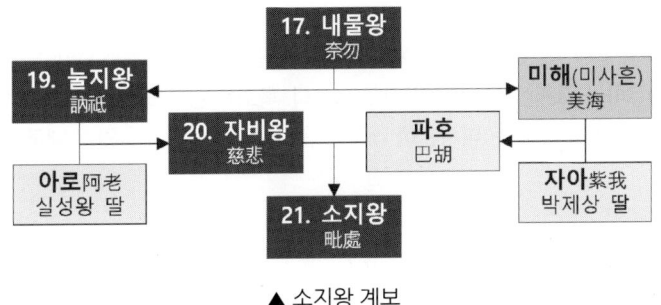

▲ 소지왕 계보

소지왕의 왕후 문제

소지왕의 왕후에 대해서 『삼국사기』는 이벌찬 내숙乃宿의 딸 선혜善兮, 『삼국유사』는 갈문왕 기보期寶의 딸로 소개한다. 기보의 딸은 치군齒君을 말한다. 『신라사초』에 따르면 소지왕은 재위 기간 중에 여러 명의 정실왕후를 둔다. 재위 초기는 3궁, 재위 중기는 5궁, 재위 말기는 최대 9궁까지 둔다. 이에 따라 왕후의 명칭도 다양하게 변한다. 3궁은 상上궁, 하下궁, 난暖궁이며, 5궁은 천天궁, 지地궁, 인人궁, 일日궁, 월月궁이고, 9궁은 천궁, 지궁, 인궁, 일궁, 월궁, 춘春궁, 하夏궁, 추秋궁, 동冬궁 등이다.

내숙의 딸 선혜의 경우, 479년(소지1) 처음 난궁(제3왕후)에 봉해지며, 480년(소지2) 하궁(제2왕후)으로 승차하고, 483년(소지5) 지궁(제2왕후)이 된다.

▲ 거문고 타는 사람 [장경호 토우]

그러나 선혜는 488년(소지10) 사금갑射琴匣(거문고 상자를 쏴라) 사건에 연루되어 왕후에서 폐위된다. 그렇다면 『삼국사기』는 굳이 폐위된 선혜를 소지왕의 왕후로 설정한 걸까? 아이러니컬하게도 선혜는 소지왕과 사이에서 딸 하나를 낳는데, 이 여인이 훗날 법흥왕 모진慕珍의 왕후가 된 보도保道다. 보도는 신라 왕후 배출의 한 축인 진골정통眞骨正統(옥모 계열)의 핵심이 된다. 이런 까닭으로 어머니 선혜는 비록 폐위되지만 진골정통의 맥을 이은 여성으로 인정받는다. 『삼국사기』는 이를 따른다.

> 신라왕실의 왕후 배출은 옥모(玉帽)를 조(祖)로하는 진골정통(眞骨正統)과 보미(宝美)를 조(祖)로하는 대원신통(大元神統)으로 나눈다. 옥모는 김구도가 조문국 왕녀와 혼인하여 낳은 딸이고, 보미는 미사흔이 왜국에 볼모로 가 있을 때 혼인한 왜국 인덕왕의 딸이다.

기보의 딸 치군의 경우, 463년(자비6) 처음 소지왕의 태자비가 되며,

479년(소지1) 소지왕이 즉위하면서 당당히 상궁(제1왕후)에 봉해진다. 또한 자신이 낳은 아들 아지阿知가 태자가 된다. 그러나 치군은 상궁이 된 이듬해인 480년(소지2) 난산難産으로 사망하며, 아지태자도 483년(소지5) 전염병으로 명을 달리한다. 『삼국유사』가 소지왕의 왕후로 치군을 기록한 것은 치군이 소지왕의 정실왕후 중 최고의 서열이기 때문이다. 다만 아쉽게도 치군은 조기에 사망하는 바람에 진골정통에 포함되지 못하고 탈락한다.

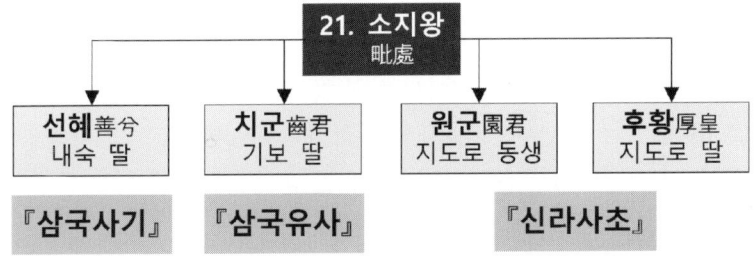

▲ 소지왕 왕후 계보

결과적으로 두 사서가 소지왕의 왕후 이름과 계보를 다르게 쓴 이유는 기록상의 차이 때문이다. 『삼국사기』는 후대의 정리된 기록을, 『삼국유사』는 당대의 전승된 기록을 차용한다.

소지왕 자신의 아들 순서와 왕후가 다른 것은 전승 기록의 차이다.

구모국의 신라 방문

소지왕 때인 487년(소지9) 구모국狗毛國이라는 나라가 신라를 방문한다. 『신라사초』〈소지명왕기〉다.

9년(487년) 화토 정묘 12월, 구모국狗毛國 사람이 찾아와서 방물을 바쳤다. 그 나라는 옥저沃沮의 북쪽 1만여 리에 있다. 여름에는 물고기와 풀을 먹고 겨울에는 짐승을 잡아먹는다. 눈으로 집을 짓고 개를 처로 여긴다. 날쌔고 사나운 자를 현인賢人으로 삼는다. 비단과 곡식 종자를 주어 돌려보냈다.
狗毛國人來獻方物 其國在沃沮之北萬餘里 夏食魚草冬食獸肉 以雪爲家以狗爲妻 驃猂爲賢人 乃賜錦帛穀鍾以歸之

구모국은 시베리아 축지족

▲ 축치족 거주지역

구모국은 어디에 있는 나라일까? 단서는 '옥저 북쪽 1만여 리에 있다.'는 기록이다. 옥저는 지금의 함남 함흥지역이다. 이곳에서 북동쪽 1만 여리(≒4,000km) 지점은 시베리아 가장 동쪽인 지금의 러시아 추코카Chukotka자치주다. 이곳의 원주민은 축치족Chukchi이다. 축치와 추코카는 어원이 같다. 축치족은 시베리아 북동쪽 축치반도에 거주하는 종족으로 북부 몽골로이드에 속한다. 축치족은 순록을 기르며 이동하는 유목집단(순록축치)과 바닷가에 정착하여 바다표범, 바다코끼리, 고래 등 해양동물을 사냥하는 정주집단(바다축치)으로 나눈다. 주거지 형태는 유목집단은 주로 천막, 정주집단은 눈집이다. 기록에 나오는 개는 시베리안허스키로 추정된다. 특히 유목집단은 스스로를 '순록을 많이 가진 사람'이라는 의미의 '차우추Сhаучу'라고 부르고, 정주집단은 '바다 사람'이라는 의미의 '안칼른Анкалын'이라 부른다.

▲ 축치족 모습

극동 시베리아인의 신라 방문

구모국은 우리말로 표현하면 개털국이다. 흔히 실속없는 속 빈 강정을 가리켜 '개털이다'는 은어를 쓴다. 개털국의 어감이 좋지만은 않다. 특히 당시(5세기) 축치인이 실제로 국가체제를 형성하고 있었는지조차 의문이다.

구모국 사람이 어떤 목적으로 수만리 떨어진 신라까지 찾아왔는지 명확히 알 수 없다. 만약 단순한 표류가 아니라면 한반도 북부지방, 예컨대 옛 옥저(함흥) 또는 동예(안변)와 물물교류를 위해 방문했다가 이들의 소개로 경주까지 내려온 것은 아닌지 조심스레 추정해 본다. 그럼에도 『신라사초』는 이들 축지족의 방문을 당당히 기록으로 남긴다. 그래서 우리는 『삼국사기』가 기록하지 않은 극동 시베리아인의 신라 방문을 알게 된다.

우리가 아는 삼국의 활동 영역은 비단 한반도에 국한된 것은 결코 아니다. 우리 민족은 동북아시아 전체를 지배하고 영향력을 확대한다.

| 내을신궁에 대한 오해 |

내을신궁奈乙神宮은 소지왕 때인 487년(소지9)에 설치한 시조의 제사 성소다. 『삼국사기』 소지왕이다.

9년(487년) 봄 2월, 내을에 신궁을 설치하였다. 내을은 **시조가 처음 태어난 곳**이다.
九年 春二月 置神宮於奈乙 奈乙始祖初生之處也

다만 『삼국사기』〈잡지〉 제사 편에는 지증왕(22대)이 시조 탄강지 내을에 신궁을 창립한 것으로 기록하고 있어(第二十二代智證王 於始祖誕降之地 奈乙 創立神宮), 『삼국사기』조차 설치 시기에 대해서 다소 차이를 보인다. 『신라사초』는 『삼국사기』 소지왕 기록과 마찬가지로 설치 시기를 소지왕 재위 9년(487년)으로 적는다.(九年 火兎 丁卯 二月 奈乙神宮成 行大祭)

신궁 주신 내물왕

신궁의 주신主神은 시조다. 여기서의 시조를 누구로 보느냐에 따라 다양한 견해가 있다. 첫째는 박혁거세다. 박혁거세가 태어난 곳인 나정蘿井이 내을奈乙과 음이 유사한 점(?), 신라시대에는 부계 혈족집단이 관념이 강하지 않아 김씨 왕들도 이성異姓인 박혁거세를 시조로 모실 수 있다는 점 등을 근거로 든다. 둘째는 박혁거세를 제사지내는 시조묘가 있는데 또다시 신궁을 설치하는 것은 중복의 성격이 강하며, 신궁 설치 시기가 김씨에 의

▲ 경주 나정

해 왕위계승이 이루어진 점을 근거로 김씨 시조로 보기도 한다. 다만 김씨 시조 중에서도 누구인가 대해서는 다시 김알지설, 성한설, 미추왕설, 내물왕설 등으로 나눈다. 셋째는 시조의 성격을 인간으로서의 역사적 시조가 아니라 역사를 초월한 신화적 존재로 보는 견해다.

내을신궁의 주신인 시조에 대해 다양한 견해와 해석이 있음에도 김씨왕조 마립간 계열의 시조 내물왕으로 보는 것이 가장 타당하다. 내을奈乙은 내물奈勿을 가리킨다. 『화랑세기』〈필사본〉 사다함(5대 풍월주) 편에는 내물신궁奈勿神宮으로 표기한 기록이 명확히 나온다.

『화랑세기』〈필사본〉 사다함. '눌지왕이 이에 명하여 심황(心凰)을 내물신궁(奈勿神宮)의 주(主)로 삼았다.'(訥祇王乃命心凰爲奈勿神宮主)

신궁 설치 장소 황남동 건물군

신궁의 설치 장소는 내물왕이 태어난 곳이다. 『신라사초』〈내물대성신제기〉 기록에 따르면, 내물왕은 아버지 말구末仇각간과 어머니 휴례休禮가 화림花林에서 만나 합환하여 낳는다. 화림은 계림鷄林이다. 계림은 김씨왕조 원조인 김알지(흉노계) 신화의 발원지로 미추왕(오환계)이 사망하여 묻힌 대릉(119호분 쌍무덤)이 소재하며, 또한 내물왕(선비계)이 태어난 장소다. 계림은 명실상부한 김씨왕조의 가장 신성한 장소다.

경주 월성 북쪽의 계림과 첨성대 사이 평지에는 대형건물지가 2곳이 있다. 첨성대 남서쪽의 건물군과 남동쪽의 건물군이다. 이 중 남동쪽의 건물군은 「황남동 건물군(황남동 123-2번지)」이라 부른다. 모두 15개의 건물로 구성된 황남동 건물군은 북편 중

▲ 황남동 건물군 위치

앙에 중심건물을 배치하고, 이어 동서 양쪽에 각각 3동씩 정면 10칸, 측면 2칸의 건물을 남북으로 길다랗게 배열한다. 특히 북편 중앙의 중심건물과 광장을 두고 맞닿은 남편에는 담장형 석렬石列을 쌓고, 그 아래에 땅속의 나쁜 기운을 없애는 지진구地鎭具 5개를 일정한 간격으로 묻는다. 이상의 형태와 배치로 보아 황남동 건물군은 신라 왕실이 특수목적으로 만든 매우 특별한 장소임을 알 수 있다.

황남동 건물군은 내을신궁이다. 특히 북편 중앙의 중심건물은 내물왕의 신주 또는 신상을 모셔놓은 신궁의 대표 건물이며, 좌우편 남북으로 길다랗게 배치된 건물들은 신궁의 부속 건물로 추정된다.

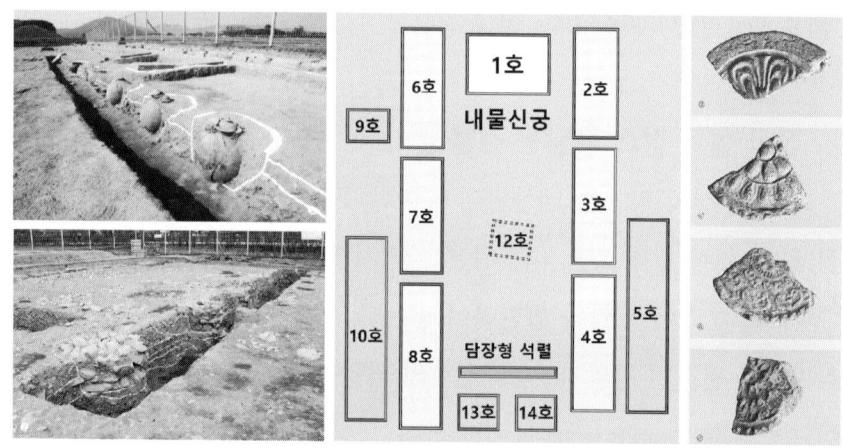

▲ 황남동 건물군 배치 및 출토 유물

신궁은 신국의 성소

우리는 신궁神宮하면 으레 일본의 신궁을 먼저 떠올린다. 대표적인 신궁은 6세기 중반에 설치된 일본 왕가의 시조 여성인 천조대신天照大神(아마테라스 오오카미)을 제신으로 하는 이세伊勢신궁이다. 시기적으로 내을신궁이 이세신궁보다 반세기 정도 빠르다. 이는 신라 신궁이 어떤 형태로든지 일본 신궁 형성에 영향을 주었을 것으로 본다. 그렇다면 신라는 내물왕의 제사 성소를 신궁^{神宮}이라 표현했을까? 『신라사초』는 시종일관 신라를 신국^{神國}으로 표현한다. 신라는 남왕과 여왕이 공동 통치하는 이성^{二聖} 지배체제를 근간으로 하는 '신^{神}의 나라'(신국)다. 특히 여왕을 신후^{神后}라 칭한 기록이 『신라사초』에 계속해서 나오고 있어서 신국, 신후의 연장선에서 제사 성소를 신궁^{神宮}이라 표현한 것으로 이해한다.

▲ 이세신궁 내궁 [일본 미에현]

내을신궁의 주신은 마립간 계열의 시조 내물왕이다. 또한 신궁이 설치된 장소는 경주 계림의 「황남동 건물군(황남동 123-2번지)」이다.

| 사금갑 사건과 묘심의 옥사 |

▲ 서출지 전경 [경주 남산]

경주 남산 동쪽 자락에 서출지^{書出池}가 있다. 소지왕의 사금갑^{射琴匣} 설화에 등장하는 '글이 나왔다.^{書出}'는 연못이다. 현재 연못은 남북길이 86m, 동서길이 50m의 장방형의 모습이다. 서쪽 못가에는 조선 헌종 때(1664년)에 임적^{任勣}이 세운 정면 4칸, 측면 2칸으로 팔작지붕 기와집 정자 이요당^{二樂堂}이 있다. 이요는 '산수의 자연을 즐기고 좋아 한다'는 요산요수^{樂山樂水}의 뜻에서 따온 것이다.

『삼국유사』의 사금갑 설화

▲『삼국유사』사금갑 기록

『삼국유사』〈기이〉 사금갑 편에 실려 있는 내용이다. 소지왕은 재위 10년(488년) 정월 보름에 천천정^{天泉亭}에 행차하는데, 쥐가 사람의 말로 까마귀를 따라가라 하여 기사^{騎士}를 시켜 까마귀를 따라가게 한다. 기사는 도중에 돼지 싸움을 구경하다가 까마귀의 행방을 놓쳐 버린다. 이때 못 가운데에서 한 노인이 나와 글을 쓴 봉투를 주기에 받아 보니 겉봉에 '열어 보면 두 사람이 죽고 안 열어 보면 한 사람이 죽을 것'이라고 쓰여 있어 그 봉투를 소지왕에게 바친다. 소지왕은 한 사람이 죽는 것이 낫다고 생각하여 열어 보지 않으려 하자, 일관^{日官}이 "두 사람은 보통 사람이고 한 사람은 왕을 가리키는 것이니 열어 보셔야 합니다."고 아뢰어, 소지왕이 봉투를 열어 보니 '금갑을 쏘아라 射琴匣'고 쓰여 있다. 이에 소지왕은 궁으로 돌아와 금갑을 쏘니, 그 안에는 내전에서 분향수도 焚香修道하던 중이 궁주와 몰래 간통하고 있다. 두 사람은 사형을 당한다.

『신라사초』의 사금갑 사건과 묘심의 옥사

『신라사초』 역시 사금갑 사건을 기록한다. 〈소지명왕기〉다.

10년(488년) 황룡 무진 정월, 왕이 천천정에 행차하니 못에서 '금갑을 쏘아라'라는 글이 나왔다. 이에 금갑을 쏘니 **금갑 안에 숨어있던 자가 쓰러져 죽었다.** 간악한 행위의 진상을 살펴보니 **묘심**妙心**의 모반이 드러나 염신에게 조사를 명하였다. 묘심에게 사약을 내리고 란릉과 영릉은 출궁하여 죄를 기다리라** 명하였다. **천궁**(원군)**과 지궁**(선혜)**을 폐하고 나가서 신궁**神宮**에 거주토록** 명하였다. 묘심의 옥사獄事가 일어났을 때 궁중의 많은 사람이 연루되어 상하 인심이 흉흉하여 지도로(훗날 지증왕)가 이를 경계하고 염신이 막았다.
王將幸天泉亭 有書出池 曰射琴匣 乃射琴匣有徒 隱內而斃 索其奸狀 謀出妙心 命剡臣按之 賜妙心死 命蘭陵英陵 出宮 待罪 命廢天宮地宮 出居神宮 時妙心獄事 多連宮中 上下洶洶 智度路戒 剡臣止之

『신라사초』는 『삼국유사』의 사금갑 사건 뿐 아니라 이후 사금갑 사건이 불러온 파장을 추가한다. 「묘심妙心의 옥사獄事」다. 옥사는 반역, 살인 등의 중대한 범죄를 다스리는 일이다.

묘심은 누구일까? 〈소지명왕기〉다.

5년(483년) 수시 계해 4월, 묘심에게 아찬의 작위를 내렸다. **묘심**妙心**은 비태공의 침비 나연이 낳았다. 아버지는 비태공의 총신 삼고위로 나연과 사통하여 낳았다. 비태공이 가자로 삼았다.** 장성하며 용모가 아름다우매 조생궁이

신기하게 여겨 폐신嬖臣으로 삼아 길렀다. 나연은 또 삼고위의 동생 집아와 사통하여 란릉을 낳고 또한 비태공의 딸 영릉을 낳았다. 란릉이 선혜善兮의 침비가 되어 왕의 총애를 받고 또한 조생궁의 최고 총애를 받았다. **묘심이 순실랑의 무리에서 도를 전수받고 능히 천선天仙에 접하여 사람의 길흉화복을 안다고 스스로 말하니 사람들이 그의 말을 두려워하였다. 조생궁이 궁중도인으로 삼으니 위엄과 명예가 나라 안팎에 가득하여 삼궁**(천궁,지궁,인궁) **모두가 사사로이 그를 섬기고 골녀들은 그 문하에 들어갔다.**

賜妙心爵阿湌 妙心者比太公枕婢那連生也 其父三高位以公寵臣私通而生 公以爲假子 及長 容皃絶美 鳥生宮見 而奇之 養爲嬖臣 那連又通 三高位弟執兒生蘭陵 又生公女英陵 蘭陵以善兮枕妃 受寵于王 妙心又被上寵鳥生宮 畏人有言 妙心受道于順實郞之徒 自言能接天仙問人禍福 鳥生宮以爲宮中道人 盛譽中外 三宮皆詣私之 骨女爭投其門

묘심은 비태比太(실성왕 아들)의 침비 나연那連과 총신 삼고위三高位가 사통하여 낳은 비태의 가자假子다. 처음 조생鳥生(눌지왕 딸, 지도로 어머니)의 눈에 들어 폐신이 되면서 왕실의 핵심에 진입하며, 어머니 나연이 낳은 이복 여동생 란릉蘭陵과 영릉英陵이 소지왕의 후궁이 되면서 점차로 왕실 내 영향력을 확대한다. 특히 묘심은 조생의 궁중도인(제사담당 선인)이 되어 사람의 길흉화복을 점치는 능력을 발휘하며 소지왕의 왕후와 골녀의 섬김을 받는다.

그렇다면 묘심은 무슨 연유로 사금갑 사건을 일으켰을까? 사건 발생 한 해 전인 487년 묘심은 소지왕의 지궁(제2왕후) 선혜(내숙 딸)와 사통하여 딸 오도五道를 낳는다.(善兮生妙心女吾道于地宮) 묘심과 선혜의 관계가 도를 넘는다. 결국 두 사람은 신상의 위기를 모면하고자 소지왕의 암살을 기도한다.

묘심의 옥사의 파장

묘심의 옥사로 인해 신라왕실은 일대 파란을 겪는다. 당사자인 묘심은 사약을 받고, 소지왕의 후궁인 묘심의 이복 여동생 란릉과 영릉은 출궁당하며, 묘심과 사통한 소지왕의 지궁 선혜는 폐위되어 내을신궁에 유폐되며, 선혜의 아버지 내숙^{乃宿}(지도로 동복형)은 딸을 다스리지 못한 책임을 지고 관직을 사임한다. 또한 묘심을 따랐던 소지왕의 천궁(제1왕후) 원군^{園君}(지도로 여동생)도 폐위된다.(*묘심의 후원자 조생 487년 사망)

묘심의 옥사는 묘심 자신과 관계된 인물(란릉, 영릉) 뿐 아니라 상당수 지도로(훗날 지증왕) 계열이 왕실에서 퇴출당하는 결과로 이어진다. 앞 기록의 '지도로가 이를 경계하였다.'는 의미는 바로 이를 염두한 표현이다.

그러나 지도로는 소지왕과 새로운 타협점을 모색한다. 소지왕은 지도로의 딸 후황^{厚凰}을 새로이 천궁에 봉한다. 후황은 소지왕의 직계 혈통인 아지^{阿知}태자의 태자비이기도 하다. 결국 소지왕은 자신의 며느리를 왕후로 삼는 일종의 딜^{deal}을 통해 지도로와 타협한다.

소지왕의 암살을 기도한 사금갑 사건은 묘심의 옥사로 이어지며 결과는 소지왕과 지도로(지증왕)의 정치적 타협으로 종결된다.

| 소지왕과 백제 동성왕의 혼인동맹 |

『삼국사기』 소지왕이다. '15년(493년) 봄 3월, 백제왕 모대(동성왕)가 사신을 보내 혼인을 청하였다. 왕은 이벌찬 비지比智의 딸을 보냈다.'(百濟王牟大遣使請婚 王以伊伐湌比智女 送之) 우리는 이 기록을 신라-백제간 혼인동맹으로 이해한다. 이유는 『삼국사기』가 남긴 신라-백제간의 유일한 혼인기록이기 때문이다. 통상적으로 혼인동맹은 왕실의 왕녀를 주고받는 혈연적 결합을 전제로 한다. 그러나 이 경우는 대상 자체가 왕실여성이 아닌 귀족여성이며 또한 쌍방이 아닌 일방이다.

이찬 비지의 딸 요황

『신라사초』는 보다 상세한 내용을 전한다. 〈소지명왕기〉다.

> 15년(493년) 흑계 계유 정월, 국공(지도로)에게 명하여 비지의 집에서 군신들과 함께 연회를 열었다. 장차 비지의 딸을 모대(동성왕)의 처로 한 까닭이다. 비지의 딸 요황瑤黃이 왕과 천궁을 용궁에서 알현하였다. 3월, 요황을 부여(백제)에 보내 모대의 처로 하였다.
> 十五年 黑鷄 癸酉 正月 宴群臣于比智家 將以比智女妻牟大故也 比智女瑤黃謁王及天宮于龍宮 三月 送瑤黃于扶餘妻牟大

비지比智의 딸은 요황瑤黃이다. 비지는 실성왕의 손자로 아버지는 비태比太다. 비태는 미사흔의 딸 심황心凰을 통해 비지를 낳는다. 비지는 비록 방계이지만 엄연한 신라왕실의 일원이며 골품 또한 매우 높다. 따라서 백제 동성왕과 비지의 딸 요황의 혼인은 신라-백제 왕실간 혼인으로 보아도 무방하다. 동성왕이 혼인을 요청한 사유가 〈소지명왕기〉에 명확히 나온다.

> 14년(492년) 수원 임신 9월, 모대(동성왕)의 비 수기首器가 졸하였다. 나이 29세다. 두 딸은 손아, 운아고 아들은 도마다. 왕은 그녀의 죽음에 거애하였다. 모대가 계혼繼婚을 청하니 조하에 명을 내려 알맞은 여성을 뽑도록 하였다.
> 十四年 水猿 壬申 九月 牟大妃首器卒 年二十九 其二女曰遜兒運兒一子曰都馬 王爲之擧哀 牟大請繼婚 命朝霞采其可者

동성왕은 요황과 혼인하기 한 해 전에 수기首器가 사망하자 이를 대처할 새로운 신라왕실 여성으로 요구한다. 수기는 누구일까?

신라-백제 혼인동맹의 오해

신라-백제간 혼인동맹의 효시는 434년 눌지왕과 백제 비유왕이 체결한 '나제동맹'이다. 눌지왕은 비유왕의 요청에 따라 딸 주씨를 비유왕의 비로 보내고, 비유왕은 여동생 소시매를 눌지왕의 비로 보낸다. 이 성과는 474년 고구려 장수왕의 남벌전쟁 때 발현된다. 당시 자비왕은 지원군을 보내 고구려의 추가적인 남진을 억제한다. 이때 신라에 파견된 주씨 소생의 문주왕이 지원군을 얻어내는 과정에서 신라 보신宝信의 딸 보류宝留와 혼인한다. 이후 문주왕의 뒤를 이은 삼근왕은 또다시 보기宝器의 딸 수기首器를 비로 맞이한다. 그러나 문주왕, 삼근왕이 연거푸 단명하자 뒤를 이은 동성왕이 보류와 수기를 거둔다. 동성왕은 지아비(문주왕, 삼근왕)를 잃은 두 신라여성을 자신의 비로 삼는다. 동성왕이 계혼을 요청하게 된 계기를 만든 여성이 바로 삼근왕의 비이었다가 동성왕의 비가 된 보기의 딸 수기이다. 또한 소지왕은 추가하여 지불로智弗路(지도로 동생)의 딸 지황智黃을 백제에 보내며 동성왕은 지황 역시 비로 맞이한다. 이처럼 동성왕은 다수의 신라 왕족 출신 여성을 비로 맞이하는 특이한 이력을 갖는다.

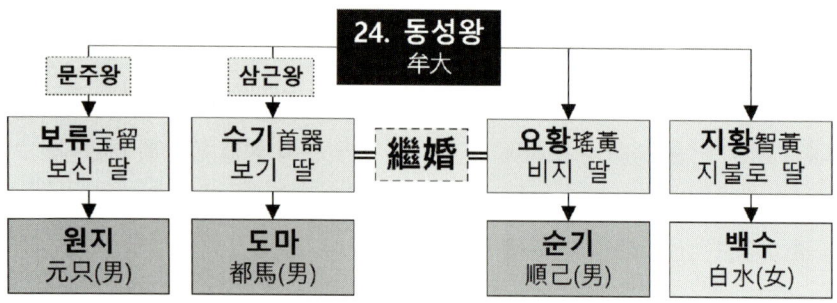
▲ 동성왕, 신라 왕실여성과의 혼인 계보

신라-백제간 혼인동맹 고찰

결과적으로 동성왕이 맞이한 신라 비지의 딸 요황은 초혼初婚이 아니다. 수기가 사망하자 동성왕은 계혼繼婚을 요구한 것이다. 따라서 요황의 혼인을 또 하나의 나제동맹으로 해석하는 것은 다소 무리가 있다. 이는『삼국사기』가 이전 신라 여성이 백제왕실에 시집간 내용을 모두 삭제하고 요황의 경우만 달랑 남겼기 때문이다. 물론 요황이 동성왕의 비가 되면서 신라와 백제는 고구려의 공격에 공동 대응한다. 이듬해인 494년 견아성(충북 괴산)전투에서 백제는 신라에 군사를 보내 지원하고, 또 이듬해인 495년 치양성(황해 배천)전투에서 신라는 백제에 군사를 보내 지원한다.

『삼국사기』가 쳐놓은 역사의 가림막이 너무 짙다.

소지왕의 태자 교체 속사정

『삼국사기』는 소지왕에서 지증왕으로 왕위가 넘어가는 과정을 다음과 같이 적는다. '전임 소지왕이 훙하고 아들이 없어 왕위를 이었다.'(前王薨 無子 故繼) '아들이 없다'는 표현이 들어간다. 그러나『신라사초』기록에 나오는 소지왕의 아들은 여럿이며, 특히 소지왕은 재위 기간(479~500) 중에 3명의 태자를 교체하기까지 한다. 전반기는 아지^{阿知}, 중반기는 준등^{俊登}, 후반기는 분종^{芬宗}이다. 왕의 재위 기간 중에 태자를 3번씩이나 교체하는 사례는 매우 이례적이어서 그 속사정이 자못 궁금하다.

첫 번째 태자 아지는 병사

첫 번째 태자 아지^{阿知}는 소지왕의 아들이다.『신라사초』〈소지명왕기〉다.

> 원년(479년) 토양 기미 5월, 정비 치군^{齒君}을 상궁으로 삼으니 기보의 딸이다. 치군이 낳은 아들 아지^{阿知}를 태자로 삼았다.
> 元年 土羊 己未 五月 以正妃齒君爲上宮 期宝女也 以齒君子阿知爲太子

소지왕은 태자 시절 기보의 딸 치군^{齒君}을 태자비로 맞이한다. 치군은 태자비 시절 소지왕의 자녀 2남 1녀를 낳는데, 2남은 아지^{阿知}(463년생)와 아해^{阿亥}(466년생)고, 1녀는 아씨^{阿氏}(460년생)다. 아지는 치군이 소지왕의 상궁(제1왕후)이 되면서 태자에 봉해진다.

그러나 아지의 태자위는 오래가지 못한다. 〈소지명왕기〉다. '5년(483년) 수시 계해 12월, 태자 아지가 전염병으로 훙하니 나이 21세다. 왕이 비통해하며 실음하였다.'(太子阿知以疫薨 壽二十一 王悲痛失音) 아지는 뜻밖에도 483년 21세에 전염병으로 사망한다. 아지의 태자위 기간은 5년간(479~483)이다.

두 번째 태자 준등은 폐위

두 번째 태자 준등俊登은 지도로(훗날 지증왕)의 아들이다. 〈소지명왕기〉다.

5년(483년) 수시 계해 12월, 준등俊登을 태자로 삼고 아씨阿氏를 태자비로 삼았다.
五年 水豕 癸亥 十二月 以俊登爲太子 阿氏爲妃

준등은 지도로와 파호巴胡 사이에서 태어난 아들로 지도로의 혈통이다. 당시 소지왕의 상궁은 지도로의 여동생 원군園君이다. 원군은 480년 치군이 사망하면서 상궁에 오르며 지도로의 후광에 힘입어 막강한 영향력을 행사한다. 준등의 태자위는 상궁 원군과 소지왕 사이에 벌어진 딜deal의 결과물이다. 원군은 친오빠(지도로) 아들 준등을 태자에 봉하는 조건으로 소지왕의 딸 아씨阿氏(아지태자 누나)를 태자비로 맞는다.

그러나 준등의 태자위는 아지와 마찬가지로 오래가지 못한다. 준등은 489년 태자에서 폐위된다. 준등의 태자위 기간은 7년간(483~489)이다. 준등이 폐위된 이유는 무엇일까? 488년 묘심의 옥사(*사금갑 사건)가 불러온 파장으로 원군은 천궁天宮(제1왕후)에서 폐위되며, 죽은 아지태자의 태자비인 지도로의 딸 후황厚凰이 천궁에 봉해진다. 후황은 소지왕의 며느리이자 조카다. 그런데 후황이 소지왕의 아들을 낳으면서 상황이 급변한다. 〈소지명왕기〉다. '10년(488년) 황룡 무진 12월, 천궁(후황)이 왕자 분종芬宗을 낳아 대사면하고 5일간 잔치를 열어 술을 내렸다.'(天宮生 王子 芬宗 大赦 賜酺五日) 천궁 후황이 낳은 아들은 분종芬宗이다. 분종은 지도로의 외손자이기도 한다. 〈소지명왕기〉다. '11년(489년) 토사 기사 2월, 왕이 지도로를 천궁으로 불러 은밀히 의논하길 "준등은 군의 아들이고, 분종은 군의 손자인데 누구를 사랑하느냐?" 물으니 이에 지도로는 왕의 뜻을 알고 준등에게 태자위 사임을 권하였다.'(王召智度路于天宮 密議曰 俊登君之子也 芬宗君之孫也 誰可愛乎 智度路乃知王意 勸俊登辭位) 소지왕은 비록 후황이 지도로의 딸이지만 자신의 아들을 낳자 은밀히 지도로를 떠보며 태자 교체 의지를 내보인다.

세 번째 태자 분종은 양위

세 번째 태자 분종芬宗은 소지왕의 아들이다. 〈소지명왕기〉다.

11년(489년) 토사 기사 3월, 왕이 백관을 모아놓고 분종芬宗을 태자에 세울 것을 의논하며 이르길 "적자嫡子를 세우는 것은 당연한 도리다." 하니 군신 모두가 천궁(후황)을 두려워하여 굽신거리며 태자(준등) 폐위를 따랐다. 준등俊登을 왕자 전군殿君으로 하였다. 4월, 왕의 생일에 분종을 태자에 세웠다.
十一年 土巳 己巳 三月 王會百官 議立芬宗曰 立嫡常道也 群臣皆畏天宮而唯唯乃廢 俊登爲王子殿君 四月 王生日 立芬宗爲太子

분종은 소지왕의 의지대로 어린 나이(2세)에 태자에 봉해진다. 또한 태자에서 폐위된 준등은 전군殿君으로 강등되며, 5년 후인 494년 질병으로 사망한다.

이후 어린 태자 분종은 어떻게 되었을까? 소지왕의 바람대로 태자위를 지키고 또한 왕위를 이었을까? 아니다. 소지왕은 분종태자의 나이 13세인 500년에 사망하며, 왕위는 분종태자가 아닌 소지왕의 동생 지도로(지증왕)에게 넘어간다. 이때 분종은 양위의 형식을 빌어 지증왕의 왕후 연제延帝 소생인 모진慕珍(훗날 법흥왕)에게 태자위를 넘긴다.

소지왕은 재위 기간 중에 세 명의 태자를 교체한다. 소지왕의 적자인 첫 번째 태자 아지는 병사하며, 지도로의 아들인 두 번째 태자 준등은 폐위되고, 소지왕의 어린 아들인 세 번째 태자 분종은 지도로가 왕위를 이으면서 지도로의 아들 모진(법흥왕)에게 태자위를 넘긴다.

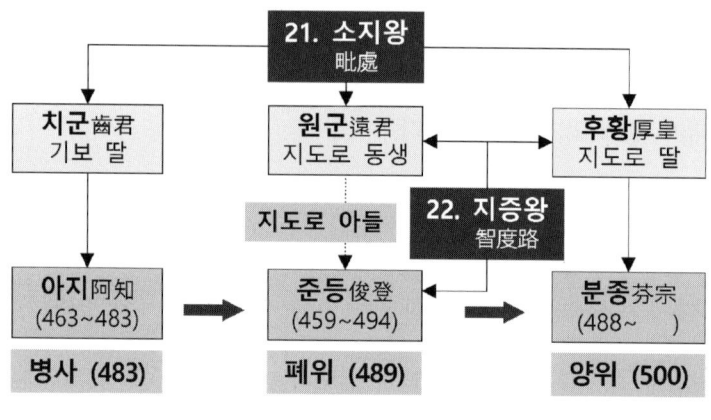

▲ 소지왕의 태자 관계도

소지왕의 태자 교체에는 자신의 혈통으로 왕위를 잇고자 하는 소지왕과 왕의 동생 지도로(지증왕) 사이의 정치적 갈등과 타협이 있다.

소지왕의 무덤을 찾아서

경주 대릉원 일원 신라고분의 「노동·노서지구」는 자비왕, 소지왕, 지증왕 등 마립간 계열 후반기에 조성된 무덤군이다. 그러나 이곳에는 자비왕의 무덤인 봉황대(갈천릉)와 지증왕의 무덤인 서봉황대(지증릉)는 있으나 소지왕의 무덤은 없다. 소지왕은 대릉원 일원이

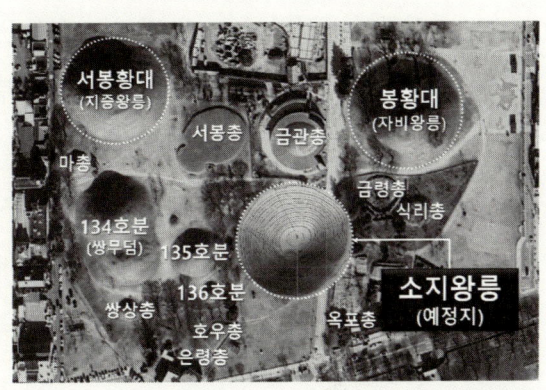

▲ 소지왕의 무덤 예정지

아닌 다른 곳에 무덤을 쓴다. 그런데 「노동·노서지구」의 무덤 분포를 보면 무덤 자체가 없는 배타적 공간이 따로 존재한다. 소지왕의 원래 무덤 예정지로 추정되는 곳이다.

『신라사초』의 소지왕릉 기록

『신라사초』가 기록한 소지왕의 무덤이다. 〈지증대제기〉다.

> 2년(501년) 백사 신사 3월, 태왕(소지왕)을 이동천궁릉에 장사지냈다.
> 二年 白蛇 辛巳 三月 葬太王于伊同天宮陵

소지왕의 무덤은 「이동천궁릉伊同天宮陵」이다. 이동伊同은 장지 이름이며, 천궁天宮은 490년(소지12) 천궁(제1왕후)에 봉해진 지도로(지증왕)의 딸 후황厚凰을 이른다. 천궁 후황은 소지왕보다 한 해 먼저 사망하며(499년) 이동에 장사지낸다(葬天宮于伊同). 소지왕의 무덤은 이동에 있는 왕후 천궁(후황)의 무덤에 붙여 만든 쌍무덤(표형)이다.

이동은 신라6부 모량부의 집산지

이동(伊同)은 진한6부의 하나인 모량부(牟梁部)의 집산지다. 시조인 촌장 구례마(仇禮馬)는 신라 개국시 이산(伊山)에 내려와 무산대수촌(茂山大樹村)을 형성한다. 『신라사초』가 말하는 이동은 바로 이산에서 유래한 지명이다. 특히 무산대수촌은 신라 초기 모량부로 명칭이 변경된다. 모량부(무산대수촌) 지역은 지금의 경주 서쪽에 위치한 건천읍, 현곡면, 서면, 산내면 등이다. 건천읍에는 모량리 지명이 지금도 남아 있다. 특히 현곡면에 있는 구미산(龜尾山)은 동학의 창시자 최제우가 득도한 곳으로 과거 신라 때에는 이산(伊山)으로 불린 산이다. 바로 모량부 시조 구례마가 내려온 이산이다.

경주 금척리고분군

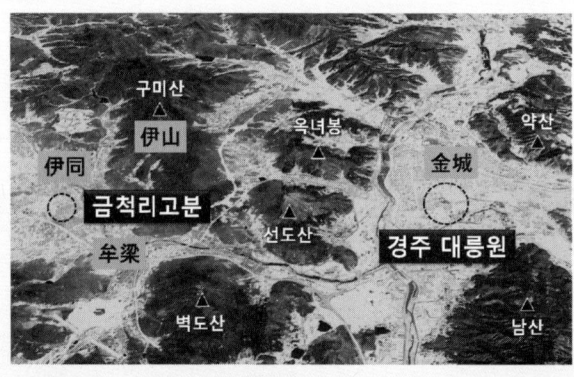

▲ 금척리고분군과 경주 대릉원

경주 「금척리고분군」은 경주 대릉원에서 서쪽으로 17㎞ 지점에 위치한 옛 모량부가 소재한 지금의 건천읍 평지에 조성된 신라고분군이다. 금척의 명칭은 시조 박혁거세가 하늘로부터 받은 금으로 만든 자(金尺)를 40여 개의 가짜 무덤을 만들어 숨겨놓았다는 전설에서 따른다. 사실 여부와 상관없이 적어도 당시 신라사회가 이 고분군을 매우 중요시 여기어 무덤 보호에 힘써왔음을 알 수 있다.

현재 확인된 무덤은 모두 52기다. 다만 중앙을 가로지르는 도로로 인해 고분군은 양분되어 있다. 도로를 따라 북쪽에는 22기, 남쪽에는

30기가 존재한다. 개별 무덤의 명칭은 따로 없으며, 북쪽에서 남쪽으로 일련 번호를 부여하고 있다. 발굴은 1952년, 1976년, 1981년 등 3차례에 걸쳐 이루어지며, 주로 북쪽과 동남쪽의 소형급 무덤을 조사한다. 금제 귀고리, 곡옥장식 목걸이, 은제 허리띠 등을 출토한다. 「금척리고분군」의 무덤 양식은 일부 덧널무덤(목곽묘)도 있으나 대부분 5세기 후반에서 6세기 전반에 걸쳐 조성된 돌무지덧널무덤(적석목곽묘)으로 이해한다. 학계는 이 고분군을 모량부 출신의 신라 귀족 무덤군으로 본다.

▲ 금척리고분군 [일제강점기]

소지왕릉은 48호분(쌍무덤)이 유력

특히 남쪽 고분들은 북쪽 고분들에 비해 비교적 규모가 크다. 고분 내 유일하게 존재하는 쌍무덤인 48호분은 지름 39.6m의 홑무덤 2개를 붙여 만든 전체길이 57.9m의 대형급의 쌍무덤(표형)이다. 경주 대릉원의 황남대총(표형)과 비교해 볼 때, 크기만 작을 뿐 외형은 마치 쌍둥이처럼 똑같다. 특히 주변 고분들의 배치를 보면 48호분(쌍무덤)을 기준으로 북서쪽에 홑무덤인 36호분(35.9m), 38호분(37.7m), 39호분(41.1m), 42호분(43.8m), 44호분(42.9m) 등이 일정한 간격을 두고 펼쳐 있다. 이들 역시 지름 35m~45m의 대형급 무덤들로 48호분 무덤주인과 직간접적으로 연결된 일종의 딸린무덤

▲ 금척리고분군 주요 무덤

▲ 금척리고분군 48호분

(배총)이다. 쌍무덤 48호분은 소지왕과 소지왕의 천궁(제1왕후) 후황^{厚皇}의 연접무덤이다. 『신라사초』가 「이동천궁릉」으로 명명한 바로 소지왕의 무덤 이동릉이다. 또한 주변의 딸린무덤은 소지왕의 왕후(*최대 9명)와 후궁 그리고 직계 자손의 무덤들로 추정된다. 그렇다면 소지왕은 굳이 경주 대릉원의 원래 예정지를 놔두고 천궁 후황을 뒤따라 멀리 이동^{伊同}에다 무덤을 썼을까?

『신라사초』〈지증대제기〉는 그 연유를 밝힌다.

> 태왕(소지왕)은 성품이 온화하고 공손하여 마치 부인과 같았다. 태후(파호)에게 효를 다하였으며 즉위후 내실을 좋아하여 많은 총애를 내린 까닭에 덕을 잃는 구실이 되었다. 후황을 총애한 이래 다른 사람을 좋아하지 않았다. 정령이 그 의중에서 하나로 나왔다. 급기야 후황이 붕하고 비록 벽화를 맞아들였으나 그녀(후황)에 대한 애한이 남아던지라 힘들게 지내다가 붕하니 이 역시 하늘이 정한 일인가!
> 太王性溫恭若婦人 事太后至孝 及卽位 好內多寵 稍有損德目 厚凰承寵以來 不暇他愛 政令一出其意 及其崩 雖納碧花 而猶以患哀 度日而崩 其或天定

소지왕은 천궁 후황을 무척 사랑한다. 그래서 사후에까지 후황과 함께하기 위해 무덤을 같이 쓴다.

「금척리고분군 48호분」은 소지왕과 천궁(제1왕후) 후황^{厚皇}의 쌍무덤이다.

금관총과 이사지왕

「금관총金冠塚」(128호분)은 경주 대릉원 일원 신라고분의 「노동·노서지구」에 속하며, 봉황대(125호분, 자비왕릉) 서쪽에 근접하여 위치한다. 금관총 명칭은 신라 금관이 처음으로 발견되어 붙여진 이름이다. 일제강점기인 1921년 민가의 가옥공사 중에 드러낸 청색 유리옥들로 인해 파괴분의 존재가 확인되며, 모로가 히데오諸鹿央雄 등이 발굴한다. 발굴 당시 봉분은 남북길이 36m, 동서길이 15m, 높이 6m의 반달형이나, 2015년 재발굴을 통해 원래의 봉분 크기를 확인한다. 봉분은 지름 45m, 높이 12m인 원형의 돌무지덧널무덤이다. 이는 경주 대릉원 일원 신라고분 중에서 대형급(*35~75m)에 해당한다. 금관총을 대표하는 유물은 「금관총 금관」과 '尒斯智王(이사지왕)' 명문의 「세고리자루 큰칼三累環頭大刀」이다.

▲ 일제가 남긴 금관총 발굴 조사서 및 그림

금관총 금관

「금관총 금관」(국보 제87호)은 신라 금관의 전형이다. 통상 머리에 쓰는 관은 외관과 내관으로 구분하는데 금관은 외관에 해당한다. 금관총 외관은 원형의 머리띠(관테)에 수목樹木형 '出'자 3단 장식 3개를 앞면과 좌·우면, 사슴뿔角鹿형 2단 장식 2개를 뒷면 좌우에 세우고, 각종 곡옥과 구슬모양의 영락瓔珞(다래)을 금실로 연결하여 단다. 내관은 관모와 관식으로 나누는데, 관모는 얇은 금판을 오려 만든 세모꼴(고깔형) 모자고, 관식은 관모 앞면에 꽂은 새날개 모양 장식이다. 전체적인 크기는 머리띠가 19㎝고, 높이는 44.4㎝다. 성인이 착용한 금관이다.

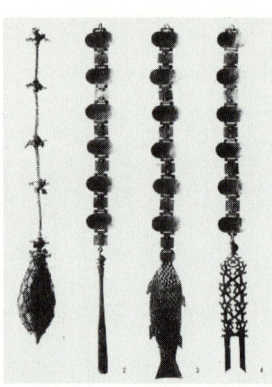

▲ 금관총 금관/요패/식리

이사지왕 명문의 세고리자루 큰칼

「세고리자루 큰칼三累環頭大刀」은 모두 2개다. 국립경주박물관 소장의 금장식 큰칼과 국립중앙박물관 소장의 은장식 큰칼(*작은칼 1개 포함)이다. 그런데 칼집의 초구鞘口(칼집위)와 초미鞘尾(칼집끝)의 장식에 글자가 새겨있다. 금장식 큰칼의 초구에는 '八', 초미에는 '尒斯智王刀', '十', '尒' 등이, 은장식 큰칼의 초구에는 '尒', 초미에는 '尒斯智王', '十', 등이다. 두 큰칼의 초미에 새긴 글자는 공히 「尒斯智王」, 「十」이다.

고리자루 큰칼(환두대도)은 삼국시대를 대표하는 칼이다. 고리자루 안쪽에 부착한 문양에 따라 소素, 삼엽문, 삼루문, 용봉문 등으로 구분한다. 지금까지 고리자루 큰칼은 고구려, 백제, 신라를 통틀어 1백여 개 정도 출토한다. 그런데 명문이 새겨 있는 경우는 금관총 큰칼이 유일하다. 특히 명문 「十」은 단순히 숫자 '십$^+$'이 아니다. '망자에게 바친다'는 의미의 장례용 기호다. 「十」의 기호는 경주 호우총에서 출토된 광개토왕의 장례용 제기인 청동호우 바닥에 새긴 글자의 마지막에서도 확인된다.(乙卯年國罡上廣開土地好太王壺杆十) 결과적으로 「尒斯智王」와 「十」은 금관총 무덤주인 이사지왕^{尒斯智王}의 죽음을 안타깝게 여긴 누군가가 이사지왕이 평소 사용한 큰칼의 칼집에 장례식 직전에 끌^{chisel}로써 급히 새겨넣은 글자로 보인다.

▲ 이사지왕 명문

이사지왕에 대한 일반적인 해석

이사지왕은 『삼국사기』, 『삼국유사』 등 문헌 기록에 나오지 않는다. 다만 '王'자를 쓴 점에 착안하여 자비왕 또는 소지왕으로 보기도 한다. 그러나 금관총의 봉분 크기는 왕릉급으로 보기에는 너무나도 작다. 또한 신라 금석문에 '尒(=爾)'자, '斯'자 등이 들어간 이름이 나오기는 하나, 이 역시 연관성은 없다. 다만 《울진봉평신라비》(524년 제작)와 《울주천전리각석》(525년 제작)에 나오는 '徙夫智葛文王$_{(사부지갈문왕)}$'을 '尒斯智王$_{(이사지왕)}$'으로 보기도 한다. 음이 비슷하고 '왕'의 칭호를 썼기 때문이다. 그러나 사부지갈문왕은 6세기 중반$_{(539년)}$에 사망한 법흥왕의 아버지 입종^{立宗}갈문왕이다. 5세기 후반의 이사지왕과는 사망 시기가 맞지 않다. 그래서 학계는 대체적으로 금관총 무덤주인을 5세기 후반 소지왕 때$_{(479~500)}$에 사망한 갈문왕 계열의 어느 왕족으로 이해한다.

이사지왕은 소지왕의 첫 번째 태자 아지

그런데 『신라사초』에 이사지왕 기록이 명확히 나온다. 이사지介斯智는 소지왕의 첫 번째 태자 아지阿知다. 이사지는 아지의 신라식 표기다. 〈소지명왕기〉다.

> 원년(479년) 토양 기미 2월 5일, 정비 치군을 상궁에 봉하니 기보의 딸이다. **치군이 낳은 아들 아지阿知를 태자로 삼았다.**
> 元年 土羊 己未 二月 五日 以正妃齒君爲上宮 期宝女也 以齒君子阿知爲太子

아지는 소지왕이 태자 시절인 463년 태자비인 기보의 딸 치군齒君을 통해 얻은 소지왕의 적장자다. 소지왕은 479년 즉위하자마자 곧바로 아지를 태자에 봉한다.

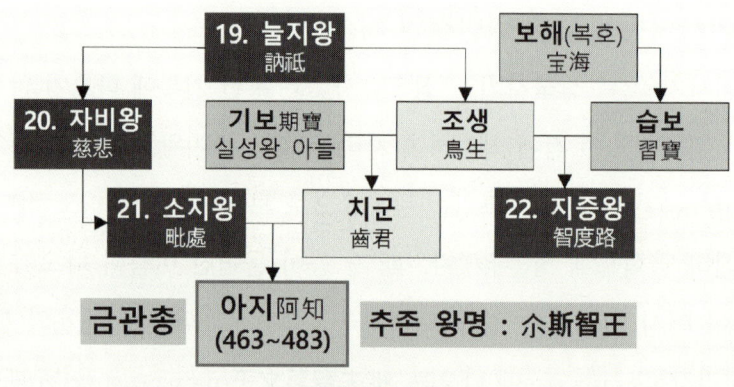

▲ 아지태자 계보도

그러나 아지태자는 태자에 봉해진지 5년이 되던 483년 21세에 전염병으로 급사한다. 〈소지명왕기〉다.

> 5년(483년) 수시 계해 12월, 경도에 큰 번개와 천둥이 치고 전염병으로 죽은 자가 마치 파리 같았다. 북천 사당에 불이 나서 꺼지지 않았다. **태자 아지阿知가 전염병으로 훙하니 나이 21세다. 왕이 비통해하며 실음하였다.**

> 五年 水豕 癸亥 十二月 大雷霆 京都 以疫死者如蠅 北川祠火煙不滅 太子阿知 以疫薨 壽二十一 王悲痛失音

소지왕은 어느 누구보다도 적장자인 아지태자의 죽음을 슬퍼하였을 것이다. 그래서 자신의 뒤를 잇지 못하고 일찍 죽은 아지태자를 왕으로 추존하며, 아지태자가 평소 사용한 큰칼의 칼집에 '尒斯智'(아지) 이름과 '王'자를 같이 새긴 것으로 보인다. 아지태자는 사망 이듬해인 484년 정월에 장사지낸다. 〈소지명왕기〉다.

> 6년(484년) 목서 갑자 정월, 아지를 갈천릉 옆에 장사지내고 사당을 세워 죽장이라 이름하였다.
> 六年 木鼠 甲子 正月 葬阿知 于葛川陵側 立祠曰竹長

기록은 아지태자의 무덤 위치를 명확히 지정한다. '갈천릉 옆'(葛川陵側)이다. 갈천릉은 자비왕릉인 지금의 봉황대(125호분)다. 금관총은 바로 봉황대 서쪽에 근접(≒10m)하여 위치한다.

▲ 금관총 : 아지태자 무덤

「금관총」(128호분) 무덤주인은 병사한 소지왕의 적장자 아지阿知태자다.

| 지증왕의 계보 |

▲ 금관 봉황장식 [서봉총]

지증왕^{智證王}(22대)은 마립간 계열의 네 번째 왕이다. 최초로 국왕^{國王} 칭호를 사용한다. 이름은 지도로^{智度路}다. 지대로^{智大路}, 지철로^{智哲老}라고도 한다. 재위 기간은 500년부터 514년까지 15년간이다. 아버지는 습보^{習寶}(복호 아들)갈문왕이며, 어머니는 조생^{鳥生}(눌지왕 딸)이다. 왕후는 등흔^{登欣}의 딸 연제^{延帝}다.(*『삼국유사』 영제^{迎帝}) 지증왕과 전임 소지왕은 재종^{再從} 형제간이다.

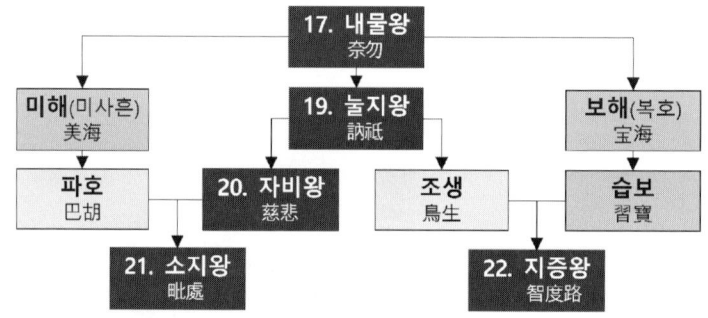

▲ 지증왕 계보도

지증왕의 양물과 연제부인

『삼국유사』〈기이〉 지철로왕(지증왕) 편에 지증왕의 양물^{陽物} 이야기가 나온다. 왕의 음경이 1자 5치(≒45㎝)로 너무 커서 마땅한 배필을 찾지 못하다가 모량부 출신 여성을 맞이한다.

『신라사초』〈지증대제기〉다.

처음에 제(지증왕)는 양물이 너무 커서 좋은 배필을 만나지 못하였다. 이미 익숙한 여인을 부탁하니 종녀가 많았으나 감당하지 못하거나 혹은 자녀를 낳고 물러났다. 비태공이 난방 찬황燦凰을 허락하여 찬황이 선등宣登과 선세宣世를 낳고 병으로 죽었다. 습보왕(지증왕 아버지)이 이를 걱정하여 빙인氷人을 삼도(북도,서도,남도)에 보내 구하였다. 빙인이 모량부牟梁部에 이르렀다. 겨울인데 노인이 나무아래에서 두 마리의 개가 으르렁대는 것을 보고 있었다. 한 똥덩어리가 마치 북과 같아 양쪽에서 크게 으르렁댔다. 마을사람들이 이를 보고 모량부 상공相公의 딸이 숲에 숨어서 똥을 누니 넓게 퍼진 것이라 하였다. 이에 빙인이 그 집에 이르러 조사하니 여인은 등흔登欣공의 딸 연제蓮帝로 나이 14세고 신장은 7척 5촌이었다. 이 소식을 듣고 크게 기뻐하며 거마를 보내 맞아들여 포석궁 중에서 길례를 행하였다.

初 帝以鴻陽 未得佳偶 所托已熟 宗女多有不堪 或生子女而退 比太公 以暖房 燦凰 許之 生宣登宣世 而竟爲病沒 習宝王憂之 使氷人求之三道 使至牟梁部 冬老樹下 見二狗啮 一屎塊如鼓 大爭啮其兩端 訪於里人 有一少女 告云 此部相公之女子 洗瀚于化 隱林而遺之者也 氷人乃至其家 檢之 乃登欣公女蓮帝 年十四 而身長七尺五寸 大喜以聞 乃遣車邀入 行吉于鮑石宮中

지증왕의 배필로 선택된 여성은 등흔登欣의 딸 연제延帝(463~525)다. 신장은 7척 5촌(≒173cm)이며, 나이는 14세다. 이 해는 476년(자비19)으로 지증왕(437~514)의 나이는 40세다. 두 사람은 나이 차이가 많았음에도 불구하고 금슬은 매우 좋았던 것으로 보인다. 연제는 480년(18세)에 모진慕珍(법흥왕)을 낳으며, 이후에도 보현普賢(482년), 입종立宗(491년), 진환眞丸(499년), 진만眞晩(502년,女), 진종眞宗(508년) 등을 낳는다. 그렇다면 지증왕은 오로지 연제 한 여성과만 관계를 가졌을까? 아니다. 지증왕은 연제(상궁)를 포함하여 해량海梁(하궁)과 아씨阿氏(난궁) 등 3궁과 사세沙洗, 라색襴色 등 후궁을 둔다. 이들 역시 모두 자녀를 낳는다.

지증왕이 즉위하게 된 사유

『삼국사기』는 전임 소지왕에게 아들이 없어 지증왕이 왕위를 승계하였다고 소개한다. '왕은 체격이 매우 컸고 담력이 남보다 뛰어났다. 전왕(소지왕)이 훙하자 아들이 없어 왕위를 계승하였다. 나이 64세다.'(王體鴻大 膽力過人 前王薨 無子 故繼位 時年六十四歲) 그러나 이는 지증왕의 왕위 승계를 정당화하기 위해 만든 기록상의 장치다. 당시 소지왕에게는 비록 나이는 어리지만 엄연한 태자가 있다. 분종芬宗(488년생, 나이 13세)이다.

『신라사초』는 지증왕이 소지왕의 유조遺詔로 즉위하였다고 적는다. '22년(500년) 금용 경진 11월 5일, 왕이 난궁에서 훙하였다. 부군副君(지도로)이 유조에 따라 진궁에서 즉위하였다.'(二十二年 金龍 庚辰 十一月五日 王崩 于暖宮 副君以遺詔 卽位于眞宮) 유조 내용은 무엇일까? 아마도 소지왕은 분종태자가 아직 어리니 훗날 성장하면 분종에게 왕위를 물려줘라고 유언하였을 것이다. 그러나 이 유언은 지켜지지 않는다. 지증왕 즉위 이듬해인 501년(지증2) 분종은 태자위를 지증왕의 아들 모진募秦(훗날 법흥왕)에게 넘기고 물러난다.

> 비슷한 사례가 고구려 왕통에도 있다. **소수림왕(17대)은** 아들 담덕(談德)이 성장하면 **왕위를 물려줄 것을 유언하며 동생 고국양왕(18대)에게 차기 왕위를 넘긴다.** 이를 이어받은 고국양왕은 형의 유언에 따라 조카 담덕이 18세가 되던 해(391년)에 왕위를 담덕에게 미리 물려준다. 담덕은 광개토왕(19대)이다.

지증왕은 선비 계통의 내물왕 계열이다. 소지왕이 직계인 눌지계라면 지증왕은 방계인 복호계다. 지증왕의 즉위로 내물왕 계열의 김씨왕조는 또 한 번 변화를 맞는다.

| 신라 국호와 왕호 재정립 |

지증왕은 신라 국호를 재정립하고 왕호 또한 기존의 마립간을 버리고 국왕을 사용한다. 그런데 이를 설명한 『삼국사기』와 『신라사초』 기록이 다르다.

『삼국사기』와 『신라사초』 기록의 차이

먼저 『삼국사기』다. 지증왕 기록이다.

> 4년(503년) 겨울 10월, 여러 신하가 상언하길 "시조께서 나라를 창업한 이래 국명을 정하지 않아 사라斯羅라고 하고 혹은 사로斯盧 또는 신라新羅라고 칭하였습니다. 신 등은 '新'은 '덕업이 날로 새로워진다'는 뜻이고, '羅'는 '사방을 덮는다'는 뜻이므로 新羅를 국호로 삼는 것이 마땅합니다. 또 옛부터 나라를 가진 이는 모두 '帝'나 '王'을 칭하였는데, 우리 시조께서 나라를 세운 지 지금 22대에 이르기까지 단지 방언으로 칭하여 존호를 정하지 못하였으니, 지금 군신은 일심으로 삼가 '신라국왕新羅國王'의 칭호를 올립니다." 왕이 이 말에 따랐다.
>
> 四年 冬十月 群臣上言 始祖創業已來 國名未定 或稱斯羅 或稱斯盧 或言新羅 臣等以爲 新者德業日新 羅者網羅四方之義 則其爲國號 宜矣 又觀自古有國家者 皆稱帝稱王 自我始祖立國 至今二十二世 但稱方言 未正尊號 今群臣一意 謹上號新羅國王 王從之

『삼국사기』는 신라 국호의 재정립으로 설명한다. 新은 德業日新(덕업일신), 羅는 網羅四方(망라사방)으로 해석한다. 오늘날의 표현을 빌리면 덕업일신은 혁신innovation이고, 망라사방은 세계화globalization다. 또한 왕호는 新羅國王(신라국왕)으로 바꾼다.

다음은 『신라사초』다. 〈지증대제기〉 기록이다.

4년(503년) 흑양 계미 9월, 천대^(天臺)박사 등이 말하길 "우리나라는 신방^(神邦)의 요역에 있으니 마땅히 신라^(新羅)를 국호로 삼아야 하며, 마땅히 신제^(神帝)와 신후^(神后)로 올려 불러야 합니다." 하였다. 이흔^(伊欣)이 의견을 상주하였다. 10월, 알천^(閼川)상에 단^(壇)을 쌓고 신제의 호를 받았다. 잔치를 열어 술을 내리고 죄수를 대사면하였다. 신제와 신후가 나라 안을 두루 살피며 백성을 구휼하고 정사를 살폈다.

四年 黑羊 癸未 九月 天臺博士等曰 我國神邦奧域 宜以新羅定號 宜上神帝神后之號 伊欣以其議奏之 十月 築壇于閼川之上受帝號 賜酺大赦 帝與神后巡狩國中 恤民視政

『신라사초』는 신라 국호의 재해석으로 설명한다. 신라는 '신방의 요역^(神邦奧域)'에 소재하기에 마땅히 신라이어야 하며, 왕호 또한 이에 걸맞게 신제^(神帝)와 신후^(神后)로 정한다

어느 기록이 사실일까?

『신라사초』 기록이 사실에 가깝다고 본다. 당시 신라의 정치, 외교상 『삼국사기』의 德業日新, 網羅四方과는 다소 거리가 멀다. 이는 한반도 통일 이후 한껏 자부심이 고취된 통일신라 시기에 만들어진 혁신과 세계화의 개념이다. 국왕의 칭호도 마찬가지다. 따라서 德業日新, 網羅四方 두가지 개념은 통일신라 시기 재정립되어 지증왕 때로 앞당겨 삽입된 것으로 이해한다.

지증왕의 신라 국호는 재정립이 아닌 재해석한 개념이다.

| 5묘제의 시원 고내궁 |

『삼국사기』〈잡지〉 직관 편에 신라 궁전관부 고내궁古奈宮이 나온다. 고내궁은 홍현궁弘峴宮, 갈천궁葛川宮, 선평궁善坪宮, 이동궁伊同宮, 평립궁平立宮 등 5궁이다. 또한 이들 궁에는 각각 대사大舍 2인, 사史 2인을 두어 관리한다. 고내궁은 무엇일까?

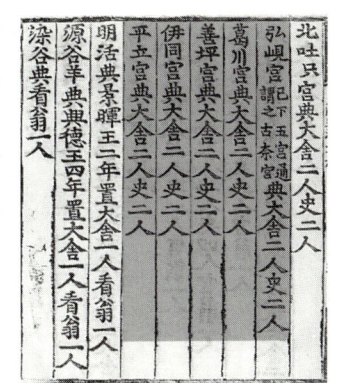

『삼국사기』 고내궁 기록 ▶

『한민족백과사전』 '고내궁은 내정관제(內廷官制) 가운데 이른바 제궁관리관사(諸宮管理官司)에 속하는 것으로 그 시원은 《진흥왕순수비》(창녕비)에 기록된 국왕의 근시기구의 하나인 고내말전(古柰末典)에 연결된다.'

고내궁은 왕의 사당(廟)

『신라사초』〈지증대제기〉다.

15년(514년) 청마 갑오 11월, 지증묘(사당)을 세워 평립궁이라 하고 대제를 지냈다. 보해왕의 홍현궁, 자비왕의 갈천궁, 습보왕의 선평궁, 소지왕의 이동궁, 지증왕의 평립궁을 오제대사五帝大祀로 하고 전옹 1인, 대사 2인, 사 2인, 사지 8인을 두고 종녀를 제주로 골선을 법으로 하였다. 우림병관 각 1인이 위졸을 인솔하여 교대로 능침(무덤)을 지키게 하였다.

十五年 靑馬 甲午 十一月 立智證廟曰平立宮 行大祭 以宝海王弘峴宮 慈悲王葛川宮 習宝王善坪宮 炤知王伊同宮 智證王平立宮 爲五帝大祀 各置典翁一人 大舍二人 史二人 舍知八人 以宗女爲祭主 骨仙爲法 令羽林兵官各一人 率衛卒 交遞守寢

참으로 놀라운 기록이다. 고내궁은 5궁五宮으로 5왕의 사당인 5묘五廟다. 보해(복호)왕의 홍현궁, 자비왕의 갈천궁, 습보왕의 선평궁, 소지왕의 이동궁, 지증왕의 평립궁 등이다. 이의 제사를 오제대사五帝大祀로 한다.

> 오제대사(五帝大祀)는 고대 중원의 천자가 하늘과 땅, 그리고 오제(五帝)에게 지내는 가장 큰 제사다. 오제는 황제(黃帝), 전욱(顓頊), 요(堯), 순(舜), 우(禹)다.

고내궁 5묘의 제정 의미

고내궁의 고내古柰는 '선조 내물왕의 계보를 이은 것'을 말한다. 다시 말해 내물왕 계보의 후손 왕들을 이른다. 내물왕의 직계는 눌지왕(장자) → 자비왕 → 소지왕 순이며, 방계는 복호(차자) → 습보 → 지증왕 순이다. 결국 5묘의 제정은 방계인 복호 계열이 신라 왕통의 계승자임을 대내외에 천명한 것이다.

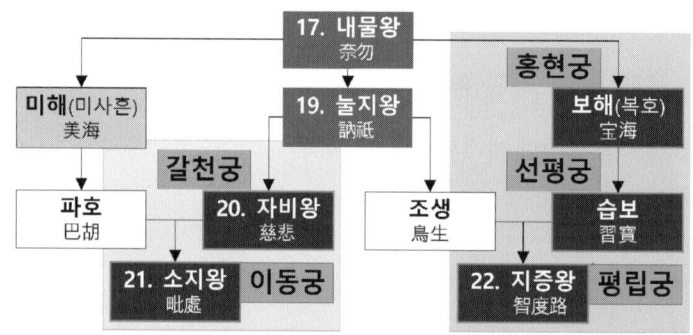

▲ 고내궁 5묘 계통도

특히 5묘는 훗날 신문왕(31대) 때인 687년(신문7) 다시 한 번 방계인 진지왕(25대) 계열로 조정된다. 이때의 5왕은 태조왕(진흥왕) → 진지왕 → 문흥왕(김용춘) → 태종 무열왕(김춘추) → 문무왕 순이다.

고내궁은 복호 계열 왕들로 제정된 신라 5묘제의 시원이다.

| 지증왕의 무덤 서봉황대 |

경주 대릉원 일원 신라고분의 「노동·노서지구」에 소재한 「서봉황대西鳳凰臺」(130호분)는 봉황대에 이어 두 번째로 큰 대형급 무덤이다. 무덤 양식은 봉토분의 돌무지덧널무덤이다. 봉분 길이는 동서 78.5m, 남북 72.5m인 원형에 가까운 타원형이며, 높이는 21.2m다. 동서가 남북보다 6m 정도가

▲ 서봉황대 전경

길다. 특히 서봉황대는 아직 발굴 조사하지 않은 처녀분이다. 서봉황대는 누구의 무덤일까?

지증왕의 무덤 지증릉

『신라사초』〈지증대제기〉다.

> 15년(514년) 청마 갑오 7월, 제(지증왕)가 더위와 병으로 양궁(반월성)에서 붕하였다. 9월, 제를 지증릉智證陵에 장사지냈다. 여러 후와 일곱 선도仙徒가 모이니 모두 1만이었다. 제는 덕이 있고 행실은 관대하고 인자하며 큰 도량을 지녔다. 이에 즉위하니 정사는 후(연제왕후)와 태자(법흥왕)가 맡았다. 손을 놓고 무위로 돌아가니 국인이 이를 애석해하였다. 춘추 78세다.
>
> 十五年 靑馬 甲午 七月 帝以暑疾 崩於凉宮 九月 葬帝于智證陵 諸侯會者七國仙徒萬計 帝禀有德 行寬仁 有大度 及卽位 政在后及太子 束手無爲 國人惜之 春秋七十八

지증왕의 무덤이다. 서봉황대를 지증왕의 무덤으로 보는 가장 큰 이유는 「노동·노서지구」에서 마지막 남은 대형급 무덤이기 때문이다. 특히 기록은 '제(지증왕)를 지증릉에 장사지냈다.'고 적는다. 이는 왕의 장례를 기록한 『신라사초』의 필법과는 다소 차이가 난다. 일반적인 필법은 '왕을 장사지냈다. ○○릉이라고 한다.'고 쓴다. 그러나 지증왕의 경우는 '지증릉에 장사지냈다.'고 쓴다. 이는 지증왕이 사망하기 이전에 이미 지증릉의 장지가

▲ 지증왕의 무덤 지증릉

결정되고 어느 정도 기초 작업이 이루어진 사실을 부연한다. 특히 사망 후 장례까지 걸린 소요 시간이 2개월(7월~8월) 정도로 매우 짧다. 지증왕의 무덤은 이미 기초 설계를 마친 준비된 무덤이다. 물론 지증왕이 고령(78세 사망)인 점도 감안하여 사전에 준비한 것으로 본다.

「노동·노서지구」의 「서봉황대」(130호분)는 지증왕의 무덤 지증릉智證陵이다.

서봉총 무덤주인

「서봉총」(129호분 북분)은 경주 대릉원 일원 신라고분의 「노동·노서지구」에 속하며, 서봉황대(130호분) 동쪽에 위치한다. 일제강점기인 1926년 조선총독부 소속 고이즈미 아키오^{小顯夫}가 발굴한 지름 46.7m의 돌무지덧널무덤이다. 당시 일제는 1921년 우연

▲ 서봉총, 데이비드총 전경

한 기회로 금관총을 발굴하며, 이어 1924년 금령총과 식리총을 연거푸 손을 댄다. 그리고 신라고분의 전체적인 구조를 파악한다는 그럴듯한 명분을 내세워 인접한 서봉총마저 발굴한다. 서봉총 명칭은 당시 발굴에 참여한 스웨덴의 황태자 구스타프 아돌프^{Gustaf Adolf}를 기념하여 붙여진 이름이다. 스웨덴의 한자명인 서전^{瑞典}의 '瑞'자와 출토 금관의 봉황^{鳳凰}장식 '鳳'자를 따서 서봉총^{瑞鳳塚}으로 명명한다. 서봉총의 특징을 잘 나타내는 유물은 「서봉총 금관」과 「연수원년신묘^{延壽元年辛卯}명 은합^{銀盒}」이다.

▲ 서봉총 발굴 장면 (1926년)

서봉총 금관의 특징

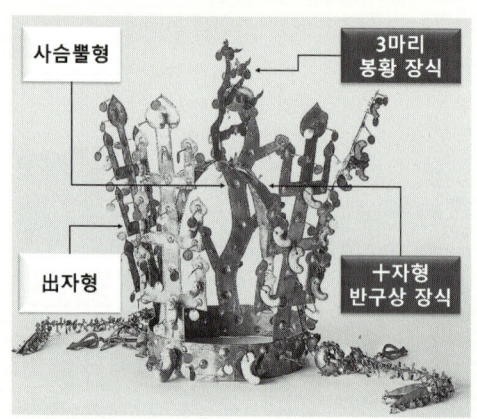

▲ 서봉총 금관의 세움장식

「서봉총 금관」(보물 제339호)은 신라 금관의 표준형이다. '나뭇가지 모양'의 맞가지(*出자형 3단) 3개와 엇가지(*사슴뿔형 2단) 2개 등 모두 5개 장식을 관테臺輪에 붙인 세움立飾장식을 기본으로 한다. 관테 지름은 18.4㎝며, 세움장식 높이는 30.7㎝다. 특히 서봉총 금관은 다른 금관에서 볼 수 없는 독특한 세움장식이 별도로 부착되어 있다. 십(十)자형의 반구상半球狀 장식과 그 위 나무가지에 얹은 3마리 봉황 장식이다. 특히 서봉총 금관의 머리장식은 남성의 경우에서만 볼 수 있는 관모冠帽와 관식冠飾이 일체 없다. 이로 미루어 보아 무덤주인은 남성이 아닌 여성임이 분명하다.

연수원년신묘명 은합

은합銀盒은 뚜껑이 있는 은그릇이다. 서봉총 은합은 뚜껑 꼭지가 십(十)자형이다. 십자형 꼭지는 길림성 집안의 고구려 무덤인 「칠성산 1096호분」에서 출토된 합盒과 같은 형태로 고구려적 요소가 강하다. 은합의 몸체 바닥의 바깥면과 뚜껑 안쪽의 윗면에 각각 명문이 새겨 있다. '延壽元年太歲在辛(연수원년태세재신)'과 '延壽元年太歲在卯(연수원년태세재묘)'다. 재신在辛과 재묘在卯는 간지 신묘辛卯년을 말한다. 즉 원수원년은 신묘년이다. 그래서 「연수원년신묘명 은합」이라 칭한다.

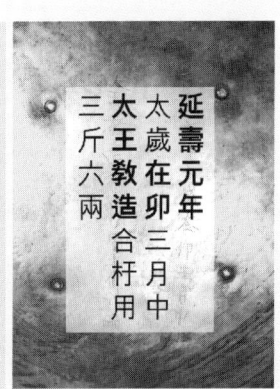

▲ 연수원년신묘명 은합

연수延壽는 누구의 연호일까? 고구려 장수왕(20대)의 연호다. 장수왕은 재위 80년간(412~491) 4개의 연호를 사용한다. 대략 20년 간격으로 건흥建興 → 장수長壽 → 연수延壽 → 연가延嘉 순으로 연호를 바꾼다. 연수는 장수왕이 451년~472년까지 22년간 사용한 세 번째 연호다. 연수延壽는 '수명을 더욱 늘려간다'는 뜻으로 두 번째 연호 장수長壽의 연장선이다.

연호	년도	기간	근거
건흥建興 (장춘長春)	412년~432년	21년	・『태백일사』, 『고구려사략』 ・「건흥5년세재병진」명 불상
장수長壽	433년~450년	18년	・『고구려사략』
연수延壽	451년~472년	22년	・「연수원년신묘」명 은합
연가延嘉	473년~491년	19년	・「연가7년세재기미」명 불상

연수원년 신묘년은 451년이다. 광개토왕의 즉위 60주년(391년 신묘년 즉위)이 되는 해다. 「연수원년신묘명 은합」은 장수왕이 아버지 광개토왕의 즉위 60주년 기념하여 지낸 주기제週期祭에 특별히 제작하여 사용한 제사용 그릇이다. 이로 미루어 보아 서봉총 무덤주인은 고구려 광개토왕의 즉위 60주년 주기제에 직간접적으로 참여했을 것으로 본다.

무덤주인은 지증왕의 왕후 연제

「연수원년신묘명 은합」의 고구려적 요소를 감안하면 서봉총 무덤주인은 일견 고구려와 관련이 있는 여성으로 이해할 수 있다. 그러나 『신라사초』는 서봉총 무덤주인을 신라 왕후로 기록한다. 누구일까?

> 12년(525년) 목사 을사 9월, 묘왕(연제)이 날기 신산에서 붕하였다. 춘추 63세다. 지증릉에 반장返葬하고 평립궁(지증왕 사당)에서 대제를 지냈다.
> 十二年 木蛇 乙巳 九月 妙王崩於捺己神山 春秋六十三 返葬于智證陵 行大祭于平立宮

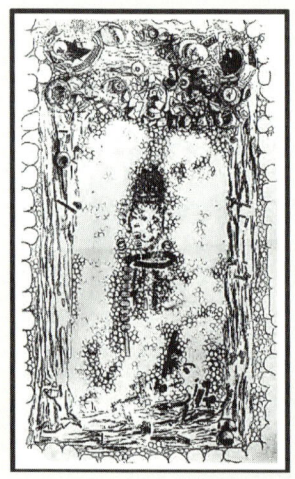

▲ 서봉총 평면도

무덤주인은 525년 사망한 지증왕의 왕후이자 법흥왕(모진)의 어머니인 연제延帝다. 『신라사초』 기록에 따르면, 지증왕 사망 한 해 전인 513년(지증14) 지증왕이 태자 모진에게 왕위를 선위하자, 모진은 아버지 지증왕을 태상노제지증천왕太上老帝智證天王, 어머니 연제왕후를 곤천대제법흥묘왕坤天大帝法興妙王으로 존호를 높이며, 모진 자신은 선도들로부터 금천대제법흥진왕金天大帝法興眞王의 존호를 받는다. 기록의 묘왕은 바로 곤천대제법흥묘왕의 존호를 받은 연제왕후다.

그렇다면 고구려 광개토왕의 60주년 주기제(신묘년 451년)에 사용된 「연수원년신묘명 은합」은 어떻게 해서 연제왕후의 무덤(525년)에 부장되었을까? 우선 연제 자신은 고려 대상에서 제외한다. 이유는 연제가 출생한 해가 463년이기 때문이다. 따라서 「연수원년신묘명 은합」은 연제왕후가 광개토왕의 60주년 주기제에 참석한 누군가로부터 선물 받은 것으로 추정된다. 그 누군가는 고구려와 직접적으로 연관된 사람이다. 이에 해당하는 인물이 『고구려사략』에 명확히 나온다. 실성왕이 고구려에 볼모로 가 있을 때 광개토왕의 여동생 천성공주 두양과 혼인하여 낳은 딸 효진曉辰이다.(392년 출생) 효진은 402년 아버지 실성왕이 즉위하면서 정식으로 신라 공주가 되며, 11세 나이에 눌지(태자)의 처가 된다. 특히 『고구려사략』은 자비왕의 생모를 눌지왕의 왕후 아로阿老가 아닌 효진으로 적는다. 〈장수대제기〉다. '장수26년(458년) 무술 8월, 눌지가 죽어 아들 자비가 섰다. 효진이 낳았다.'(長壽二十六年 戊戌 八月 訥祇殂 子慈悲立 曉辰之出也) 다만 아쉽게도 『신라사초』는 효진에 대한 기록을 일체 남기지 않는다. 아마도 자비왕의 출생 비밀과 연관되어서 이를 의도적으로 삭제한 듯 보인다. 이런 까닭에 효진이 가져온 광개토왕의 주기제 제사용품이 어떤 사유로 연제왕후에게 전달되었는지 정확히 알 수가 없다.

▲ 서봉총 : 연제왕후 무덤

「노동·노서지구」의 「서봉총」(129호분 북분)은 지증왕의 왕후 연제延帝의 무덤이다.

| 데이비드총 무덤주인 |

「데이비드총」(129호분)은 영국인 퍼시벌 데이비드$^{Percival\ David}$(1982~1964)가 발굴 자금을 대서 붙여진 이름이다. 서봉총에 붙어 있는 돌무지덧널무덤으로 봉분 지름이 25m인 소형급 무덤이다. 서봉총과 연접하여 쌍무덤을 형성하고 있어 서봉총을 북분, 데이비드총을 남분으로 구분한다.

▲ 데이비드총 발굴 장면 (1929년)

데이비드총 출토 유물

데이비드총(남분)은 일제강점기인 1929년 우메하라 스에지^{梅原末治}와 고이즈미 아키오^{小泉顯夫}가 발굴한다. 발굴 도중에 우메하라가 중국 화북지방으로 조사를 떠나는 바람에 실제 발굴과 조사는 고이즈미가 완료하며, 출토 유물은 모두 일본으로 반출한다.

현재 이 유물들의 소재지는 명확히 알려져 있지 않다. 다만 발굴 당시 찍은 20여 장의 사진 자료를 통해 유물의 양이 상당함을 알 수 있다. 「우메하라 고고자료」에 의하면, 출토 유물은 금제 가는고리 귀걸이^{細鐶耳飾} 1쌍, 곡옥과 유리옥을 장식한 목걸이, 금제 팔찌와 반지 2쌍 등 장신구류, 발모양 그릇받침^{鉢形器臺}을 비롯한 토기류, 철제솥 2점, 초두^{鐎斗} 등이다.

▲ 데이비드총 출토 유물 (1929년)

특히 2016년~2017년 재발굴을 통해 데이비드총의 봉분 둘레를 따라 설치된 원형의 제사유구 9개를 확인하며, 제사에 쓴 동물 유체와 소형의 제사용 토기 등도 추가로 발굴한다.

무덤주인은 법흥왕의 왕후 저진

데이비드총은 비록 출토 유물의 전모와 수량을 정확히 알 수 없으나 우메하라가 남긴 사진 자료를 보면, 무기류, 마구류는 없고 주로 장신구가 다수인 점으로 보아 여성의 무덤으로 추정된다. 또한 봉분이 서봉총(북분) 봉분을 파고 들어간 것으로 확인되어 서봉총보다는 다소 늦은 시기에 조성된다. 특히 서봉총과 연접하여 쌍무덤을 형성한 점은 무덤주인이 서봉총 무덤주인과 긴밀한 특수관계임을 시사한다.

『신라사초』〈법흥진왕기〉에 무덤주인이 명확히 나온다.

18년(531년) 백해 신해 2월, 천궁(저진)이 해궁에서 붕하였다. 제(법흥왕)가 천궁을 몹시 사랑하여 음식을 먹지 않고 울기만 하였고, 신하들은 통곡을 하니 산천 초목이 슬퍼하였다. 천궁은 제의 포녀布女로 최고의 총애를 받았다. 이로인해 제가 옥진玉珍후를 소홀하게 되니 천궁을 원망하여 죽였

다 하고 혹은 저주를 하여 붕하였다고 한다. 나이 겨우 18세다. 평립궁 묘
왕(연제)릉에 장사지냈다.

十八年 白亥 辛亥 二月 天宮崩于海宮 帝通愛之 不食涕泣 群臣莫不仰哭 山
川爲之悲 宮以布女 得帝寵最高 玉珍后疎 而怨宮 或云 咀之而崩 春秋才
十八 葬于平立宮妙王陵

▲ 데이비드총 : 천궁 저진 무덤

무덤주인은 법흥왕의 왕후 저진(杵眞)이다. 저진은 법흥왕의 딸(布女)로 530년(법흥17) 천궁(제1왕후)에 봉해진 뒤 이듬해인 531년(법흥18) 정월 난산으로 딸을 낳는 도중 몸을 해쳐 다음달 2월에 사망한다. 이때 나이 18세다. 이에 법흥왕은 저진을 평립궁 묘왕릉(연제왕후릉, 서봉총)에 장사지낸다. 서봉총과 데이비드총이 연접무덤(瓢形)이 된 이유다.

법흥왕 모진(慕珍,480~540)은 어머니 연제왕후 사이에 2남 1녀를 둔다. 2남(布子)은 후제(厚帝,497~), 옥종(玉宗,505~528)이며, 1녀(布女)는 저진(杵眞,514~531)이다.

「노동·노서지구」의 「데이비드총」(129호분 남분)은 법흥왕의 왕후 저진(杵眞)의 무덤이다.

| 노동노서지구 134호분, 135호분 무덤주인 |

경주 대릉원 일원 신라고분의 「노동·노서지구」 분포를 보면, 정확히 서봉황대(130호분) 남쪽에 비교적 큰 무덤인 134호분과 135호분이 근접하여 위치한다. 「134호분」은 쌍무덤(표형)이고, 「135호분」은 홑무덤(원형)이다. 두 무덤은 지금까지 발굴되지 않

▲ 135호분 전경

은 처녀분이다. 무덤주인은 매장 유물 자체를 확인할 수 없어, 정확히 특정할 수 없음에도 「노동·노서지구」내의 무덤의 크기와 위치 등을 고려하면 어느 정도 추정이 가능하다.

134호분(쌍무덤) 무덤주인 습보와 조생

「134호분」은 원형의 남분과 북분을 붙인 쌍무덤이다. 남분은 동서길이 46.3m, 높이 14.1m고, 북분은 동서길이 56.9m, 높이 18m다. 북분이 남분보다 봉분 지름이 10m정도 더 크다. 두 무덤을 합친 남북길이(전체)는 82.8m로 대릉원 일원의 대형급 무덤에 해당한다.

134호분 무덤주인을 특정할 수 있는 단서는 쌍무덤인 점에 있다. 『신라사초』 기록에 나오는 소지왕과 지증왕 때인 5세기 후반~6세기 초반에 조성된 쌍무덤은 지증왕의 아버지 습보(習宝)와 어머니 조생(鳥生)의 연접무덤이 유일하기 때문이다. 〈소지명왕기〉다. '22년(500년) 금용 경진 12월, 습보왕을 조생릉에 이장하고 선평궁을 만들었다.'(二十二年 金龍 庚辰 十二月 移葬習宝王于鳥生陵 作善坪宮) 500년(소지22) 습보릉을 조생릉으

로 이장하여 쌍무덤을 만든다.

습보와 조생의 사망기록 역시 〈소지명왕기〉에 나온다. 먼저 습보다.

> 7년(485년) 목우 을축 8월, 서불감 습보공이 졸하였다. 나이 66세다. … 공은 위압하는 힘이 있고 활을 잘 쏘았으며 여러 차례 북노(말갈)를 정벌하는데 공을 세웠다. 딸 원군은 천궁, 아들 내숙은 태왕(자비왕)의 총신, 아들 지도로(지증왕)는 왕의 총신, 딸 보혜 또한 왕의 총첩이 되었다. 그런 연유로 존경받음은 왕보다 위에 있었다. 천하가 그를 영화롭게 여겨 **태공의 예로 장사지냈다.**
>
> 七年 木牛 乙丑 八月 舒弗邯習宝公卒 壽六十六 … 公有脅力 善射累 征北虜有功 女園君爲天宮 子乃宿爲太王寵臣 智度路爲王寵臣 女宝兮亦爲王寵妾 故尊在王上 天下榮之 以太公禮葬之

지증왕의 아버지 습보는 485년 66세(420년생)로 사망한다. 복호의 적장자인 습보는 내물왕 계열의 최상위 골품을 점한다. 특히 그의 직계 자녀가 자비왕, 소지왕 때 왕실 구성원으로 적극 활동하며 내물왕 계열의 지배체제를 공고히 하는데 일정의 역할을 한다. 다음은 조생이다.

> 9년(487년) 화토 정묘 정월, **태태 조생이 훙하였다.** 왕(소지왕)이 해궁에서 돌아와 조의를 표하며 이르길 "태태는 새궁의 할머니다. 장례를 엄하게 하지 않는 것은 옳지 않다." 하였다. 이에 벌지에게 명하여 **태후의 예로 장사지냈다.**
>
> 九年 火兎 丁卯 正月 太太鳥生薨 王還自海宮 吊之曰 太太璽宮之祖也 不可不嚴也 乃命伐智營其葬如太后禮

지증왕의 어머니 조생은 487년 70세(418년생)로 사망한다. 조생은 자비왕의 여동생으로 습보와는 사촌간이다. 134호분 쌍무덤 중 크기가 큰 북분은 이장한 습보의 무덤이며, 크기가 작은 남분은 원래 조성된 조생의 무덤이다.

135호분(홑무덤) 무덤주인 파호태후

135호분은 원형의 홑무덤이다. 봉분은 동서길이 37.5m, 남북길이 36.1m, 높이 9m로 대형급(35m~75m)에 해당한다. 무덤주인의 기록이 『신라사초』에 나온다. 〈소지명왕기〉다.

> 4년(482년) 수구 임술 정월, 태태(파호)가 붕하였다. 나이 63세다. 갈천궁葛川宮에서 장례를 치렀다.
>
> 四年 水狗 壬戌 正月 太太崩 壽六十三 葬葛川宮

기록의 태태는 소지왕의 어머니 파호巴胡태후를 지칭한다. 미사흔(미해)의 딸인 파호는 소지왕 재위 4년인 482년 63세(420년생)로 사망한다. 갈천궁(자비왕릉 사당)에서 장례를 치른 점은 135호분이 파호의 무덤임을 증거한다. 이유는 135호분이 소지왕의 능원 예정지 바로 옆에 위치하기 때문이다.

▲ 134호분 : 습보+조생 무덤, 135호분 : 파호 무덤

135호분 홑무덤은 소지왕의 어머니 파호의 무덤이다.

「노동·노서지구」의 「134호분」(쌍무덤)은 지증왕의 아버지 습보와 어머니 조생의 무덤이며, 「135호분」(홑무덤)은 소지왕의 어머니 파호의 무덤이다.

| 쪽샘지구 44호분 무덤주인 |

▲ 쪽샘지구 44호분

경주 대릉원 일원 신라고분의 「쪽샘지구」에 속하는 「44호분」은 봉분 지름 30.8m(중형급)의 돌무지덧널무덤인 홑무덤이다. 「대릉원지구」 90호분과 「쪽샘지구」의 39호분 사이에 위치하며, 주변의 신라고분 중에 쪽샘에서 가장 가깝게 위치한다.(≒14m)

출토 유물은 총 780여 점이다. 주요 유물은 금동관, 금드리개, 금귀걸이, 가슴걸이, 금·은 팔찌, 반지, 은허리띠 등 착장 장식을 비롯하여 비단벌레로 제작된 금동장식, 돌절구, 바둑돌(200여 점), 운모, 은장도, 금모수정제 곡옥, 비단벌레 꽃잎장식 말다래, 제사용품의 큰항아리, 그리고 기마행렬, 무용, 수렵 등이 새겨진 행렬도선각문 토기 등이다.

▲ 쪽샘지구 44호분

무덤주인은 미해(미사흔)의 딸 보량 궁주

무덤주인은 피장자의 착장 장식과 출토 유물 그리고 무덤 양식 등을 종합적으로 고려하면 5세기 말에 사망한 왕족출신의 여성으로 추정된다. 특히 무덤 위치가 미해(미사흔)과 보미의 쌍무덤(표형)인 「대릉원지구」 90호분과 가장 인접하여, 44호분은 미해 계열의 여성임을 알 수 있다. 이에 해당하는 인물이 〈소지명왕기〉에 명확히 나온다.

> 14년(492년) 수원 임신 7월, 보량寶梁 궁주가 졸하였다. 미해(미사흔)왕의 딸이다. 어머니는 보미다. 처음에 궁인이 되어 습보에게 시집가서 아들 아진종阿珍宗과 아진예阿珍乂를 낳고 또한 태왕(소지왕)을 섬겨 세 딸을 낳았다. 이제 와서 졸하니 나이 64세다. 부인의 예로 장사지냈다.
> 十四年 水猿 壬申 七月 寶梁宮主卒 美海王女也 其母曰寶美也 初爲宮人 退嫁習寶 生阿珍宗阿珍乂 又事太王 生三女 至是卒 年六十四 以夫人禮葬之

무덤주인은 492년(소지14)에 사망한 보량寶梁(429~492) 궁주다. 보량은 미해(미사흔)과 보미 사이에서 출생한 내물왕 계열 김씨왕조의 최상위 골품을 점한다. 보량은 처음 보해(복호)의 아들 습보와 혼인하여 아진종과 아진예를 낳고, 또한 소지왕을 섬겨 딸 3명을 낳는다.

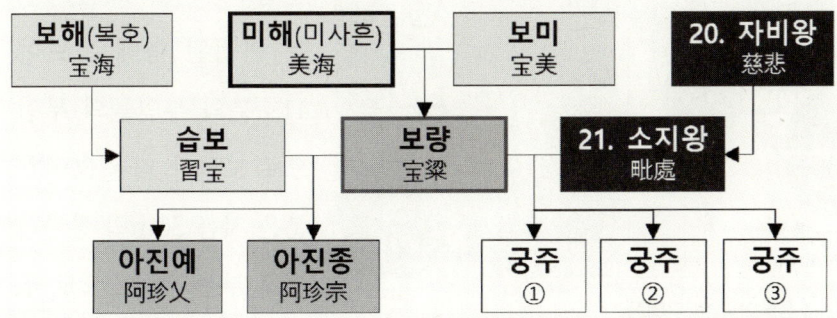

▲ 보량 궁주 가계도

▲ 행렬도선각문 토기

특히 44호분에 출토된 금동관은 관테지름 15㎝로 황남대총, 금관총, 천마총의 성인용 금관(관테지름 20㎝)과 비교하여 다소 작다. 이를 근거로 44호분의 무덤주인은 혼인하지 않은 10세 전후의 소녀로 추정하기도 한다. 그러나 보량궁주가 64세에 사망한 점으로 보아 신체가 노령화되면서 성인보다 다소 작아질 수 있으며, 또한 딸린무덤(배총) 3기(44-1호, 44-2호, 44-3호)는 원무덤(44호) 피장자의 혼인을 전제로 하기에 미성년 소녀라고 단정할 수 없다. 딸린무덤 3기는 보량궁주가 소지왕을 섬겨 낳은 딸들로 추정된다. 다만 딸들의 이름과 행적이 『신라사초』, 『상장돈장』 등에는 일절 나오지 않아 아쉽다.

「쪽샘지구」의 「44호분」은 미해의 딸 보량궁주의 무덤이다.

41호분과 30-1호분은 아진종과 아진예의 무덤

「41호분」과 「30-1호분」은 44호분 동쪽에 위치한다. 먼저 41호분은 지름 19~24m의 돌무지덧널무덤으로 매장주체부가 지하에 설치된 주부곽식 홑무덤이다. 또한 딸린무덤은 2기(40호,41-호)는 연접된 형태로 보아 41호분의 부인들의 무덤으로 보인다. 다음 30-1호분은 지름 30m의 쌍무덤으로 부부의 무덤으로 추정된다.

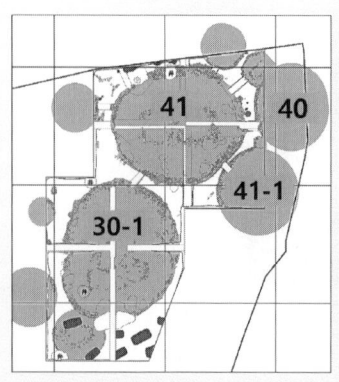

▲ 41호분, 30-1호분의 주변 무덤들

41호분과 30-1호분은 무덤의 배치로 보아 44호분과 직접적인 상관

관계를 갖는다. 두 무덤의 주인공은 보량궁주가 낳은 습보의 아들들로 41호분은 아진종, 30-1호분은 아진예로 추정된다. 아진종의 경우, 백제 개로왕의 딸 보옥寶玉공주와 혼인하여 태종苔宗(이사부)과 태송苔松, 태옥苔玉 등을 얻으며, 자비왕의 딸 월황月凰을 통해 수미須彌

▲ 41호분(아진종 무덤) 내부 모습

를 얻는다. 수미가 낳은 아들이 신라 불교의 순교자가 된 이차돈異次頓이다. 아진종은 이차돈의 조부이기도 한다. 따라서 41호분의 딸린무덤 2기(40호, 40-1호)는 아진종의 부인 보옥과 월황의 무덤일 가능성이 매우 높다. 아진예의 경우, 『신라사초』, 『상장돈장』 등에 부인과 자손의 기록이 나오지 않는다. 그럼에도 무덤의 배치로 보아 30-1호분(표형)은 아진예와 부인의 무덤으로 보인다.

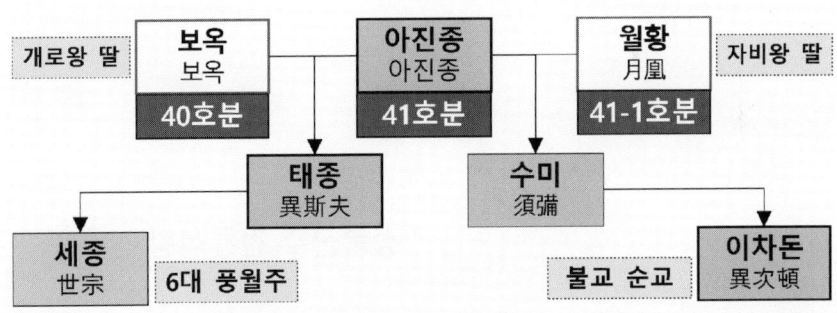

▲ 아진종 가계도

「쪽샘지구」의 「41호분」과 「30-1호분」은 보량寶梁궁주 소생의 아진종阿珍宗과 아진예阿珍乂의 무덤이다.

6 불국토의 원대한 꿈

미륵의 화신 법흥왕

정복군주 전륜성왕 진흥왕

폐주의 멍에 진지왕

진흥 계열 적통 진평왕

법흥왕의 다양한 이름과 왕호	법흥왕의 왕후와 태자
양직공도와 외교프로젝트	이차돈의 순교와 불교 공인
흥륜사와 영흥사 창건	금관가라 흡수
《울주 천전리 각석》명문의 비밀코드
백제 공주 보옥과 보과	법흥왕릉을 찾아서

정복군주 진흥왕	섭정여왕 지소태후
신라의 명운을 가른 관산성 전투	진흥왕순수비 속으로
선도와 원화 그리고 화랑	황룡사와 장육삼존불상
대가라 정복	진흥왕릉과 서악동고분군

| 폐주 진지왕 | 도화녀와 비형랑 설화 |
| 진지왕릉과 선도산고분군 |

거인 진평왕	진평왕의 천사옥대
경주 남산성 비석의 비밀	색공과 마복자의 표상 미실
칠석과 석품의 반란	평지무덤 진평왕릉

법흥왕의 다양한 이름과 왕호

법흥왕^{法興王}(23대)은 불교를 공인한 미륵의 화신이다. 재위 기간은 514년부터 540년까지 27년이다. 아버지는 지증왕이며, 어머니는 연제^{延帝}다. 왕후는 보도$^{保道/保刀}$다.(*『삼국유사』 파도^{巴刀}) 다만 『신라사초』에는 보도 외에도 벽화^{碧花}, 옥진^{玉珍}, 저진^{杵眞}, 지소^{只召} 등이 추가되어 나온다.

▲ 석조여래좌상 [경주 남산 미륵곡]

다양한 이름

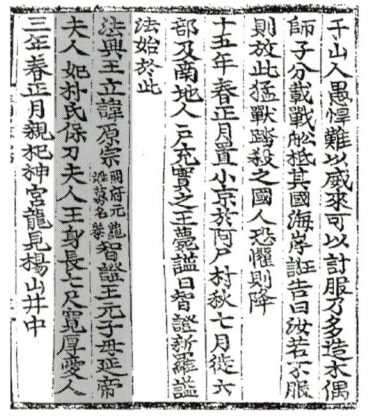

법흥왕의 이름은 다양하다. 원래 이름은 원종^{原宗}이다. 중원사서 『양서』와 『남사』에 기록된 이름은 모진^{募秦}이다.(王姓募名秦) 모^{募}씨는 신라 내물왕 계열의 출자가 선비족 모용^{慕容}씨임을 나타낸 성씨다. 모진의 신라식 표기는 《울진 봉평 신라비》(524년)와 《울주 천전리 각석》(525년)에 나온다. 모즉지$^{牟卽智/另卽智}$다. 특히 《울주 천전리 각석》에는 법흥^{法興}으로 쓴 사례도 있다.

▲ 『삼국사기』 법흥왕 즉위전사

법흥왕 즉위 과정

『삼국사기』는 법흥왕의 즉위 과정을 따로 밝히지 않고 있으나, 『신라사초』는 비교적 상세히 나온다. 〈법흥진왕기〉 즉위전사다.

영제^{迎帝}천후가 꿈에 큰 흰말을 보고서 제_(법흥왕)를 낳았다. 제는 총명하고 지혜롭고 관대하며 후덕하여 사람들을 사랑하였다. 천문지리와 음양오행, 진서와 원경, 활쏘기와 말타기 등 여러 지식과 기술에 통달하였다. 제는 키가 7척이며 훌륭하고 준수한 얼굴에 용맹이 있었다. … 분종^{芬宗}태자와 함께 천하를 다스릴 것을 명받았다. 지증제에 이르러 분종이 제에게 후사를 양보하여 선위를 받았다. … 9년_(508년) 여름, 처음 부군^{副君}이 되어 대정을 맡았고 제호^{帝號}를 내렸으나 받지 않았다. 14년_(513년) 3월, 구요궁에서 선위를 받았다. 아버지를 높이어 **태상노제**^{太上老帝}**지증천왕**^{智證天王}이라 하였다. 이에 선도^{仙徒}가 팔백전에서 **금천대제**^{金天大帝}**법흥진왕**^{法興眞王}의 제호를 올렸다. 영제천후에게서 국새^{國璽}를 전해 받으니 여러 신하가 산호만세를 외쳤다. 성령^{聖齡} 34세다. 제가 이르길 "오직 우리 신방^{神邦}은 세세토록 곤성^{坤聖}_(왕후)을 높이었다. … 짐이 대권을 잡음에 이르러 우선 어머니_(연제)를 제로 받들고자 하니 군신들은 마땅히 짐의 효성을 본받아 이성^{二聖}을 섬겨야 할 것이다." 하였다. 이에 옥좌에서 천후_(연제)를 받들어 **곤천대제**^{坤天大帝}**법흥묘왕**^{法興妙王}의 제호를 올렸다.

迎帝天后夢見大白馬而生 帝聰明睿智寬厚愛人 天文地理陰陽五行眞書元經弓馬諸術莫不通解 帝身長七尺 隆準龍顏有神勇 … 命芬宗太子共治天下 及智證帝受禪芬宗讓嗣于帝 … 九年 夏 始稱副君命專大政 尋賜帝號不受 十四年 三月 受禪于九曜宮 尊父帝爲太上老帝智證天王 仙徒乃上帝號 于八白殿 上曰金天大帝法興眞王 受傳國璽寶于迎帝天后 群臣山呼萬歲 聖齡三十四 帝曰 惟我神邦 世尊坤聖 … 朕當大柄 先奉母帝 宜爾群臣體 朕之孝 事我二聖可也 乃奉后于玉坐 而上坤天大帝法興妙王之號

기록은 몇 가지 중요한 사실을 포함한다. 첫째는 어머니 영제_(연제)가 꿈에 큰 흰말^{大白馬}를 보고 법흥왕을 낳은 점이다. 서수의 태몽은 왕권의 신성성을 부여하는 정치적 장치다. 특히 흰말은 시조 박혁거세와 연결된다. 둘째는 당시 태자인 분종^{芬宗}으로부터 후계자 지위를 양보받은 점

▲《울주 천전리각석]

이다. 분종은 전임 소지왕의 아들로 소지왕이 임명한 태자다. 법흥왕의 즉위는 지증왕 계열로 왕통이 정리되었음을 말한다. 셋째는 즉위하자마자 법흥진왕法興眞王(금천대제)의 존호를 받은 점이다. 여기서의 법은 불법佛法(불교)이 아니라 선법仙法(선도)을 가리킨다. 따라서 법흥을 불교와 연관시키는 것은 잘못이며, 마찬가지로 법흥을 시호로만 보는 것도 잘못이다. 법흥은 생전의 휘호이기도 한다. 마지막 넷째는 어머니 영제(연제)태후에게 법흥묘왕法興妙王(곤천대제)의 존호를 내린 점이다. 이는 이성二聖(남왕+여왕) 통치체제의 근간이 유지되고 있음을 알 수 있다.

법흥왕은 공식적으로 불교를 받아들이고, 흥륜사, 영흥사를 창건하는 등 불국토 기반을 조성한 미륵불의 화신이다. 또한 율령을 반포하고 백관의 공복을 품계별로 지정하는 등 왕권 확립에 힘쓰며, 최초의 연호인 '건원建元'을 사용한다.

법흥왕의 법흥法興은 불법이 아닌 선법의 부흥을 강조한 생전의 휘호이자 사후의 시호다.

법흥왕의 왕후와 태자

　법흥왕은 재위 기간(514~540) 동안 5명의 왕후와 3명의 태자를 둔다. 왕후는 벽화碧花, 보도保刀, 옥진玉珍, 저진杵眞, 지소只召 등이며, 태자는 삼부三夫, 비대比臺, 삼모진彡慕珍(심맥종) 등이다. 이들 왕후와 태자의 신상을 『신라사초』 기록에 의거하여 정리하면 이렇다.

　① 벽화碧花(485~) 왕후는 손동과 벽아의 딸이다. 502년(지증3) 원화源花(*화랑 전신)가 처음 성립될 때 1대 원화가 되며, 503년(지증4) 태자 모진(법흥왕)의 아들 삼부三夫를 낳는다. 514년(법흥1) 법흥왕이 즉위하자 좌후左后에 봉해지며 이후 지궁, 인궁 등으로 왕후의 위상이 하락한다. 사망에 대한 기록은 없으나 시기는 진흥왕 때로 추정된다.

　② 보도保刀(485~528) 왕후는 소지왕과 선혜善兮의 딸이다. 502년(지증4) 진골정통의 태자비에 봉해지며, 514년(법흥1) 우후右后에 봉해진다. 515년(법흥2) 딸 지소를 낳고, 528년(법흥15) 사망한다. 보도는 가장 골품이 높다.

　③ 옥진玉珍(505~) 왕후는 오도와 아시의 딸이다. 519년(법흥6) 8대 원화가 되며, 522년(법흥9) 비대比臺 태자를 낳고 천궁에 봉해진다. 이후 지궁으로 위상이 떨어진다. 사망에 대한 기록은 없다.

　④ 저진杵眞(513~531) 왕후는 법흥왕의 딸(포녀)이다. 어머니는 연제태후다. 514년(법흥1) 출생하며, 529년(법흥15) 인궁에 봉해진다. 이후 530년(법흥17) 천궁에 봉해진 후 이듬해인 531년(법흥18) 18세 나이로 사망한다.

　⑤ 지소只召(515~) 왕후는 법흥왕과 보도왕후의 딸이다. 515년 출생한다. 534년(법흥21) 입종立宗 갈문왕의 아들 삼모진彡慕珍을 낳으며, 539년(법흥26) 삼모진이 태자가 되며 천궁에 봉해진다. 이어 540년(법흥27,진흥1) 삼모진태자가 7세 어린 나이로 진흥왕에 즉위하자 10여년간 섭정한다. 사

망에 대한 기록은 없으나 시기는 진흥왕 때인 550년 전후로 추정된다. 아래는 5왕후의 시기별 위상 변화다.

왕후	502년 (지증3)	514년 (법흥1)	525년 (법흥12)	529년 (법흥16)	530년 (법흥17)	539년 (법흥26)
벽화 (485~ ?)	원화	좌후	-	지궁	인궁	-
보도 (485~528)	태자비	우후	사망 (528)			
옥진 (505~ ?)		원화 (519)	천궁	-	지궁	-
저진 (514~535)				인궁	천궁	사망 (535)
지소 (515~ ?)						천궁

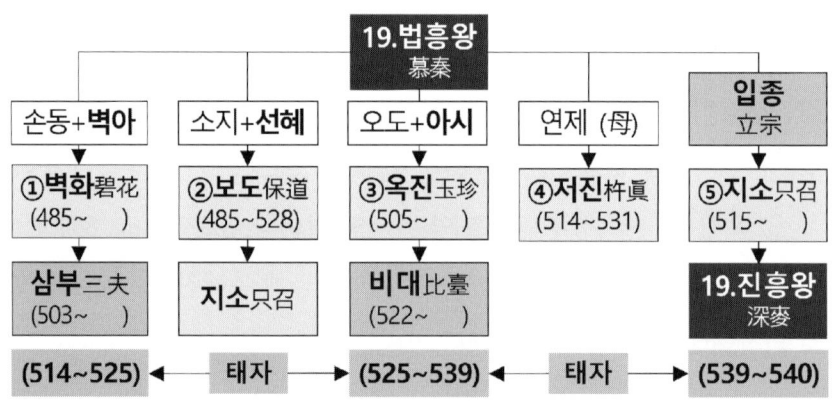

▲ 법흥왕의 왕후와 태자 관계도

법흥왕은 5명의 왕후와 3명의 태자를 둔다.

양직공도와 외교프로젝트

《양직공도》는 6세기 초엽(530년 경) 중원왕조 양梁(502~557)의 소역蕭繹이 조공 온 외국 사신의 모습을 그린 일종의 화첩이다. 당초 원본은 25개국 사신도가 있을 것으로 추정되나, 현재는 12국 사신도만 전한다. 이 중에는 고구려, 백제, 신라의 사신도가 있다. 백제의 경우, 사신도 옆에 제기題記(그림에 써 놓은 글)가 쓰여 있다.

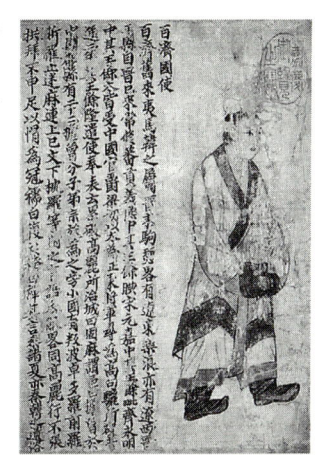

《양직공도》백제사신도 ▶

신라제기 발견과 내용

그런데 중원왕조 청淸의 장경張庚이 모사한 《제번공직도》에 신라제기가 실려있다.

사로국은 본래 동이 진한의 소국이다. 위魏대는 신라로 불렸고 송宋대는 사라로 불렀는데 기실 하나다. 혹은 한韓에 속하고 혹은 왜국에 속한다. 왕은 스스로 사신을 보내 조빙할 수 없다. 보통2년(521년) 그 왕의 성은 모씨요, 이름은 태인데 처음으로 백제 사신편에 붙여 표를 올리고 방물을 바쳤다. 그 나라에는 성을 건년(*건모라)이라 부르며 그 습속은 고려(고구려)와 서로 같다. 문자가 없어 나무에 새겨 표시를 삼는다. 언어는 백제를 거쳐야만 통할 수 있다.

斯盧國 本東夷辰韓之小國也 魏時曰新羅 宋時曰斯羅 其實一也 或屬韓或屬倭國 王不能自通使聘 普通二年 其王性慕名泰 始便隨百濟奉表獻方物 其國有城 號曰健年 其俗與高麗相類無文字刻木爲範言語待百濟而後通焉

《제번공직도》의 신라제기는 신라 법흥왕 모진(*모태)이 521년(보통2)에 양에 사신을 파견한 사실을 전한다. 특히 신라 사신은 백제 사신을 따라왔으며, 말이 통하지 않아 백제의 통역으로 소통한다. 다만 기록 중에 신라가 '혹은 한에 속하고 혹은 왜국에 속한다.'(或屬韓或屬倭國)는 표현과 '문자가 없어 나무에 새겨 표시를 삼는다.'(無文字刻木爲範)는 표현은 당시의 신라 사정과는 자못 다르다. 아마도 신라 이전의 사로국(*석탈해) 시기의 상황을 소급하여 기술한 듯 보인다.

『신라사초』 기록

그렇다면 《제번공직도》의 신라제기 기록처럼 신라가 521년에 중원왕조 양梁에 사신을 파견한 사실이 있을까? 『삼국사기』는 521년(법흥8)에 '양梁에 사신을 보내 토산물을 바쳤다.'(八年 遣使於梁 貢方物)고 기록한다. 따라서 신라제기와 『삼국사기』의 사신 파견 기록은 같다.(*《제번공직도》의 신라제기 기록 대부분은 『양서』 신라 전에 나옴.)

그런데 『신라사초』는 좀 더 구체적이고 상세하다. 〈법흥진왕기〉다.

8년(521년) 금우 신축 6월, 수지守知, 마대, 사충 등 56인을 양梁에 파견하여 그 나라 풍속과 문무文武 제도를 알아오게 하였다. 아울러 토산물을 바꿔오라 하였다.
八年 金牛 辛丑 六月 遣守知馬大沙忠等五十六人于梁 採其風俗文武諸度 以來 幷換土物

법흥왕은 수지守知가 이끄는 56명의 대규모 사신단을 양에 파견한다. 파견 목적은 단순한 예방 차원이 아닌 양의 풍속과 문무 제도를 적극적으로 파악하기 위해서다. 또한 신라의 토산물도 일방으로 바치는 것이 아니라 양의 토산물과 교환하는 방식이다. 수지의 사신단은 신라판 조선통신사다.

당시 사신의 모습이 《양직공도》 모사본인 《당염립본왕회도》(24국 칼라본)의 신라 사신도에 잘 나타나 있다. 사신은 사각형 복두^(幞頭)(각이 지고 위가 평평한 관모)를 쓰고 소매가 긴 저고리와 통이 큰 바지를 입고 있다. 얼굴은 오똑 솟은 코에 수염이 없으며, 긴 머리카락은 허리까지 늘어뜨린 장발이다. 비교적 젊은 나이로 추정된다. 또한 허리를 꼿꼿하게 펴고 있어서 그런지 유난히 키가 커보이는 점도 인상적이다.

특히 〈법흥진왕기〉는 수지의 사신단이 2년간(521.6~523.7) 양에 체류한 사실도 전한다.

▲《양직공도》 신라사신도

10년(523년) 현토 계유 7월, 수지^(守知) 등이 양 사신 소명^(蕭明)과 함께 돌아와서 삼원에서 잔치를 열었다. 소명이 제(법흥왕)와 묘왕(연제태후)에게 황금상^(黃金像)을 바쳤다. 11년(524년) 청룡 갑진 정월, 양 사신 소명 등이 돌아갔다.
八年 玄兎 癸卯 七月 守知等與梁使蕭明來 宴于三院 蕭明獻黃金像于帝及妙
十一年 青龍 甲辰 正月 梁使蕭明等歸

수지의 사신단은 523년(법흥10) 7월, 양의 사신 소명^(蕭明)과 함께 귀국한다. 소명은 황금상을 법흥왕에게 바치며, 6개월간 신라에 머물다가 이듬해인 524년(법흥11) 정월 양으로 돌아간다. 수지는 누구일까? 아버지는 이흔^(伊欣)(법흥왕 포형)이며, 어머니는 준명^(俊明)(소지왕 여동생) 궁주다.

《양직공도》는 양의 제도와 문물을 받아들이고자 단행한 법흥왕의 야심찬 외교프로젝트를 증언한다.

이차돈의 순교와 불교 공인

▲ 이차돈 범종 [경주 백률사]

이차돈異次頓은 신라 불교를 대표하는 상징적 인물이다. 법흥왕은 이차돈의 순교를 계기로 불교를 공식적으로 수용한다. 이차돈의 기록은 『삼국사기』를 비롯하여 『삼국유사』〈흥법〉, 『해동고승전』, 《이차돈순교비》 등에 나온다. 기록마다 다소 차이는 있으나 공통으로 들어가는 내용이 있다. 이차돈의 목을 베니 흰 피가 솟구쳐 올랐다는 일종의 신이神異 현상이다.

> 이차돈의 목에서 나온 흰 액체는 척수액 또는 하얀 음식물로 보는 시각도 있다. 카톨릭에도 비슷한 사례가 있는데 알렉산드리아의 카타리나 성녀(Saint Catherine of Alexandria, 287~305)가 참수당할 때 잘린 목에서 피 대신 우유가 솟구쳤다고 전해진다.

이차돈의 출신 계보

이차돈의 출신 계보는 두 가지다. 『삼국유사』〈흥법〉 원종흥법염촉멸신 편에 나온다. 본문에는 성이 박씨고, 아버지는 나오지 않으나 조부는 아진종阿珍宗이며, 증조부는 습보習寶갈문왕이다. 그러나 주석에는 김용행金用行의 《아도비阿道碑》 기록을 인용하여 아버지는 길승吉升, 조부는 공한功漢, 증조부는 걸해대왕乞解大王(흘해왕)으로 적고 있어, 성이 박씨가 아닌 석씨로 되어 있다. 본문과 주석의 기록이 상충되어 어느 쪽이 맞는지 확실하지 않다. 다만 『신라사초』는 이차돈의 아버지를 아진종의 아들 수미須彌로 적는다. 이차돈의 성은 김씨다.

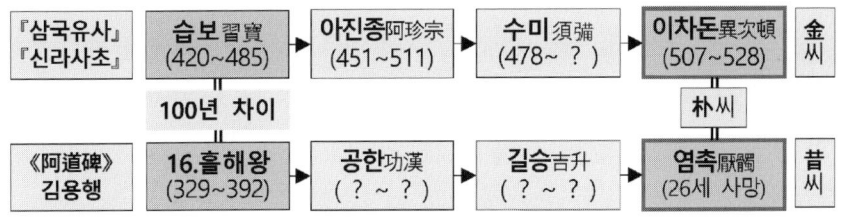

▲ 이차돈의 계보 비교

『신라사초』 이차돈 기록 정리

『신라사초』〈법흥진왕기〉는 528년(법흥15) 2월부터 7월까지 5개월간 벌어진 이차돈의 행적을 상세히 전한다.

먼저 2월이다. 이차돈의 준재俊才 등용이다.

> 2월, 골문의 준재 12인을 뽑으라 명하였다. 황종荒宗은 17세로 문文의 으뜸이고, 서력부西力夫는 무武의 으뜸이며, 이차돈異次頓은 선仙의 으뜸이다. 모두 사인의 관직을 수여하고 의복과 말과 노비를 하사하였다. 이로서 학문에 힘쓰는 풍속이 나라안팎으로 장려되었다.
> 二月 命擇骨門俊才十二人 荒宗年十七居文之甲 西力夫居武之甲 異次頓居仙之甲 皆授舍人職 賜衣馬奴子 以獎力學之風于中外

이차돈은 22세(507년 출생) 젊은 나이에 선仙의 으뜸인 준재로 선발된다. 이때 함께 등용된 준재가 문文의 으뜸인 황종荒宗과 무武의 으뜸인 서력부西力夫다. 황종은 거칠부居柒夫다. 거칠부는 물력勿力의 아들로 545년(진흥6) 신라의 역사서 『국사』를 편찬하며, 서력부는 551년(진흥12) 신라가 고구려의 한강유역을 공격할 때에 참여하여 전공을 세운다. 모두 사인舍人(*대통령실 비서관)의 관직을 수여받는다.

다음은 3월이다. 이차돈의 불법(불교) 강론이다.

3월, 이차돈이 스스로 대일여래^{大日如來}라 이르고 진경^{眞經}을 강론하며 천하의 모든 나라는 마땅히 서역의 불법(불교)을 행해야 한다 설파하니 제(법흥왕)가 양문(골문,선문)에 명하여 이를 논의케 하였다.
三月 異次頓自云 與大日如來 講論眞經 天下萬國當行西域佛法 帝命兩門議

▲ 비로자나불 [조선고적도보]

이차돈은 스스로 대일여래^{大日如來}를 칭하며 서역의 불법을 받아들여야 한다고 강론한다. 이 기록은 상당히 중요한 사실을 내포한다. 이차돈은 이미 불교를 믿고 있다. 대일여래는 비로자나불^{毘盧遮那佛}을 가리킨다. 비로자나불은 온 세상에 존재하는 불법의 진리를 광명 또는 태양으로 형상화한 부처다. 이차돈은 비로자나불의 연화장^{蓮華藏}세계를 담은 『화엄경』을 이미 탐독하고 이를 실천적으로 이해하였을 것이다.

> 불교는 『법화경』에 근거한 석가모니불의 사바세계, 『무량수경』에 근거한 아미타불의 극락세계, 『화엄경』에 근거한 비로자나불의 연화장세계로 분류한다.

이어 4월이다. 이차돈에 대한 선문^{仙門}의 반발이다.

4월, 선문이 이차돈을 이단^{異瑞}으로 여겨 마땅히 참하라 하였으나 허락치 않았다. 우림군(금군,경호부대)에게 명하여 각 원의 선도 5천인을 해산시켰다. 별동에서 진경대회를 열어 제(법흥왕)와 천궁(옥진)이 친히 선왕^{仙王}의 진언을 받았다. 나라안팎 대소인민에게 이교^{異敎}(불교)를 행하지 말라고 명하였다.
四月 仙門効 異次頓異瑞 當斬不許 命羽林軍解散 各院仙徒五千人 設眞經大會 于別洞 帝與天宮親受眞言于仙王 命中外大小人民 勿行異敎

이차돈의 불법 강론에 선문(선도 집단)이 강력히 반발하며 불법을 이단으로 규정한다. 그리고 이차돈의 목을 베라 주장한다. 이에 법흥왕은 선도 집단을 우림군(경호부대)을 동원하여 강제 해산하고, 불법을 행하지 말 것을 명하며 일단 한 발 물러선다.

이어 6월이다. 이차돈의 순교다.

6월, 우림군과 선군이 위화정에서 난을 일으켜 이차돈을 참하라 청하였다. 심히 위급하였다. 제가 이를 염려하여 비단 어의를 이차돈에게 입히고 난군亂軍을 꾸짖었다. 난군의 세가 점점 강해지자 이차돈이 스스로 나가 말하길 "신은 폐하의 성은으로 보호를 받았으니 오늘 죽음으로써 보답코자 합니다. 무슨 여한이 있겠습니까? 신은 마땅히 부처로 순사하여 신교를 세우고자 합니다. 폐하께서는 금신金神의 해(540년)에 내려오셔서 서방 미륵의 화신이 되실 겁니다. 만일 신이 죽으면 불교가 크게 흥할 겁니다." 하였다. 마침내 엎드려 절하고 난군을 뒤로 물린 후 목을 자르게 하니 흰 피가 1장 넘게 뿜어져 나왔다. 일단의 선군이 놀라며 칼을 든 자가 먼저 넘어져 죽으니 나머지 모두는 혼비백산하였다. 제가 각덕覺德에게 명하여 시신을 수습하여 장사지내라 하였다. 금빛색이 온몸에 가득하고 얼굴과 눈은 살아있는 듯하였다. 이에 제가 조칙으로 선도에게 명하니 부처를 숭상하는 자는 금지시키지 말고 각자 원하는 바에 따라 그 진眞을 수행토록 하니 마침내 이를 따랐다.

六月 羽林仙軍作亂圍花亭 請斬異次頓 甚急 帝憂之 以御衣弊異次頓 而叱亂軍 軍勢益急 異次頓自出 曰 臣被陛下聖恩 得保 今日死 亦何恨 臣當殉佛 以立新教 陛下以金神之年下降 乃西方彌勒化神也 臣雖死 而佛敎大興矣 遂拜伏 而退亂軍 遂斷其頭 有白血如乳湧出丈餘 一軍皆驚 執釖者先斃 其餘皆昏仆 帝命覺德 收其尸葬之 金色滿其身 面目如生 帝乃詔令仙徒 右佛者 勿禁之 各隨其好 而修其眞 以成其遂

그러나 상황은 더욱 악화된다. 우림군마저 선군의 편에 가담하여 함께 난을 일으킨다. '위화정圍花亭의 난'이다. 법흥왕은 궁지에 몰리고 결국 이차돈은 스스로 목을 베는 순사殉死를 선택한다. 특히 이차돈이 남긴 말 중에 '폐하께서는 금신金神의 해에 내려오셔서 서방 미륵彌勒의 화신

化神이 되실 겁니다.'라는 표현이 있다. 금신金神의 해는 540년(법흥27)을 가리킨다. 이차돈이 순교한 해가 528년이니 12년후다. 이차돈의 예언대로 법흥왕은 540년 정월에 금신제를 올리고, 지소왕후에게 정사를 넘기며 미륵彌勒의 화신이 된다.

> 『신라사초』〈법흥진왕기〉. '27년(540년) 금신 경신 정월, 진궁에서 금신제(金神祭)를 지냈다. 제가 천궁(지소)에게 양위하니 군신들이 제에게 금천태상(金天太上)의 호를 올리고 천궁에게는 진천대제(眞天大帝)의 호를 올렸다.'(二十七年 金神 庚申 正月 行金神祭于 眞宮 帝讓位於天宮 群臣上金天太上之號于帝 眞天大帝之號于天宮)

마지막 7월이다. 이차돈의 순교에 대한 추모다.

7월, 염광선원에서 이차돈의 재齋(명복을 비는 불공)**를 올렸다.** 제(법흥왕)가 각덕에게 명하여 양 사신이 도착하면 이차돈의 가사袈裟(법의)를 헌상하라 하였다. 서역단에서 분향하니 신비롭고 기이한 새가 날아와 울었다.
七月 行異次頓齋于剡光仙院 帝命覺德 着梁使所獻袈裟 焚西域檀香 有異鳥來鳴

이차돈의 명복을 비는 불공 의식이 거행되고, 분향소까지 마련되며 이차돈을 추모한다. 다만 법흥왕이 이차돈의 가사(법의)를 양 사신에게 헌상한 대목은 이차돈의 순교 사실을 양에게 알리기 위함이다. 양은 역대 중원왕조 중에서 가장 불교를 숭상한 불교 국가다. 이차돈이 순교한 528년(법흥15)은 양 무제 대통2년이다. 양 무제 소연蕭衍은 강력한 숭불정책을 펼쳐 황제보살로 알려진다.

《이차돈순교비》

『삼국유사』에 따르면 이차돈의 시신은 북산北山의 서쪽 고개(*금강산) 좋은 곳을 택하여 장사지낸다. 또한 그곳에 자추사刺楸寺을 세운다. 자추사는 이차돈의 명복을 빌기 위해 세운 원찰願刹이다. 이후 자추사는 백률사栢栗寺로 개명한다. 특히 이곳에는 《이차돈순교비》(백률사석당기)가 있다.

순교비는 화강암의 직육면체로 높이 104cm, 각 면 너비 29cm다. 제1면은 이차돈이 순교할 때 목에서 흰 피가 솟구치고 하늘에서 꽃비가 내리는 장면이며, 제2~6면은 면마다 격자를 긋고 그 안에 지름 3cm의 해서체 글자를 새긴다. 각 면은 7행 25자다. 다만 글자는 세월을 이기지 못해 심하게 마멸된 상태나, 다행히 글자가 마모되기 전의 목판에 새긴 법첩法帖인 「흥린군신각금생서」와 「원화첩」이 있어 어느 정도 내용을 파악할 수 있다. 비문은 법흥왕이 백성들을 위하여 불법을 일으키려고 하자, 이차돈이 고의로 잘못을 범한 것으로 꾸며 자신의 목을 치게 하여 순교한 일, 그의 목을 베자 목에서 흰 우유가 한 마장이나 솟구치면서 하늘에서 꽃비가 내리고 땅이 흔들린 일, 사람들이 눈물을 흘리며 장례를 치르고 사당을 세운 일 등을 담고 있다.

▲《이차돈순교비》 탁본

이차돈은 순교로써 신라 불교를 일으킨 성자다.

| 흥륜사와 영흥사 창건 |

▲ 얼굴무늬 수막새

법흥왕은 불교 국가를 지향한 미륵의 화신이다. 법흥왕은 중원왕조 양梁(502~557)과의 교류(521년, 법흥8)를 시작으로 불교에 관심을 가지며, 이차돈의 순교(528년, 법흥15)를 계기로 본격적으로 불교를 수용한다. 그리고 불교의 상징인 불사 창건을 돌입한다. 이때 건립된 사찰이 흥륜사와 영흥사다.

흥륜사 창건

흥륜사興輪寺는 신라 최초의 사찰이다. 창건연대는 535년(법흥22)이다. 『삼국유사』〈흥법〉 원종흥법염촉멸신 편이다.

진흥대왕이 즉위 5년 갑자년(544년)에 대흥륜사大興輪寺를 지었다. [『국사國史』와 향전鄕傳에 의하면 실은 **법흥왕 14년 정미년(527년)에 터를 잡고 21년 을묘년(535년)에 천경림**天鏡林**을 크게 벌목하여 처음으로 공사를 일으키고** 서까래와 대들보 모두를 그 숲에서 취해 썼기에 넉넉하고 주춧돌과 섬돌과 감실 등도 모두 있었다. **진흥왕 5년 갑자년(544년)에 완공하여** 갑자라고 한 것이다.]

眞興大王卽位五年甲子 造大興輪寺 [按國史與鄕傳 實法興王十四年丁未 始開 二十一年乙卯 大伐天鏡林 始興工 梁棟之材 皆於其林中取足 而階礎石龕 皆有之 至眞興王五年甲子]

흥륜사는 법흥왕이 527년(법흥14) 터를 잡고, 535년(법흥21) 천경림의 나무를 벌목하여 처음으로 공사를 일으키며, 진흥왕 때인 544년(진흥5)에 절을 완성한다. 『신라사초』〈법흥진왕기〉도 535년(법흥21)에 '2월. 천경림을 벌목하여 흥륜사를 창건하였다.'(二月 伐天鏡林 創興輪寺)고 적는다. 흥륜사는 절을 짓기 시작하여 완성하기까지 꼬박 12년이 소요된다. 천경림은 지금의 경주 사정동 남천^{南川} 북쪽의 언덕 일대다. 현재의 흥륜사는 조선시대 화재로 폐사가 된 이후 방치되었다가 1980년대 새로 건축한 사찰이다.

흥륜사의 규모는 『삼국유사』에 나온다. 〈흥법〉 원종흥법염촉멸신 편에는 '가람과 가람은 별처럼 벌여 있고 탑과 탑들은 기러기 행렬마냥 늘어서 있으며 법당을 세우고 범종을 매달았다.'(幷次寺寺星 張塔塔鴈行 竪法幢懸梵鏡)고 하고, 〈탑상〉 흥륜사벽화보현 편에는 불전과 불탑, 남문, 동서 좌우로 낭무(행랑) 등이 있다고 전한다. 1972년부터 2024년까지 수차례 걸쳐 부분적으로 발굴 조사하였으나, 아직까지도 전체적인 규모는 파악하지 못하고 있다. 그럼에도 왕실 주도의 대규모 불사였다는 점에서 사찰의 규모는 상당하였을 것으로 본다.

▲ 흥륜사지 금당지 발굴 [2024년]

흥륜사의 내력도 『삼국유사』에 나온다. 〈흥법〉 원종흥법염촉멸신 편에는 태청초년(547년) 양^梁사신 심호^{沈湖}가 불사리를 가져와 봉안하고, 천가6년(565년)에는 진^陳사신 유사^{劉思}가 승려 명관^{明觀}과 함께 내경을 가져와 바쳤다고 한다. 또한 〈신주〉 밀본최사 편에는 오당에 선덕여왕 때 승상 김양도^{金良圖}가 조성하여 봉안한 미륵삼존불상이 있으며, 〈흥법〉 동경흥륜사금당십성 편에는 금당에 신라 십성^{十聖}의 진흙상이 있다고 한다. 동쪽의 아도, 이차돈, 의상, 혜숙, 안함 등과 서쪽의 표훈, 원효, 자장, 혜공, 사파 등의 진흙상이다.

▲ 흥륜사 석조 [국립경주박물관]

흥륜사를 대표하는 유물은 석조와 얼굴무늬 수막새다. 석조는 너비 3.92m, 높이 1.77m 장방형으로 신라 석조 유물 중 가장 규모가 크다. 측면에는 석조에 담긴 물에 하늘이 비친다는 뜻의 '天光雲影(천광운영)' 글자가 새겨 있다. 또한 국내 유일의 미소짓는 얼굴을 기와에 조각한 얼굴무늬 수막새는 일제강점기 일본에 반출되었다가 다시 돌아온다.

특히 『삼국유사』는 흥륜사가 완성되자 법흥왕이 스스로 주지가 되어 불교를 널리 확산시키는 일에 매진하였다고 한다. 〈흥법〉 원종흥법염촉멸신 편이다.

법흥왕은 이미 폐지된 불법을 일으켜 절을 짓고 절이 완성되자 면류관을 벗고 법의를 입었으며 궁의 친척을 절의 종으로 삼았다. 그 절의 주지가 되어 몸소 불법의 교화를 널리 펼치는 일을 맡았다.
法興王旣擧廢立寺 寺成謝冕旒披方袍 施宮戚爲寺隷 主住其寺躬任弘化

영흥사 창건

영흥사興輪寺는 흥륜사 창건과 함께 건립된 사찰이다. 창건연대는 흥륜사와 마찬가지로 535년(법흥22)이다. 『삼국유사』〈흥법〉 원종흥법염촉멸신 편이다.

『책부원귀』에는 '법흥왕의 성은 모慕이고 이름은 진秦이다. 처음 흥륜사 역사를 일으켰던 을묘(535년)에 왕비(왕후) 또한 영흥사永興寺를 세웠다. 사씨史氏의 유풍을 사모하여 왕과 함께 머리를 깎고 여승이 되어 법명을 묘법妙法이라고

하고 또한 영흥사에 살더니 몇 해만에 세상을 떠났다.' 한다.
冊府元龜云姓募名秦 初興役之乙卯歲 王妃亦創永興寺 慕史氏之遺風 同王落彩爲尼 名妙法 亦住永興寺 有年而終

영흥사 창건을 주도한 인물은 법흥왕의 왕후다. 흥륜사가 법흥왕 자신이 주도하여 창건하였다면, 영흥사는 법흥왕의 왕후가 주도하여 창건한다. 또한 『삼국유사』는 이때의 왕후가 파도^{巴刀} 즉 보도^{保道}라고 설명한다.

아래는 영흥사 창건을 기록한 『신라사초』〈법흥진왕기〉다.

22년(535년) 청토 을묘 12월, 제(법흥왕)가 지궁^{地宮}, 지소^{只召}와 함께 해궁^{海宮}으로 들어갔다.
二十二年 青兎 乙卯 十二月 帝與地宮只召入海宮

23년(536년) 적룡 병진 정월, 해궁에서 조하를 받았다. 택사^{宅師}에게 영흥사^{永興寺}를 창건하라 명하였다. 7월, 영흥사가 완공되어 지궁^{地宮}과 인궁^{人宮}이 선도^{仙徒}에게 향응을 베풀었다.
二十三年 赤龍 丙辰 正月 受朝海宮 命宅師創永興寺. 七月 永興寺成 地宮人宮 享仙徒

『삼국유사』 기록과 다른 점은 영흥사 창건을 주도한 왕후의 실체다. 지궁^{地宮}이다. 당시 지궁은 보도가 아닌 옥진^{玉珍}(오도+아시)이다. 보도왕후는 영흥사 창건 8년 전인 528년 이미 사망한다. 흥륜사가 창건(535년 2월)된 그해 12월 법흥왕은 옥진왕후와 함께 해궁(*경주 성동 전랑지)에 머무르며 영흥사 창건을 결심하고, 이듬해(536년) 정월 신료들로부터 조회를 받으며 영흥사 창건을 지시한다. 그리고 7월 영흥사가 완공되자 지궁 옥진왕후는 선도들에게 향응을 베푼다.

결과적으로 『삼국유사』가 영흥사 창건을 주도한 왕후를 보도로 설정한 것은 명백한 오류다. 일연 역시 김부식과 마찬가지로 법흥왕의 왕후를 보도 한 사람으로 이해하였기 때문이다.

▲ 영흥사지 초석 [국립경주박물관]

영흥사는 지금의 경주 사정동 경주공업고등학교 자리다. 남천(문천), 서천(인천), 충효천(모량천)이 만나는 지점에 위치하여 삼천기三川岐로 불린 곳이다. 영흥사의 규모에 대해서 별도로 전하는 기록은 없다. 그럼에도 경주공업고등학교에서 수습한 건물들의 초석은 영흥사의 가람 규모가 흥륜사 못지 않게 상당하다는 것을 보여주고 있다. 영흥사는 경주 시내에 건립된 칠처가람七處伽藍의 하나로 당당히 자리매김한다.

> **칠처가람은 경주에 소재한 7개의 전불시대**(前佛時代, 석가모니를 비롯한 과거 칠불 시대) **사찰터다.** ① 금교(金橋) 동쪽 천경림(天鏡林) : 지금의 **흥륜사**, ② 삼천기(三川岐) : 지금의 **영흥사**, ③ 용궁(龍宮) 남쪽 : 지금의 **황룡사**, ④ 용궁 북쪽 : 지금의 **분황사**, ⑤ 사천(沙川)의 끝 : 지금의 **영묘사**, ⑥ 신유림(神遊林) : 지금의 **천왕사**, ⑦ 서청전(婿請田) : 지금의 **담엄사** 등이다.

흥륜사는 법흥왕이 창건한 사찰이고, 영흥사는 법흥왕의 왕후 옥진이 창건한 사찰이다.

| 금관가라 흡수 |

법흥왕은 532년(법흥19) 금관가라(경남 김해)를 복속시키고 그 땅을 신라의 군현으로 삼는다. 이로서 42년 김수로왕에 의해 건국된 금관가라는 490년간의 기나긴 장정을 끝내고, 532년 역사의 장을 마감한다.

▲《김수로왕릉비》태양문 [경남 김해]

구해왕과 구형왕은 형제관계

금관가라의 마지막 왕은 누구일까? 『삼국사기』 법흥왕이다.

> 19년(532년) 금관국 왕 김구해(金仇亥)가 왕비와 세 아들인 맏아들 노종(奴宗), 둘째 아들 무덕(武德), 막내 아들 무력(武力)과 더불어 자기 나라의 보물을 가지고 항복하였다. 왕이 예를 갖추어 대접하고 상등(上等)의 직위를 주었으며, 본래의 나라를 식읍으로 삼게 하였다.
> 十九年 金官國主金仇亥 與妃及三子 長曰奴宗仲曰武德季曰武力 以國帑寶物 來降 王禮待之 授位上等 以本國爲食邑

마지막 왕은 구해(仇亥)왕이다. 아들은 노종(奴宗), 무덕(武德), 무력(武力)이다. 이에 반해 『삼국유사』는 마지막 왕을 구형(仇衡)왕으로 소개한다. 〈기이〉 가락국기 편이다.

> 구형왕 … 왕비는 분질수이질(分叱水爾叱) 딸 계화(桂花)로 세 아들을 낳았다. 첫째는 세종(世宗) 각간, 둘째는 무도(茂刀) 각간, 셋째는 무득(茂得) 각간이다.
> 仇衡王 … 王妃分叱水爾叱女桂花 生三子 一世宗角干 二茂刀角干 三茂得角干

아들은 세종世宗, 무도茂刀, 무득茂得이다. 그렇다면 구해왕과 구형왕은 동일인일까? 그런데 『고구려사략』은 구형왕과 구해왕이 형제라고 설명한다. 〈안원대제기〉(23대 안원왕)다.

임자 대장2년(532년) 춘정월, 원종原宗(법흥왕)이 구형仇衡을 폐하고 구형의 동생 구해仇亥를 세우더니 종당에는 그 나라를 빼앗아 자기 나라(신라)의 군과 현으로 만들었다. 그러나 가야(금관가라)의 제 족속들이 불복하여 화가 그칠 날이 없었다.
壬子 大藏二年 春正月 原宗廢仇衡而 立衡弟仇亥 尋奪之以其國爲郡縣 然加耶 諸族不服 禍不絶焉

특히 법흥왕은 532년(법흥19) 구형을 폐하고, 구해를 왕으로 세운 뒤 아예 금관가라를 병합한다. 마찬가지로 「가락국태조릉숭선전비」도 구형과 구해가 다르다고 설명한다. '(구형왕이) 동생인 구해仇亥에게 양위하고 태자와 비빈을 인솔하여 제기와 문물을 가지고 방장산 태왕궁에 은거하였다.'(讓位於王弟仇亥 率太子妃嬪 抱祭器文物 遯于方丈山中太王宮) 특히 구형왕은 구해에게 왕위를 물려주고 방장산으로 들어가 은거한다.

▲ 傳구형왕릉 [경남 산청]

경남 산청 금서면에는 「傳구형왕릉」으로 알려진 돌무덤이 하나 있다. 이 무덤은 일반적인 봉토형 무덤과는 달리 경사진 산비탈면에 조성된 계단형 돌무덤이다. 전면은 7단의 계단이고(전체높이 7.15m), 후면은 각 계단을 비탈면에 연결된 형태다. 정상부는 타원의 반구형이다. 특히 전면 4단에는 폭 0.4m, 높이 0.4m, 깊이 0.68m의 감실이 설치되어 있으며, 돌무덤 주위로는 높이 1m 내외의 돌담을 쌓여 있다. 돌무덤 전면 중앙에는 「駕洛國讓王陵(가락국양왕릉)」의 문구가 새겨진 비석이 있다. 양왕讓王은 구형왕을 가리킨다. 또한 무덤 앞에는 상석과 석등, 좌우에는 문인석, 무인석, 석수石獸 등이 위치한다. 돌무덤의 용도에 대해서는 단순히 제사시설로 보는 견해도 있으나, 일반적으로 제사시설을 겸한 왕릉으로 본다.

> 왕릉의 근거는 『동국여지승람』 산음현(山陰縣) 산천조에 '왕산(王山)이 있다. 현의 40리 산중에 돌로 쌓은 구릉이 있는데 4면에 모두 층급이 있다. 세속에는 왕릉이라 전한다'는 기록이다. 구형왕릉으로 왕명(王名)을 붙인 기록은 홍의영(洪儀永)의 『왕산심릉기(王山尋陵記)』다.

만약 돌무덤이 구형왕릉이 맞다면 금관가라 구형왕이 경남 산청의 왕산(*방장산) 산중에 무덤을 쓴 이유를 알아야 한다. 혹여 법흥왕에 의해 폐위된 구형왕은 따르던 무리를 이끌고 이곳 산청지역으로 피신한 것은 아닐까? 이후 사망하여 제사시설을 겸한 돌무덤이 만들어진 것으로 보인다.

구형왕과 구해왕의 아들 3형제

구형왕과 구해왕이 동일인이 아니므로 두 왕의 아들 3형제는 또 어떤 관계일까? 동일인일까? 동일인이 아닐까?

『신라사초』 기록에 3형제 관계가 명확히 나온다. 정리하면 이렇다. 금관가라 겸지鉗知(9대)왕은 492년 신라 출신 숙희淑姬(출중 각간의 딸)를 왕비로 맞아들이며, 구형과 구해(502년)를 낳는다. 이후 숙희가 사망하자 518년 신라 출신 계화桂花(납수 딸)를 왕비로 맞이한다. 그러나 521년 4월 겸지왕은 사망하고, 6월 법흥왕은 융취와 이등을 금관가라에 보내 겸지왕의 아들 구형왕을 옹립한다. 또한 7월 계화가 사망한 겸지왕의 아들 세종世宗을 낳으며, 9월 계화는 구형왕의 왕비가 된다. 이후 계화는 구형왕의 아들 무력武力(524년)과 무덕武德(527년)을 잇따라 낳는다. 무력이 형이고, 무덕이 동생이다. 그리고 531년 8월 구형왕과 계화는 신라에 입조한다. 아마도 이때 법흥왕은 어떤 사유로 구형왕을 문책하고 퇴위시킨 것으로 보인다. 그리고 이듬해인 532년 3월 구해왕은 금관가라를 통째로 신라에 바친다.

『신라사초』 기록을 통해 몇 가지 사실 관계가 확인된다. 먼저 구형왕의 경우는 첫째 아들 세종이 아버지 겸지왕의 아들이라는 점과 계화가 과거 겸지왕의 왕비였다는 점이다. 또한 계화가 낳은 구형왕의 아들 무력과 무덕은 형제 관계가 뒤바뀐다. 무력이 형이고, 무덕이 동생이다. 구해왕의 경우는 아들 노종이 따로 있다는 점이다.

이를 정리하면 금관가라가 신라에 복속될 때 인원은 구해왕과 왕비, 아들 셋은 구해왕의 아들 첫째 노종, 구형왕의 아들 둘째 무력(9세)과 셋째 무덕(6세)으로 정리할 수 있다. 『신라사초』 기록에 의거하여 『삼국사기』 구해왕과 『삼국유사』 구형왕을 연결한 결과다.

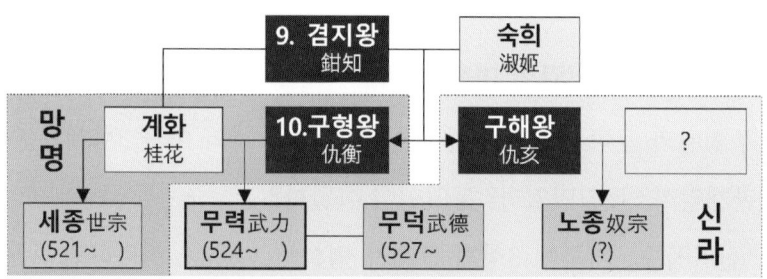

▲ 금관가라 겸지왕, 구형왕, 구해왕 관계도

금관가라계 장군 무력

특히 3형제 중 둘째 무력武力은 중요 인물이다. 무력은 금관가라계가 신라사회에 정착하는데 절대적인 기여를 한다. 550년 이사부의 부관으로서 단양 적성 전투에 참여하며, 고구려의 한강 유역 공략에 공을 세운다. 이후 553년 7월 신라가 차지한 한강 유역에 설치된 신주新州의 도지 사격인 군주가 되며, 이듬해인 554년 백제와의 대결에서 신주 병력을 이끌고 남하하여 관산성 전투에서 성왕을 전사시키는 데 결정적인 역할을 한다. 이러한 공으로 무력은 초고속 승진을 한다. 신주 군주에 임명될 당시 무력의 관등은 아찬(6관등)이며, 관산성 전투 이후 무력은 잡찬(3관등)에 임명된다. 이는《진흥왕순수비》비문에서 정확히 확인된다. 특히『삼국유사』에는 무력의 직위를 각간으로 기록하고 있어, 이후 이벌찬(1관등)까지 승진한 것으로 보인다.

무력은 신라 왕실 여성과 2번의 혼인을 한다. 첫째 부인 박씨는 법흥왕의 왕후 보도保道의 여동생이며, 둘째 부인 아양阿陽공주는 진흥왕과 사도思道왕후 사이의 딸이다. 그녀가 낳은 아들이 김서현이며, 또 그 아들이 우리가 잘 아는 김유신이다.

▲ 무력 무덤 [경남 양산 영춘산]

아래는『삼국유사』〈기이〉 가락국기 편에 수록된 금관가라 왕력이다.

대	왕	재위기간	왕후
1	수로首露	42~199 (158)	허황옥許黃玉 - 아유타 공주
2	거등居登	199~253 (55)	모정慕貞 - 천부경 신보 딸
3	마품麻品	253~291 (39)	호구好仇 - 종정감 조광 손녀
4	거질미居叱彌	291~346 (55)	아지阿志 - 아궁아간 손녀
5	이시품伊尸品	346~407 (62)	정신貞信 - 사농경 극충 딸
6	좌지坐知	407~421 (15)	복수福壽 - 도령 대아간 딸
7	취희吹希	421~451 (31)	인덕仁德 - 진사 각간 딸
8	질지銍知	451~492 (42)	방원邦媛 - 김상 사간 딸
9	겸지鉗知	492~521 (30)	숙희淑姬 - 출충 각간 딸
10	구형仇衡	521~532 (12)	계화桂花 - 납수 딸

금관가라는 김무력, 김유신 등 후손에 의해 다시금 부활한다.

| 《울주 천전리 각석》 명문의 비밀코드 |

경남 울산시 울주군에는 암각화가 2개 있다. 태화강 지류인 대곡천 상류의 「울주 천전리 암각화」와 대곡천 하류의 「울주 대곡리 반구대 암각화」다. 두 암각화는 선사시대의 동심원, 다이아몬드 등 기하학적 문양과 고래, 사슴 등 다양한 동물상을 담고 있다. 「울주 천전리 암각화」의 암벽은 넓이 9.5m, 높이 2.7m의 직사각형이다. 시기적으로 선사시대와 신라시대로 구분된다. 선사시대 그림은 상단부에, 신라시대 그림은 하단부에 위치한다. 특히 하단부에는 그림 뿐만 아니라 800여 자의 명문이 새겨 있다. 그래서 《울주 천전리 각석》으로도 불린다.

▲ 「울주 천전리 암각화」 탁본

명문의 하이라이트 원명과 추명

명문은 크게 제명題銘, 원명原銘, 추명追銘 등으로 구분한다. 제명은 이곳을 방문한 귀족, 승려, 화랑 등 각기 다른 다양한 계층의 이름과 방문 날짜, 사실 등을 새긴 것으로 일종의 방문록이다.

명문의 하이라이트는 사각형의 외곽선 안쪽에 새긴 300여 자를 새긴 원명과 추명이다. 원명은 을사년(525년, 법흥12)에 이곳을 방문한 사부지徙夫知갈문왕의 기록이고, 추명은 기미년(539년, 법흥26)에 이곳을 방문한 지몰시혜只汝尸兮비의 기록이다. 두 기록은 내용상으로 연결되어 이전의 방문 기록을 원명이라고 하고 이후의 방문 기록을 추명이라 한다.

원명은 일부 글자가 마모되었으나 12열 113자는 판독이 가능하다. 내용은 을사년(525년)에 처음 이곳을 방문한 사훼부의 사부지갈문왕 기록이다.

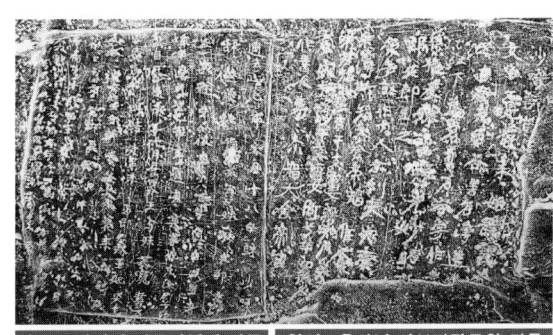

추명 : 기미년 지몰시혜비 기록 원명 : 을사년 사부지갈문왕 기록

▲ 울주 천전리 각석 원명(右)과 추명(左)

乙巳▨ 沙喙部葛文王覓遊來始淂見谷▨之 古谷无名谷善石淂造書乙以下爲名書石谷字作之 幷遊友妹麗德光妙於史鄒女郎王之 原多煞 作功人介利夫智奈▨悉淂斯智大舍帝智 作食人榮知智壹吉干支妻居知尸奚夫人眞宍智沙干支妻阿兮牟弘夫人 作書人慕介智大舍帝智

을사년(525년)에 사훼부 사부지^{徙夫知}갈문왕이 놀러 찾아와서 처음으로 골짜기를 보았다. 오래된 골짜기고 이름이 없어 **서석곡**書石谷이라 이름 **짓고 좋은 돌을 얻어 글자를 새겼다**. 함께 놀러 온 사람은 **누이**인 여덕광묘麗德光妙한 **어사추여랑**於史鄒女郎왕이다. 여러 사람이 호종한 바 작공인作功人은 이리부지介利夫智 내마와 실득사지悉淂斯智 대사 제지다. 작식인作食人은 영지지榮知智 일길간지의 처인 거지시혜居知尸奚부인과 진육지眞宍智 사간지의 처인 아혜모홍阿兮牟弘부인이다. 작서인作書人은 모이지慕介智 대사 제지다.

사부지갈문왕이 이곳을 서석곡이라 이름 짓고, 누이와 어사추여랑^{於史鄒安郎} 등 3명이 함께 온 사실을 소개한다. 또한 이때 호종해 온 행차를 준비한 사람作功人, 밥을 지은 사람作食人, 글자를 새긴 사람作書人의 소속과 직책, 이름 등을 구체적으로 기록한다.

추명은 11열 187자다. 내용은 원명의 연장선으로 기묘년(439년)에 방문한 사부지갈문왕의 비(부인) 지몰시혜의 기록이다.

> 過去 乙巳年六月十八日昧 沙喙部徙夫知葛文王 妹於史鄒女郎三共遊來 以後今年八巳年 過去妹王考妹王過人 丁巳年王過去 其王妃只沒尸兮妃愛自思 己未年七月三日 其王与妹共見書石叱見來谷 此時共三來 另卽知大王妃夫乞支妃 徙夫知王子郎深麥夫知共來 時作功臣 喙部知礼夫知沙干支 ▨泊六知 居伐干支 禮臣丁乙尒知知奈麻 作食人 眞宍智波珎干支婦何兮牟呼夫人 尒夫知居伐干支婦 一利等次夫人 居礼次▨干支婦沙爻功夫人 分共作之
>
> 과거 을사년(525년) 6월 18일 새벽에 사훼부 사부지徙夫知갈문왕이 누이 어사추여랑왕과 함께 놀러 온 이후로 금년은 팔사八巳년(?)이다. 과거의 누이왕을 생각하니 누이왕은 과거(죽은) 사람이다. 정사년(537년)에 사부지갈문왕도 과거가 되었다(죽었다). 그의 왕비 지몰시혜只沒尸兮비가 사부지갈문왕을 그리워하다가 기미년(539년) 7월 3일에 그의 왕이 그 누이와 함께 와서 글을 써놓은 바위를 보기 위해 골짜기를 찾아왔다. 이때 세 사람이 함께 왔는데 무즉지另卽知대왕의 비 부걸지夫乞支비와 사부지갈문왕의 왕자 심맥부지深麥夫知가 함께 오다. 이때 작공신作功臣은 훼부 지례부지知礼夫知 사간지와 ▨박육지泊六知 거벌간지며 예신禮臣은 정을이지丁乙尒知 나마다. 작식인作食人은 진육지眞宍知 파진간지 아내 아혜모호阿兮牟呼부인과 이부지尒夫知 거벌간지 아내 일리등차一利等次부인과 거례차居礼次 ▨간지 아내 사효공沙爻功부인이 나누어 함께 지었다.

추명은 먼저 원명에 기록된 을사년(525년)의 사부지갈문왕과 누이 어사추어랑의 방문 사실을 환기시킨다. 그리고 어사추어랑과 사부지갈문왕의 죽음도 전하며, 이어 사부지갈문왕의 부인 지몰시혜가 죽은 남편을 그리워하며 기미년(539년)에 방문한 사실도 밝힌다. 이때 지몰시혜와 함께 온 사람은 무즉지태왕의 왕비 부걸지와 사부지갈문왕의 아들 심맥부지다. 또한 원명의 경우와 마찬가지로 세 사람을 호종해와 글을 새기고 밥을 지은 사람의 소속과 직책, 이름 등을 적는다.

원명(原銘)과 추명(追銘)의 등장인물 역학관계

원명과 추명에 등장하는 인물의 이름이 신라식 한자 표기여서 다소 어렵다. 이를 문헌 기록에 나오는 한자 이름으로 치환하면 이렇다.

먼저 원명의 주인공인 사부지갈문왕은 입종立宗갈문왕이며, 입종갈문왕의 누이 어사추여랑은 보현普賢공주를 말한다. 다음 추명의 주인공인 지몰시혜는 지소只召부인이다. 법흥왕의 딸인 지소는 작은 아버지 입종갈문왕과 혼인하여 진흥왕을 낳는다. 또한 지소부인과 함께 온 무즉지태왕(법흥왕)의 왕비 부걸지는 법흥왕의 왕후 벽화碧花다. 또 한 사람 입종갈문왕의 아들 심맥부지는 당연히 지소부인이 낳은 진흥왕이다.

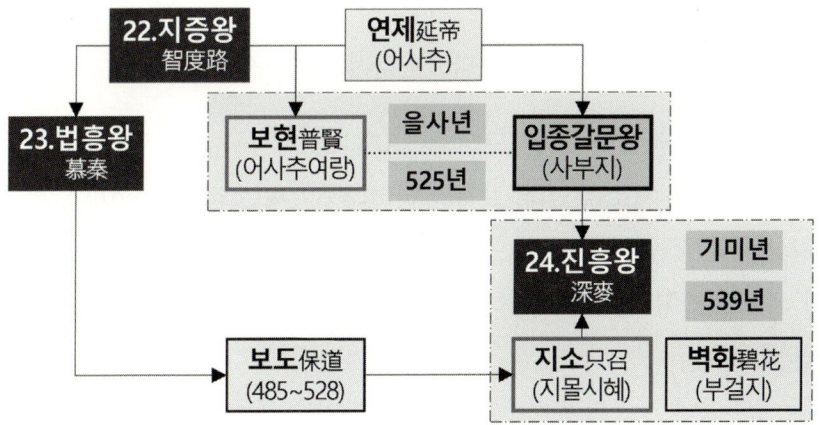

▲ 울주 천전리 각석의 등장인물 관계도

「울주 천전리 각석」은 진흥왕의 생모 지몰시혜(지소)가 죽은 남편 사부지(입종)갈문왕을 그리워하며 추념追念하는 방문 기록이다.

| 백제 공주 보옥과 보과 |

백제 왕실의 공주가 신라 왕과 혼인한 사례가 있다. 『삼국사기』, 『삼국유사』 기록에는 나오지 않지만 『신라사초』 기록에는 더러 나온다. 대표적인 사례가 눌지왕과 백제 비유왕(20대) 사이에 체결된 나제동맹시 눌지왕에게 시집온 비유왕의 여동생 소시매蘇時昧 공주다. 이외에도 개로왕(21대)의 딸 보옥宝玉 공주와 동성왕(24대)의 딸 보과宝果 공주가 있다.

개로왕의 딸 보옥공주

먼저 개로왕의 딸 보옥공주다. 『신라사초』〈소지명왕기〉다.

> 원년(479년) 토양 기미 11월, 모대(동성왕)가 개로盖鹵(개로왕)의 딸 보옥宝玉을 아진종阿珍宗의 처로 주었다. 보옥의 어머니 진眞씨는 장군 집안이다. 부여에서는 장군 집안이 아니면 신하로 삼지 않는다는 말이 있다. … **보옥은 키가 크고 예쁘며 정숙하고 엄하지만 큰 도량을 가져 나라사람들이 그녀를 좋아하였다.**
> 元年 土羊 己未 十一月 牟大以盖鹵女宝玉妻阿珍宗 宝玉母眞氏將種也 扶余有言 不借將種 其臣有不肯 … 宝玉身長而美靜嚴有大度 國人嘉之

보옥공주는 백제 개로왕의 후궁 진씨가 낳은 딸이다. 출생 시기는 정확히 알 수 없으나 개로왕의 재위 기간(455~475)을 감안하면 대략 460년 전후로 추정된다. 보옥공주는 479년(소지1) 동성왕의 즉위 축하사절단 대표로 백제를 방문한 아찬(6관등) 아진종阿珍宗과 혼인한다. 아진종(451~511)은 복호(보해)의 아들 습보習寶와 미사흔(미해)의 딸 보량寶梁 사이에서 태어난 내물왕 계열의 로얄패밀리다.

아진종과 혼인하여 신라로 건너온 보옥공주는 484년(소지6) 태종苔宗

을 낳는다. 태종은 지증왕 때 우산국을 정벌(512년)한 이사부의 또 다른 이름이다. 이사부를 낳고 길러낸 여성이 바로 보옥공주다. 이사부의 무장 기질은 외가쪽으로부터 받은 형질이다. 이후 보옥공주는 아들 태송苔松과 딸 태옥苔玉을 낳는다. 태옥은 509년(지증10) 신라 화랑의 전신인 원화源花에 오른다. 특히 보옥공주는 488년(소지10) 소지왕의 월궁(제5왕후)이 되며, 505년(지증6) 지증왕의 딸 보랑宝浪을 낳는다.

보옥공주는 521년(법흥8) 사망한다.『신라사초』〈법흥진왕기〉다.

8년(521년) 금우 신축 10월, 보옥宝玉공주가 훙하여 일품권처의 예로 장례를 치뤘다. 보옥은 개로의 딸로 비처(소지왕), 지증(지증왕)과 제(법흥왕)를 섬기며 모두에게 총애를 받았다. 아들 태종苔宗(이사부)은 나아가서는 장군이요 들어와서는 재상이니 나라의 주석이 되었다. 제가 친히 장례에 임하여 의복을 벗어 무덤방에 매납하고 그녀를 보냈다.

八年 金牛 辛丑 十月 宝玉公主薨 一品權妻禮葬之 宝玉以盖鹵女 事毗處智證 及帝皆有寵 有子苔宗出將入相爲國柱石 故帝親臨其葬 脫衣納壙 而送之

보옥공주의 사망시 나이는 대략 60세 전후로 추정된다. 법흥왕은 보옥공주의 장례를 일품권처의 예로 치르며, 왕의 의복을 무덤방에 매납한다.

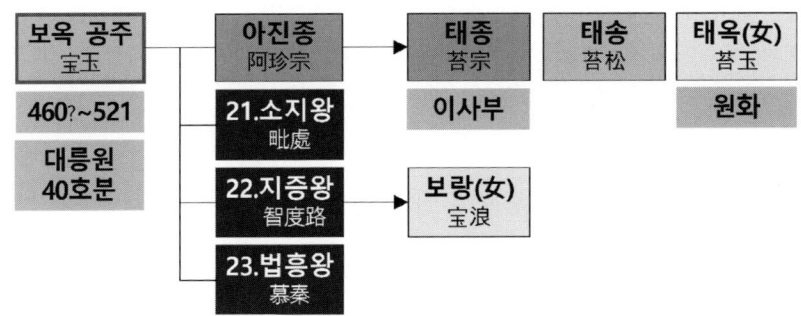

▲ 보옥공주 남편과 자녀 관계도

개로왕의 딸 백제 보옥공주는 맹장 이사부異斯夫(태종)의 어머니다.

동성왕의 딸 보과공주

다음은 동성왕의 딸 보과공주다.『신라사초』〈법흥진왕기〉다.

10년(523년) 현토 계유 6월, 보과(宝果)공주가 우리에게로 도망와서 귀의하였다. 홍기(洪器)에게 명하여 맞이하였다. 7월, 제(법흥왕)가 양궁(凉宮)에서 보과와 함께 즐겼다.
十年 玄兎 癸卯 六月 宝果公主逃 歸于我 命洪器迎之 七月 帝享宝果 于凉宮

보과공주는 523년(법흥10) 신라로 망명한다. 망명 사유가『신라사초』에 나온다. 망명 한 해 전인 522년(법흥9) 백제는 무령왕에서 성왕으로 왕위가 넘어간다. 서자인 성왕이 아버지 무령왕을 독살하고 왕위를 승계한다. 망명 당시 보과의 나이는 39세(485년 출생)다. 아마도 백제에서 이미 혼인하여 남편이 있었을 것이며, 성왕의 왕위 승계에 반발한 남편이 숙청당하면서 보과 역시 생명의 위협을 피해 정치적 망명을 선택한 것으로 보인다. 이는 망명 2년 후인 525년(법흥12) 백제 성왕이 법흥왕에게 보과공주를 돌려달라 요구한 사실에서 확인된다.

> 『화랑세기』〈필사본〉 모랑(3대 풍월주). '이전에 **법흥대왕이 국공(國公)으로서 백제에 들어갔다가 백제 보과공주와 사사로움이 있었는**바 후에 보과가 백제에서 도망하여 궁으로 들어와서 남모와 모랑을 낳았는데 모두 미색이 있었다.'(先是法興大王 以國公入百濟 與宝果公主有私 後宝果逃故入宮 生南毛毛郎 皆有美色)『화랑세기』는 법흥왕과 보과공주 사이에 이미 백제에서 사사로움이 있었다고 설명한다.

아래는 보과공주가 법흥왕의 딸을 낳은 기록이다.『신라사초』〈법흥진왕기〉다.

11년(524년) 청룡 갑진 8월, 보과(宝果)가 제(법흥왕)의 딸 남모(南毛)를 낳아 제가 아기를 씻기고 말하길 "너는 마흔에 나의 딸을 낳았으니 이 또한 천명일 것이다. 즐겁지 않겠는가?" 하니 보과가 감읍하여 제를 안고 아들 낳기를 빌었다.
十一年 青龍 甲辰 八月 宝果生帝女南毛 帝洗之曰 汝以四十生吾女 亦天命也 可不樂乎 宝果感泣 抱帝禱子

보과는 524년(법흥11) 남모南毛를 낳는다. 남모는 훗날 화랑의 전신인 원화源花가 되며, 남모의 아름다움을 시샘한 또 다른 원화 준정俊貞에 의해 물속으로 던져져 죽음을 맞는다. 남모의 미모는 보과공주의 유전자일 것이다. 이후 보과는 2년 후인 526년(법흥13) 원하던 바대로 아들 모랑毛郞(3대 풍월주, 526~555)을 낳는다. 또한 2년 후인 528년(법흥15)에는 딸 운모를 낳는다. 보과는 40대 초반 나이에 법흥왕의 아들과 딸을 연이어 낳는다. 특히 법흥왕은 527년(법흥14) 보과궁을 따로 만들어 머물게 하며 남다른 애정을 과시한다.

보과공주는 539년(법흥26) 사망한다. 『신라사초』〈법흥진왕기〉다.

26년(539년) 황양 기미 7월, 보과宝果궁주가 훙하였다. 궁주가 말하길 "제가 몸이 편찮으시니 시중을 게을리 해서는 안된다." 하며 **밤을 세워 계속 기도하다 마침내 제**(법흥왕)**의 병이 전염되어 설사로 훙하였다.** 제가 이를 애통해하며 이르길 "비록 나의 처가 많으나 당신 같은 이는 없다." 하였다. 궁주가 말하길 "세세토록 부부가 되기를 원하여 정을 다하고자 했으나 아직 다하지 못했습니다." 하니 제가 이를 허락하고 의복을 벗어 바꾸며 말하길 "짐은 마땅히 당신을 따를 것이다." 하였다. **궁주가 빙그레 웃으며 붕하니 천궁**天宮**의 예로 장례토록 하였다.**
二十六年 黃羊 己未 七月 宝果宮主薨 主曰 帝不豫 侍側不懈 盡以繼夜 禱以身代 竟染帝疾 瀉痢而薨 帝痛哀之曰 吾妻雖多 無如汝也 主曰 願世世爲夫婦 以盡未盡之情 帝許之 脫衣換之曰 朕當從汝 主莞而崩 乃以天宮禮葬

보과공주는 법흥왕의 병이 전염되어 설사로 사망한다. 아마도 법흥왕의 병은 어떤 세균 감염으로 보인다. 사망 당시 보과의 나이는 55세다. 법흥왕은 천궁(제1왕후)의 예로 장사지낸다.

> 아이러니컬하게도 보과공주의 아들 모랑도 병으로 객사한다. 나이 30세다. 『화랑세기』〈필사본〉 이화랑(4대 풍월주). '개국5년(555년) 모랑(毛郎)공이 비사벌(比斯伐, 경남 창원)을 여행하다가 병을 얻어 길에서 죽었다.'(開國五年 毛郎公遊比斯伐 得疾途卒)

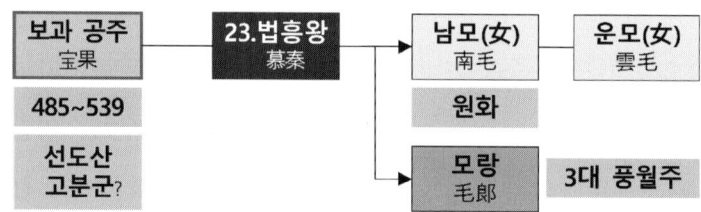

▲ 보과공주 자녀 관계도

동성왕의 딸 백제 보과공주는 원화 남모南毛의 어머니다.

법흥왕릉을 찾아서

법흥왕릉은 조선 영조 때(1730년경) 경주 김씨 문중에서 비정한 선도산 서쪽 능선 자락(효현동 산63번지)에 위치한 지름 12m, 높이 4m의 원형봉토분이다. 傳법흥왕릉이다. 이 무덤을 법흥왕릉으로 보는 근거는 『삼국사기』와 『삼국유사』의 '애공사哀公寺 북쪽에 있다.'(哀公寺北峯)는 기록에 따른

▲ 傳법흥왕릉 [경주 효현동]

다. 또한 기록의 애공사를 무덤에서 동쪽으로 0.7km 거리에 있는 효현동 3층석탑이 소재한 주변일대(효현동 419-1번지)로 본다. 그러나 3층석탑이 소재한 곳을 설령 애공사로 보더라도 법흥왕릉은 애공사 북쪽이 아닌 동쪽에 위치하여 『삼국사기』와 『삼국유사』 기록과는 맞지 않는다. 한마디로 지금의 傳법흥왕릉은 결코 법흥왕릉이 될 수 없다.

그래서 실제 법흥왕릉의 대안으로 「서악동고분군」의 무덤들을 주목한다. 서악동고분군은 傳법흥왕릉에서 동쪽으로 직선거리 1.9km 떨어져 있다.

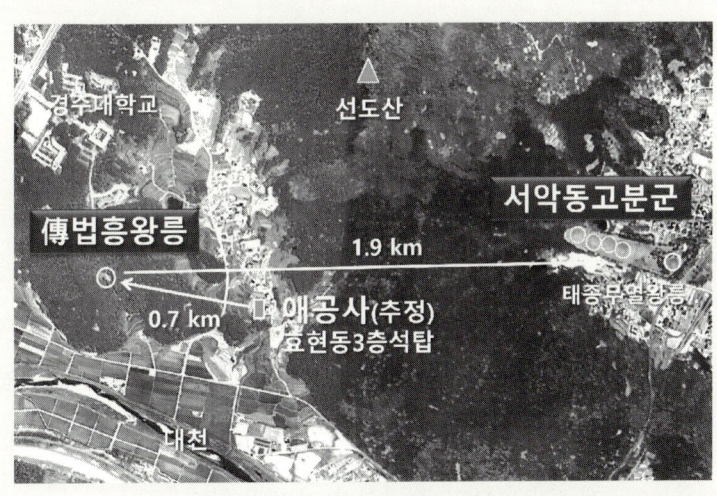
▲ 傳법흥왕릉과 서악동고분군 거리 비교

서악동고분군 주목

서악동고분군은 선도산에서 서남쪽으로 뻗은 능선상에 소재한 4기의 대형무덤을 가리킨다. 무덤 양식은 모두 원형봉토분이다. 4기 무덤은 능선의 가장 위쪽부터 아래쪽 방향으로 고분의 번호를 매긴다. 주요 재원이다.

고분	크기(m)	
	지름	높이
1호분	50.2	13.2
2호분	47.0	12.2
3호분	52.1	13.5
4호분	64.0	18.1

무덤의 크기는 가장 아래에 있는 4호분이 가장 크며, 이어 3호분, 1호분, 2호분 순이다. 또한 무덤 배치를 보면 아래쪽의 2호분, 3호분, 4호분 등 3기와 가장 위쪽의 1호분은 거리상으로 약간 동떨어져 있다. 아래쪽 3기는 비슷한 시기에 조성된 무덤이다 그렇다면 4기 무덤 중에 실제 법흥왕릉이 있을까? 있다면 어느 무덤일까?

법흥왕릉의 문헌 기록

『삼국사기』와 『삼국유사』 공히 법흥왕릉이 '애공사^{哀公寺} 북쪽에 있다.'고 기록한다. 애공사의 위치가 법흥왕릉을 찾는 열쇠다. 그러나 설사 애공사의 위치를 안다고 할지라도 4기 무덤이 동일한 장소에 소재하기 때문에 4기 무덤 중에서 법흥왕릉을 명확히 지정하는 것은 또 다른 문제가 될 수 있다. 다시 말해 애공사 위치와 상관없이 법흥왕릉은 순수하게 4기의 무덤 중에서 찾아야만 한다.

『신라사초』〈법흥진왕기〉의 법흥왕의 죽음과 무덤에 대한 기록이다.

> 27년(540년) 금신 경신 7월, … 꿈에 심심尋尋부인이 검은 소에 걸터앉아 타고 와서 태우려 하니 제(법흥왕)가 이를 밀치다 땅에 크게 떨어졌다. 천궁(지소)이 놀라서 제를 껴안으니 신음하며 병을 얻었다. 궁으로 돌아와 붕하니 춘추 61세. … 9월 3일 제(법흥왕)를 보도릉保道陵에 장사지냈다. 묘(사당)를 세워 법흥法興이라 하고 대제를 지냈다.
>
> 二十七年 金神 庚申 七月 … 夢尋尋夫人 跨黑牛 而來掠帝 而帝拂之 落地大呼 天宮驚抱之 有呻吟 良久得疾 還宮而崩 春秋六十一 … 九月 三日 葬帝于 保道陵 立廟曰法興 行大祭

법흥왕은 어머니 보도保道의 릉에 장사지낸다. 이 표현은 둘 중의 하나를 말한다. 무덤 옆에 연접하여 표형의 무덤을 만드는 경우와 무덤 옆에 따로 무덤을 만드는 경우다. 법흥왕의 경우는 후자다. 그렇다면 보도 릉은 어디에 있을까? 『신라사초』〈법흥진왕기〉다.

> 15년(528년) 황원 무신 7월, 보도保道황후가 붕하였다. 후는 선혜善兮의 딸이다. 성덕이 있어 질투하지 않고 음란하지 않았다. 오로지 신을 숭상하고 선을 받드는 일을 즐거움으로 하였다. … 이에 후가 제(법흥왕)를 안고 구슬같은 눈물을 흘리다 붕하니 제가 숨진 것을 애통해 하였다. 선무仙巫에게 대수大壽를 명하고 천궁의 예로 장사지내며 무덤광에 의복을 매납하였다. 8월, 보도묘(사당)를 세우고 대제를 지냈다.
>
> 十五年 黃猿 戊申 七月 保道皇后崩 后以善兮女 有聖德不妬不淫 唯以崇神 奉仙爲樂 … 后乃抱帝珠淚湧出而崩 帝哀之切 命仙巫大壽 葬以天宮禮 納衣于壙 八月 立保刀廟 行大祭

법흥왕의 어머니 보도는 법흥왕보다 12년 앞선 528년(법흥15)에 사망한다. 다만 기록은 무덤 장소를 지정하지 않고 있다.

법흥왕릉은 서악동고분군 4호분

▲ 서악동고분군 무덤주인

『신라사초』 기록을 통해 법흥왕의 무덤을 특정할 수 있다. 법흥왕릉은 4호분이며, 3호분은 보도왕후릉이다. 특히 1995년 조사를 통해 4호분과 3호분의 좌측 밭에서 건물지의 흔적(*초석)을 일부 확인한다. 바로 기록의 법흥묘(사당)와 보도묘다.

4호분(법흥왕릉)은 2022년 태풍 힌남도의 영향으로 봉분 일부가 무너져 내린다. 그런데 봉분은 겉만 봉토일 뿐 봉토 밑은 전부 돌무지다. 지금까지 우리 고고학은 4호분을 비롯하여 서악동고분군의 무덤을 봉토석실분으로 인식해왔다. 그러나 돌무지의 존재로 이 무덤들도 대릉원의 무덤들과 마찬가지로 적석목곽분(돌무지덧널무덤)일 가능성이 높다.

그런데 남은 1호분과 2호분은 누구의 무덤일까? 두 무덤은 3호분, 4호분과 어떤 관계가 있을까?

정복군주 진흥왕

진흥왕^{眞興王}(24대)은 신라를 대표하는 정복군주다. 또한 불교의 전륜성왕^{轉輪聖王}이다. 이름은 삼맥종^{彡麥宗}, 삼모진^{彡慕珍}, 심맥부^{深麥夫}다. 재위 기간은 540년부터 576년까지 37년간이다. 아버지는 법흥왕의 동생 입종^{立宗}갈문왕이며, 어머니는 법흥왕의 딸 지소^{只召}다. 왕후는 각간 영실^{英失}의 딸 사도^{思道}다. 연호는 개국^{開國}(551~567), 대창^{大昌}(568~571), 홍제^{鴻濟}(572~584) 등을 사용한다.

▲ 치미 [경주 황룡사지]

진흥왕 아버지 논란

진흥왕은 534년(법흥21) 출생한다. 『신라사초』〈법흥진왕기〉다.

> 21년(534년) 청호 갑인 4월, 지소^{只召}가 아들 삼모진^{彡慕珍}을 낳아 제(법흥왕)가 아기를 씻겼다. 이에 앞서 제가 지소의 배를 쓰다듬으며 말하길 "이는 누구의 자식인가?" 라고 물으니 **지소가 제의 자식이라고 답하였다.** 이제 와서 아기가 태어나니 모습이 제를 닮아 크게 기뻐하며 말하길 "이 아이가 진실로 내 아들이다." 하였다. **이에 이름을 삼모진이라 짓고 옛 모진궁을 주었다.** 혹은 말하길 입종^{立宗}공이 꿈에 푸른 용이 하늘을 오르는 것을 보고 지소와 합궁하여 태어났다고 한다. 태어난 날 산실에 서기가 가득차고 공중에서는 향기가 나고 하늘에는 즐거운 소리가 있었다. 지소가 자부심을 가지며 말하길 "진골정통^{眞骨正統}이 바로 이 아기에게 있다." 하였다. 후에 과연 증흥대제^{中興大帝}가 되었다.

二十一年 青虎 甲寅 四月 只召生子彡慕珍 帝洗之 先是帝摩只召腹曰 是誰子 只召對 以帝子 至是誕之 貌如帝 帝大喜曰 此眞吾子也 乃名彡慕珍 以古慕珍 宮與之 或曰 立宗公夢見蒼龍上天 而合于只召 而誕也 誕日瑞氣滿室 而香空中 有天樂聲 只召心自負 曰眞骨正統 其在此兒 後果爲中興大帝

진흥왕의 또 다른 이름은 삼모진彡慕珍이다. 한자 '彡'은 몸에 난 길고 굵은 털인 '터럭'을 가리킨다. 삼모진은 혈통을 강조한 이름으로 오늘날의 영미식 표현을 빌리면 '모진(법흥왕) 2세Junior'다. 또한 기록은 진흥왕의 이름이 삼모진이 된 사유를 설명한다. 법흥왕은 삼모진을 자신의 아들로 이해한다. 지소는 법흥왕의 딸이다. 또한 기록은 진흥왕의 생부를 법흥왕의 동생인 입종갈문왕으로도 소개한다. 여하튼 진흥왕의 어머니 지소는 아버지(법흥왕)든 작은 아버지(입종 갈문왕)든 두 사람과 관계한 것은 분명해 보인다. 특히 지소 스스로 아들 진흥왕을 진골정통眞骨正統으로 인식한 대목은 생부에 대한 단서가 될 수 있다.

진흥왕 즉위 비밀

진흥왕은 540년 7세에 즉위한다. 진흥왕은 어떻게 해서 어린 나이에 즉위할 수 있었을까? 『신라사초』〈법흥진왕기〉다.

27년(540년) 금신 경신 7월, 꿈에 심심尋尋부인이 검은 소에 걸터앉아 타고 와서 제(법흥왕)를 태우려 하니 이를 밀치다 땅으로 굴러 떨어졌다. 천궁이 놀라 제를 안으니 신음하며 병이 들었다. 궁으로 돌아와 붕하니 춘추 61세. 신하들이 목놓아 울며 대신 죽기를 원하였다. 상(법흥왕)이 죽음에 임하여 칠성복신七星腹臣을 모아놓고 유조遺詔하길 "짐의 아들이 비록 많으나 진골정통眞骨正統은 태자로 하는 것만 못하고, 딸이 비록 많으나 대원신통大元神統은 태자비로 하는 것만 못하다. 너희는 신통神統(지소)과 정윤正胤(진흥왕)을 받들어 짐의 때와 같이 하라. 만약 어기는 자가 있으면 이를 벌하라. 천궁(지소)을 대제로 영실과 옥진을 좌우 새신으로 삼아 짐이 있을 때와 같게 하라." 하였다. 천궁이 눈물을 흘리며 조칙을 받드니 군신들이 말하길 "태자가 비록 어리나 보위를 비울 수 없으니 천궁이 대위에 즉위함이 옳습니다." 하였다. 이에 천궁이 태자를 안고 즉위하니 군신들이 산호만세를 불렀다. 천하에 대사면하니 신궁神宮에 서기가 어렸다.

二十七年 金神 庚申 七月 夢尋尋夫人 跨黑牛 而來掠帝 而帝拂之 落地大呼 天宮驚抱之 有呻吟 良久得疾 還宮而崩 春秋六十一 群臣號泣 願以身代 上臨崩 會七星腹臣 而遺詔曰 朕子雖多 眞骨正統莫如太子 朕女雖多 大元神統莫如太子妃 爾等奉此神統正胤 如朕在時 若有反異者共伐之 天宮大帝 以英失玉珍爲左右輔臣 如朕在此可也 天宮垂淚承詔 帝崩 群臣曰 太子雖幼 不可曠位 可卽大位天宮 乃抱太子 踐祚行祥 群臣山呼萬歲 大赦天下 瑞氣發於神宮

법흥왕은 자신의 딸인 지소를 대원신통의 승계자로 공인하며, 또한 진흥왕이 진골정통의 유일한 후계자임을 유조로서 천명한다. 그래서 어린 나이의 진흥왕은 법흥왕의 왕위를 승계할 수 있는 권리를 가진다. 물론 법흥왕이 진흥왕을 자신의 아들로 인식한 부분도 한 몫 하였을 것이다.

진흥왕의 즉위는 전적으로 어머니 지소태후의 혈통적 파워에 기인한다.

섭정여왕 지소태후

지소^{只召}태후는 진흥왕의 어머니다. 신라식 이름은 지몰시혜^{只沒尸兮}다.(*《울주 천전리각석》) 아버지는 법흥왕이며, 어머니는 보도^{保道}왕후다. 515년(법흥2) 출생한다. 『삼국사기』에 '진흥왕이 어려서 왕태후가 섭정하였다.'(王幼少 王太后攝政)는 기록이 있다. 진흥왕을 대신하여 섭정한 왕태후가 바로 지소태후다.

지소태후의 섭정

지소태후의 섭정을 기록한 『고구려사략』〈안원대제기〉(23대 안원왕)다.

경신 대장7년(540년) 7월, 원종^{原宗}(법흥왕)이 죽었다. 딸 지소^{只召}가 다스리게 되었다. 그녀의 아들 심맥^{深麥}(진흥왕)은 나이 7세다. 지소는 스스로 보위에 서지 않고 심맥을 세워 품에 안고 정사를 처결하였다. 원종은 불도를 좋아하였고 지소는 선도를 좋아하였다. 지소는 남편이 셋이다. 말하여 입종^{立宗}(사부지), 태종^{苔宗}(이사부), 황종^{荒宗}(거칠부)이다. 달마다 번갈아 입시하였다. 심맥은 입종의 아들이다. 혹은 원종(법흥왕)의 아들이라고도 한다. 상(안원왕)은 그가 왕을 참칭하여도 불문에 붙였다.
庚申 大藏十年 七月 原宗死 女只召稱制 其子深麥年七歲 只召不自立而立深麥 抱而決政事 原宗好佛 只召好仙 只召有夫三人 曰立宗苔宗荒宗 遞月入侍 深麥 立宗出 或云 原宗之出也 上以其僭王不問

지소태후의 섭정 기간은 진흥왕이 즉위한 540년(진흥1)부터 550년(진흥11)까지 대략 11년 간으로 추정한다. 이유는 진흥왕이 551년(진흥12)부터 '나라를 열다.'는 뜻의 「개국^{開國}」 연호를 사용했기 때문이다. 지소태후의 섭정 기간이 끝나 진흥왕이 정식으로 왕권을 행사한 것으로 이해한다.

지소태후는 섭정 기간 동안 이사부, 거칠부 등의 보좌를 받아 국정을 운영하며, 545년(진흥6)에는 이사부의 건의에 따라 거칠부가 『국사』를 편찬한다. 또한 544년(진흥5)에는 흥륜사를 완공하고 불사리를 받아들이는 등 불교의 중흥에도 힘쓴다. 그리고 당시 신라는 백제와의 동맹하에서 고구려와 몇 차례 전쟁을 벌이기도 한다. 이 모든 일은 지소태후의 섭정 하에서 일어난다.

특히 〈안원대제기〉 기록은 지소태후가 섭정을 시작하며 3명의 남편을 둔 사실을 증언한다. 입종立宗(사부지), 태종苔宗(이사부), 황종荒宗(거칠부) 등이다. 이 중 태종과 황종은 지소태후의 섭정기를 이끈 핵심 관료이자 측근이다. 『상장돈장』에 따르면, 지소태후는 이들 남편을 통해 여러 자녀를 낳는다. 입종을 통해 진흥왕(534년) 뿐 아니라 딸 숙진叔珍(537년)을 낳으며, 태종을 통해 딸 숙명叔明(543년)과 아들 세종世宗(노리부, 545년)을 낳는다. 다만 황종을 통해서는 자식을 얻지 못한다. 특히 『상장돈장』은 이들 3명 이외에 영실英失을 통해 송화松華(539년), 황화黃華(541년)를, 진종眞宗을 통해 만호萬戶(548년)를, 구진仇珍을 통해 보명宝明(550년) 등의 딸을 각각 낳는다. 지소태후는 모두 2남 6녀의 자녀를 둔다.

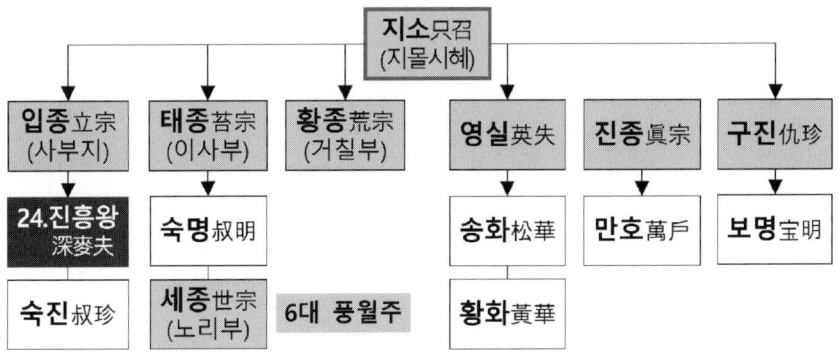

▲ 지소태후 가계도

지소태후의 죽음과 무덤

지소태후는 언제 사망하였을까? 『신라사초』조차 사망 기록을 남기지 않고 있다. 다만 지소태후의 마지막 출산이 550년(보명 궁주)인 점을 고려하면 지소태후의 사망은 최소한 550년(36세) 이후로 추정된다.

> 『불국사고금창기』에 따르면 불국사는 528년(법흥15)에 법흥왕의 어머니 영제(영제)부인이 새 사찰을 짓기를 소원하여 처음 건설하며 이후 **574년(진흥34)에 진흥왕의 어머니 지소부인이 크게 개창한다**. 이때 아미타여래상과 비로자나불을 조성해 봉안한다. 지소부인의 사망은 574년(60세) 이후다.

지소태후의 무덤은 어디에 있을까? 『화랑세기』〈필사본〉에 정확히 나온다. 이화랑二花郎(537~603, 4대 풍월주) 편이다. '때는 건복20년(603년) 3월이다. (이화랑을) 애공사哀公寺 북쪽 지소태후릉 옆에 장사지냈다. 유명遺命이다.'(時 建福二十年 三月也 葬于哀公寺以北 只召太后之陵側 遺命也) 지소태후의 무덤은 애공사 북쪽에 소재한다. 바로 「서악동고분군 2호분」이다.

▲ 서악동고분군 2호분 지소태후릉

지소태후는 섭정여왕이다. 진흥왕 재위 전반기 신라사회를 이끌며 진흥왕의 정복사업 기반을 만든 철의 여인이다.

| 신라의 명운을 가른 관산성 전투 |

554년(진흥15) 진흥왕은 나라의 명운을 걸고 관산성管山城(충북 옥천)에서 백제 성왕(26대)과 한판 붙는다. 두 왕은 각각 불교의 전륜성왕을 자처한다. 하늘에 두 개의 해가 있을 수 없듯이 한 사람은 반드시 역사 밖으로 물러나야 한다. 전투 결과는 신라의 완벽한 승리로 끝난다.

관산성 전투의 실상

『삼국사기』〈신라본기〉 진흥왕과 〈백제본기〉 성왕 기록이다.

15년(554년) 가을 7월, 백제왕 명농(성왕)이 가량(대가라)과 함께 관산성에 쳐들어왔다. 군주 각간 우덕과 이찬 탐지 등이 맞서 싸웠으나 전세가 불리하였다. 신주군주 김무력이 주의 병사를 이끌고 나아가 어우러져 싸웠는데 **비장인 삼년산군의 고간도도가 빠르게 공격하여 백제왕을 죽였다.** 이에 모든 군사들이 승세를 타고 싸워서 크게 이겼다. **좌평 4인과 병사 2만9천6백인의 목을 베었으며 돌아간 말이 한 마리도 없다.** 『삼국사기』 진흥왕

十五年 秋七月 百濟王明穠與加良 來攻管山城 軍主角干于德伊湌耽知等 逆戰失利 新州軍主金武力 以州兵赴之 及交戰 裨將三年山郡高干都刀 急擊殺百濟王 於是 諸軍乘勝 大克之 斬佐平四人 士卒二萬九千六百人 匹馬無反者

32년(554년) 가을 7월, 왕이 신라를 습격하고자 몸소 보병과 기병 5십을 거느리고 밤에 구천에 이르렀다. 신라의 복병이 나타나 그들과 싸우다가 혼전 중에 왕이 병사들에게 살해당했다. 『삼국사기』 성왕

三十二年 秋七月 王欲襲新羅 親帥步騎五十 夜至狗川 新羅伏兵發與戰 爲亂兵所害薨

▲ 성왕유적비 [충북 옥천]

　백제는 성왕의 아들 부여창이 이끄는 백제, 왜(야마토), 가라(대가라)의 연합군 30,000명이 참전하여 400명만이 살아 돌아간다. 이때 성왕을 비롯하여 좌평 4명 그리고 군사 29,600명이 죽는다. 생존율은 1.3%다. 그런데 신라는 이들 모두를 목 벤다. 포로로 잡은 자, 전투 중에 부상을 당한 자, 사망한 자를 가리지 않고 모두 참수한다. 『삼국사기』는 '돌아간 말이 한 마리도 없다.'고 기록한다. 우리 역사에서 가장 참혹하고 안타까운 장면이다.

　특히 성왕은 백제연합군을 이끌던 아들 부여창(위덕왕)을 격려하기 위해 전장을 찾아가다가 구천(충북 옥천 구진벼루)에서 신라 고간 도도都刀(고도)에게 잡혀 목이 베인다. 『일본서기』는 성왕의 몸은 돌려주고 머리는 신라 관청 계단아래 묻었다고 전한다.

> 『일본서기』〈흠명기〉. '15년(554년) … 고도는 머리를 베고 구덩이에 파묻었다. 다른 책에는 신라가 명왕의 머리는 남겨두고 나머지 뼈를 예를 갖춰 백제에 보냈다. 지금 신라왕이 명왕의 뼈를 북청 계단 아래에 묻었는데 이 관청을 도당이라 이름지었다고 한다.'(十五年 … 苦都斬首而殺 堀坎而埋 一本云 新羅留理明王頭骨 而以禮送餘骨於百濟 今新羅王埋明王骨於北廳階下 名此廳曰都堂)

　관산성 전투는 삼국 역사의 변곡점이 되는 매우 큰 사건이다. 승패의 결과로 두 나라의 명운이 갈린다. 승자인 신라는 국운이 융성해져 영토 확장을 가속화하며 삼국통일의 초석을 다지는 한편, 패자인 백제는 국운이 쇠퇴하여 멸망의 길로 들어선다.

|《진흥왕순수비》속으로 |

《진흥왕순수비》는 신라 진흥왕이 건립한 4개의 순수비巡狩碑다. 〈창녕 신라진흥왕척경비〉, 〈북한산 신라진흥왕순수비〉, 〈황초령 신라진흥왕순수비〉, 〈마운령 신라진흥왕순수비〉 등이다. 줄여서 《창녕비》, 《북한산비》, 《황초령비》, 《마운령비》라 칭한다. 《진흥왕순수비》는 6세기 중반 진흥왕 때의 영토 확장, 중앙과 지방 통치제도, 국왕의 근시 기구 등의 귀중한 정보를 담고 있다.

▲《진흥왕순수비》분포

《창녕비》

《창녕비》(국보 제33호)는 경상남도 창녕군 교상리에 소재한다. 일제강점기인 1914년 도리이 류조鳥居龍藏가 이 지방의 보통학교장으로부터 비석의 존재를 소개받고 이를 조선총독부에 보고하며 알려진다.

원래 창녕은 비화가야非火加耶가 소재한 지역이다. 신라에 흡수되어 비자화군이 되며, 진흥왕은 이곳에 하주를 설치한다.(550~565) 《창녕비》는 하주 설치 시기인 561년(진흥22)에 세운다. 비석의 규격은 높이 115.1~300㎝, 너비 175.7㎝, 두께 30.3~51.5㎝로 화강암의 자연석이다. 글자는 편평한 앞면에만 16행에 각 행 26자를 새긴다. 총 643자로 추정되나 400자 정도만 판독이 가능하다. 비문이다.

▲《창녕비》[1922년]

신화와 역사의 경계　　경주의 새주인 박씨왕조　　석씨왕조의 조용한 행로　　김씨왕조 혈통 갈등

新巳年二月一日立　寡人幼年承
基政委輔弼侅智行悉　事末□□
立□□□赦□□□□□四方改
囚□□後地土□陝也　古□□□不
□□□□□□□□□□□□□□
□人普□山□心　取利除林□□
□□□□□□□□□□□□□□
□□□此□州□□　而已土地彊域
山林□□□□□□□□也大等与軍主幢主道　使与外村主審照故□□
□□□□□□□海州白田畓□□与　山塩河川□敎以□□□□□□
□□□□□□□□人　照之雖不□□□□□□□□心□□河
□□□□□□于之　其餘少小事知古□シ□□□□者□□以上大等与古
奈末典　法選□人与上□□□□□□□□□□此以□□看其身受　討
于時□□大□□□□智葛文王□□□□者漢只□□　屈珎智大一伐
干□喙□□智一伐干□□折夫智一尺干　　□智一尺干喙□□夫智
迊干沙喙另力智迊干喙小里夫智□□□　干沙喙都設智沙尺干沙喙伐夫智
一吉干沙喙忽利智一□□□□　珎利□次公沙尺干喙尒亡智沙尺喙耶述智
沙尺干喙□□□□　沙尺干喙比叶□□智沙尺干本波末□智及尺干喙□
□□智□□□　沙喙刀下智及尺干沙喙□□□智及尺干喙鳳安智□□□
等喙居七夫智一尺干□一夫智一尺干沙喙甘力智□□□干□　大等喙末淂
智□尺干沙喙七聡智及尺干四方軍主比子伐　軍主沙喙登□□智沙尺干
漢城軍主喙竹夫智沙尺干碑利　城軍主喙福登智沙尺干甘文軍主沙喙心
麥夫智及尺干　上州行使大等沙喙宿欣智及尺干喙次叱智奈末下州行　使
大等沙喙春夫智大奈末喙就舜智大舍于抽悉□□□　西阿郡使大等喙北尸
智大奈末沙喙須仃夫智奈□□　爲人喙德文兄奈末比子伐停助人喙覓薩
智大　奈末書人沙喙導智大舍村主奕聡智述干麻叱　智述干

신사년(561년) **2월 1일에 세우다.** 과인은 어린 나이에 제위에 올라 나랏일은 보필하는 신하에게 맡겼다. … **대등, 군주, 당주, 도사, 외촌주가 살핀다.** … 고로 … 우리나라의 백전, 답▨▨, 산림, 소금, 하천은 … 비록 … 그 나머지 사소한 일들은 … 상대등과 고내말전古奈末典 법선▨인과 … 이로써 … 몸이 벌을 받는다. 이때 당시의 ▨▨대는 ▨▨▨의 ▨▨지 갈문왕이다. ▨▨▨▨는 한지▨의 굴진지屈珎智 대일벌간, ▨훼부의 ▨▨지 일벌간, ▨▨부의 절부지折夫智 일척간, ▨지 일척간, 훼부의 ▨부지 잡간, 사훼부의 **무력지**男力智 잡간, 훼부의 소리부지小里夫智 ▨▨간, 사훼부의 **도설지**都設智 사척간, 벌부지伐夫智 일길간, 홀리지忽利智 일▨▨, 진리▨차공▨珎利▨次公 사척간, 훼부의 이망지尒亡智 사척, 야술지耶述智 사척간, ▨▨▨▨ 사척간, 비협▨▨지比叶▨智 사척간, 본피부의 말▨지 급척간, 훼부의 ▨▨지 ▨▨▨, 사훼부의 도하지刀下智 급척간, ▨▨지 급척간, 훼부의 봉안지鳳安智 ▨▨▨이다. ▨▨등은 훼부의 **거칠부지**居七夫智 일척간, ▨▨부지▨夫智 일척간, 사훼부의 감력지甘力智 ▨▨간이다. ▨대등▨大等은 훼부의 말득지未淂智 ▨척간, 사훼부의 칠총지七聰智 급척간이다. 사방군주로서 **비자벌군주**는 사훼의 등▨▨지登▨智 사척간이고, **한성군주**는 훼부의 **죽부지**竹夫智 사척간이고, **비리성군주**는 훼부의 **복등지**福登智 사척간이고, **감문군주**는 사훼부의 심맥부지心麥夫智 급척간이다. 상주행사 대등은 사훼부의 숙흔지宿欣智 급척간, 훼부의 차질지次叱智 내말이고, 하주행사 대등은 사훼부의 춘부지春夫智 대내말, 훼부의 취순지就舜智 대사다. 우추실▨▨서아군사 대등은 훼부의 북시지北尸智 대내말, 사훼부의 수정부지須仃夫智 내▨이다. ▨위인▨爲人은 훼부의 덕문형德文兄 내말이다. 비자벌정 조인助人은 훼부의 멱살지覓薩智 대내말이다. 서인書人은 사훼부의 도지導智 대사다. 촌주村主는 혁총지奕聰智 술간述干, 마질지麻叱智 술간이다.

《북한산비》

▲《북한산비》

《북한산비》(국보 제3호)는 서울시 종로구 구기동 비봉에 있던 것을 국립중앙박물관으로 옮겨 보관하고 있다. 비석의 규격은 높이 154㎝, 너비 69㎝, 두께 16.6㎝의 화강암이다. 비석은 덮개돌, 몸돌, 받침돌의 세 부분으로 구성된다. 비문은 12행으로 각 행 21자 혹은 22자다.

비석은 오랫동안 정확한 내용을 모르는 상태에서 《무학대사왕심비》로 불렸으며, 조선 후기 서유구徐有榘가 10여 자를 판독하며 《진흥왕순수비》라 이름 짓는다. 이후 1816년 추사 김정희金正喜가 친구 김경연金敬淵과 함께 북한산에 올랐다가 비석을 발견하며 '眞'자를 확인하며 진흥왕의 순수비로 확정한다. 김정희는 이듬해인 1817년 조인영趙寅永과 더불어 새로이 68자를 확인한다.

비문의 제작연대는 간지나 연호가 없어 정확히 알 수 없다. 그럼에도 대체로 진흥왕 16년(555년) 또는 진흥왕 29년(568년)으로 본다. 전자는 진흥왕이 16년에 북한산을 순수한『삼국사기』의 기록에 근거한다. 후자는 비문 내용이 568년에 세워진《황초령비》,《마운령비》와 비슷한 점과 비문에 나오는 남천군주는 '진흥왕 29년(568년) 10월, 북한산주北漢山州를 폐하고 남천주南川州를 설치했다.'는『삼국사기』기록과 연결된다. 일반적으로 후자의 판단을 준용하여《북한산비》제작연대는 568년(진흥29) 10월 이후로 본다. 비문이다.

眞興太王及衆臣等　巡狩▨▨之時記　…　▨言▨令甲兵之仿▨▨▨▨▨
▨,　霸主設於賞▨▨　…　之所用　高祀西岺▨▨▨▨▨相戰之時　新羅▨▨王
▨　…　杷德不兵故▨▨▨▨▨犹建文　大淂人民牧存仿　…　只是巡狩菅

▨ ▨▨民心 欲勞賚 如有忠信 精誠 右 … ▨可加賞 ▨▨以▨▨▨▨▨▨ 路過漢城 陟▨ … 見道人▨居石窟 ▨▨▨▨刻石誌辭 … 尺干 內夫智一尺干 沙喙另力智迊干 南川軍主沙 … 夫智及干 未智大奈▨ ▨▨▨沙喙屈丁次奈 … ▨▨指▨ 空幽則水六▨▨▨▨劫 初立耶造 非茄 … 巡狩 見▨▨▨▨▨▨▨歲記井▨▨▨

진흥태왕^{眞興太王}과 중신들이 ▨▨을 순수할 때에 기록하다. … 군사력으로 … 패주로서 상을 내리고 … 의 소용된 바 서▨에 제사를 지내고, 서로 싸울 때 신라 태왕이 ▨ … 덕으로 하고 군대를 일으키지 않은 까닭에 … 크게 백성을 얻어 ▨▨▨ … 이리하여 영역을 순수하면서 민심을 ▨▨하고 여러 노고를 위로하고자 한다. 만일 충성, 신의, 정성이 있고 … 상을 더하고 … 한성^{漢城}을 지나는 길에 올라 ▨ … 도인^{道人}이 석굴에 살고 있는 것을 보고 … 돌에 새겨 문^辭을 기록한다. … 척간, 내부지^{內夫智} 일척간, 사훼부의 무력지^{另力智} 잡간이다. 남천군주는 사훼부의 ▨부지^{夫智} 급간, 미지^{未智} 대내▨다. ▨▨▨ 사훼부의 굴정차^{屈丁次} 내마다.

《황초령비》

《황초령비》(북한 국보 제110호)는 함남 함흥군 황초령(1,206m)에 있었으나, 현재는 함흥력사박물관이 《마운령비》와 함께 소장한다.

비석에 대한 최초 기록은 조선 선조 때의 『동국지리지』(한백겸 저술)며, 인조 때 이우^{李俁}의 『대동금석서』에 탁본이 수록되며 알려진다.

▲ 《황초령비》 [1911년]

이후 비석은 없어졌다 다시 찾기를 반복하며, 철종 3년(1852년)에 김정희와 학문적 인연을 가진 관찰사 윤정현^{尹定鉉}이 비석을 중령진으로 옮겨 비각을 세워 보관하고 김정희가 쓴 '眞興北狩古境(진흥북수고경)'의 편액을 건다. 현재 비석은 3개 편이 접합된 상태로 좌측 상단은 남아있지 않다. 재질은 화강암이며, 글자는 12행×33자다. 비문이다.

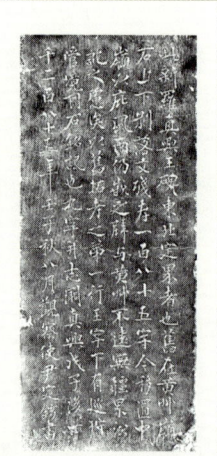

八月卄一日癸未 眞興太王 ▨▨管境刊石銘記也 …
世道乖 眞旨化不敷 則耶爲交競 是以 帝王建號 莫
不修己 以安百姓 然朕 … 紹太祖之基 纂承王位 兢
身自愼 恐違▨▨ 以蒙天恩 開示運記 冥感神祇 應
… 四方託境 廣獲民土 隣國誓信 和使交通 府▨
▨ 撫育新古黎庶 猶謂道化 … 未有 於是歲次戊子
秋八月 巡狩管境 訪採民心 以欲勞▨ ▨何忠信 精
誠 才▨ … 爲國盡節 有功之徒 可加賞爵物 以章勳
効 廻駕頓行 ▨▨▨十四▨ … 堺者矣 于是 隨駕
沙門道人法藏慧忍 太等喙▨▨▨夫 … ▨知迊干 喙部服冬知大阿干 比
知夫知及干 未知▨奈末 …▨兮大舍 沙喙部另知大舍 裏內從人喙部沒
兮次 … 人喙部与難大舍 藥師沙喙部篤兄小▨ 奈夫 … ▨典喙部分知
吉之 裏公欣平小舍 ▨末買 … 喙部非知沙干 助人沙喙部尹知奈末

8월 21일 계미에 진흥태왕^{眞興太王}이 영토를 ▨▨하고 돌에 새겨 기록하다. … 세상의 도리가 참되지 않고 그윽한 덕화가 펴지지 않으면 사악한 것이 서로 경쟁하게 된다. 그러므로 제왕이 연호를 정함에 몸을 닦아 백성을 편안케 하지 않음이 없다. 그런데 짐은 정해진 천명으로 태조의 기틀을 이어받아 왕위를 계승하여 몸을 조심하고 스스로 삼갔다. 건도의 어긋남을 두려워하고 또 천은을 입어 운수를 열어 보니 천신과 지신이 은연 중에 감응하여 부절에 응해지고 셈대가 합쳐졌다. 이로 말미암아 사방으로 영토를 넓히어 널리 백성과 땅을 얻고 이웃 나라가 신의를 맹세하며 평화사절이 오가게 하였다. 스스로 헤아려 보건대 신민新民과 구민舊民을 어루만져 길렀지만 오히려 말하길 왕도의 덕화가 고루 미치지 아니하여 은혜가 베풀어지지 않는다. 이에 **무자년(568년) 가을 8월에 영토를 순수하여 민심을 살펴 노▨에 선물을 내려주고자 한다.** ▨▨ 충성과 신의와 정성이 있거나 재주가 ▨하고 … 나라를 ▨하여 충절을 다한 공이 있는 무리에게는 벼슬을 상으로 더하여 주고 그 공훈을 표창하고자 한다. 수레를 돌려 감에 ▨▨▨ ▨▨▨에 … 경계를 … 이때에 왕의 수레를 따른 사람은 사문도인沙門道人 법장法藏과 혜인慧忍이고, 대등은 훼부의 ▨▨부▨▨夫 잡간, 복동지服冬知 대아간, 비지부지比知夫知 급간, 미지未知 ▨내말, … 혜 대사, 사훼부의 무지另知 대사, 이내종인裏內從人은 훼부의 ▨혜차 … 여난与難 대사고, 약사藥師는 사훼부의 매형 소▨이고, 내부 … 전은 훼부의 분지分知 길지, 이공흔평裏公欣平 소사 ▨말매▨末買, … 훼부의 비지非知 사간, 조인助人은 사훼부의 윤지尹知 내말이다. **중신이 ▨▨을 순수할 때에 기록하다.**

《마운령비》

《마운령비》(북한 국보 제11호)는 함남 이원군 동면 만덕산 복흥사의 뒷산인 운시산(운무산) 정상부에 세워져 있던 것을 이후 복흥사 윗마을로 옮겨 별도의 비좌를 만들어 보관한다. 현재는 함흥력사박물관이 《황초령비》와 함께 소장한다.

▲《마운령비》[1922년]

비석에 대한 최초 기록은 조선 선조 때의 『동국지리지』(한백겸 저)다. 한백겸은 신라가 동옥저를 점령하고 세운 기념비로 추정한다. 이후 한동안 실체가 불분명하다가 일제강점기인 1929년 9월 최남선이 전적 조사차 출장갔다가 현지인의 협력을 얻어 본격적으로 조사하며 진흥왕순수비임을 확인하고 학계에 소개한다.

비석의 재질은 흑색을 띤 화강암이며, 규격은 높이 147㎝, 너비 65㎝, 두께 30㎝다. 현재 모습은 덮개돌과 받침대가 있으나 후대에 갈아 끼운 것으로 추정된다. 비석은 앞뒷면에 글자를 새긴 양면비다. 앞면은 10행, 각 행 26자, 뒷면은 8행, 각 행 25자로 총 460자다. 마멸이 심하지 않아 대부분 판독이 가능하다.

비문의 제작연대는 첫머리 문구인 '**太昌元年歲次戊子**'에서 확인된다. 태창은 진흥왕의 연호로 원년은 진흥왕 29년인 568년에 해당한다. 바로 《마운령비》의 제작연대다. 비문이다.

太昌元元年歲次戊子▨▨廿一日 ▨▨ ▨興太王 巡狩▨▨刊石銘記也 夫純風不扇則世道乖 眞旨化不敷 則耶爲交競 是以 帝王建号 莫不修己 以安百姓 然朕歷數當躬 仰紹太祖之基 纂承王位 兢身自愼 恐違乾道 又蒙天恩 開示運記 冥感神祇 應符合竿 因斯四方託境 廣獲民土 隣國誓信 和使交通 府自惟忖 撫育新古黎庶 猶謂道化不周 恩施未有 於是歲次戊子 秋八月 巡狩管境 訪採民心 以欲勞賚 如有忠信 精誠 才超 察厲 勇敵强戰 爲國盡 節有功之徒 可加賞爵▨ 以章勳勞 引駕日行 至十月二日癸亥 向涉是達 非里▨廣▨ 因諭邊堺矣 于是 隨駕 沙門道人法藏慧忍 太等喙部居枛夫智伊干 內夫

智伊干 沙喙部另力智迊干 喙部服冬智大阿干 比知夫知及干 未知大奈末 及珎夫知奈末 執駕人喙部万兮大舍 沙喙部另知大舍 裏內從人喙部沒兮次大舍 沙喙部非尸知大舍 占人沙喙部爲忠知大舍 占人喙部与難大舍 藥師篤支次小舍 奈夫通典本彼部加良知小舍 ▨▨本彼部莫沙知吉之 及伐斬典喙部夫法知吉之 裏內▨▨ ▨▨▨ ▨▨名吉之 堂來客裏內客五十 外客▨▨▨▨▨▨▨▨▨智沙干 助人沙喙部舜知奈末

태창太昌 원년(568년) 세차 무자 ▨▨ 21일 ▨▨ ▨**흥태왕**▨興太王이 ▨▨를 **순수**巡狩하고 돌에 새겨 기록하다. 무릇 순풍이 일어나지 않으면 세상의 도리가 참되지 않고 그윽한 덕화가 펴지지 않으면 사악한 것이 서로 다투게 된다. 그러므로 **제왕이 연호를 정함에 몸을 닦아 백성을 편안케 하지 않음이 없다.** 그런데 짐은 정해진 천명으로 태조의 기틀을 이어받아 왕위를 계승하여 몸을 조심하고 스스로 삼갔다. 건도의 어긋남을 두려워하고 또 천은을 입어 운수를 열어 보니 천신과 지신이 은연 중에 감응하여 부절에 응해지고 셈대가 합쳐졌다. 이로 말미암아 사방으로 영토를 넓히어 널리 백성과 땅을 얻고 이웃 나라가 신의를 맹세하며 평화사절이 오가게 하였다. 스스로 헤아려 보건대 신민新民과 구민舊民을 어루만져 길렀지만 오히려 말하길 왕도의 덕화가 고루 미치지 아니하여 은혜가 베풀어지지 않는다. 이에 **무자년**(568년) 가을 8월에 영토를 순수하여 민심을 살펴 **위로하고 선물을 내려주고자 한다.** 만약 충성과 신의와 정성이 있거나 재주가 뛰어나고 재난의 낌새를 살피며, 적에게 용감하고 전쟁에 강하며 나라를 위해 충절을 다한 공이 있는 무리에게는 벼슬을 상으로 더하여 주고 그 공훈을 표창하고자 한다. 수레를 이끌고 나아가 10월 2일 계해에 이르러 … 인하여 변방지역을 타일렀다. 이때 수레를 따른 사람은 사문도인沙門道人 **법장**法藏과 **혜인**慧忍이다. 대등은 훼부의 **거칠부지**居朼夫智 이간, 내부지內夫智 이간, 사훼부의 **무력지**另力智 잡간, 훼부의 복동지服冬智 대아간, 비지부지比知夫智 급간, 미지未知 대내말, 급진부지及珎夫知 내말이다. 집가

> 인執駕人은 훼부의 만혜萬兮 대사, 사훼부의 무지另知 대사다. 이내종인裏內從人은 훼부의 몰혜차沒兮次 대사, 사훼부의 비시지非尸知 대사다. 약인占人은 사훼부의 위충지爲忠知 대사고, 점인占人은 훼부의 여난与難 대사고, 약사藥師는 매지차罵支次 소사다.

《진흥왕 순수비》의 시사점

《진흥왕순수비》는 몇 가지 중요한 사실을 전한다.

첫째는 「진흥태왕真興太王」이다. 진흥은 사후의 시호인 동시에 생전의 휘호다. 《북한산비》, 《마운령비》, 《황초령비》는 공히 진흥왕을 이름 심맥부가 아닌 왕명「진흥태왕」으로 적는다. 특히 왕 자신을 가리키는 용어로 '짐朕'을 사용한다. 중원왕조 황제에 버금가는 독자적인 천하관天下觀이다.

▲ 용머리 [경주 황룡사지]

둘째는 진흥왕의 순수를 시종侍從한 인물이다. 대표적인 인물이 거칠부지居七夫智, 무력지另力智, 도설지都設智 등이다. 거칠부지(거칠부)는 진흥왕 때 『국사』를 편찬하는 등 내치를 담당한 인물이다. 무력지는 신라에 흡수된 금관가라의 마지막 구형왕의 아들이며, 도설지는 신라에 정복된 대가라 마지막 왕이다.

셋째는 신라 6부의 명칭 변경이다. 급량부及梁部는 훼부喙部, 사량부沙梁部는 사훼부沙喙部, 모량부牟梁部는 잠훼부岑喙部, 본피부本彼部는 본파부本波部, 한기부韓岐部는 한지벌부漢只伐部, 습비부習比部는 사피부斯彼部 각각 바뀐다. 변경 시기에 대해서는 다소 논란이 있으나 지증왕 때 제작된 《포항중성리비》(501년, 지증2)와 《포항냉수리비》(503년, 지증4) 등에도 변경된 6부 명칭이 나오고 있어 최소 지증왕 때에 변경한 것으로 추정한다.

넷째는 인명에 대한 표기에 있어 일정한 원칙을 준용한다. 관직명-

소속명-인명-관등의 순이다. 예를 들어 거칠부는 대등^{大等}(관직)-훼부^{喙部}(소속)-거칠부지^{居札夫智}(인명)-이간^{伊干}(관등)의 순으로 표기한다.

마지막 다섯째는 《황초령비》,《마운령비》에 언급된 「태조^{太祖}」다. '짐은 정해진 천명으로 태조의 기틀을 이어받아 왕위를 계승하여 몸을 조심하고 스스로 삼갔다.'(朕歷數當躬仰紹太祖之基纂承王位兢身自) 태조는 누구일까? 당연히 내물왕이다.

《감악산비》의 순수비 가능성

《감악산비》는 경기도 파주시 적성면 감악산(675m) 정상에 소재한 높이 170㎝, 너비 74㎝, 두께 15㎝의 글자가 지워진 몰자비^{沒字碑}다. 속칭《설인귀사적비》(『양주목읍지』1842년)다. 그런데 이 비석에서 光, 伐, 人, 中, 金, 典 등의 글자가 발견된다.(*2019년 서예전문가 손환일) 이 중 典은 신라의 관부 명칭과 관련되어 《진흥왕순수비》일 가능성을 높인다. 특히《감악산비》는《북한산비》와 크기와 형태가 비슷하며, 전체 추정글자는 200~300자 정도로 본다.

▲《감악산비》[경기 파주]

《감악산비》 사례에서 보듯이《진흥왕순수비》는 앞으로도 더 발견될 소지가 충분하다. 후보지는 진흥왕 당시의 국경을 감안하면 경기도 철원, 함경도 안변 등은 유력한 장소다.

《진흥왕순수비》는 정복군주 진흥왕의 영역 표시다. 이는 마치 숫사자가 자신의 영역을 순찰하며 오물을 뿌리는 행위와 같다.

| 선도와 원화 그리고 화랑 |

『삼국사기』에 진흥왕이 화랑花郞을 만든 배경이 나온다. 576년(진흥37) 기록이다. 원화源花(화랑의 전신)인 남모南毛와 준정俊貞 두 여성이 서로 아름다움을 질투하며 먼저 준정이 남모를 물에 빠뜨려 죽이고 준정 또한 남모를 죽인 죄로 사형에 처한다. 이 사건이 계기가 되어 원화를 따르는 무리가 와해되며, 진흥왕은 잘 생긴 남성만을 따로 뽑아 화랑을 만든다.

『화랑세기』〈필사본〉 서문이다.

화랑花郞은 선도仙徒다. 우리나라가 신궁神宮을 받들고 하늘에 대제를 올리는 것은 마치 연燕이 동산桐山에 노魯가 태산泰山에 제사 지내는 것과 같다. 옛날 연淵부인이 선도를 좋아하여 많은 미인을 키우며 국화國花라 일렀는데, 그 풍속이 우리나라로 흘러 들어와 여자로써 원화源花를 삼았다. 그러다가 지소只召태후가 원화를 폐하고 화랑을 설치하여 나라 사람들로 하여금 받들게 하였다. 화랑은 법흥왕이 위화랑魏花郞을 좋아하여 '활랑'이라 부른데서 기인하니 화랑의 명칭이 이때부터 시작되었다. 전에는 선도들이 다만 신神을 받드는 것만으로 주主를 삼았는데, 국공國公(법흥왕) 열행 이후로 선도가 도의로써 서로를 면려하니 현좌충신賢佐忠臣이 이로부터 나오고 양장용졸良將勇卒이 이로부터 생기니 화랑의 역사를 몰라서는 안된다.

花郞者仙徒也 我國奉神宮 行大祭于天 如燕之桐山 魯之泰山也 昔燕夫人好仙徒 多畜美人 名曰國花 其風東漸 我國以女子爲源花 只召太后廢之 置花郞 使國人奉之 先是法興大王愛魏花郞 名曰花郞 之名始此 古者仙徒只以奉神爲主 國公列行之後 仙徒以道義相勉 於是賢佐忠臣 從此而秀 良將勇卒 由是而生 花郞之史不可不知也

화랑은 선도에서 기원

화랑은 선도仙徒다. 선仙을 추구하는 집단徒이다. 선은 무엇일까? 최치원은 《난랑비》에서 풍류로 설명한다. '우리나라에 현묘한 도道가 있으니 풍류風流라 한다. 가르침의 근원에 대해서는 선사仙史에 자세히 밝혀져 있다.'(國有玄妙之道 曰風流 設敎之源 備詳仙史) 선사를 기록한 문헌은 《위화진경》(남당필사본)을 말한다. 화랑의 시초인 위화魏花(1대 풍월주)가 정리한 선도 역사의 경전이다. 이에 따르면 신라에는 6개의 선도가 있다. 《위화진경》 서문이다.

전하길 달문대모達門大母가 허루許婁 갈문왕의 아들 허을許乙을 낳으니 이가 을공乙公이다. 신선神仙을 좋아하여 득도하고 굴공屈公, 길공吉公과 더불어 당대에 이름을 나란히 하였다. 굴공은 호랑이를 타고 다닌 까닭에 그 무리를 칭하여 호도虎徒라 했으며 봉황대모鳳凰大母를 받들었다. 길공은 소를 타고 다닌 까닭에 그 무리를 칭하여 우도牛徒라 했으며 흘고대모紇古大母를 받들었다. 을공은 백양을 타고 다닌 까닭에 그 무리를 칭하여 양도羊徒라 했으며 금강대모金剛大母를 받들었다. 이를 고삼도古三徒라 한다. 흑치黑齒의 무리는 도생대모道生大母를 받들어 계도鷄徒가 되고, 목아木我의 무리는 아세대모阿世大母를 받들어 구도狗徒가 되고, 돌산突山의 무리는 옥모성모玉帽聖母를 받들어 마도馬徒가 되니 이를 후삼도後三徒라 한다. 양도羊徒는 또 아혜성모阿惠聖母를 받든 적이 있어서 후삼도와 더불어 사우四友가 되었다.

傳曰 達門大母生許婁曷文之子許乙 是爲乙公 好神仙得道 與屈公吉公齊名當世 屈公騎虎故其徒稱虎徒奉鳳凰大母 吉公騎牛故其徒稱牛徒奉紇古大母 乙公騎白羊故徒爲羊徒奉金剛大母 是爲古三徒 黑齒之徒奉道生大母爲鷄徒 木我之徒奉阿世大母爲狗徒 突山之徒奉玉帽聖母爲馬徒 是爲後三徒 羊徒有奉阿惠聖母者 與後三徒爲四友

신라의 선도는 호도(범), 우도(소), 양도(양), 계도(닭), 구도(개), 마도(말) 등 6개 집단이다. 처음 만들어진 선도가 호도, 우도, 양도 등 고삼도古三徒

고, 뒤에 만들어진 선도가 계도, 구도, 마도 등 후삼도^{後三徒}다. 이들 6선도는 6부와 다르다. 6부가 신라 건국을 주도하고 핵심 지배층을 형성한 지역 중심의 정치체라면, 6선도는 신앙 중심의 종교체다.

▲ 12지신상 탁본 [경주 충효동 김유신묘]

원화는 여성 중심의 선도

원화^{源花}는 선도^{仙徒}가 여성 중심으로 운용되며 성립한다. 《위화진경》의 원화에 대한 설명이다.

화^花는 나무의 진명^{眞明}이고, 백^白은 빛의 진명^{眞明}이다. 고로 진화^{眞花}라 이른다. 만물^{萬物} 중에서는 인^人이 화^花이고, 만인^{萬人} 중에서는 선^仙이 화^花이며, 만선^{萬仙} 중에서는 신^神이 화^花이다. … 바로 우리 태자^(법흥왕 모진)가 선^仙의 진^眞이고, 바로 우리 비궁^(태자비 벽화)이 화^花의 원^源이다.
花者樹之眞明也 白者光之眞明也 故曰眞花也 萬物之中人爲花 萬人之中仙爲花 萬仙之中神爲花 …今我太子仙之眞 今我妃宮花之源

원화는 화^花의 원^源이다. 화는 결정체를 말한다. 만물의 결정체가 사람^人이고, 만인의 결정체가 선^仙이며, 만선의 결정체가 신^神이다. 또한 진^眞은 화의 으뜸을 말한다. 그래서 당시 태자인 법흥왕이 선의 진^眞인 진선^{眞仙}이고, 태자비인 벽화가 화의 원^源인 원화^{源花}가 된다.

『신라사초』〈지증대제기〉다.

3년(502년) 현구 임오 4월, 선도가 벽화碧花(태자비)를 원화源花로 받들었다. 조문召文(조문국)이 화의 원이 되었다. 혹은 말하길 태자(법흥왕)가 화의 주主가 되었기에 태자비(벽화)가 화의 원源이 되었다고 한다.
三年 玄駒 壬午 四月 仙徒奉碧花爲源花 以召文爲花之源也 或曰太子爲花主 故妃爲花之源也

벽화는 502년(지증3) 선도에 의해 처음으로 원화가 된다. 벽화는 원화의 시초인 1대 원화다.『신라사초』〈지증대제기〉와 〈법흥진왕기〉에 기록된 원화의 계보다.

대	원화	임용년도	대	원화	임용년도
1	벽화碧花	502 (지증3)	8	옥진玉珍	519 (법흥6)
2	천황淺璜	506 (지증7)	9	삼엽三葉	522 (법흥9)
3	태옥苔玉	509(지증10)	10	홍심紅心	526(법흥13)
4	융산肜山	512(지증13)	11	융죽肜竹	530(법흥17)
5	묘원妙元	515 (법흥2)	12	금진金珍	534(법흥21)
6	준실俊室	517 (법흥4)	13	준정俊貞	537(법흥24)
7	솔진率眞	518 (법흥5)	14	남모南毛	*540(진흥1)

원화제도는 502년(지증3) 1대 벽화로부터 540년(진흥1) 14대 남모에 이르기까지 대략 40년간 운영된다. 임기는 따로 정해지지 않았으나 짧게는 1년, 평균적으로 3년 간격으로 교체된다. 특히 1대 원화 벽화와 8대 원화 옥진은 훗날 법흥왕의 왕후가 된다.

준정과 남모의 원화이야기를 다룬『삼국사기』진흥왕 576년(진흥37) 기록은 진흥왕 재위 초기에 발생한 사건을 소급한 것이다. 준정(521년생)은 13대 원화로 삼산三山(소지왕 아들)의 딸이며, 남모(524년생)는 14대 원화로 법흥왕의 딸(백제 보과공주 소생)이다. 남모는 진흥왕의 이복동생이기도 한다. 아마도 준정과 남모 두 원화의 질투사건은 원화의 지위를 빼앗긴 준정이 새로이 원화가 된 남모를 지극히 경계하여 발생한 사건일 것이다. 여하튼 이 사건을 계기로 지소태후는 원화제도를 폐지하는 결정을 내린다.

화랑은 남성 중심의 선도

화랑花郞은 화花의 낭도郞다. 여성 중심의 선도인 원화가 폐지되며 남성 중심의 선도인 화랑으로 재편된다. 원래 화랑 명칭을 처음 사용한 사람은 법흥왕이다. 《위화진경》이다.

현구(지증3년,502년) 4월 축일, 선도가 벽화碧花(태자비)를 선원진전仙院眞殿으로 태자(법흥왕)를 선원원전仙院元殿으로 받들었다. 원화정의源花淨儀를 행하여 위화랑에게 그 일을 주관케 하니 절차가 모두 규칙에 맞았다.
玄駒 四月 丑日 仙徒奉碧花 于仙院眞殿 奉太子于仙院元殿 行源花淨儀 郞主其事 有節次皆合規矩

이 기록은 선도가 벽화를 원화로 받드는 장면이다. 이때 원화의 정의淨儀(의례식)를 주관한 사람이 위화魏花다. 위화는 1대 원화가 된 벽화의 남동생이다. 화랑은 당시 태자인 법흥왕이 위화랑을 '활랑'이라 부른데서 기인한다. 위화는 훗날 화랑의 시초 1대 풍월주(화랑 수장)가 된다.

> 원화의 시초 벽화(485~,女)와 화랑의 시초 위화(487~,男)는 어머니가 같은 동모형제다. 어머니는 벽아(碧我)다. 위화는 벽화의 남동생이다. 벽화는 아버지가 손동(孫同)이고, 위화는 아버지가 염신(剡臣)이며 또한 소지왕의 마복자다. 이러한 혈연관계로 벽화와 위화를 낳은 벽아는 화모(花母)가 된다.

『화랑세기』〈필사본〉에 수록된 화랑의 수장 풍월주의 계보다.

대	풍월주	대	풍월주	대	풍월주	대	풍월주
1	위화랑	9	비보랑	17	염장	25	춘장공
2	미진부	10	미생랑	18	춘추	26	진공
3	모랑	11	하종	19	흠순	27	흠돌
4	이화랑	12	보리	20	예원공	28	오기
5	사다함	13	용춘	21	선품공	29	원선
6	세종	14	호림	22	양도공	30	천관
7	설원랑	15	유신	23	군관공	31	흠언
8	문노	16	보종	24	천광공	32	신공

화랑제도는 540년(진흥1) 1대 풍월주 위화랑魏花郞부터 681년(문무21) 32대 풍월주 신공信功에 이르기까지 대략 140여 년간 운용된다. 이 기간은 진흥왕, 진지왕, 선덕여왕, 진덕여왕, 태종무열왕, 문무왕 등 6명 왕의 재위 시기다. 풍월주 중에는 우리가 잘 아는 김유신과 김춘추도 있다. 두 사람은 각각 15대, 18대 풍월주다. 『화랑세기』〈필사본〉의 '현좌충신賢佐忠臣이 이로부터 나오고 양장용졸良將勇卒이 이로부터 생겼다.'(於是賢佐忠臣 從此而秀 良將勇卒 由是而生)는 서문 기록은 이를 두고 한 말이다.

특히 기록에 따르면 화랑에도 풍월주를 중심으로 하는 계파가 존재한다. 예를 들어 7대 풍월주 설원랑 편에는 8대 문노文努의 호국선護國파와 설원랑의 운상인雲上人파가 있으며, 10대 풍월주 미생랑 편에는 통합원류統合元流파, 미실美室파, 문노文努파, 이화류二花流파, 가야加耶파 등 5개파로 갈린다. 신라의 정치가 화랑의 계파를 통해 일종의 붕당체제로 운영되었다고 볼 수 있다.

화랑제도가 폐지된 결정적인 이유는 **27대 풍월주를 역임한 흠돌**(欽突)**이 일으킨 681년**(문무21,신문1)**의 모반사건이다.** 신문왕의 장인이기도 한 흠돌은 흥원(興員), 진공(眞功) 등과 함께 모반을 꾀하다 사전에 발각되어 처형된다. 이때 수많은 화랑이 연루되어 숙청당하며 화랑이 폐지된다.

《임신서기석》의 증언

《임신서기석》은 '임신년에 서약하여 기록한 돌'이다. 1934년 경주 현곡면에서 발견된 높이 34.0㎝, 너비 12.5㎝, 두께 약 2㎝의 화강암 비석이다. 글자는 앞면에 새긴 5행 74자다. 비문이다.

壬申年 六月十六日 二人幷誓記 天前誓 今自三年以後 忠道執持 過失无誓 若此事失 天大罪淂誓 若國不安大亂世 可容行誓之 又別 先辛未年 七月卄二日 大誓 詩尙書禮傳倫淂誓三年

임신년壬申年 6월 16일에 두 사람이 함께 맹세하여 기록한다. 하늘 앞에 맹세하길 지금으로부터 3년 이후에 충성의 도를 지키고 잘못과 실수가 없기를 맹세한다. 만약 이 맹세를 어기면 하늘에게 큰 죄를 얻을 것을 맹세한다. 만약 나라가 편안하지 않고 세상이 크게 어지러워지면 가히 행하는 것을 용납함을 맹세한다. 또한 따로 이전 신미년辛未年 7월 22일에 크게 맹세하였다. 『시경』, 『상서』, 『예기』, 『춘추전』 등을 차례로 3년 동안 얻기를 맹세하였다.

임신년은 552년(진흥13) 또는 612년(진평34)으로 이해한다. 비문은 화랑으로 추정되는 두 사람이 서로 충성의 도를 지키겠다는 맹세와 이를 어기면 하늘의 벌을 받겠다는 결기의 내용을 담고 있다. 특히 『시경』, 『상서』, 『예기』, 『춘추전』 등 경서를 3년 내에 숙독하겠다는 맹세는 화랑의 지식 수준을 가늠케 한다.

화랑은 신라의 선도문화에 바탕을 둔 인재양성의 결사체다.

황룡사와 장육삼존불상

황룡사^{黃龍寺}는 경주 구황동 너른 벌판에 소재한 신라 최대 규모의 사찰이다. 금당과 회랑을 포함한 중심구역은 동서 270m, 남북 186m며, 외곽을 포함한 전체 규모는 동서 281m, 남북 288m로 면적은 24,480평이다.

▲ 황룡사지 전경 [경주 구황동]

황룡사 건립과 규모

황룡사는 진흥왕이 건립한다. 『삼국사기』 진흥왕이다.

> 14년(553년) 봄 2월, 왕이 소사^{所司}(담당 관청)에 명을 내려 월성 동쪽에 신궁을 짓게 하였는데 그곳에서 황룡이 나타났다. 왕이 기이하다고 여겨 불사로 고쳐 짓고 황룡^{皇龍}이라는 이름을 내렸다.
> 十四年 春二月 王命所司 築新宮於月城東 黃龍見其地 王疑之 改爲佛寺 賜號 曰皇龍

진흥왕은 533년(진흥14) 월성 동쪽에 신궁을 지으려다가 황룡이 나타나서 사찰로 바꿔 짓는다. 처음 공사를 시작하여 13년째가 되던 566년(진흥27) 금당 등 주요 가람을 건립하고, 이어 3년 후인 569년(진흥30) 담장을 쌓으며 황룡사는 완공된다.

황룡사지 발굴 조사는 1976년부터 1983년 12월까지 8년 동안 진행한다. 조사 결과에 따르면 황룡사는 3차례 확장 공사를 실시한다. 1차 창건기 단계는 중앙부에 1탑 1금당이 자리 잡고, 금당의 동서쪽에는 단

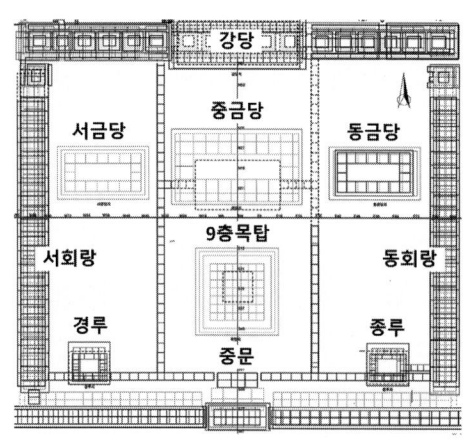
▲ 황룡사 평면도

회랑으로 구획된 별도의 구역을 조성해 동쪽과 서쪽 및 북쪽에 승방을 기다랗게 배치한다. 2차 중건기 단계는 대형의 금당이 재건되고, 9층목탑도 완공되어 새로운 가람배치를 갖게 된다. 즉 금당과 목탑의 규모가 커짐에 따라 2개의 단회랑을 허물고 그 대신 중금당 좌우에 동과 서로 금당을 배치한 「1탑 3금당」식의 가람배치로 바꾼다. 3차 종건기 단계는 무게 50만근에 이르는 황룡사 대종을 완성하며, 목탑 앞쪽 좌우에 경루와 종루를 배치한다.

황룡사 장육삼존불상

황룡사 완공 6년 후인 574년(진흥35) 장육상(석가모니 불상)을 주조하여 금당에 안치한다. 『삼국사기』 진흥왕이다.

> 35년(574년) 봄 3월, 황룡사의 장육상丈六像(불상)을 주조하였다. 청동은 3만5천7근이고, 도금은 1만1백9십8푼이다.
> 三十五年 春三月 鑄成皇龍寺丈六像 銅重三萬五千七斤 鍍金重一萬一百九十八分

장육상은 황룡사의 본존불이다. 청동 35,007근(*약 7.6t)과 황금 10,098푼(*약 100냥)으로 주조한다. 또한 철 12,000근과 황금 10,136푼으로 2개의 협시보살상도 만든다.

『삼국유사』〈탑상〉에 황룡사 장육상의 주조 설화가 나온다. 내용은 이렇다. 인도의 아소카왕阿育王은 높이 1장 6척의 석가모니 청동상과 협시보살상을 주조하려다 번번이 실패하자 그 재료와 삼존상의 모형, 설계도 등을 배에 실어 바다로 떠나보낸다. 수백년을 떠돌며 여러 나라에서 발견되지만 그때마다 불상 주조를 실패하고 다시 바다로 보내는 일을 반복된다. 결국은 진흥왕 때에 사포(경남 울산)에 배가 도착한다.

▲ 황룡사 금당지 삼존상 지대

장육상의 크기는 어느 정도일까? 장육은 1장 6척의 준말이다. 1장이 10척이니 1장 6척은 16척이다. 일반적으로 성인의 키가 7~8척인 점을 감안하면 일반 성인의 2배 이상의 크기다. 대략 석가모니 장육상의 크기는 4~5m다. 다만 금당지에서 발견된 불두의 나발머리 파편을 통해 계산한 불두는 2m 정도로 추정되어, 실제 장육상의 크기는 10~11m로 보는 견해도 있다.(*전북 김제 금산사 미륵장육상은 11.82m임)

장육삼존불상은 신라인의 긍지와 자부심이 응축된 신라 불교의 상징이다. 비록 대좌만 남아 있어 원래의 모습은 정확히 알 수 없으나 신라 국보의 하나로서 우람한 위용을 가진 최대 걸작품이라는 사실 만큼은 어느 누구도 부정할 수 없다.

▲ 황룡사 장육삼존불상 재현품

황룡사黃龍寺. 신라를 불국토佛國土로 만들고자 했던 전륜성왕 진흥왕이 경주 한복판에 세운 야심찬 불교 프로젝트다.

| 대가라 정복 |

진흥왕은 562년(진흥23) 대가라를 정복한다. 『삼국사기』 진흥왕이다.

23년(562년) 9월, 가야(대가라)가 배반하였다. 왕이 이사부異斯夫에게 토벌을 명하였다. 사다함斯多含이 부장副將이 되었다. 사다함은 5천의 기병을 이끌고 선두에 서서 달려갔다. 전단문栴檀門(왕성 정문)에 들어가 흰 깃발을 꽂으니 성안의 사람들이 두려워하며 어찌할 바를 모르다가 이사부가 병사를 이끌고 다다르자 일시에 모두 항복하였다.

二十三年 九月 加耶叛 王命異斯夫討之 斯多含副之 斯多含領五千騎先馳 入栴檀門 立白旗 城中恐懼 不知所爲 異斯夫引兵臨之 一時盡降

▲ 대가라 금동관

대가라 정복을 이끈 사람은 이사부와 사다함이다. 이 내용은 『삼국사기』〈열전〉 사다함 편에도 나온다. 다만 〈열전〉 기록은 〈본기〉 기록과 별반 다르지 않으나, 사다함이 15세 어린 나이에도 불구하고 스스로 종군을 청하여 출전한 내용이 추가된다.

그런데 대가라는 무엇을 배반했기에 신라에 정복되어 나라의 문을 닫았을까?

대가라 배반의 실체

『화랑세기』〈필사본〉에 단서가 나온다. 사다함(5대 풍월주) 편이다.

개국11년(561년) ▨▨▨▨ 양화兩花공주가 훙하였다. 도설지가 왕을 승계하였다. 야녀로서 ▨▨하여 월광(태자)과 땅을 다투더니 많은 야인이 들어왔다. 제(진흥왕)가 태종(이사부)공에게 진압하라 명하였다. 사다함이 선봉이 되겠다 청하니 제가 어리다하여 허락하지 않았다. 이에 사다함을 귀당비장^{貴幢裨將}으로 삼았다. 나이 16세. 정병 5천을 인솔하고 전단문^{栴檀門}(왕성 정문)으로 들어가 흰 깃발을 꽂았다. … **도설지를 사로잡고 야녀에게 다다르니** ▨▨▨▨ ▨▨하니 ▨군이 계속해서 뒤따라와 가야군을 크게 쳐부수었다.

開國十一年 ▨▨▨▨▨ 兩花公主薨 嗣王道設智 以野女▨▨與月光爭地 多率野人來 帝命苔宗公鎭之 斯多含請爲先鋒 帝以其少不許 斯乃私率其徒間行 … 乃以斯多含爲貴幢裨將 時年十六 率精兵五千 馳入栴檀門堅白旗 … 虜道設智及野女▨▨▨▨▨ ▨軍繼至 大破加倻軍

우선 등장 인물의 프로필이다. 561년(진흥22) 사망한 양화^{兩花}공주는 신라 출신이다. 아버지는 호조^{好助}고, 어머니는 선혜(소지왕 왕후)다. 양화공주는 대가라 왕실과 인연을 맺는데 먼저 찬실^{贊失}을 통해 도설지^{道設智}왕(19대)을 낳고 이어 이뇌^{異腦}왕(18대)을 통해 월광^{月光}태자를 낳는다. 도설지왕과 월광태자는 어머니가 같은 동모형제다. 특히 도설지왕은 대가라 왕이 되기 이전에 신라의 관료로 활동한다. 그의 행적이 《단양적성비》(551년)에는 급간지(9관등 급찬)(鄒文村幢主 沙喙部 㔽設智 及干支), 《창녕순수비》(561년)에는 사척간(8관등 사찬)(沙喙 都設智 沙尺干)으로 나온다. 또한 도설지왕에게 협력한 야녀는 문화^{文華}공주다. 문화는 도설지왕의 아버지 찬실이 왜 왕녀를 통해 얻은 딸이다. 도설지왕과 문화는 어머니가 다른 이복형제다. 특히 이 사건에

▲《단양적성비》탁본

등장하는 야인은 지금의 부산 동래 세력으로 문화공주의 친정 사람들이다. 과거 내물왕이 야^野로 칭한 임나(부산 동래)다.

도설지는 561년(진흥22) 진흥왕의 비자화군(경남 창녕) 순행길에 동행하

며(《*창녕순수비》) 어머니 양화공주의 부음 소식을 듣고 급히 대가라를 찾아간다. 그리고 이듬해인 562년(진흥23) 월광태자를 제쳐두고 왕위를 승계한다. 이에 반발한 월광태자는 과거 법흥왕 때(524년) 신라가 대가라를 남국과 북국으로 분할하여 두 명의 왕이 통치하게 했던 과거의 선례를 내세워 도설지왕을 압박하고 대가라의 분할 통치를 제안한다.

> 『신라사초』〈법흥진왕기〉. '11년(524년) 청룡 갑진 9월, 제(법흥왕)가 청렴(靑鬣)을 국경에서 만나 잠자리를 함께 하였다. 청렴은 권처가 되어 종신토록 제를 섬기겠다 하였다. **제가 허락하고 가야(대가라)를 남북으로 나눴다. 청명(靑明)을 북국왕에 이뇌(異腦)를 남국왕에 봉하였다.**'(十一年 靑龍 甲辰 九月 帝會靑鬣于境上幸之 靑鬣願爲權妻而終身事帝 帝許之 分加耶爲南北 封靑明于北國 封異腦于南國) 다만 『화랑세기』〈필사본〉은 북국왕을 이뇌로 남국왕을 청명으로 적는다.

그러나 도설지왕은 월광태자의 제안을 거부하고 둘 사이는 내란으로 이어진다. 이때 도설지왕은 이복 여동생인 문화공주를 통해 야인을 대거 대가라 땅으로 끌어들이며 자신의 세력으로 만든다. 바로 이 상황이 대가라의 배반이다. 신라의 입장에서 보면 도설지가 왕위를 승계한 행위, 수많은 야인을 끌어들인 행위 등이 배반에 해당한다.

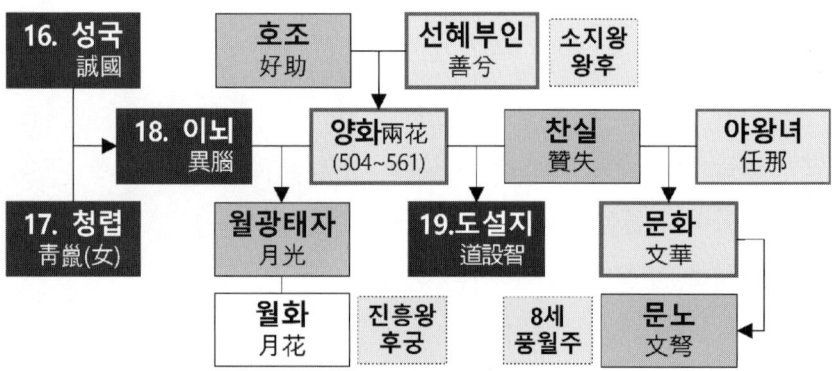

▲ 대가라 말기 왕실 계보도

대가라 멸망

562년(진흥23) 진흥왕은 이사부를 원수로 삼아 신라군을 파견하여 도설지왕의 배반을 응징하고 대가라를 멸망시킨다. 대가라 역사를 기록한 『신증동국여지승람』 고령현 건치연혁이다.

> 본래 대가야국^{大加倻國}은 시조 이진아시^{伊珍阿豉}왕[내진주지^{內珍朱智}라고도 한다.]으로부터 도설지왕에 이르기까지 무릇 16세 520년이다. [최치원의 『석이정전^{釋利貞傳}』에 이르길 가야산신 정견모주^{正見母主}가 곧 천신 이비가^{夷毗訶}에게 감응해 대가야왕 뇌질주일^{惱窒朱日}과 금관국왕 뇌질청예^{惱窒靑裔} 두 사람을 낳으니 뇌질주일은 이진아시왕의 별칭이고 뇌질청예는 수로왕의 별칭이다.]
>
> 本大伽倻國 自始祖伊珍阿豉王[一云內珍朱智] 至道設智王 凡十六世五百二十年[按崔致遠 釋利貞傳云 伽倻山神正見母主 乃爲天神夷毗訶之所感 生大伽倻王惱窒朱日 金官國王惱窒靑裔二人 則惱窒朱日爲伊珍阿豉王之別稱 靑裔爲首露王之別稱]

대가라는 시조가 이진아시며, 역사 기간은 16대 520년간(42~562)이다. 건국년도는 금관가라와 같은 42년이다. 그러나 『신라사초』는 다르다. 대가라 건국년도는 158년이며, 역사 기간은 19대 405년간(158~562)이다.

> 『신라사초』〈파사이사금기〉 155년(파사30) 기록이다. '비지(比只)가 다벌, 초팔과 함께 난을 일으켜 홍노와 가수에게 명하여 평정하였다. 비지의 태자 보일(宝日)은 전투 중에 사망하고 둘째 주일(朱日)은 소문(召文)에서 돌아와 화친을 주장하고, 동생 청예(靑裔)는 금관(金官)으로 도망쳤다.'(比只與多伐草八作亂 命虹盧加樹討平之 比只太子宝日戰沒 次子朱日自召文還主和 其弟靑裔奔于金官) 원래 정견모주는 비지국 여왕이다. 아들은 죽은 보일을 비롯하여 주일, 청예 등 3명이다. 비지국은 155년 신라에 멸망당하면서 둘째 주일(이진아시)이 158년 대가야를 건국한다.

다음은 『신라사초』 기록에 의거한 대가라 왕력이다.

대	왕	재위기간	대	왕	재위기간
	정견모주正見母主	120~	10	수극守克	352~377
1	이진아시伊珍阿豉	158~177	11	모가慕訶	377~403
2	아수阿修	177~219	12	후섬厚蟾(女)	403~414
3	비가毗可 (女)	219~231	13	사가舍訶	414~428
4	미리신美理神 (女)	231~269	14	섬신蟾神(女)	428~463
5	하도河道 (女)	269~282	15	아리阿利(女)	463~491
6	하리河理 (女)	282~287	16	성국誠國	491~506
7	효도孝道	287~313	17	청렵靑巤(女)	506~524
8	하리지河理智 (女)	313~341	18	이뇌異腦	524~562
9	선실宣失 (女)	341~352	19	도설지道設智	562

대가라의 후예들

대가라 멸망 후 도설지왕과 월광태자는 어떻게 되었을까?

도설지왕은 더 이상 문헌과 비문의 기록에 나오지 않는다. 또한 후손에 대한 기록도 없다. 다만 이복 여동생 문화공주는 신라 비조부와 통하여 문노를 낳는다. 문노는 8대 풍월주다.

월광태자는 신라 사회에 흡수되지 못하고 망명 생활을 이어간다. 신라 마지막 태자인 마의(경순왕 아들)와 비슷한 삶을 산다. 말년에는 출가하여 승려가 되며 망국의 설움을 안고 여생을 보낸다. 경남 합천에는 월광태자를 기념하여 세워진 월광사(경남 합천)가 있다.

◀ 월광사지 3층석탑 [경남 합천]

대가라는 마지막까지 왕조를 지켜온 위대한 나라다.

| 진흥왕릉과 서악동고분군 |

진흥왕은 575년(진흥37) 43세 나이로 사망한다. 『삼국사기』 진흥왕이다.

> 37년(575년) 가을 8월, 왕이 훙하였다. 시호를 진흥眞興이라 하고 애공사哀公寺 북쪽 봉우리에 장사지냈다. 왕은 어린 나이에 위에 올라 한마음으로 불교를 받들었고 말년에는 머리를 깎고 승복을 입었으며 스스로 법운法雲이라 법명을 칭하다가 삶을 마쳤다.
> 三十七年 秋八月 王薨 諡曰眞興 葬于哀公寺北峯 王幼年卽位 一心奉佛 至末年祝髮被僧衣 自號法雲 以終其身

진흥왕의 무덤은 '애공사 북쪽 봉우리'에 소재한다. 진흥왕릉은 애공사만 찾으면 어느 정도 추정이 가능하다.

> 『신라사초』〈법흥진왕기〉. '17년(530년) 금구 경술 10월, 제(법흥왕)와 발장이 옥종(玉宗)의 대제를 지내고 그 무덤을 애공사(哀公寺)라 하였다.(十七年 金狗 庚戌 十月 帝與髮長 行玉宗大祭 以其墓爲哀公寺) 애공사는 옥종의 무덤이다. 옥종은 법흥왕의 포자(布子)로 528년 24세로 사망한다. 발장(髮長)은 옥종의 처다.

선도산고분군의 진흥왕릉

진흥왕릉은 「선도산고분군」의 맨 위쪽 산 중턱에 위치한다. 지름 20m, 높이 5.8m의 소형급 원형봉토분이며, 내부는 굴식돌방무덤(횡혈식석실묘)로 추정된다. 이 무덤은 조선 영조 때인 1730년경 경주 김씨 문중에 의해 진흥왕릉으로 비정된다. 그러나 가장 위대한 업적을 남긴 정복군주의

▲ 現진흥왕릉 [선도산고분군]

무덤으로 보기에는 너무나도 규모가 작고 초라하다. 또한 주변 봉우리 일대에는 동일한 크기의 무덤이 산재해 있어, 이 무덤만을 꼭 집어 진흥왕릉으로 판단하는 것은 무리다.

진흥왕릉은 서악동고분군 1호분

처음 경주 김씨 문중의 왕릉 비정에 대해 문제를 제기한 사람은 조선 중기의 화계 유의건柳宜健이다. 화계는 자신의 문집에 신라 역대 왕 56명에 대해 「나릉진안설羅陵眞贗說」(*신라 왕릉의 참과 거짓)을 주장한다. 이후 추사 김정희金正喜가 금석문 연구차 1817년(순조17) 경주를 방문하며 『동경잡기』 기록 등을 참조하여 서악동고분군 4기 무덤의 주인공을 새롭게 비정하고 이를 『진흥왕릉고』에 수록한다. 추사의 탄식이다. "아! 진흥왕과 같이 뛰어난 공훈과 성대한 업적을 이룩한 분도 활과 칼, 유장 등은 없어져 전해오지 않거늘 하물며 그 아래 3기의 무덤에 대해서야 또 무슨 말을 할 수 있겠는가?"(此噫眞興鬼功盛烈 弓劍遺藏 泯沒無傳 其下三陵 又何言也) 이때 추사가 비정한 진흥왕릉은 서악동고분군의 가장 위쪽에 위치한 1호분이다. 또한 추사는 그 아래쪽으로 이어지는 3기 무덤을 각각 진지왕(2호분), 문성왕(3호분), 헌안왕(4호분) 등으로 이해한다.

추사 이후 서악동고분군은 오랫동안 관심을 받지 못하다가 근자에 들어 4기 무덤은 다시금 주목을 받는다. 이를 연구한 학자가 강인구, 이근직, 김용성이다. 1호분부터 4호분까지, 강인구(2000년)는 법흥왕, 진흥왕, 진지왕, 문흥왕 순이고, 이근직(2006년)은 진지왕, 진흥왕, 보도왕후, 법흥왕 순이며, 김용성(2013년)은 사도왕후, 진지왕, 진흥왕, 법흥왕 순이다. 현재 학계는 4호분을 법흥왕릉으로 보며, 나머지 3기 무덤에 대해서는 판단을 유보하고 있다.

비정	1호분	2호분	3호분	4호분
김정희 (1817년)	진흥왕	진지왕	문성왕	헌안왕
강인구 (2000년)	법흥왕	진흥왕	진지왕	문흥왕 (김용춘)
이근직 (2006년)	진지왕	진흥왕 (사도 합장)	보도왕후	법흥왕
김용성 (2013년)	사도왕후	진지왕	진흥왕	법흥왕
정재수 (2025년)	진흥왕 (576년)	지소태후 (550년~)	보도왕후 (528년)	법흥왕 (540년)

필자는 가장 위쪽의 1호분을 진흥왕릉으로 본다. 그 아래쪽 3기 무덤은 지소태후릉(2호분), 보도왕후릉(3호분), 법흥왕릉(4호분) 순이다. 1호분이 진흥왕릉인 이유는 2호분, 3호분, 4호분 등 법흥왕릉군의 무덤 조성 시기와 35년 정도 차이가 나며, 또한 1호분만이 법흥왕릉군과 다소 이격되어 조성된 점을 들 수 있다. 특히 2호분의 무덤주인 지소태후는 진흥왕의 어머니다.

▲ 서악동고분군 무덤주인 비정

어찌 선행연구자들의 노력과 연구를 그냥 지나칠 수 있겠는가? 그저 차려진 밥상에 숟가락 하나 올려 놓을 수 있다면 영광인 것을 …

진흥왕릉은 「서악동고분군 1호분」이다.

| 폐주가 된 진지왕 |

▲ 토우장식 장경호 [경주박물관]

진지왕^{眞智王}(26대)은 신라 최초로 폐위된 군주다. 이름은 금륜^{金輪} 또는 사륜^{舍輪}이다. 재위 기간은 576년부터 579년까지 4년간이다. 아버지는 진흥왕이며, 어머니는 사도^{思道}다. 왕후는 지도^{知道}(박씨)다. 진지왕은 형 동륜^{銅輪}태자가 572년(진흥33) 갑자기 사망하는 바람에 진흥왕의 뒤를 잇는다. 그러나 진지왕은 정란황음^{政亂荒婬}하다는 이유로 폐위된다.

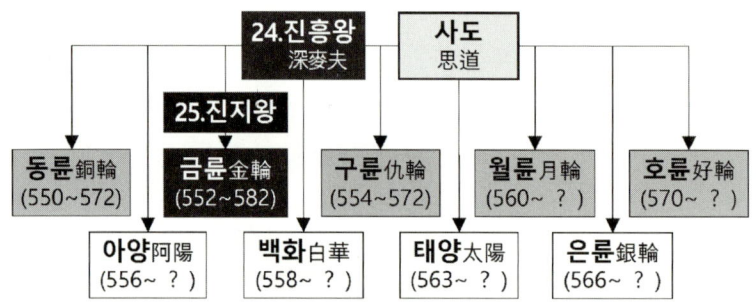

▲ 진흥왕과 진지왕의 관계도

즉위와 폐위 과정

먼저 즉위 과정이다. 원래 진지왕은 왕이 될 위치가 아니다. 두 살 터울인 진흥왕의 태자인 형 동륜^{銅輪}이 572년(진흥33) 23세(550~572)로 개에 물려 죽는 바람에 기회가 찾아온다. 다만 태자위를 승계하였는지는 다소 불분명하다. 이유는 사망한 동륜태자에게는 진흥왕의 적손^{嫡孫}인 백정^{白淨}(훗날 진평왕)이 있었기 때문이다. 그래서 진지왕의 즉위를 다른 각도에서 해석하기도 한다. 진흥왕 때를 대표하는 인물인 거칠부^{居柒夫}의 역할이다. 거칠부는 진지왕이 즉위한 676년(진지1) 전격적으로 상대등에 임명돼 국정을 전담한다. 이런 까닭에 거칠부의 지원을 받은 진지왕이 동륜태자의 아들 백정에게 갈 왕위를 가로챘다고 보기도 한다.

다음은 폐위 과정이다. 진지왕은 재위 4년간(676~679)만에 정란황음政亂荒婬하다는 이유로 화백회의의 결정에 따라 전격 폐위된다. 이를 주도한 인물은 노리부弩里夫다. 노리부는 진평왕이 즉위한 679년(진지4, 진평1)에 전격적으로 상대등에 임명된다. 다만 실제 진지왕이 정란황음하였는지는 다소 의문이다. 정란황음의 표현은 『삼국사기』에는 일체 나오지 않으며, 진지왕이 방탕한 행위를 한 기록 자체도 없다. 정란황음은 오로지 『삼국유사』에만 언급된 내용이다.

『화랑세기』〈필사본〉에도 진지왕의 폐위에 대한 기록이 자세히 나온다. 세종공(6대 풍월주) 편과 설원랑(7대 풍월주) 편이다.

이때 금태자金太子(금륜) 또한 미실美室과 서로 사귀어 정을 맺는 것을 좋아하여 설원, 미생 등과 방외우方外友가 되었다. 미실이 비록 이미 출궁하여 깨끗히 살 것을 공언하였으나 가만히 있지 않고 금태자와 더불어 후사를 약속하였다. 제(진흥왕) 또한 얼마 지나지 않아 미실을 다시 궁으로 불러들였다. 제가 붕하고 금태자가 즉위하였다. 이에 미실을 받아들였으나 밖의 여론 때문에 황후에 봉하지 않았다. 또한 다른 사람에 빠져 미실을 심히 총애하지도 않았다. 미실은 그 약속을 어긴 것에 노하여 마침내 사도思道태후와 함께 낭도를 일으켜 폐위시키고 동태자(동륜)의 아들인 백정白淨공을 즉위시키니 이가 진평대제眞平大帝다. ☞ 6대 세종공

時金太子亦好美室交結 薛原美生等爲方外友 美室雖已出宮 聲言淨業而未嘗閑居 遂與金太子約以後事 帝亦未幾而不能自制 復召入 帝崩而金太子卽位 仍納美室而 以外議不能封以皇后 且荒于外 不甚寵 美室怒其違約 遂與思道太后發郞徒廢之 立銅太子之子白淨公 是爲眞平大帝

진지대왕眞智大王은 미실美室 때문에 왕위에 올랐는데 색을 밝혀 방탕하였다. 사도思道태후가 걱정하였다. 이에 미실과 폐위할 것을 의논하고 노리부弩里夫공으로 하여금 행하도록 하였다. 노리부공은 곧 사도의 형이다.
- 7대 설원랑

眞智大王以美室之故得立 而好色放蕩 思道太后憂之乃與美室議廢之 乃使弩里夫公行之 弩里夫公乃思道之兄也

진지왕의 폐위에 공통으로 등장하는 인물이 있다. 미실美室과 사도思道태후(진흥왕 왕후)다. 진지왕은 미실을 왕후로 봉하는 약속을 지키지 않은 것과 색을 밝혀 국사를 제대로 돌보지 않은 것 때문에 노리부를 앞세운 미실과 사도태후에 의해 폐위된다.

정란황음政亂荒婬. 진지왕의 폐위에는 질투의 화신 미실美室의 정치적 행보가 어른거린다.

| 도화녀와 비형랑 설화 |

도화녀桃花女와 비형랑鼻荊郞 설화는 왕의 혼령이 생전에 사모한 여인 도화녀를 찾아가 낳은 아들 비형랑에 관한 이야기다. 일종의 사자교혼死者交婚 설화에 속한다. 특히 도화녀-비형랑 설화에는 폐위된 진지왕의 행적이 담겨 있다.

『삼국유사』 기록

『삼국유사』〈기이〉 도화녀비형랑 편에 실린 설화를 정리하면 이렇다. 진지왕은 생전에 사량부에 사는 아름다운 도화녀를 보고 함께하자 청하자 도화녀는 남편이 있는 몸이라며 거부한다. 진지왕이 폐위되어 죽고 도화녀의 남편도 세상을 떠나자 죽은 진지왕의 혼령이 도화녀를 찾아와 7일 동안 함께 머물다 떠난다. 그 후 달이 차니 비형랑이 태어난다. 진지왕의 뒤를 이은 진평왕은 비형랑이 남다르다는 것을 알고

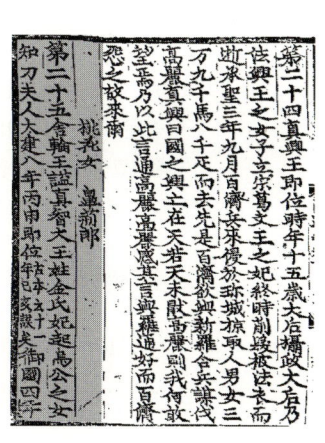

▲『삼국유사』 도화녀비형랑

궁중에 데려와 기르며, 15세 나이에 집사 벼슬을 준다. 그런데 비형랑은 밤만 되면 서쪽 황천강 언덕 위에서 여러 귀신(도깨비)들을 모아놓고 놀자 진평왕은 비형랑에게 다리를 만들라 명한다. 이에 비형랑은 귀신 무리를 이끌고 하룻밤 사이에 귀교鬼橋를 만든다. 특히 비형랑은 귀신 무리의 한 사람인 길달吉達을 조정에 천거하며 진평왕은 길달을 아들이 없는 각간 임종林宗의 아들로 삼게 한다. 그러나 길달은 흥륜사 남쪽에 성문을 세우고 밤마다 그 문 위에서 잠을 잔다. 그래서 사람들은 그 문을 길달문이라 부른다.

▲ 귀면와 [경주 황룡사지]

그러던 어느 날 길달이 여우로 변해 도망가자 비형랑은 귀신들을 시켜 길달을 죽인다. 그뒤 귀신들은 비형랑의 이름만 들어도 무서워 달아나게 되고, 사람들은 비형랑을 두고 지은 글(부벽서)을 써붙여 잡귀를 물리친다. 글은 이러하다. '성제^{聖帝}의 혼령이 아들을 낳았으니 비형랑의 집이 이곳이라네. 날고 뛰는 온갖 귀신들아! 이곳에 머물지 말지어다.'(聖帝魂生子 鼻荊郎室亭 飛馳諸鬼衆 此處莫留停)

『동국여지승람』 경상도 경주부 왕가수(王家藪). '부의 남쪽 10리에 있다. 사람들이 목랑(木郎)을 제사 지내던 땅이다. 목랑은 속(俗)에서 두들(豆豆里)이라고 부르는데 비형(鼻荊) 이후 두들 섬기기가 심히 성하였다.' 『낙하생전집』(이학규 문집) 〈영남악부〉. '비형랑은 혹은 목랑이라고 칭하며 또한 두들이라고 이름하기도 한다.'(鼻荊郎 或木郎稱 亦名豆豆里) **신라 목신(木神) 두들의 신앙 모태는 비형랑**이다.

비형랑는 진지왕의 서자

『삼국유사』 기록은 비형랑을 진지왕의 영혼이 낳은 아들로 설정하나 이는 어디까지나 설화적 장치이기에 실제한 인물일 가능성이 높다. 비형랑은 누구일까? 『화랑세기』〈필사본〉 용춘공(13대 풍월주) 편이다.

『전군열기』에 이르길 '공(용춘)은 곧 용수^{龍樹} 갈문왕의 동생이다. **금륜왕**(진지왕)이 음란함에 빠져 폐위되어 유궁에 3년간 살다가 붕하였다. 공은 아직 어려 그 얼굴을 몰랐다. 지도^{智道}태후가 태상태후(진흥왕의 왕후 사도)의 명으로 다시 신왕(진평왕)을 섬기자 공은 신왕을 아버지라 불렀다. 이에 왕이 가엾게 여겨 총애하고 대우함이 매우 도타웠다.'고 한다. 자라나자 곧 억울함을 분하게 여겨 문노^{文弩}(8대 풍월주)의 문하에 들어가 비보랑^{秘宝郎}(9대 풍월주)을 형으로 섬기고 서제^{庶弟} **비형랑**^{鼻荊郎}과 함께 힘써 낭도를 모았다.

殿君列記曰 公乃龍樹葛文王之弟也 金輪王以荒亂見廢居幽宮三年以崩 公尙

幼而不識其面 智道太后以太上太后命復事新王 公呼新王爲父 以此王憐之寵
遇殊重 旣長乃慨然入文弩之門 事秘宝郞爲兄 與庶弟鼻荊郞 務拾郞徒

　　비형랑은 진지왕의 적자 용춘의 서제다. 진지왕의 서자다. 특히 『화랑세기』는 진지왕의 죽음이 폐위된 이후 유궁에 3년간 살다가 사망한 것으로 기록한다. 이는 『삼국사기』, 『삼국유사』 기록과는 커다란 차이를 보인다. 두 기록은 공히 진지왕이 폐위된 직후 사망하였다고 적고 있기 때문이다.

　　도화녀 비형랑 설화와 『화랑세기』 기록을 통해 다음을 정리할 수 있다. 첫째는 진지왕은 폐위되지만 곧바로 죽지 않고 3년 동안 유폐 생활을 한다. 둘째는 유폐생활 동안 도화녀라는 여인과 관계하며 비형랑을 얻는다. 셋째는 비형랑과 용춘은 어머니가 다른 이복형제다. 넷째는 비형랑이 밤마다 부린 귀신은 화랑이며, 진평왕에게 천거된 길달 역시 화랑이다.

　　도화녀桃花女와 비형랑鼻荊郞 설화에는 진지왕의 숨겨진 아들이 있다.

| 진지왕릉과 선도산고분군 |

「선도산고분군」은 경주 서악동 선도산의 정상(380.6m)에서 남동쪽으로 뻗어 내려온 능선을 따라 조성된 무덤군이다. 남쪽에는 서악동고분군이 위치한다. 지면에 맞닿은 능선은 2개인데, 좌측 능선에는 4기, 우측 능선에는 20여 기의 무덤이 밀집되어 있다. 특히 좌측 능선에는 1730년대(조선 영조) 경주 김씨 문중이 왕릉으로 비정한 무덤들이 있다. 가장 윗쪽의 위아래로 조성된 진흥왕릉(24대)과 진지왕릉(25대), 그리고 그 아래쪽 좌우로 조성된 문성왕릉(46대)과 헌안왕릉(47대) 등이다.

▲ 선도산고분군 (좌측 능선) 무덤 분포

진지왕릉

『삼국사기』 진지왕이다.

> 4년(579년) 가을 7월 17일, 왕이 훙하였다. 시호를 진지眞智라 하고 영경사永敬寺 북쪽에 장사지냈다.
>
> 四十年 秋七月十七日 王薨 諡曰眞智 葬于永敬寺北

진지왕릉은 영경사 북쪽에 소재한다. 영경사는 지금의 서악동3층석탑이 위치한 도봉서당桃峯書堂이다. 진지왕릉은 지름 20.6m, 높이 5.5m의 원형봉토분으로 매장주체부는 굴식돌방무덤(횡혈식석실묘)으로 추정된다.

▲ 진지왕릉 [선도산고분군]

진흥왕릉은 진지왕의 형 동륜태자

진흥왕의 무덤은 진지왕릉 위쪽에 위치한다. 지름 20m, 높이 5.8m의 원형봉토분으로 규모는 진지왕릉과 엇비슷하다. 내부는 진지왕릉과 마찬가지로 굴식돌방무덤으로 추정된다. 그러나 이 무덤은 실제 진흥왕릉이 아니다. 진흥왕릉은 서악동고분군 1호분이다. 그렇다면 비정되고 있는 진흥왕릉은 누구의 무덤

▲ 동륜태자릉 [선도산고분군]

일까? 무덤주인은 진흥왕의 적장자이자 진지왕의 형인 동륜태자일 가능성이 매우 높다. 동륜은 진흥왕의 왕후인 사도의 아들로 진지왕과는 두 살 터울이다. 550년(진흥11) 출생하여 556년(진흥27) 태자에 책봉되고, 572년(진흥32) 23세 나이로 개에 물려 사망한다. 형제가 위아래로 나란히 묻히는 것은 지극히 자연스러운 배치일 것이다.

또한 진지왕릉 아래쪽에 위치한 문성왕(46대, 839~857)릉과 헌안왕(47대, 857~862)릉으로 비정된 두 무덤은 각각 봉분 지름이 18.9m, 15.3m다. 그러나 두 무덤은 보호석으로 봉분 둘레를 정비한 통일신라 시기의 무덤으로 볼 수 없다. 오히려 신라 말기의 무덤이다. 두 무덤의 피장자는 무덤 배치상 위쪽의 진지왕(진지왕릉)과 혈연적으로 관계된 인물이다. 진지왕의 아들 용수와 용춘 두 형제의 무덤으로 추정된다.

> 문성왕릉과 헌안왕릉은 『삼국사기』의 '공작지(孔雀趾)에 장사지냈다.'(葬于孔雀趾)는 기록에 근거한다. 옛날 경주 사람들이 선도산 일대를 신작지(山雀趾)라 불렀다고 한다.

선도산고분군은 법흥-진흥 계열의 무덤군

선도산고분군의 우측 능선에는 20여 기의 무덤이 존재한다. 지름 20m급이 10여 기고, 나머지는 5~10m급이다. 2017년 신라문화원이 전체적인 규모만 파악하고 정비하였을 뿐, 지금까지 정밀 조사도 실시하지 않은 무덤군이다.

▲ 선도산고분군(우측 능선) 무덤 분포

이 고분의 무덤주인은 누구일까? 법흥-진흥 계열의 왕실가족 무덤들이다. 우리 고고학계가 좀 더 관심을 갖고 살펴주길 기대해 본다.

「선도산고분군」(우측 능선)은 법흥-진흥왕 계열의 왕실묘역이다.

| 거인 진평왕 |

진평왕^{眞平王}(26대)은 진흥왕 계열의 적통을 재확립한 왕이다. 이름은 백정^{白淨}이다.『수서』는 김진평^{金眞平}으로 쓴다. 재위 기간은 579년부터 632년까지 54년간이다. 신라 역대 왕 중에서 재위 기간이 가장 길다. 아버지는 진흥왕의 태자 동륜^{銅輪}이며, 어머니는 입종^{立宗}갈문왕의 딸 만호^{萬呼}다. 왕후는 복승^{福勝}갈문왕의 딸 마야^{摩耶}(복힐구)와 승만^{僧滿}이다.

▲ 관음보살상 [경주 남산]

진평왕은 거인?

『삼국사기』는 '왕은 태어나면서부터 용모가 기이하고, 키가 크고 몸집이 거대하였다. 품은 뜻이 깊고 굳세며 식견이 밝고 통달하였다.'(王生有奇相 身體長大 志識沈毅明達)고 적는다. 특히『삼국유사』는 진평왕의 키를 11척^尺으로 소개한다. 한^漢척(1척=23cm)을 적용할 경우 진평왕의 키는 무려 253cm다. 참으로 대단한 장신이다. 이는『삼국사기』가 비교적 키가 크다하여 기록을 남긴 왕들과도 비교가 되지 않는다.

> 『삼국사기』가 기록한 왕의 키다. **아달라왕은 7척, 실성왕은 7척5촌, 법흥왕은 7척**이다. 한척(1척=23cm)을 적용할 경우 7척은 161cm, 7척5촌은 172.5cm다.

그렇다면 장신의 유전형질은 어떻게 해서 생긴 것일까? 현대 유전학을 빌리면 진평왕의 장신은 내물왕 계열의 거듭된 족내혼이 만든 형질 변이^{variant}의 유전병으로 보인다. 유사한 예가 근친혼을 반복한 유럽의 합스부르크^{Habsburg} 왕가의 유전병 주걱턱(하악전돌증)이다.

진평왕의 여인과 자식

『화랑세기』〈필사본〉 기록에 의거하여 진평왕의 왕실가족을 정리하면 이렇다.

① 은륜^{銀輪}공주(566~)는 진흥왕과 사도왕후의 소생으로 진평왕의 고모다. 골품만 믿고 몸을 함부로 하여 진평왕의 총애를 잃는다. 자식은 없다.

② 태양^{太陽}공주(563~)는 진흥왕과 사도왕후의 소생으로 은륜공주의 언니며 진평왕의 고모다. 사신^{私臣}을 두고 태원^{太元}과 호원^{好元} 두 아들을 낳는다. 진평왕을 닮지 않아 진평왕의 아들에서 제외된다.

③ 화명^{花明}과 옥명^{玉明}은 숙명공주(지소태후 딸)와 이화랑(4대 풍월주)의 소생이다. 진평왕의 후궁으로 자식을 낳으나 적통이 아니어서 기록은 없다.

④ 용명^{龍明}공주는 진흥왕과 지도왕후의 딸이다. 진평왕의 고모다. 자식에 대한 기록은 없다.

⑤ 지도^{智道}태후는 진지왕의 왕후다. 진지왕 폐위후 진평왕을 섬긴다. 자식에 대한 기록은 없다.

⑥ 마야^{摩耶}왕후는 진평왕의 정실왕후다. 자식은 천명^{天明}공주와 덕만^{德曼}공주다. 천명공주는 용춘의 형 용수와 혼인한다. 진평왕이 용수를 사위로 삼은 것은 천명공주에게 왕위를 물려주기 위해서다. 그러나 덕만공주가 왕위를 이을만 하다고 판단하여 용춘을 선덕공주의 사신^{使臣}이 되게 한다.

⑦ 승만^{僧滿}왕후는 진평왕의 정실왕후다. 출신에 대한 기록은 없다. 마야왕후가 사망하면서 후궁인 승만이 두 번째 정실왕후가 된다. 자식은 아들이 하나 있는 것으로 전해지며, 진평왕은 한때 덕만공주를 대신할 후계자로 검토하나 일찍 사망하는 바람에 없던 일이 된다.

⑧ 보명寶明궁주는 지소태후와 침신枕臣 구진仇珍의 소생이다. 진평왕 재위 초기에 좌후左后에 봉해지며 양명良明공주를 낳는다.

⑨ 보량寶良(604~670)은 보종宝宗전군(16대 풍월주)의 딸로 보명의 손녀다. 진평왕과는 재종형제다. 아들 보로寶路전군을 낳는다. 보로는 왕자로 인정받지 못하며 진평왕의 후계자에서 제외된다.

⑩ 난야蘭若궁주는 진흥왕과 미실의 소생이다. 진평왕의 고모뻘이다. 딸 우야雨若공주를 낳는다.

⑪ 미실美室(547~619)은 진평왕 재위 초기에 우후右后에 봉해지며 보화공주寶華를 낳는다.

⑫ 석명昔明공주는 진지왕과 보명공주의 소생이다. 진평왕과는 종형제다. 진평왕의 두 딸을 낳는다. 이름은 전하지 않는다.

> 백제 무왕의 부인이 된 진평왕의 셋째 딸 선화(善化)공주는 궁인 애리(愛理)의 소생이다. 『화랑세기』〈필사본〉 기록에는 나오지 않으나 『상장돈장』에는 나온다. 선화는 정실왕후 소생이 아니기 때문에 공주가 아닌 궁주다.

진평왕은 기록상으로 12명의 여인과 관계를 맺어 많은 자식을 얻는다. 그러나 정작 왕후인 마야에게서는 천명과 덕만 두 공주만을 얻으며, 승만에게서는 왕자를 얻지만 일찍 사망하는 불운을 겪는다.

진평왕은 신라 왕들 중에서 키가 가장 크며(11척), 재위 기간도 가장 길다(54년간). 그런데 말이다. 진평왕의 키는 정말로 11척이었을까?

| 진평왕의 천사옥대 |

『삼국유사』〈기이〉에 진평왕이 천사로부터 받은 옥대 이야기가 나온다. 천사옥대天賜玉帶 설화다.

왕이 즉위한 해(579년)에 천사天使가 궁궐 정원에 내려와 말하길 "상제께서 나에게 명하여 이 옥대를 전해주라고 하였습니다." 하였다. 왕이 친히 꿇어앉아 그것을 받자 천사가 하늘로 올라갔다. 무릇 교묘郊廟와 대사大祀에는 항상 이것을 허리에 찼다.

卽位元年 有天使降於殿庭謂王曰 上皇命我傳賜玉帶 王親奉跪受然後其使上天 凡郊廟大祀皆服之金牛

『삼국유사』는 덧붙여 옥대의 형태와 크기를 설명한다.

청태4년 정유(937년) 5월, 정승 김부金傅가 금을 새기고 옥으로 꾸민 방형의 요대 한 벌條를 바쳤다. 길이는 10위圍(뼘)며 전과鐫銙(과판)는 62개다. 이것이 진평왕의 천사대天賜帶다. 태조(왕건)가 그것을 받아 내고內庫에 보관하였다.

淸泰四年 丁酉 五月 正承金傅獻鐫金粧玉排方腰帶一條 長十圍鐫銙六十二 曰 是眞平王天賜帶也 太祖受之藏之內庫

▲ 옥대 재현품

천사옥대는 옥에 금으로 새긴 62개의 방형 과판을 연결한 요대腰帶다. 둘레 길이는 10뼘(*한 아름)으로 대략 150~160cm다. 특히 기록은 고려 태조 왕건이 937년(태조20) 이를 선물받아 내 탕고에 보관하였다고 전한다.

신라의 요대

신라 요대는 과대^{銙帶}(허리띠)와 요패^{腰佩}(허리띠드리개)로 구성된다. 과대는 방형의 방판^{方板}(띠판)과 심엽^{心葉}(나뭇잎)형 수식^{垂飾} 두 부분으로 나뉘며, 방판과 수식 공히 당초문을 투조한다. 요패는 수식에

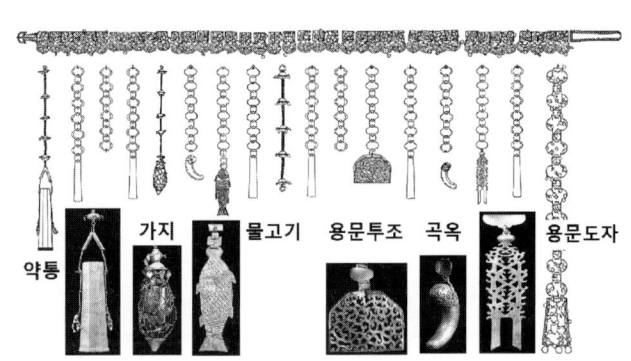

▲ 신라 요대(과대+요패) [경주 금관총]

연결된 드리개로 끝에는 여러 형태의 장식물을 단다. 행엽^{杏葉}형, 세장방^{短冊}형, 곡옥형, 규^{圭}형, 족집게^{毛拔}형, 물고기형, 가위^{兩脚}형, 가지^{茄子}형, 광주리^{筐}형, 약통^{印籠}형, 유리구체 등 다양하다.

신라의 요대는 외부에서 들여온 양식이다. 과대와 요패는 중앙아시아 투르판 지역에서 많이 발견된다. 신라의 요대는 중앙아시아 지역에서 기본적인 양식이 들어와서 독특한 형태로 발전시킨 것이다.

▲ 요대 착용 그림 및 벽화 [중국 투르판]

참고로 지금까지 경주 대릉원 일원 신라고분의 주요 무덤에서 발견된 요대의 현황과 재원이다.

무덤명	과대(허리띠)		요패(띠드리개)	
	길이(cm)	과판(장)	길이(cm)	패식(줄)
황남대총	120	28	77.5	13
금관총	109	39	54.4	17
금령총	74	23	43.8	13
천마총	125	44	73.5	13
서봉총	85	34	18	8

이 중 가장 큰 요대는 천마총 요대다. 둘레 길이는 125cm며, 과판은 44개다. 진평왕의 천사옥대(*둘레 길이 150~160cm, 과판 62개)보다는 규모가 작다.

천사옥대의 형태와 크기

천사옥대는 어떤 형태일까? 전체적인 모양은 경북 안동의 태사묘太師廟(사당)가 소장하고 있는 혁과대에서 찾을 수 있다. 태사묘는 고려 건국 때 후백제의 견훤을 토벌한 공로로 대광태사의 벼슬을 받은 3공신 김선평金宣平(안동김씨), 권행權幸(안동권씨), 장정필張貞弼(안동장씨) 위패를 모신 사당이다. 혁과대는 모두 4벌이다. 둘레 길이와 폭은 각각 142×6㎝, 140×5.5㎝, 172×5㎝, 110×4㎝다. 이 중 1벌은 연화문을 오목새김 기법으로 세밀하게 새긴 방형 과판 여러 개를 연결한 요대다. 태조 왕건이 신라 김부金傅가 바친 진평왕의 천사옥대를 참조하여 3공신(김선평, 권행, 장정필)의 혁과대를 제작하여 하사한 것으로 추정된다.

▲ 태사묘 혁과대 [경북 안동]

천사옥대의 시사점

옥대는 옥으로 만든 요대다. 옥대는 중원왕조 황제의 상징물이다. 수·당 시기의 황제들은 대부분 옥대를 착용한다. 특히 옥대는 허리에 착용하기 보다는 불뚝 나온 배에 걸치는 형태로 착용하여 황제의 권위를 한껏 뽐내는 용도로 사용된다. 그러다 보니 허리 둘레보다 배 둘레 길이의 옥대가 만들어진다. 마찬가지로 진평왕의 옥대 역시 당시의 중원왕조 황제의 옥대를 모방하였을 것으로 이해한다. 옥대의 둘레 길이가 큰 이유도 같은 맥락이다.

▲ 당 태종 초상화 요대

진평왕의 천사옥대는 기존과 다른 새로운 형태의 요대다. 이전의 요대가 금중심의 과대라면 진평왕의 옥대는 옥중심의 과대다. 신라의 황금문화가 옥문화로 바뀌는 과정에서 등장한 것이 바로 진평왕의 천사옥대다. 특히 진평왕은 삼촌인 진지왕을 폐위시키고 왕위에 오른 쿠테타적 상황을 경험한 왕이다. 당연히 왕권의 정통성을 확보하는 상징물이 필요하였을 것이다. 그러한 측면에서 진평왕의 천사옥대는 최적의 정통성 상품이라 평가할 수 있다.

진평왕의 천사옥대는 진평왕 시대를 가늠할 수 있는 바로미터다.

| 신화와 역사의 경계   경주의 새주인 박씨왕조   석씨왕조의 조용한 행로   김씨왕조 혈통 갈등 |

| 경주 남산성 비석의 비밀 |

▲ 경주 남산신성 [1920년]

경주 남산성南山城은 신라의 왕도인 경주를 호위한 산성이다. 남산신성新城이라고도 하며, 경주 평야 일대를 한 눈에 조망할 수 있는 곳에 자리잡고 있다.『삼국사기』진평왕 기록이다. '13년(591년) 가을 7월, 남산성南山城을 쌓았는데, 둘레가 2천 8백 5십 4보다.(十三年 秋七月 築南山城 周二千八百五十四步) 성의 길이는 약 3,750m다. 대부분 무너져 내렸으나 현재까지 남아 있는 부분을 보면 가로 50㎝, 세로 20㎝ 정도의 잘 다듬은 직사각형 돌로 성벽 높이 2m까지 쌓은 것으로 추정된다.

《경주 남산신성비》

남산성은 독특한 방식으로 축성한다. 전국에서 동원된 인력이 일정한 성벽의 구간을 책임지고 공사하며 또한 해당 구간의 성벽이 3년 안에 무너지면 벌을 받는다. 오늘날의 신라판 '공사실명제公事實名制'가 축성 공사에 시행된다. 이를 기록한 유물이 바로《남산신성비》다. 현재까지 모두 10개가 발견되며, 발견 시기의 순서에 따라 일괄적으로 번호를 부여하고 있다.

▲ 한양도성 각자성석 [서울 동대문]

① 제1비 : 크기는 높이 91.0cm, 너비 44.0cm, 두께 5.0~14.0cm다. 발견 장소는 경주 탑동 식혜골이다. 비문이다.

辛亥年二月卄六日 南山新城作節 如法以作後三年崩破者 罪教事 爲聞教令誓事之 阿良邏頭沙喙音乃古大舍 奴道使沙喙合親大舍 營沽道使沙喙▨▨知大舍 郡上村主阿良村今知撰干 柒吐▨▨知介利上干 匠尺阿良村末丁次干 奴村次▨干 文尺▨文知阿尺 城使上阿良沒奈生上▨尺阿次干 文尺竹生次一伐 面捉上珎巾▨ 面捉上知礼次 ▨捉上首尒次 小石捉上辱▨次 ▨受十一步三尺八寸

신해년(591년) 2월 26일 남산신성南山新城을 만들다. 이 법에 따라 만든 지 3년 후에 무너져 파손된 자는 죄로 다스릴 것을 교사敎事하며 널리 알려 교령으로 서약하다. 아랑나두阿良邏頭인 사훼부의 음내고音乃古 대사, 노함도사奴合道使인 사훼부의 합친合親 대사, 영고도사營沽道使인 사훼부의 ▨▨지▨▨知 대사다. 군상촌주郡上村主인 아랑촌阿良村의 금지今知 찬간, 칠토▨▨柒吐▨▨인 지이리知介利 상간, 장척匠尺인 아랑촌의 말정차末丁次 간, 노사촌의 차▨▨▨▨ 례次▨礼 간, 문척文尺인 ▨문지文知 아척이다. 성사상城使上인 아량촌의 몰내생沒奈生 상간, 공척工尺인 아질정차阿叱丁次 간, 문척文尺인 죽생차竹生次 일벌, 면착상面捉上인 진건▨珎巾, 면착상인 지례차知礼次, ▨착상▨捉上인 수이차首尒次, 소석착상小石捉上인 욕▨차辱▨次다. ▨▨▨ 11보 3척 8촌을 받다.

※ 아랑촌阿良村은 옛 아라가야인 지금의 경남 함안이다. 아라가야는 법흥왕 때인 538년(법흥25) 멸망한다. '아시량阿尸良을 모두 평정하고 태종(이사부)이 도독都督이 되었다.'(阿尸良盡平 苔宗都督之)

② 제2비 : 크기는 높이 90cm, 너비 39cm, 두께 18.5~23.5cm다. 발견 장소는 경주 탑동 傳일성왕릉 부근이다. 비문이다.

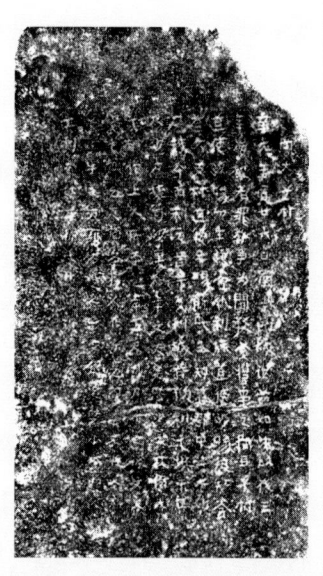

阿大兮村 辛亥年二月卄六日 南山新城作節
如法以後三年崩破者 罪教事 爲聞教令誓事之
阿且兮村道使沙喙勿生次小舍 仇利城道使沙
喙級知小舍 答大支村道使牟喙所叱孔知▨▨
郡中上人沙刀城平西利之貴干 久利城首什利
之撰干 匠尺沙戶城可沙里知上干 文尺美叱利
之一伐 阿大兮村作上人所平之上干 匠尺可尸
利之一伐 文尺得毛▨之一尺 面石捉人行介之
一伐 面石捉人首叱兮之一尺 ▨石捉人乙安介
之彼日 小石捉人丁利之彼日 受作七步四尺

아대혜촌^{阿大兮村}. 신해년(591년) 2월 26일 남산신성^{南山新城}을 만들다. 이 법에 따라 만든 지 3년 후에 무너져 파손된 자는 죄로 다스릴 것을 교사^{教事}하며 널리 알려 교령으로 서약하다. 아차혜촌도사^{阿且兮村道使}인 사훼부의 물생차^{勿生次} 소사, 구리성도사^{仇利城道使}인 사훼부의 급지^{級知} 소사, 답대지촌도사^{答大支村道使}인 모훼부의 소질공지^{所叱孔知} ▨▨다. 군중상인^{郡中上人}인 사도성^{沙刀城}의 평서리지^{平西利之} 귀간, 구리성^{久利城}의 수구리지^{首什利之} 찬간, 장척^{匠尺}인 사호성^{沙戶城}의 가사리지^{可沙里知} 상간, 문척^{文尺}인 미질리지^{美叱利之} 일벌. **아대혜촌**의 작상인^{作上人}인 소평지^{所平之} 상간, 장척^{匠尺}인 가시리지^{可尸利之} 일벌, 문척^{文尺}인 득모▨지^{得毛▨之} 일척, 면석착인^{面石捉人}인 행이지^{行介之} 일벌, 면석착인인 수질혜지^{首叱兮之} 일척, ▨석착인인 을안이지^{乙安介之} 피일, 소석착인^{小石捉人}인 정리지^{丁利之} 피일이다. 7보 4척을 받다.

※ 아다혜촌^{阿大兮村}은 지금의 충북 옥천군 일대다.

③ 제3비 : 크기는 높이 80.5㎝, 너비 23.0~30.0㎝, 두께 10.0㎝다. 발견 장소는 경주 배반동 사천왕사지 부근이다. 비문이다.

辛亥年二月卄六日 南山新城作節 如法以後三年崩破者 罪敎事 爲聞敎令誓事之 喙部主刀里受作卄一步一寸 部監▨▨▨次大舍 仇生次大舍 文尺仇▨▨小舍 里作上人只冬大舍 文同知小舍 文尺久匠吉士 面石捉上人▨▨▨▨ ▨▨▨▨大烏 ▨石捉人▨下次大烏 小石捉上人▨▨小烏

신해년(591년) 2월 26일, 남산신성南山新城을 만들다. 이 법에 따라 만든 지 3년 후에 무너져 파손된 자는 죄로 다스릴 것을 교사敎事하며 널리 알려 교령으로 서약하다. 훼부의 주도리主刀里가 받은 작업은 21보 1촌이다. 부감部監 ▨▨▨차▨▨▨차 대사, 구생차仇生次 대사, 문척文尺인 구▨▨仇▨▨ 소사다. 이작상인里作上人인 지동只冬 대사, 문동지文同知 소사, 문척인 구장久匠 길사, 면석착상인面石捉上人인 … 대오, ▨석착인石捉人▨하차下次 대오, 소석착상인小石捉上人 ▨▨ 소오다.

④ 제4비 : 크기는 높이 39.0~51㎝, 너비 32.0~34.0㎝, 두께 3.5~3.9㎝다 발견 장소는 경주 탑동 일성왕릉 부근이다. ⑤ 제5비 : 크기는 높이 90㎝, 너비 39㎝, 두께 18.5~23.5㎝다. 발견 장소는 경주 사정동 영묘사지 중문지 근처다. ⑥ 제6비 : 크기는 높이 18.0㎝, 너비 8.0㎝다. 발견 장소는 경주 탑동 식혜곡 근처다. ⑦ 제7비 : 크기는 높이 25.0㎝, 너비 18.5㎝, 두께 4.3~5.5㎝다. 발견 장소는 경주 배동 남산신성내다. ⑧ 제8비 : 크기는 높이 22.5㎝, 너비 22.2㎝, 두께 4.3~5.2㎝다. 발견 장소는 경주 배동 남산신성내다.

⑨ 제9비 : 크기는 높이 90cm, 너비 39cm, 두께 18.5~23.5cm다. 발견 장소는 경주 배동 남산신성내다. 비문이다.

辛亥年二月卄六日 南山新城作節 如法以作後三年 崩破者 罪教事 爲聞教令 誓事之 伋伐郡中伊同城 徒 受六步 郡上人曳安知撰干 生伐▨文上干 匠尺 同村內丁上干 ▨谷村另利支一尺 文尺生伐只次▨ 一伐 城促上人伊同村▨尸丁上干 工尺指大▨村入 夫▨一伐 文尺伊同村▨次兮阿尺 面促伯干支村支 刀一尺 面捉同村西▨阿尺 ▨捉人伊同村▨▨ 小 石捉人伯干支村戊七▨▨

신해년(591년) 2월 26일, 남산신성南山新城을 만들다. 이 법에 따라 만든 지 3년 후에 무너져 파손된 자는 죄로 다스릴 것을 교사敎事하며 널리 알려 교령으로 서약하다. 급벌군伋伐郡의 이동성伊同城 무리가 6보를 받다. 군상인郡上人은 이동성의 예안지曳安知 찬간, 생벌生伐의 ▨문▨文 상간이다. 장척匠尺은 동촌同村의 내정內丁 상간, ▨곡촌▨谷村의 무리지另利支 일척이다. 문척文尺은 생벌生伐의 지차只次▨ 일벌이다. 성착상인城促上人은 이동촌伊同村의 ▨시정▨尸丁 상간이다. 공척工尺은 지대▨촌指大▨村의 입부入夫▨ 일벌이다. 문척文尺은 이동촌伊同村의 ▨차혜▨次兮 아척이다. 면착面促은 백간지촌伯干支村의 지도支刀 일척이다. 면척面捉은 동촌同村의 서▨西▨ 아척, ▨착인▨捉人은 이동촌伊同村의 ▨▨이다. 소석착인小石捉人은 백간지촌伯干支村의 무칠戊七 ▨▨이다.

※ 급벌군伋伐郡은 지금의 경북 영주시 순흥면 일대다.

⑩ 제10비 : 크기는 미상이다. 발견 장소는 경주 배반동이다.

《남산신성비》 비문의 증언

《남산신성비》 각각은 대체로 비문 내용과 형식이 비슷하다. 크게 세 부분으로 정리할 수 있다.

첫째는 축성 공사의 부실에 대한 법적 조치다. 신해년(521년) 비석을 세우면서 만일 3년 안에 성벽이 무너지면 죄를 달게 받겠다는 맹세를 담고 있다. 신라 율령제도가 명확히 확립된 사례다.

둘째는 축성 공사의 책임자 명기다. 축성 공사는 신라의 여러 지역에서 백성들을 동원한다. 책임자 명단은 중앙에서 파견된 지방관과 각 지역의 유력자. 당시 신라 지방 행정단위는 군, 성, 촌이며, 이를 근간으로 이루어졌음을 알 수 있다.

셋째는 축성 공사의 구간 적시다. 각각의 비문은 작업 집단의 규모나 지형 조건에 따라 담당 구간을 정한다. 예컨대 제1비는 11보 3척 8촌이고(아량촌), 제2비는 7보 4척이다(아다혜촌).『삼국사기』는 남산신성의 전체 규모를 2천 8백 5십 4보로 적고 있어, 최소 200개 이상의 공사 구간이 설정되었을 것으로 본다. 아마도 그 수만큼 비석이 세워졌을 것이니, 차후에도 《남산신성비》는 더 발견될 소지가 있다.

▲《남산신성비》 제1비

《남산신성비》는 신라판 공사책임제의 기록이다.

| 색공과 마복자의 표상 미실 |

▲ 사극「선덕여왕」미실

색공色供은 신분 높은 사람에게 여자를 바치는 행위를 말한다. 색공을 통해 권력을 잡고 한 시대를 풍미한 여성이 있다. 『화랑세기』〈필사본〉에 나오는 미실美室(547~619)이다. 미실은 진흥왕, 진지왕, 진평왕 등 3대에 걸쳐 활약한 여성으로 사극「선덕여왕」(*2009년, MBC)에 소개되어 장안에 화제가 된 바 있다. 또한 색공을 통해 낳은 아이 즉 하위 계급 여성이 상위 계급 남성과 관계를 맺어 출산한 자식을 마복자磨腹子라고 한다. 왕의 경우 마복자는 왕자나 공주의 대우는 받지 못하더라도 왕의 적극적인 보호를 받는다. 북방 유목민족의 습속에서 기인한 신라화된 풍속이다.

> 마복자의 대표적인 사례는 **소지왕의 마복칠성**(磨腹七星)이다. 벽아부인이 낳은 **위화랑**(1대 풍월주), 보혜의 아들 **아시공**, 준명공주의 아들 **수지공**, 홍수의 아들 **이등공**, 백제 보옥공주가 낳은 **이사부**(세종), 묘양이 낳은 **비량공**, 그리고 가야의 융융공주가 낳은 **융취공** 등 7명이다.

미실의 출생 계보

미실의 아버지는 미진부未珍夫(2대 풍월주)며, 어머니는 법흥왕의 후궁인 묘도妙道부인이다. 미진부는 소지왕의 마복칠성인 아시공阿時公의 아들이며 묘도부인은 진흥왕의 왕후 사도思道부인의 동생이다. 미실은 547년(진흥8) 출생한다. 『화랑세기』〈필사본〉은 미실의 타고난 아름다움을 기록하고 있다. 하종(11대 풍월주, 미실 아들) 편이다.

용모가 절묘하여 풍후함은 옥진玉珍(외조모)을 닮았고, 환하게 밝음은 벽화碧花(증조모)를 닮았고, 빼어나게 아름다움은 오도吾道(외증조모)를 닮아서 백화百花의 신묘함으로 뭉쳐서 세 가지 아름다움의 정수를 모았다고 할 수 있다. 옥진이 말하길 "이 아이는 우리의 도를 일으킬 만하다." 하고, 좌우에서 떠나지 못하게 하여 교술媚道과 가무歌舞를 가르쳤다.
容兒絶妙豊厚似玉珍 亮明似碧花 美妙似吾道 可謂鍾百花之神 萃三美之精 玉珍曰 此吾兒 可以興吾道也 不離左右 而敎以媚道歌舞

미실은 친가, 외가 등 양쪽 여성의 아름다움을 모두 물려받는다. 이런 까닭에 미실은 백화지신百花之神의 미모를 가지고 태어난다. 그래서 미실은 어려서부터 교술과 가무를 배운다. 색공을 위한 교육이다.

미실의 삶 정리

『화랑세기』〈필사본〉 기록에 의거한 미실의 삶이다.

미실은 원래 사다함(5대 풍월주)을 사랑하였으나 골품이 높은 세종(6대 풍월주)과 혼인한다. 세종은 지소태후와 태종(이사부)의 아들이다. 세종의 아내가 된 미실은 궁에서 생활한다. 이때 지소태후가 사도왕후를 폐출시키려는 사건이 발생한다. 사전에 이를 알게 된 미실은 사도왕후에게 사실을 고하고 왕후 또한 진흥왕에게 알리는 바람에 지소태후의 계획은 수포로 돌아간다. 이에 화가 난 지소태후는 미실을 출궁시킨다. 출궁 당한 미실은 다시금 사다함을 사랑하게 된다. 한편 세종은 미실을 잊지 못하고 그리워하자 지소태후가 다시금 미실을 궁으로 불러들인다. 당시 전장에 나갔다가 돌아온 사다함은 미실의 입궁 소식을 듣고 실망하여 '청조가靑鳥歌'를 부르며 마음을 달래고, 얼마 지나지 않아 친구 무관랑이 죽자 이를 슬퍼하며 죽음을 맞는다. 사다함의 청조가다.

> 青鳥青鳥 彼雲上之青鳥 胡爲乎 止我豆之田
> 青鳥야, 청조야, 저 구름 위의 청조야, 어찌하여
> 내 콩밭에 머무는고?
> 青鳥青鳥 乃我豆田青鳥 胡爲乎 更飛入雲上去
> 청조야, 청조야, 이 내 콩밭의 청조야, 어찌하여
> 구름 위로 되날아 들어가는고?
> 旣來 不須去 又去 爲何來 空令人 淚雨 腸爛瘦 死盡
> 이미 왔으면 가지나 말지 또 가려거든 무엇하러
> 와서는, 공연히 사람으로 눈물비 흘리게 하고
> 애타서 말라 다 죽게 만드는고?
> 爾死 爲何鬼 吾死爲神兵 飛入殿務凜裡 朝朝暮暮
> 保護殿君夫妻 萬年千年 不長滅
> 너 죽으면 무슨 귀신이 되려나, 나 죽어 신병되어
> 전무 늠름한 속에 날아들어, 아침마다 저녁마다
> 전군부처 보호하여 천년만년 사라지지 않으리.

이후 세종은 이화랑(4대 풍월주)의 추천으로 풍월주(6대)가 되며, 훗날 미실의 애인이 되는 설원랑(7대 풍월주)의 보좌를 받는다.

한편, 동륜태자가 장성하자 지소태후는 딸 만호를 동륜태자와 맺어주려 한다. 이때 사도왕후는 미실이 동륜태자와 정을 통하게 만든다. 더불어 미실은 진흥왕을 섬기게 되며 왕후에 버금가는 전주殿主(궁전 주인)가 된다. 또한 미실은 세종이 공을 세우도록 하기 위해 그를 출병시키고 그 사이에 세종의 보좌인 설원랑과 정을 통한다. 진흥왕은 이러한 사실을 모른 채 미실을 총애하여 원화제도를 다시금 부활시켜 미실을 원화로 삼는다. 미실은 당시 풍월주이던 세종의 권한을 이어받아 낭도를 거느린다. 이러한 관계는 한동안 들통나지 않고 유지되어 오다가 동륜태자가 진흥왕의 첩 보명궁주를 범하기 위해 보명궁 담장을 넘다가 개에 물려 죽는 사건이 발생하며 정리된다. 이 일로 인해 미실과 동륜태자의 관계가 들통나고 미실은 궁 밖으로 쫓겨나며 원화에서 물러난다. 이에 세종이 다시 풍월주의 지위를 회복하나 미실이 세종에게 같이 물러나길 청하니 세종은 설원랑에게 풍월주의 자리를 넘겨준다. 이후 사도왕후가 진흥왕에게 미실의 용서를 청하고 미실 또한 용서를 구하니, 진흥왕이 이를 받아들이고 궁으로 불러들인다.

미실은 진흥왕이 병에 걸리자 사도왕후와 함께 국정의 중심에 선다. 진흥왕의 아들인 금륜(진지왕)과 정을 통하여 왕후가 될 준비를 하며, 진흥왕이 사망하자 사도태후와 함께 손을 써서 진지왕을 왕위에 올린다. 그러나 막상 진지왕이 왕위에 오른 뒤 왕후의 자리는 미실이 아닌 지도부인에게 돌아간다. 이후 진지왕이 여색을 좋아하고 방탕하며 미실을 왕후로 봉하겠다는 약속 또한 지키지 않자, 사도태후와 미실은 의논하여 사도태후의 오빠 노리부를 통해 진지왕을 폐위시키고, 동륜태자의 아들 백정白淨을 신왕으로 추대한다. 이가 바로 진평왕이다.

▲ 토우장식 장경호

진평왕이 즉위하자 사도태후가 섭정한다. 이때 미실은 새주璽主(옥쇄주인)가 되고, 노리부는 상대등에 임명된다. 이후 진평왕은 보명과 미실을 각각 좌후左后와 우후右后에 봉한다. 이에 미실은 세종, 설원랑 등과 함께 영흥사로 들어가 중이 되며, 설원랑과의 사이에 아들 보종(16대 풍월주)을 낳기도 한다. 이후 미실은 병에 걸리고 설원랑 또한 미실을 밤낮으로 간호하다 병에 걸려 사망한다.

미실의 죽음에 대해서 『화랑세기』〈필사본〉은 따로 언급하지 않고 있다. 다만 생존 시기는 546년~550년 사이에 출생하여 619년~622년 사이에 사망한 것으로 추정된다.(*『색공지신 미실』 이종욱. 2005)

미실의 자녀

미실은 공식적인 남편 세종 외에도 애인 사다함과 정부^{情夫} 설원랑을 둔다. 이들 3명은 당대 최고 엘리트인 화랑의 수장 풍월주다. 또한 색공을 제공한 사람은 진흥왕, 동륜태자, 진지왕, 진평왕 등이다. 모두 김씨 왕조의 성골이다.

미실은 모두 10명의 자녀를 둔다. 남편 세종과의 사이에서 하종(11대 풍월주)과 옥종 두 아들을, 진흥왕과의 사이에서 딸 반야와 아들 수종을, 동륜태자와의 사이에서 딸 애송을 낳는다. 또한 사다함의 의붓동생 설원랑을 정부로 삼고 딸 난야와 아들 보종(16대 풍월주)을 낳는다. 그리고 진지왕과 사이에서 아들 후실을, 마지막으로 진평왕과 사이에서 아들 보개와 딸 보화를 낳는다.

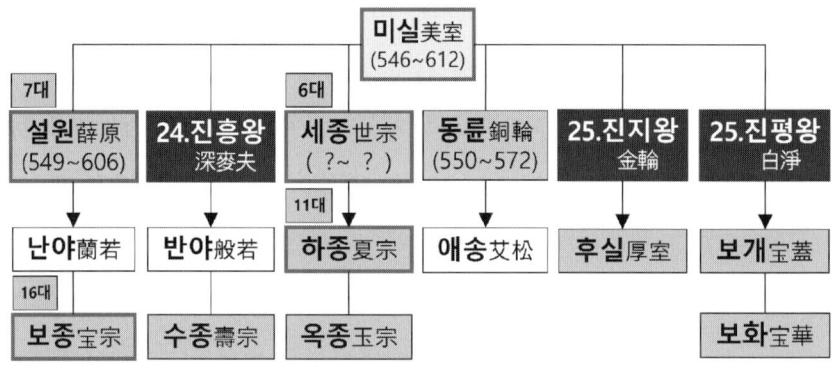

▲ 미실의 남자와 자녀

미실은 색공의 화신이다. 자유분방한 독특한 캐릭터의 소유자로 아마도 신라 역사상 가장 아름다운 여성 중 한 명일 것이다.

미실美室은 색공色供과 마복자磨腹子 풍속의 산증인이다.

| 칠숙과 석품의 모반 |

진평왕 말기인 631년(진평53) 칠숙柒宿과 석품石品이 모반을 꾀하다 발각되어 구족이 멸족당하는 사건이 발생한다. 『삼국사기』 진평왕이다.

> 53년(631년) 왕이 여름 5월, 이찬 칠숙柒宿과 아찬 석품石品이 모반하였다. 왕이 그것을 알아차리고 칠숙을 붙잡아 동쪽 시장에서 목 베고 아울러 구족을 멸하였다. 아찬 석품은 도망하여 백제 국경에 이르렀으나, 처와 자식을 보고 싶은 생각에 낮에는 숨고 밤에만 걸어 총산까지 돌아오다가 한 나무꾼을 만나 옷을 벗고 해진 나무꾼의 옷으로 바꿔 입고 나무를 지고서 몰래 집에 이르렀다가 붙잡혀 처형되었다.
>
> 五十三年 夏五月 伊飡柒宿與阿飡石品謀叛 王覺之 捕捉柒宿 斬之東市 幷夷九族 阿飡石品亡至百濟國境 思見妻子 晝伏夜行 還至叢山 見一樵夫 脫衣換樵夫敝衣 衣之 負薪潛至於家 被捉伏刑

모반의 주모자 칠숙은 누구일까?

칠숙은 진흥왕의 아들

『상장돈장』에 칠숙의 가계가 나온다. 칠숙의 아버지는 진흥왕이며, 어머니는 후궁 미질美質이다. 칠숙은 비록 정실왕후 소생은 아니지만 엄연한 진흥왕의 아들인 전군이다. 어머니 미질은 또 누구일까? 미질은 미실美室의 여동생이다. 미질의 아버지는 미진부未珍夫다. 진흥왕 때인 551년(진흥12) 신라가 고구려의 죽령 이북과 고현 이내의 10군을 빼앗는 데 혁혁한 공을 세우며 2대 풍월주를 지낸다. 미진부는 묘도妙道와 혼인하여 아들 둘과 딸 셋을 얻는다. 아들은 미생美生(10대 풍월주)과 미경美京이며, 딸은 미실과 미질 그리고 미옥美玉이다. 바로 둘째 딸 미질이 진흥왕의 후궁이 되어 칠숙을 낳는다.

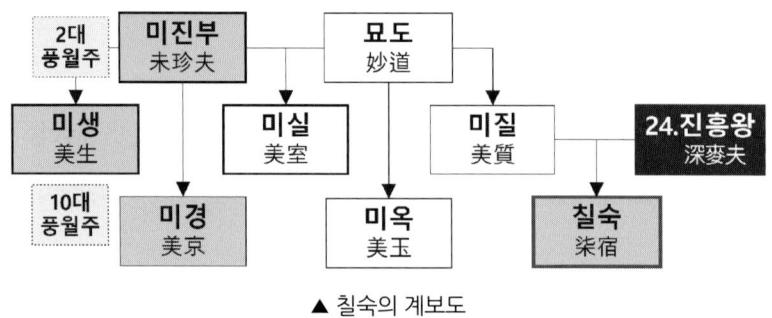

▲ 칠숙의 계보도

모반 사유는 왕권 획득

칠숙이 모반을 일으킨 이유는 덕만공주가 진평왕의 후계자로 확정되었기 때문이다. 당시 칠숙의 관등은 이찬(伊湌)이다. 이찬은 2등 품계로 각간 다음의 고위직이다. 오늘날의 부총리급이다. 칠숙은 왕이 될 목적으로 모반을 꾀한다.

특히 『화랑세기』〈필사본〉은 흥미로운 기록 하나를 남긴다. 염장공(17대 풍월주) 편이다.

> 염장(廉長)은 선덕공주에게 몰래 붙어 칠숙(柒宿)의 난을 다스리고, 공(公)으로 발탁되었다.
> 廉長 … 陰附于善德公主 靖柒宿之亂 以功拔之

칠숙의 모반은 염장에 의해 사전에 발각되며, 덕만(선덕)공주의 승인 하에 일망타진된다.

칠숙의 모반에는 덕만공주의 그림자가 서성인다. 진평왕의 후계자 지위를 지키고자 노력했던 덕만공주의 정치적 승리다.

| 평지무덤 진평왕릉 |

진평왕릉은 경주 보문동 너른 벌판에 소재한 지름 36.4m, 높이 7.9m의 원형봉토분이다. 무덤 아래는 자연석의 둘레돌을 돌렸으나, 현재는 몇 개만 남아 있다. 진평왕릉은 경주의 신라고분 중에서 평야 한 가운데 조성된 유일한 무덤이다.

▲ 진평왕릉 전경 [경주 보문동]

한지 지명의 잘못된 해석

진평왕릉의 근거는 『삼국사기』의 장지에 대한 기록이다.

> 54년(632년) 봄 정월, 왕이 훙하였다. 시호를 진평^{眞平}이라 하고 한지^{漢只}에 장사지냈다.
> 五十四年 春正月 王薨 諡曰眞平 葬于漢只

한지^{漢只}는 어디일까? 조선시대 낭산 북동쪽의 보문동 일대 들판을 한지원^{閑地原}이라 부른 데서 착안하여, 1730년경(조선 영조) 경주 김씨 문중이 무덤을 진평왕릉으로 비정한다. 단지 장지 한지^{漢只}와 지명 한지^{閑地}가 발음이 같다는 이유다.

한지원은 경작을 하지 않는 땅을 말한다. 고려 현종 3년(1012년)에 경주읍성을 쌓은 직후 북천의 범람을 막기 위해 분황사에서 명활산성에 이르는 구간에 제방을 쌓고 오리수^{五里藪}(숲)를 조성하며 생긴 지명이다. 이런 까닭에 남쪽 보문동 들판과 구황동 일대가 북천으로부터 농업용수를 구하기 어려워서 한지원이라 부른다.

신라 6촌의 하나인 금산가리촌은 6부의 한기부漢祇部 또는 한지벌부漢只伐部다. 금산은 소금강산 중턱에 있는 백률사 북쪽 산으로 현재의 행정구역은 동천동, 황성동, 용강동, 천북면 등을 포함한다. 따라서 경주 김씨 문중이 비정한 보문동(습비부)의 진평왕릉은 금산의 한기부(한지벌부)와는 상당한 거리 차이를 보인다.

진평왕릉은 동천동 평지의 헌덕왕릉

　　그래서 대안으로 북촌 북쪽의 동천동 평지에 있는 헌덕왕릉(41대, 809~826)을 주목한다.(*강인구, 2000년) 이 무덤은 봉분 지름 26m, 높이 6m의 원형봉토분 왕릉이다. 밑둘레는 판석을 병풍처럼 돌리고, 판석과 판석 사이는 12지신상을 조각한 탱석을 끼우며, 판석과 탱석 위에 갑석(기단 위에 올려놓은 돌)을 올린다. 전형적인 통일신라 시기의 무덤이다. 특히 이 무덤의 현재 모습은 9세기 때에 새로 개축한 것으로 추정된다. 『삼국사기』에 기록된 북천(알천)의 잦은 범람 기사와 12지신상 호석 등이 이를 증거한다.

▲ 진평왕릉과 헌덕왕릉

　　진평왕릉은 현재의 헌덕왕릉이다. 개축 전의 진평왕릉이다. 그렇다면 현재의 진평왕릉은 누구의 무덤일까?

7 여왕시대과 삼국통일

선덕여왕과 진덕여왕

진골의 시초 태종 무열왕

삼국통일의 완성 문무왕

왕력에 포함된 선덕여왕	선덕여왕의 지기삼사
분황사 창건에 담긴 뜻	대야성 전투의 명암
황룡사 9층목탑의 상징	첨성대의 진실 공방
비담의 모반 사건 파장
허수아비 진덕여왕	치당 태평송가의 비애
선덕여왕과 진덕여왕의 무덤

| 진골의 시초 태종 무열왕 | 백제 멸망과 수복운동 |
| 무열왕 피살 사건의 의문 | 서악동고분군의 무열왕릉 |

| 통일신라 초대군주 문무왕 |
| 문무왕과 부여융의 엇갈린 운명 |
| 고구려 멸망과 수복운동 | 당 축출과 삼국통일 |
| 《문무왕릉비》 속으로 | 문무왕의 호국정신과 유적 |
| 흥무대왕 김유신 |

| 왕력에 포함된 최초의 여왕 |

▲ 금동 보살두 [경주 황룡사지]

선덕여왕^{善德女王}(27대)은 왕통 계보에 포함된 첫 번째 여왕이다. 이름은 덕만^{德曼}이다. 재위 기간은 632년부터 647년까지 18년간이다. 아버지는 진평왕이며, 어머니는 마야^{摩耶}(복힐구)다. 남편은 3명이다. 용춘^{龍春}, 흠반^{欽飯}(*『삼국유사』 음^飮갈문왕), 을제^{乙祭}다. 연호는 건복^{建福}(632~633, 진평왕 연호)과 인평^{仁平}(634~647)을 사용한다. 시호는 선덕^{善德}이다.

> 선덕(善德)은 『대방등무상경(大方等無想經)』에 나오는 선덕바라문(善德婆羅門)에서 유래한다. 선덕바라문은 석가모니로부터 전륜성왕이 될 것이라는 예언을 받고 부처 열반 후 도리천의 왕이 되기를 바랐던 인물이다.

선덕여왕 즉위 과정

진평왕이 선덕(덕만)여왕을 자신의 후계자로 삼는 과정은 한 편의 드라마다. 그 시작은 진평왕과 마야^{摩耶}왕후 사이에 아들이 없다는 데서 출발한다. 더구나 진평왕의 남동생인 백반(진정)갈문왕과 국반(진안)갈문왕 마저 아들을 두지 못하자, 진평왕은 성골 남자의 왕위 승계가 어렵다고 판단한다. 이에 진평왕은 하나의 해법을 찾아낸다. 폐위된 전지왕의 첫째 아들 용수^{龍樹}를 장녀 천명^{天明}공주와 혼인시켜 사위로 삼고 천명공주를 후계자로 삼는 방법이다. 『화랑세기』〈필사본〉 용춘공(13대 풍월주)이다.

그때 진평대왕은 적자嫡子가 없어 용춘龍春공의 형인 용수龍樹전군을 사위로 삼아 왕위를 물려주려 하였다. … 전군(용수)이 사양하는데도 마야왕후는 들어주지 않았다. 마침내 용수전군을 사위로 삼으니 곧 천명天明공주의 남편이다.
時大王無嫡子 欲以公之兄龍樹殿君爲婿以傳之 … 殿君以此讓之 而摩耶皇后不聽 遂以殿君爲婿 則天明公主之夫也

진지왕의 첫째 아들 용수전군은 마야왕후의 적극적인 지지를 받아 진평왕의 사위가 된다. 전군殿君은 후궁이 낳은 아들을 이른다. 용수는 아버지 진지왕이 폐위되며 신분 또한 왕자인 성골에서 전군인 진골로 강등된다. 또한 더불어 천명공주는 진평왕의 후계자 지위를 획득한다. 그러나 603년(진평25) 천명공주가 용수전군의 아들 춘추春秋를 낳자 진평왕은 계획을 수정한다. 이번에는 차녀 덕만(선덕)공주를 후계자로 선택한다.〈필사본〉용춘공이다.

선덕공주가 점점 자라자 용봉龍鳳의 자태와 태양의 위용이 왕위를 이을 만하였다. 그때는 마야왕후가 이미 죽었고 왕위를 이을 아들이 달리 없었다. 그래서 진평대왕은 용춘공에 관심을 두고 천명天明공주에게 그 지위를 양보하도록 권하였다. 천명공주는 효심으로 순종하였다. 이에 지위를 양보하고 출궁하였다.
善德公主漸長 龍鳳之姿 天日之表 可以嗣王 時摩耶皇后已崩 無他嗣子 故大王屬意公 勸公主讓其位 公主孝順乃讓之而出宮

진평왕은 다시 진지왕의 둘째 아들 용춘龍春을 덕만공주의 사위로 선택한다. 그리고 612년(진평34) 후계자인 장녀 천명공주를 출궁시킨다. 출궁은 천명공주가 성골의 지위를 잃는 것이다. 천명공주는 진평왕의 명에 따라 후계자 자리를 동생 덕만공주에게 양보하고 궁을 나간다.

그러나 또 하나의 변수가 발생한다. 마야왕후가 사망하여 새로이 왕후가 된 승만(僧滿)왕후가 아들을 낳는다. 이에 승만왕후는 자신이 낳은 아들로 덕만공주의 후계자 지위를 대신코자 하는데 그 아들이 일찍 죽고 만다. 〈필사본〉 용춘공이다.

그때 승만(僧滿)황후가 아들을 낳자 선덕의 지위를 대신코자 하였는데 그 아들이 일찍 죽었다. 승만은 용춘공 형제를 미워하였다. 이에 공은 지방으로 나가 고구려에 출정하여 큰 공을 세우고 승진하여 각간에 봉해졌다. 용수전군이 죽기 전에 부인과 아들을 공에게 맡겼다. 그 아들은 곧 우리의 태종(太宗)(춘추)황제고 부인은 곧 천명(天明)공주다.

時僧滿皇后▨▨生子 欲代善德之位夭殤 僧滿忌公兄弟 公乃出外 及出征高句麗有大功 進封角干 龍樹殿君臨薨 以夫人及子托于公 其子乃太宗我皇也 夫人乃天明公主也

승만왕후의 아쉬움은 덕만공주의 남편 용춘에게 불똥이 튄다. 승만왕후의 미움을 산 용춘은 경도(경주)를 떠나 전장으로 나간다.

그리고 632년(진평54) 진평왕이 사망하면서 덕만공주는 비로소 신라 여왕에 즉위한다. 나이 40세다.

▲ 선덕여왕 계보

선덕여왕의 세 남편

특히 〈필사본〉은 선덕여왕이 즉위하며 3명의 남편^婿을 두었다고 소개한다.

> 선덕공주가 즉위하자 지아비인 용춘공은 자식이 없다는 이유로 스스로 물러나길 청하였다. 이에 군신들이 삼서^{三婿}의 제도를 의논하여 흠반^{欽飯}공과 을제^{乙祭}공을 다음으로 정하였다.
> 善德公主卽位 以公爲夫而 公以無嗣請自退 群臣乃議三婿之制 欽飯公乙祭公副之

소위 삼서^{三婿}(3명 남편)제도다. 용춘은 선덕여왕이 즉위하자 자식이 없다는 이유로 남편의 지위를 내려놓는다. 이어 흠반^{欽飯}, 을제^{乙祭} 순으로 그 지위가 승계된다.

흠반은 『삼국유사』가 선덕여왕 남편으로 소개한 음^飮갈문왕이다. 동륜 계열인 백반, 국반과 같은 「반^飯」자 항렬을 쓴다. 흠반은 구륜^{仇輪}(동륜 남동생) 계열로 추정되며, 선덕여왕에게는 작은 아버지뻘(친가)이다. 을제는 선덕여왕 재위 초기에 상대등을 역임한다. 어머니는 진흥왕의 딸 아양^{阿陽}공주(동륜 여동생)다. 흠반과 마찬가지로 선덕여왕의 작은 아버지뻘(외가)이다.

그렇다면 이들 남편의 역할은 무엇일까? 첫 번째 남편인 용춘의 사례에서 보듯이 어느 정도 색공의 역할도 하였겠지만 선덕여왕을 정치적으로 보호하는 후원자 역할이 더 컸을 것으로 본다.

왕통에 포함된 최초의 여왕, 선덕여왕 즉위에는 아버지 진평왕의 눈물겨운 노력과 선택이 있다.

선덕여왕의 지기삼사

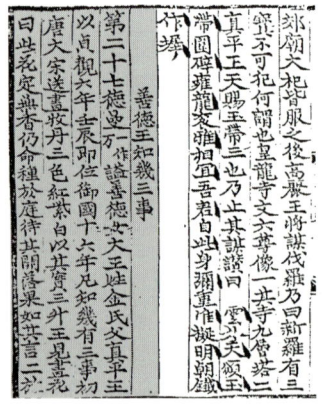
▲ 『삼국유사』 선덕왕지기삼사

선덕여왕의 지기삼사^{知幾三事}는 『삼국유사』 〈기이〉에 실려 있다. 선덕여왕이 3가지 일의 기미^{幾微}를 알아차려 앞으로 일어날 일이나 현상의 이면에 숨은 뜻을 파악했다는 일종의 설화다. '성품이 너그럽고 어질며 명석하고 민첩하다.'(性寬仁明敏)는 선덕여왕의 지혜와 슬기, 위기에 대처하는 능력을 긍정적으로 강조하여 왕이 될 자질을 칭송하는 맥락에서 서술된 이야기다.

당 태종의 모란꽃 그림과 씨앗

첫째는 당 태종이 보낸 모란꽃 그림이다.

> 첫째는 당태종이 홍색, 자색, 백색의 3가지 색으로 그린 모란꽃 그림과 그 씨 3되를 보내왔다. 왕이 그림의 꽃을 보고 말하길 "이 꽃은 향기가 없을 것이다." 하며 이에 씨를 정원에 심도록 명하였다. 꽃이 피었다가 떨어질 때까지 과연 왕의 말과 같았다.
> 初 唐太宗送畫牧丹 三色紅紫白 以其實三升 王見畫花曰 此花定無香 仍命種於庭 待其開落 果如其言

특히 여왕이 죽기 전에 여러 신하들이 "어떻게 해서 모란꽃에 향기가 없고, 개구리 우는 것으로 변이 있다는 것을 아셨습니까?" 하고 물으니 여왕이 "꽃은 그렸는데 나비가 없어 향기가 없는 것을 알 수 있었다. 이것은 당 황제가 나에게 짝이 없는 것을 두고 희롱한 것이다." 라고 말하며 당 태종을 꾸짖었다고 한다. 대단한 통찰력^{洞察力}이다.

여근곡의 백제군사

둘째는 여근곡에 숨어 있는 백제군사다.

둘째는 영묘사 옥문지에 겨울임에도 많은 개구리가 모여 3~4일 동안이나 울었다. 나라 사람들이 그것을 괴이하게 여겨 왕에게 물은 즉, 왕은 급히 각간 알천, 필탄 등에게 명하여 정병 2천을 뽑아 "속히 서쪽 교외로 나가 여근곡女根谷을 수색하면 필히 적병이 있을 것이니 엄습하여 그들을 죽이라." 하였다. 두 각간이 명을 받들어 각각 군사 1천을 거느리고 서쪽 교외에 가서 물으니 부산 아래에 과연 여근곡이 있었다. 백제 군사 5백이 그곳에 와서 숨어 있어 이들을 모두 죽였다. 백제 장군 우소가 남산 고개 바위 위에 숨어 있으므로 이를 포위하여 활로 쏘아 죽이고, 이후 병사 1천2백이 오자 역시 쳐서 모두 죽여 한 사람도 남지 않았다.

二 於靈廟寺玉門池 冬月衆蛙集鳴三四日 國人怪之 問於王 王急命角干閼川弼呑等 揀精兵二千人 速去西郊 問女根谷 必有賊兵 掩取殺之 二角干旣受命 各率千人問西郊 富山下果有女根谷 百濟兵五百人 來藏於彼 並取殺之 百濟將軍亐召者 藏於南山嶺石上 又圍而射之殪 又有後兵一千二百人來 亦擊而殺之 一無孑遺

또한 여왕이 이를 두고 "개구리의 성난 모습은 병사의 모습이며, 옥문玉門이란 여자의 음부다. 여자는 음이고 그 빛이 백색이며 백색은 서쪽을 뜻한다. 그래서 적군이 서쪽에 있다는 것을 알았다. 남근이 여근 속으로 들어오면 반드시 죽는 법. 그래서 쉽게 잡을 줄도 알았다."고 설명하자, 여러 신하 모두가 여왕의 성스러운 슬기로움에 탄복한다. 대단한 투찰력透察力이다.

▲ 여근곡 [경주 건천]

죽음 예언과 도리천 장사

셋째는 죽음의 예견과 도리천 장사다.

셋째는 왕이 아무런 병도 없는데 여러 신하에게 말하길 "짐은 모년 모 월일에 죽을 것인즉 **나를 도리천切利天에 장사지내라.**" 하였다. 군신이 그 곳을 몰라 "어느 곳입니까?" 물으니 왕이 말하길 "**낭산狼山 남쪽이다.**" 하였다. 모 월일에 이르러 과연 왕이 붕하여 **신하들이 낭산의 양지바른 곳에 장사지냈다.**
三 王無恙時 謂羣臣曰 朕死於某年某月日 葬我於忉利天中 群臣罔知其處 奏云何所 王曰 狼山南也 至其月日 王果崩 群臣葬於狼山之陽

그 후 10여 년이 지난 뒤 문호대왕(문무왕)이 왕의 무덤 아래에 사천왕사를 세웠는데 불경에 이르길 "사천왕천四天王天 위에 도리천忉利天이 있다."고 했으니, 그제야 여왕의 신령하고 성스러움을 알 수가 있었다고 한다. 대단한 예지력豫知力이다.

◀ 사천왕상 파편 [경주 사천왕사지]

지기삼사는 스토리텔링

선덕여왕의 지기삼사知幾三事는 선덕여왕의 남다른 지혜와 식견 즉 통찰력, 투찰력, 예지력 등을 바탕으로 한다. 그럼에도 첫 번째 모란꽃 이야기와 두 번째 여근곡 이야기는 어느 정도 추론할 수 있는 문제지만, 세 번째 자신의 죽음과 미래의 일을 예견한 이야기는 비범한 지적 능력을 넘어서는 어떤 신이성神異性과도 연결된다.

선덕여왕의 지기삼사는 여러 가지 파편적 사실들을 종합적으로 추론하여 현상의 이면에 담긴 뜻을 파악해 내거나 또는 여러 가지 단편적 사실들의 상징적 의미를 꿰뚫어 이를 현실에 적용하는 뛰어난 문제 해결 역량을 보여 준 것이라 할 수 있다. 이런 맥락에서 「선덕왕지기삼사 설화」는 선덕여왕 사후 연달아 발생한 여왕의 왕위 승계 상황을 정치적으로 정당화한 것이며, 특히 이후 무열왕의 삼국통일 기반이 선덕여왕의 치적에 기초한 것임을 알리기 위해 만들어진 이야기일 수 있다는 견해도 있다.

선덕여왕 초상화 ▶

선덕여왕의 지기삼사知幾三事는 선덕여왕의 즉위를 정당화하기 위해 만든 일종의 스토리텔링이다.

분황사 창건에 담긴 뜻

▲ 분황사 전경 [경주 구황동]

분황사芬皇寺는 634년(선덕3) 선덕여왕이 창건한 사찰이다. 芬皇은 '향기나는 황제'의 뜻으로 선덕여왕을 가리킨다. 왕분사王芬寺라고도 한다. 분황사는 신라 최초의 여왕인 선덕여왕의 즉위를 축하하고 이를 내외에 널리 알리기 위해 창건한다.

분황사는 창건 이후 최소 3차례 이상 가람배치가 변한다. 창건 당시 가람은 석탑을 남쪽 중앙에 배치하고 그 북쪽에 남향의 삼금당을 '품(品)'자형으로 배치한 소위 '1탑 3금당식' 가람배치다. 1차~3차 중건으로 가람은 1동의 대형 금당을 배치한 '1탑1금당식'으로 바뀐다

분황사 모전석탑

▲ 분황사 모전석탑 (1915년 촬영)

분황사를 대표하는 유물은 단연코 모전석탑模塼石塔(국보 제30호)이다. 재질은 화강암보다 단단한 안산암이다. 길이 30cm, 두께 5cm 정도의 가공한 벽돌로 겹겹이 쌓아 올린다. 지금은 높이 9.3m로 3층까지만 존재한다. 원래는 7층 또는 9층이었을 것으로 짐작된다. 모전석탑의 동서남북으로 석문이 달려 있는 공간이 있다. 불상을 안치한 감실龕室이다. 석문 양쪽에는 악귀를 막아주는 불교의 수호신 인왕상을 조각한다. 부드러우면서도 힘차게 표현된 인왕상은 반라

며 옷 무늬도 각각 다르다. 석탑의 모서리에는 수호의 기능과 함께 부처의 계율을 상징하는 힘찬 사자상을 둔다. 동해를 바라보는 곳에는 암사자, 내륙으로 향한 곳에는 숫사자다. 모두가 신라인의 섬세하고 빼어난 조각 기술을 한껏 뽐낸 수작 중의 수작이다. 모전석탑은 말 그대로 선덕여왕의 상징탑이다.

▲ 인왕상

선덕여왕 존호 성조황고

선덕여왕은 즉위하면서 「성조황고聖祖皇姑」의 존호를 받는다. 일반적으로 성조황고는 '성스러운 조상의 혈통을 이어받은 여황제'로 번역하고 이해한다. 그러나 이는 잘못이다. 할아버지의 친족 용어는 조부祖父다. 대부大父, 대고大考, 왕부王父, 조황祖皇 등으로도 쓴다. 聖祖皇姑는 '성스러운聖 여성姑 조황祖皇'을 이른다. 고姑는 여성일 경우 사용하며, 남성은 고考를 붙인다. 이를 쓴 유사한 사례는 고구려 태조왕(5대)이다. 태조왕의 존호는 '태조황고太祖皇考'다.

▲ 돌사자상

분황사는 선덕여왕의 존호 「성조황고聖祖皇姑」를 발현한 사찰이다.

| 대야성 전투의 명암 |

김춘추와 김유신은 여왕의 시대를 이끈 쌍두마차다. 김춘추는 외교의 축을, 김유신은 군사의 축을 담당한다. 두 사람의 끈끈한 관계가 가감없이 표출된 사건이 대야성^{大耶城} 전투다.

대야성 전투의 명암

▲ 대야성 전경 [경남 합천]

642년(선덕11) 8월 백제 의자왕(31대)은 신라 40개 성을 함락시킨 뒤 여세를 몰아 신라 대야성에 총공세를 가한다. 대야성은 지금의 경남 합천이다. 백제에서 신라 수도 경주로 연결되는 최단코스의 전략적 요충지다. 신라 진흥왕(24대)이 대가라를 멸망시키고 흡수한 신라 서쪽지방의 심장부다. 당시 대야성 성주는 품석^{品釋}이며, 그 아내는 김춘추의 딸 고타소^{古陀炤}다. 『삼국사기』 의자왕이다.

> 2년(642년) 8월, 성주 품석이 처자를 데리고 나와 항복하자 윤충이 그들을 모두 죽이고 품석의 목을 베어 왕도로 보냈다.
> 二年 八月 城主品釋與妻子出降 允忠盡殺之 斬其首 傳之王都

사실 품석이 항복한 이유는 자신의 심복 검일^{黔日}의 배신 때문이다. 검일은 김품석이 자신의 아내를 빼앗아 첩으로 삼자, 앙심을 품고 백제로 전향한다. 대야성의 세세한 제반 정보를 백제에 제공하고 또한 은밀히 대야성 성내에 불을 지르기까지 한다. 대야성의 신라군은 검일의 행위로 일거에 무력화된다. 윤충^{允忠}은 항복한 품석과 그 처자를 죽인다.

그리고 시신을 사비도성으로 보낸다.

의자왕은 품석과 고타소의 머리를 사비도성 감옥 바닥 아래에 묻는다. 이는 과거 관산성(충북 옥천) 전투에서 신라 하급 장수 고도에게 사로잡혀 죽임을 당한 성왕에 대한 복수다. 효수된 성왕의 머리는 백제로 돌아오지 못하고 신라의 관청 계단 아래에 묻힌다.

전투 결과가 몰고 온 파장

신라의 대야성 전투 패배는 치명상이다. 백제는 확실한 군사적 우위를 확보하고 계속해서 신라를 군사적으로 압박한다. 반면 신라는 군사적 열세를 만회하기 위해 다른 방향을 모색한다. 김춘추는 외교전에 사활을 건다. 당과 고구려는 물론이고 백제의 우방인 야마토(일본)에까지 손을 내민다.

특히 딸 고타소의 죽음을 접한 김춘추의 비통한 모습이 『삼국사기』에 실려 있다. '춘추는 딸의 소식을 듣고 하루 종일 기둥에 기대고 서서 눈도 깜박이지 않았고 사람이 앞을 지나가도 알아보지 못하였다.'(春秋聞之 倚柱而立 終日不瞬 人物過前而不之) 김춘추는 넋이 나간 채로 비통한 심정을 가누지 못한다. 그로부터 6년 후인 648년(진덕2) 김유신은 대야성을 되찾는다. 이때 포로로 잡은 백제 장수 8명과 고타소와 품석의 유골을 맞교환한다. 산 자와 죽은 자의 교환이다. 김유신은 고타소의 유골을 찾아 조금이나마 김춘추의 아픔을 달래 준다.

대야성 전투는 '복수가 복수를 낳은' 반전 드라마다. 의자왕은 성왕의 복수를 하고, 김춘추는 딸의 복수를 한다. 특히 김춘추의 복수는 삼국통일의 씨앗을 잉태하고 결국 백제 멸망으로 이어진다.

그런데 말이다. 부모에 대한 복수보다 자식에 대한 복수의 강도가 더 큰 걸까?

황룡사 9층목탑의 상징

▲ 황룡사 모형도

645년(선덕14) 선덕여왕은 황룡사 금당앞에 9층목탑을 세운다. 황룡사는 553년(진흥14) 처음 건립 공사를 시작하며 13년째가 되는 566년(진흥27) 금당 등 주요 가람을 짓고, 이어 3년 후인 569년(진흥30) 주변 담장을 쌓으며 완공한다. 그리고 6년 후인 574년(진흥35) 진흥왕이 장육삼존불상을 제작하여 금당에 안치하며, 70여년이 지난 645년(선덕14) 선덕여왕이 금당앞에 9층목탑을 세운다. 이로서 황룡사는 신라 불교를 상징하는 최대 사찰로 자리잡는다.

황룡사 9층목탑의 건립와 역사

황룡사 9층목탑은 자장慈藏(590~658)율사의 요청에 따라 제작하여 건립한다. 『삼국유사』〈탑상〉에 목탑을 건립하게 된 배경과 제작 과정이 상세히 나온다. 기록에 따르면, 자장율사는 643년(선덕12) 구법승으로 당에 갔다가 종남산 원향圓香선사로부터 신라에 탑을 세워야 한다는 가르침을 받고 귀국한다. 신라 조정에 이를 알리고 군신들과 의논한 선덕여왕은 백제 장인 아비지阿非知만이 탑을 건립할 수 있다 하여 아비지를 초청한다. 645년 시작한 건립 공사는 이간 김용춘金龍春(또는 김용수)이 주관하고 공장工匠 아비지가 이끄는 소장小匠 200명이 담당한다. 645년(선덕14) 처음 공사를 시작하여 이듬해인 646년(선덕15) 마무리한다.

특히 『삼국유사』는 안홍安弘(신라 승려, 안함)의 「동도성립기」를 인용하여 목탑이 9층이 된 사유를 밝힌다.

신라 제27대 여왕이 군주가 되니 비록 도는 있더라도 위엄이 없어 구한^{九韓}이 침략할 것이다. 만일 용궁 남쪽 황룡사에 9층탑을 세운다면 이웃 나라의 침략으로부터 재앙은 막을 수 있다. 제1층은 일본^{日本}, 제2층은 중화^{中華}, 제3층은 오월^{吳越}, 제4층은 탁라^{托羅}(제주도), 제5층은 응유^{鷹遊}(백제), 제6층은 말갈^{靺鞨}, 제7층은 거란^{丹國}, 제8층은 여적^{女狄}(여진), 제9층은 예맥^{穢貊}(고구려)이다.
新羅第二十七代 女王爲主 雖有道無威 九韓侵勞 若龍宮南皇龍寺 建九層塔 則隣國之災可鎭 第一層日本 第二層中華 第三層吳越 第四層托羅 第五層鷹遊 第六層靺鞨 第七層丹國 第八層女狄 第九層穢貊

9개 층은 구한^{九韓}을 가리킨다. 일본, 중국, 남중국, 제주도, 백제, 말갈, 거란, 여진, 고구려 등이다. 신라 주변의 모든 나라를 망라한다.

또한 『삼국유사』는 황룡사 9층목탑의 수난사를 기록한다. 『국사』와 사찰의 중고기^{中古記}를 정리한 내용이다. 진흥왕 계유년(553년)에 처음 사찰을 창건한 이래로 선덕여왕 을사년(645년)에 탑을 완성한다. 효소왕 무술년(698년) 6월에 벼락을 맞아 성덕왕 경신년(720년)에 중성^{重成}하고, 경문왕 무자년(868년) 6월에 벼락을 맞아 중수^{重修}한다. 고려 때는 광종 계축년(953년) 10월에 벼락을 맞아 현종 신유년(1021년)에 중성한다. 또 정종 을해년(1035년)에 벼락을 맞아 문종 갑진년(1064년)에 중성한다. 또 헌종 을해년(1095년)에 벼락을 맞고 숙종 병자년(1096년)에 중성한다. 이처럼 9층 목탑은 선덕여왕에 의해 건립된 이래로 5번의 벼락을 맞고 6번의 중성, 중수 과정을 거친다.

그러나 황룡사는 고려 고종 무술년(1238년) 겨울에 몽고의 침략으로 9층목탑을 비롯하여 장육존상과 금당 등 전각이 모두 불타며 역사속으로 자취를 감춘다.

황룡사 9층목탑의 규모와 형태

▲ 황룡사 9층목탑 기단부

일반적으로 탑은 기단부, 탑신부, 상륜부 등 3개 부문으로 나뉜다. 황룡사 9층목탑의 경우 기단부는 전체 면적이 한 변 길이 28.5m의 방형으로 약 500㎡(150평 규모)이다. 탑신부 바닥은 기둥 초석 64개(8개×8개)를 일정한 간격으로 조밀하게 배치하고 중앙에는 심초석을 놓는다. 심초석은 화강암으로 크기는 435cm×300cm 두께는 128cm이다. 무게는 약 30톤이다.

그렇다면 9층목탑의 높이는 어느 정도나 될까? 『삼국유사』는 「찰주기刹柱記」를 인용하여 탑의 높이를 '철반 위쪽(상륜부) 높이는 42척尺이고 그 아래쪽(탑신부)은 183척尺이다.'(鐵盤 已上 高四十二尺 已下 一百八十三尺)로 소개한다. 전체 높이는 225척尺이다. 당척唐尺(1척=28cm)을 적용하면 9층목탑의 상륜부는 11.76m고 탑신부는 51.24m로 전체 높이는 63m다. 다만 고려척(1척=35.5cm)을 적용하면 9층목탑의 전체 높이는 80m 정도가 된다. 당척을 적용하든 고려척을 적용하든 황룡사 9층목탑은 현존하는 목조건물 중에서 가장 규모가 큰 중국의 불궁사 석가탑(응현목탑, 1056~1195)과 비교될 만하다. 불궁사 석가탑은 팔각형이며 높이는 67.3m다.

황룡사 9층목탑은 어떤 형태일까? 백제 장인 아비지가 주가 되어 건립한 점으로 보아 백제탑을 모델로 삼았을 것으로 추정된다. 백제 무왕(600-641)이 건립한 미륵사지 9층목탑과 백제의 기술로 건립된 일본 법륭사의 5층목탑(601~607) 등은 황룡사 9층목탑의 형태를 가늠해볼 수 있는 척도다. 그런데 황룡사 9층목탑의 형태를 알 수 있는 단서가 백제도 일본도 아닌 신라 경주에서 나온다. 남산 탑곡塔谷의 마애불상군磨崖佛像群의 신라 9층탑을 새긴 석각이다. 이 석각은 황룡사 9층목탑의 설계도와 같다. 또 하나의 단서는 1960년 황해도 개성의 불일사^{佛日寺} 터 5층석탑 안에서 발견된 청동9층소탑이다. 크기는 기단부 13.8cm, 높이 37cm의 소형이다. 특히 불일사는 고려 광종 때인 951년 창건한 사찰로 황룡사 9층목탑이 세 번째 벼락을 맞은 계축년(953년)과 시기가 겹친다. 불일사 청동9층소탑은 황룡사 9층목탑이 모델이다.

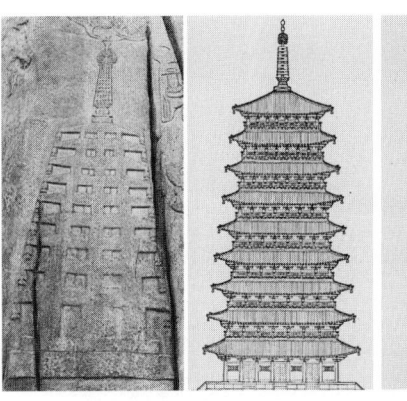

▲ 9층탑석각/황룡사9층목탑(복원)/불일사청동9층소탑

이렇게 해서 황룡사지 목탑은 발굴된 기단부의 면적, 『삼국유사』 기록의 탑신부와 상륜부의 높이, 그리고 남산의 9층탑 석각과 불일사의 청동9층소탑 등을 종합적으로 고려하여 복원한다.

황룡사 찰주본기 기록

황룡사 9층목탑의 찰주본기^{刹柱本記}는 목탑의 창건과 중수 내역을 수록한 기록물이다. 9층 목탑지 심초석의 사리공^{舍利孔} 안에서 발견한다. 사리공은 정방형으로 한 변 길이 30cm, 높이 27.5cm다. 찰주본기를 기록한 금동 사리함^{舍利函}

▲ 황룡사 9층목탑 사리공

은 가로 23.5cm, 세로 22.5cm의 정사면체다. 이 중 찰주본기는 사리내함의 좌면, 우면, 후면 등 3면의 내외로 모두 6면에 기록되어 있다. 전면은 문비^{門扉}(문짝) 내외로 신장상이 새겨 있다. 금강역사(외)와 호법신(내)이다.

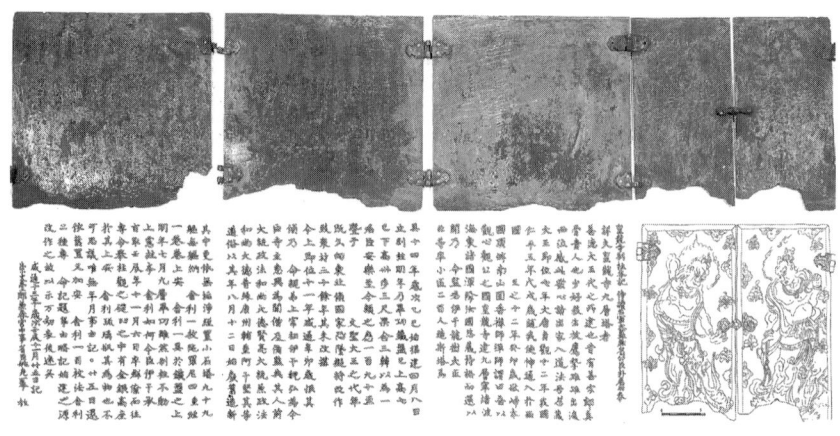

▲ 사리내함과 찰주본기

　　찰주본기 명문은 본문과 부속문으로 나눈다. 본문은 안쪽의 좌, 우, 후면 등 3면에, 부속문은 바깥쪽의 좌, 우, 후면 등 3면에 각각 새겨 있다. 찰주본기를 지은 사람은 박거물^{朴居勿}이며, 글씨를 쓴 사람은 요극일^{姚克一}이다. 명문은 안쪽에서 시작하여 바깥쪽으로 이어진다. 안쪽 우면 → 안쪽 후면 → 안쪽 좌면 → 바깥쪽 좌면 → 바깥쪽 후면 → 바깥쪽 우면 순이다. 이 중 판독이 가능하여 해석된 글자는 모두 900여 자다. 명문 내용은 645년(선덕14)에 황룡사 목탑을 건립하게 된 유래와 건립 후의 내력, 871년(경문11)에서 873년(경문13)까지 목탑을 새로 고쳐 세운 경위 등을 담고 있다. 부속문은 불사^{佛事}를 담당하는 감독기관과 이에 소속되어 공사에 참여한 인물들을 나열한다. 성전^{盛典}의 김위홍^{金魏弘} 등 12명, 도감전^{道監典}의 혜흥^{惠興} 등 16명, 속감전^{俗監典}의 김견기^{金堅其} 등 5명, 황룡사 대유나^{大維那} 향▨^{香▨}과 감은사 도유나^{都維那} 방령^{芳另} 등 승려 21명, 명문을 새긴 사람은 총혜^{總惠} 외 2명이다. 다음은 찰주본기^{刹柱本記}의 본문이다. 안쪽 우면, 안쪽 후면, 안쪽 좌면 등의 명문 내용이다.

【안쪽 우면】

황룡사皇龍寺 찰주본기刹柱本記. 시독侍讀 우군대감右軍大監 겸 성공省公 신 박거물朴居勿이 밝음. 자세히 살펴보건대 황룡사 9층탑은 선덕대왕 대에 세운 것이다. 예전에 선종랑善宗郞이라는 진골의 귀인이 있었다. 어려서 살생을 즐겨 매를 풀어서 꿩을 잡았는데 꿩이 눈물을 흘리면서 울자 이에 마음이 움직여 발심發心하였다. 출가하여 불도에 들어가길 청하니 **법호가 자장**慈藏**이다.** 대왕(선덕여왕)께서 즉위한 지 7년째 되는 당 정관 12년 우리나라 인평 5년 무술년(638년)에 사신 신통神通을 따라 서국西國(당)에 들어갔다. 선덕왕 12년 계묘년(643년)에 본국으로 돌아오고자 하여 종남산終南山의 원향선사圓香禪師에게 머리를 조아려 사직하였다. 선사는 "내가 관심觀心으로 그대의 나라를 보니 황룡사에 9층탑을 세우면 해동의 여러 나라가 그대의 나라에 항복할 것이다." 하였다. 자장은 이 말을 지니고 돌아와서 아뢰었다. 이에 왕은 감군監君인 이간伊干 용수龍樹에게 명하여 대장大匠 ▨▨아비阿非 등과 소장小匠 2백여 인을 거느리고 이 탑을 만들도록 하였다. 글자를 새긴 사람은 승려 총혜聰惠다.

찰주본기를 지은 사람은 박거물朴居勿이다. 건립 시기는 선덕여왕 때며, 자장慈藏(590~658)율사가 종남산終南山 원향圓香선사의 위촉을 받고 돌아와 이를 조정에 건의하고, 이간 용수龍樹를 감군監君(총괄 책임자)으로 하여 대장大匠인 백제 아비阿非 등이 소장小匠 200명을 거느리고 9층탑을 만든다.

【안쪽 후면】

> 14년 되던 해 을사에 건립하기 시작하여 4월 ▨▨에 찰주를 세웠고, 다음 해에 공사를 마쳤다. 철반鐵盤 이상은 높이가 7보이고 이하의 길이는 30보 3척이다. 과히 삼한三韓이 합쳐져 하나가 되고 왕과 신하가 안락하여 지금에 이르렀으니 이에 힘입은 것이다. 탑을 세운지 195년이 지나 이미 문성대왕文聖大王(46대) 대에 탑을 세운지 오래되어 동북쪽으로 기울었다. 나라에서는 탑이 무너질까 염려하여 다시 만들려고 계획하고 재목을 모아들인지 30여 년에 이르렀으나 다시 만들지 못하고 있었다. 지금의 왕(경문왕)께서 즉위하신지 11년 되는 함통 신묘년(871년)에 그 탑이 기울어진 것을 한스럽게 여겨 이에 친동생인 상재상上宰相 이간伊干 위홍魏弘을 ▨신臣으로 삼고 사주寺主 혜흥惠興을 문승聞僧으로 삼도록 명하셨다. 그리고 감전監典을 관리하는 사람은 전 대통大統 정법화상政法和尙 대덕大德 현량賢亮과 대통 정법화상 대덕 보연普緣과 강주보康州輔 중아간重阿干 견기堅其 등 출가자와 속인들이다. 그해 8월 12일에 비로소 낡은 것을 없애고 새로운 것을 만들었다. 글자를 새긴 사람은 신臣 소연전小連全이다.

문성왕(46대) 재위 기간(839~857) 중에 목탑이 동북쪽으로 두드러지게 기울어져서 수리할 목재를 구하였으나 공사는 개시되지 못한다. 이후 30여 년이 지난 871년(경문11)에서야 이간 위홍魏弘이 중심이 되어 다시금 중수한다.

【안쪽 좌면】

그 안에 다시 『무구정경無垢淨經』에 의거하여 작은 석탑 9십9개마다 사리 1매씩과 다라니 4종류를 서사한 경 1권씩을 넣고 경 위에 사리를 안치하였다. 모두 갖추어 철반 위에 두었다. 다음 해 7월에 9층 공사를 마쳤다. 그러나 찰주가 움직이지 않아 왕께서 찰주에 본래 봉안한 사리가 어떠한지 염려하셔서 신 이간伊干에게 뜻을 받들도록 하였다. 임진년(872년) 11월 6일에 여러 신하를 이끌고 가서 오직 찰주를 들어 살피도록 하였다. 주춧돌 구덩이 안에 금과 은으로 만든 고좌高座가 있고, 그 위에는 사리 유리병이 봉안되어 있었는데, 그 물건이 불가사의하였다. 다만 날짜와 사유에 대해 적은 것이 없었다. 25일에 예전에 두었던 대로 되돌리고, 다시 사리 1백매와 법사리 2종을 봉안하였다. 왕께서 제목과 사유에 대한 간략한 기록, 창건의 연원, 고쳐 세운 이유를 기록하게 하여, 만겁이 지나도록 후세의 미혹한 사람들에게 보이도록 하였다. 함통13년 임진년(872년) 11월 25일 적음. 숭문대랑崇文臺郞인 춘궁春宮 중사성中事省 신 요극일姚克一이 왕명을 받들어 씀. 글자를 새긴 사람은 조박사助博士 신臣 연전連全이다.

목탑 내에 무구정경無垢淨經에 의거하여 탑마다 사리 1매와 다라니陀羅尼 4종의 경전을 말아 올린 소석탑 99구를, 철반 위에는 사리 1구를 안치한다. 공사는 872년(경문12) 7월에 완료하며, 찰주본기는 요극일姚克一이 쓴다.

황룡사지 출토 유물

▲ 연화문 전돌 탁본

황룡사지는 1976년부터 1983년까지 8년간 발굴 조사하며, 국가에 귀속된 출토 유물은 모두 45,656점이다. 이들은 건물지에서 출토된 유물, 건물 기단구축토에서 출토된 유물, 사리장엄 유물, 폐와무지에서 출토된 유물 등으로 나누며, 종류별로는 와전류, 용기류, 금속유물, 기타유물 등으로 분류한다.

① 와전류는 출토된 유물이 가장 많으며, 암막새, 수막새, 회첨막새, 마루막새, 모서리암막새, 바래기기와, 연목와, 부연와, 사래와, 귀면와, 용두, 치미, 부전, 여래좌상전, 녹유전 등이다.

▲ 수막새

② 용기류는 토기, 자기, 금속제용기, 석제용기 등으로 구분된다. 토기는 고배, 대부발, 합, 뚜껑, 대각, 소완(등잔), 완, 병, 호 등이다. 특히 자기류는 중국계 청자, 백자도 일부 수습한다.

▲ 소병(小甁)

③ 금속유물은 불상류, 청동제품류, 철제품류 등으로 구분된다. 불상류는 청동나발편, 금동불입상, 금동천인상, 금동보살두, 금강역사상 등이며, 청동제품류는 귀면장식, 풍탁, 향로 대족臺足, 정釘 등이다. 철제품은 철정鐵釘을 비롯하여 장신구, 칼, 열쇠, 자물쇠, 집게 등이다.

▲ 금동보살두

④ 기타유물은 옥제품, 석제품, 토제품 등이다. 옥제품은 수정 및 구슬이며, 석제품은 석등옥개석, 연화대석, 맷돌점, 옥갈돌 등이고, 토제품은 토구土球, 어망추, 와질방추차, 토제탑 등이다.

이외에도 글자를 새긴 도장圖章과 명문와銘文瓦가 있다. 도장은 청동인靑銅印 「大公私家之印(대공사가지인)」, 납석인蠟石印 「永曺日永泉(영조일영천)」, 와인瓦印 「堂(당)」 등이며, 명문와는 「皇龍(황룡)」, 「龍寺(용사)」 등 절의 이름을 나타내는 명문와를 비롯하여 황룡사 기와의 생산지로 추정되는 「玉看窯(옥간요)」, 「回窯(회요)」 명문와도 상당수 나온다. 주로 통일신라 시기 제작된 도장과 명문와다.

▲ 도장과 명문와

▲ 황룡사지 금당 치미 (中圓 : 인면상)

특히 황룡사지에서 출토된 대표적인 유물을 꼽는다면 단연코 금당 건물에 올렸던 치미다. 크기는 높이 186㎝, 너비 105㎝다. 치미는 쇠못으로 용마루에 고정시키는 부분과 그 위를 덮는 부분으로 나누며, 치미 양쪽 측면과 등면에 새긴 8엽 연꽃 문양과 사람 얼굴 형상의 문양은 신라 예술의 극치다.

또한 목탑지 심초석 아래에서 청동거울 3개를 출토한다. 그 중 하나가 중앙의 정방형 방격 주위로 문양을 새긴 방격경方格鏡이다. 통상 방격경 문양은 사신문, 조문, 기하문 등으로 나누는데, 황룡사 방격경은 청룡, 백호, 주작, 현무의 사신四神 문양을 새긴 방격사신경方格四神鏡이다. 크기는 지름 16.88㎝다. 바깥 테두리에 32자의 명문이 새겨 있다.

> 靈山孕寶 神使觀爐 形圓曉月 光淸夜珠 玉査希世 紅粧應圓 千嬌集影 百福來扶
>
> 영산靈山은 보물을 잉태하고 신사神使는 화로를 지켜본다. 모양은 아침 달이며 빛은 밤의 진주처럼 맑다. 옥단玉査은 세상에 귀하고 홍반紅粧은 둥글게 스며든다. 천교千嬌를 그림속에 담으니 백가지 복이 와서 도와준다.

명문은 복받기를 기원하는 내용으로 제작 시기를 알려주는 연호는 없다. 명문의 첫머리 글자를 따서 「영산잉보靈山孕寶명 방격사신경」이라 부른다. 이 방격사신경은 수隋대의 「인수仁壽명 방격사신경」과 당唐대의 「영휘원년永徽元年명 방격사신경」과 모양과 문양이 매우 비슷하다. 인수仁壽는 수 문제(고조) 양견楊堅의 연호로 해당년도는 601년~604년이며, 영휘永徽는 당 고종 이치李治의 연호로 해당년도는 650년~656년이다.(*영휘 원년 650년) 따라서 황룡사 「영산잉보명 방격사신경」의 제작 시기는 대략 601년~650년 사이로 추정된다.

▲ 방격사신경 : 仁壽명(수), 靈山孕寶명(신라), 永徽元年명(당)

그렇다면 황룡사 방격사신경은 신라 자체의 제작품일까? 아니면 중원에서 들여온 외래품일까? 어느 쪽도 단언할 수는 없다. 다만 황룡사의 「영산잉보명 방격사신경」과 동일한 형태, 문양, 명문 등이 새겨진 방격사신경은 중원에서도 여러 점이 발견된다. 모두 수·당대에 제작된 청동거울이다. 만약 황룡사의 방격사신경이 중원에서 들여온 외래품이라면 황룡사9층목탑의 건립을 제안한 자장 율사가 귀국할 때(643년) 가져온 것으로 추정된다.

황룡사 9층목탑은 경주도성의 랜드마크다.

| 첨성대의 진실 공방 |

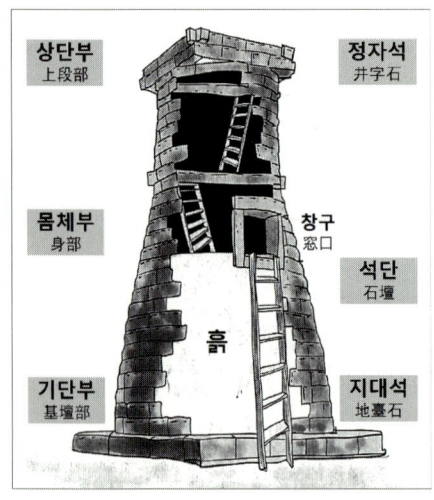
▲ 첨성대 구조

첨성대는 신라 왕궁인 월성 북쪽에 위치한다. 362개의 화강암 벽돌로 27층을 쌓은 높이 9.40m, 밑면 지름 6.09m의 원통형 구조물이다. 꼭대기에는 우물 정(井) 모양의 2층의 천장돌을 얹히고, 13층과 15층사이로 정남향의 네모난 문을 낸다. 이 문을 통해 사다리를 걸쳐 사람이 오르내렸을 것으로 추정된다. 내부는 12단까지 흙을 채운다.

건립 시기는 선덕여왕 때

첨성대의 건립 시기는 『삼국사기』〈신라본기〉에는 나오지 않는다. 다만 『삼국유사』〈기이〉 선덕왕지기삼사 편에 '『별기』에 이르길 이 왕 치세에 돌을 다듬어 첨성대를 쌓았다.'(別記云是王代鍊石築瞻星臺)고 적고 있어 선덕여왕 때에 쌓은 것만은 분명하다. 이에 반해 『세종실록지리지』는 당 태종 정관7년인 633년(선덕2), 『증보문헌비고』는 선덕여왕이 사망한 647년(선덕16)으로 건립 시기를 구체적으로 적는다.

> 『세종실록지리지』 경상도 경주부. '첨성대는 부의 성 남쪽 모퉁이에 있다. 당 태종 정관7년(633년) 계사에 신라 선덕여왕이 쌓은 것이다. 돌을 쌓아 만들었는데 위는 방형이고 아래는 원형으로 높이가 19척 5촌 위의 둘레가 21척 6촌 아래의 둘레가 35척 7촌이다. 그 가운데를 통하게 하여 사람이 올라가게 되어 있다.'(瞻星臺 在府城南隅 唐太宗貞觀七年癸巳 新羅善德女王所築 累石爲之 上方下圓 高十九尺五寸 上周圍二十一尺六寸 下周圍三十五尺七寸 通其中 人由中而上)

기능과 역할의 다양한 해석

일반적으로 첨성대는 '별을 관찰하는 천문대'로 이해한다. 『삼국사기』는 기록하지 않았으나, 『삼국유사』를 비롯하여 이후의 조선 문헌들도 모두 '瞻星'의 한자를 쓴다. 이러한 기조는 계속 유지되며, 일제강점기에 세키노 타다시関野貞(1904년)와 루퍼스Rufus,W.C.(1917년) 등에 의해 세계에서 가장 오래된 천문대로 주목받기까지 한다. 그러나 1960년대 들어서 첨성대의 꼭대기 공간이 너무 비좁아 천문을 관측하기에 매우 불편하다는 반론이 제기되며, 천문대의 기능과 역할은 흔들리기 시작한다. 이는 고려의 개성 천문대와 조선의 창경궁 관천대에서 볼 수 있듯이, 천문대는 기능상 폐쇄형이 아닌 개방형이 더욱 효율적이기 때문이다.

 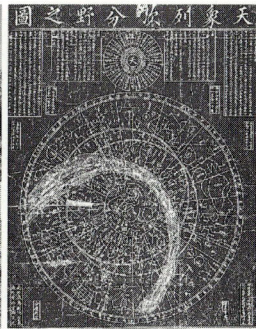 

▲ 개성천문대(고려) / 천상열차분야지도(고구려 천문도) / 창경궁관천대(조선)

그래서 첨성대의 기능과 역할에 대해서 다양한 주장과 해석이 제기된다. 크게 분류하면 천문대설, 제천단설, 상징물설 등 3가지다.

① 천문대설의 경우, 천체의 위치나 천문현상을 관측기기를 사용하여 측정한 설, 육안으로 천변天變관측 만을 하였다는 설, 첨성대 자체가 규표圭表로 사용되었다는 설 등이다.

② 제천단설의 경우, 하늘에 제사지내는 제단이라는 설, 농업을 관장하는 별을 제사하는 영성단靈星壇이라는 설 등이다.

③ 상징물설의 경우, 불교에서 세계의 중심에 있다는 수미산의 모

양을 본떠 만든 것이라는 설, 수학적 원리와 천문현상을 상징화한 것이라는 설, 천원지방^{天圓地方}의 우물을 형상화했다는 설 등이다.

이와는 별도로 근래에 제기된 설은 첨성대를 선덕여왕의 즉위를 기념하고 권위를 과시하기 위해 만든 정치적 조형물로 보는 견해도 있다.(*2009년, 정연식 서울여대교수) 이에 따르면, 첨성대는 선덕여왕을 종교적으로 신성화하는 작업의 일환으로 해석한다. 그 신성화 작업의 시작은 여왕이 즉위한 632년에 성조황고란 존호를 올린 것이고, 그 다음은 즉위 이듬해인 633년에 첨성대를 건립(*『세종실록』〈지리지〉)한 것으로 설명한다. 특히 첨성대를 왕궁이 있는 월성과 김씨왕조 시조 김알지의 탄생지인 계림 근처의 탁 트인 평지에 9m 높이로 우뚝 세워놓은 것은 선덕여왕이 석가모니의 혈통을 이어받은 성스러운 존재임을 모든 백성과 신하들에게 알리고자 했던 것으로 해석한다. 또한 첨성대의 몸통돌이 27단인 것은 선덕여왕이 제27대 왕이라는 것을 상징한 것이라고 덧붙인다. 첨성대는 선덕여왕과 떼어놓고 생각할 수 없는 여왕의 표상이라고 결론짓는다.

▲ 첨성대의 과거 모습

첨성대는 천문관측소?

첨성대가 천문관측소로 부정을 받게 된 이유는 천문관측을 수행하기에 매우 불편하며 비효율적이라는 점이다. 또한 문헌상으로도 기록이 있을 법한『삼국사기』에는 일절 나오지 않고, 오로지『삼국유사』에만 언급되고 있는 점이다. 첨성대는 일연의 일방적인 판단일 가능성 또한 없진 않다. 그럼에도 천문관측 기록이 계속 나오고 있어, 설사 첨성대가 아니더라도 어떤 천문대에서 관측했을 것으로 본다.

『신라사초』〈지증대제기〉. '4년(503년) 흑양 계미 8월, 천대(天臺)를 신설하였다.'(四年 黑羊 癸未 八月 新設天臺) 천대는 지증왕 때 신라 최초로 설치한 하늘에 제사지내는 제단이다. 이를 주관하는 사람은 천대박사(天臺博士)다. 천대는 천문관측도 겸했을 것으로 추정된다.

첨성대

나는 들판이었다.
너는 돌이었다.
내가 너를 한겹 한겹 가슴으로 쌓았다.
너는 바람을 깨는 벽이 되어
물러난 별빛처럼
머나먼 낯선 곳에 길을 내거라.
눈썹에 걸려 말도 없이 무너진 밤을
내 어깨를 닮은 내 눈을 닮은
하늘의 파수꾼이여.
아무도 없는 들판.
나는 아직도 네 주위를 빙빙돈다.
탄생의 그 날부터 너의 몸통에는
바람소리가 산다.

역사기행작가 박시윤

첨성대는 정말로 천문관측소일까?

| 비담의 모반 사건 파장 |

선덕여왕 말기인 647년(선덕16) 정월 상대등 비담毗曇이 반란을 일으킨다. 『삼국사기』 선덕여왕이다.

16년(647년) 봄 정월, 비담毗曇과 염종廉宗 등이 "여왕은 나라를 잘 다스릴 수 없다." 하며 모반을 꾀하여 거병하였으나 이기지 못하였다.
十六年 春正月 毗曇廉宗等 謂女主不能善理 因謀叛擧兵 不克 八月 王薨

비담은 염종廉宗 등과 함께 '여왕은 나라를 잘 다스릴 수 없다.'는 명분을 내세워 거병한다. 그러나 선덕여왕을 옹위하던 김유신이 이끄는 왕군王軍이 반란군을 진압한다. 이후 선덕여왕은 사망한다.

김유신의 반란군 진압 과정

▲ 명활산성 [경주 보문동]

『삼국사기』〈열전〉 김유신 편에 김유신이 비담의 반란을 진압하는 과정이 상세히 나온다. 정리하면 이렇다. 비담, 염종 등의 반란군은 명활성에 주둔하고 김유신의 왕군은 월성에 진을 치고 10일간을 서로 싸운다. 그러던 어느 날 한밤중에 큰 별이 월성에 떨어진다. 이에 비담은 "별이 떨어지는 곳에 반드시 피를 흘린다 했으니 이것은 여왕이 패할 징조다."라며 반란군을 독려한다. 기세가 오른 반란군의 떠들어대는 소리가 땅을 진동할 정도다. 그러자 김유신은 오히려 "길흉吉凶은 정해져 있지 않고 오직 사람이 하기에 따른 것이다."라며 왕을 안심시키고, 허수아비에 불을 붙여 만든 연鳶을 날려 하늘로 올려 보낸다. 그리고 이튿날 아침에 "어젯밤 떨어졌던 별이 다시 하늘로 올라갔다."라고 선전한다. 또한 백마를 잡아 별이 떨어진 곳에 제사드리며 "하늘의 도는 양이 강하고 음이 약하지만 사람의 도는 왕이 높고 신하가 낮다. 그것이 바뀌면 난이 되는 것이다. 비담 등이 신하로서 왕을 도모하며 아래서 위를 범하니 이것은 난신적자亂臣賊子로서 사람과 신령이 함께 미워할 일이요 하늘과 땅 사이에 용납되지 못할 것이다."라며 축원祝願한다. 그리고 왕군을 독려해 반란군을 공격한다. 마침내 비담 등이 패해 달아나자 추격해 진압하고 주모자의 구족을 멸한다.

비담은 진지왕 계열의 마복자

비담은 누구일까? 비담의 출신 계보가 『삼국사기』와 『삼국유사』에는 나오지 않으나, 『상장돈장』에는 나온다. 비담은 진지왕의 마복자다. 어머니는 미실美室이다. 비담은 김춘추와 혈통이 같은 진지왕(금륜) 계열이다. 김춘추가 지도왕후 소생의 적손(용수 아들)이라면, 비담은 미실 소생의 서자다. 비담은 김춘추의 작은 아버지뻘로 김춘추와는 한 세대 차이가 난다. 당시 비담의 나이는 72세(578~647)고, 김춘추는 46세(603~661)다.

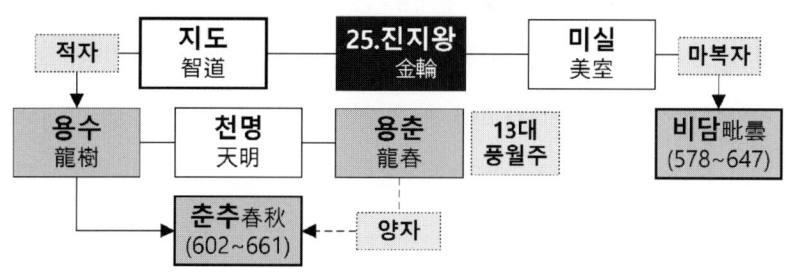

▲ 김춘추-비담의 관계도

비담의 반란은 여왕 승계 불만

비담은 '여왕은 나라를 잘 다스릴 수 없다.'는 명분을 내세워 모반을 일으킨다. 비담이 말하는 여왕은 누구일까? 『화랑세기』〈필사본〉 천광공天光公(14대 풍월주) 편에 단서가 나온다.

선덕제의 병이 몹시 위독해지자 비담毗曇과 염종廉宗이 모반하였다. 유신공이 신주新主(진덕여왕)를 받들고 전쟁을 독려하였다. 그때 경사京師의 병사가 적어 공(천광)이 낭도 모두를 동원하여 먼저 그 진으로 돌진하였다. 비담이 패하여 달아나고 난은 평정되었다. 공은 그 공으로 발탁되어 호성장군護城將軍이 되었다.

善德帝疾大漸 毗曇.廉宗謀反 庾信公奉新主督戰 時京師兵少 公盡發郎徒 先突其陣 毗曇敗走亂平 公以功擢爲護城將軍

비담이 말한 여왕은 신주新主로 표현된 진덕여왕이다. 당시 선덕여왕은 와병 중이다. 이때 선덕여왕은 국반갈문왕의 딸이자 사촌동생인 승만(진덕여왕)공주를 자신의 후계자로 지명하고 준비시킨다.

이에 앞서 선덕여왕은 비담이 반란을 일으키기 2개월 전인 646년(선덕15) 11월 비담을 조정 영수인 상대등에 임명한다. 비담의 나이 71세다. 만약 선덕여왕이 비담을 상대등에 임명한 행위가 지극히 정치적이라면 아마도 비담을 통해 귀족세력의 승만공주 지지를 이끌어내려 했을 것이다. 그러나 비담은 선덕여왕의 기대와 달리 오히려 귀족세력을 등에 업고 승만공주가 후계자가 될 수 없다며 모반은 일으킨다. 그렇다면 비담은 자신이 왕이 되고자 한 것일까? 가능성은 없지 않으나 매우 낮다고 본다. 비담은 고령이며 폐위된 진지왕 계열의 마복자 출신이다. 왕위를 넘보는 자체가 불가능에 가깝다.

그렇다면 비담이 염두한 사람은 누구일까? 김춘추일 가능성이 높다. 김춘추는 진지왕 계열의 적통인 적손이며 나이 또한 젊다.(*당시 46세)

그러나 김춘추는 비담의 제안을 거절한다. 이미 승만공주로 후계자가 정해진 이상 이를 따르는 것이 순리라고 판단한다. 결국 비담은 염종 등과 함께 반란을 일으키고, 김유신은 왕군王軍과 화랑의 낭도를 모아 반란군 진압에 나선다. 그리고 10여 일의 공방 끝에 김유신이 날린 연이 계기가 되어 전세를 일거에 역전하고 비담의 반란군을 진압한다.

> 비담의 모반사건과 이의 진압에 김춘추가 개입된 기록은 없다. 『삼국사기』, 『삼국유사』는 물론이고 하다못해 『화랑세기』〈필사본〉에도 나오지 않는다.

비담의 모반사건 의의

631년(진평53) 비담의 모반은 647년(선덕16)의 칠숙의 모반에 이어 두 번 째로 발생한 여왕의 즉위에 반발한 사건이다. 다만 차이가 있다면 칠숙의 경우는 미수에 그쳤으나, 비담의 경우는 실제 행동으로 이어졌다는 점이다. 특히 둘 다 행위의 주체가 왕족 출신의 귀족이라는 점이 특징이다. 칠숙은 진흥왕의 서자고, 비담은 진지왕의 서자(*마복자)다. 또한 두 사람의 어머니가 친자매라는 점도 특이하다. 둘 다 미진부未珍夫(2대 풍월주)의 딸로 칠숙은 미질美質 소생이고, 비담은 미실美室 소생이다.

일반적으로 비담의 모반 사건은 기존의 귀족세력과 신흥의 신진세력간의 정치적 충돌로 이해한다. 물론 그 배경은 진평왕 이후 왕위 계승권자인 성골 남성이 소진되어 여왕으로 대처된 점도 한몫한다. 특히 이 사건으로 신진세력의 대표주자인 김유신이 전면에 등장한다. 변방의 장수이던 김유신은 비담의 모반을 진압하며 자연스럽게 중앙정계에 진출한다.

비담의 모반 사건과 김유신의 등장. 진덕여왕 시대의 예고편이다.

| 허수아비 진덕여왕 |

◀ 감실석불좌상 [경주 남산 불곡]

진덕여왕眞德女王(28대)은 선덕여왕의 뒤를 이은 두 번째 여왕이다. 이름은 승만勝曼이다. 재위 기간은 647년부터 654년까지 8년간이다 아버지는 진평왕의 동생 국반國飯갈문왕이며,(*『삼국유사』국진안國眞安) 어머니는 월명月明부인이다. 남편은 기록상으로 나오지 않는다.

> 승만(勝曼)은 대승경전인 『승만사자후일승대방편방광경』의 주인공인 승만부인(勝鬘夫人)을 차용한 이름이다. 인도 아유타국의 왕비인 승만부인은 불법에 귀의한 재가녀(在家女)로서 10가지 큰 원(願)을 세우고 남편 우칭왕(友稱王)과 함께 7세 이상의 남녀에게 대승법으로 교화한다.

진덕여왕의 용모

◀ 금동불입상 [높이 10cm, 경주 황룡사지]

『삼국사기』는 진덕여왕의 용모를 소개한다. '승만은 생김새가 풍만하고 아름다우며 키가 7척이고 손을 내려뜨리면 무릎 아래까지 닿았다.'(勝曼姿質豊麗 長七尺 垂手過膝) 진덕여왕은 오늘날의 표현을 빌리자면 키 160cm의 복스럽고 글래머한 여성이다. 다만 팔의 길이가 유난히 긴 것은 특이한 점이라 할 수 있다. 진덕여왕의 즉위시 나이는 대략 40대 후반에서 50대 초반 정도로 추정된다.

진덕여왕은 바지사장

진덕여왕 재위 기간의 정치적 실권자는 김춘추와 김유신이다. 김춘추는 당과의 외교적 밀착을 통해 삼국통일의 구상을 구체화하는 반면, 김유신은 중앙정계를 틀어쥐고 김춘추의 외교활동을 적극 지원한다. 『삼국유사』〈기이〉에 김유신의 정치적 파워가 드러난 사건이 나온다. 진덕여왕 편이다.

> 왕(진덕여왕) 시대에 알천閼川공, 임종林宗공, 술종述宗공, 호림虎林공, 염장廉長공, 유신庾信공이 있었는데 이들은 남산의 우지암亐知巖에 모여 국사를 의논하였다. 이때 큰 호랑이 한 마리가 좌중에 뛰어드니 여러 공들이 놀라 일어섰는데 알천공만은 조금도 움직이지 않고 태연히 담소하면서 호랑이 꼬리를 붙잡아 땅에 메쳐 죽였다. 알천공의 완력이 이와 같아서 윗자리에 앉았으나 모든 공들은 유신공의 위엄에 굴복하였다.
> 王之代 有閼川公林宗公述宗公虎林公廉長公庾信公 會于南山亐知巖議國事 時有大虎走入座間諸公驚起 而閼川公略不移動談笑自若 捉虎尾撲於地而殺之 閼川公膂力如此處於席首 然諸公皆服庾信之威

김유신은 화백회의 수장이 아님에도 불구하고 화백회의 참석자들은 모두 김유신의 위엄에 굴복한다. 이처럼 비담의 반란 토벌로 비담파 귀족 세력을 완전히 제압한 김유신과 김춘추의 주도 세력이 사실상 진덕여왕 시대를 이끌었다고 보아야 한다. 일부 알천파 귀족들이 남아 있지만 사실상 김춘추파에 굴복하고 있는 점으로 보아 모든 국사가 김춘추의 의도대로 진행되었을 것이다.

진덕여왕은 김춘추와 김유신의 이른바 허수아비 바지사장이다.

치당 태평송가

진덕여왕은 650년(진덕4) 「치당태평송가治唐太平頌歌」를 친히 지어 비단 위에 가사歌詞를 수놓고 당에 사신으로 가는 김춘추의 아들 김법민에게 주어 당 고종李治(649~683)에게 바친다.

치당태평송가 내용

치당태평송가는 당의 태평성대를 기원하는 오언고시다. 사대외교의 극치를 보여준다. 전문은 이러하다.

大唐開洪業 巍巍皇猷昌 止戈戎衣定 修文繼百王
대당이 큰 업을 열으니 높고 높은 황운이 창성하도다.
융의로 천하를 통일하니 전쟁이 그치고 문을 닦아 백왕을 이었도다.

統天崇雨施 理物體含章 深仁諧日用 撫運邁時康
하늘에 통하여 자비를 베풀고 만물을 다스리니 함장을 본받도다.
깊은 인덕은 일용에 화합하고 세상을 어루만지니 때맞춰 평화롭다.

幡旗何赫赫 鉦鼓何鍠鍠 外夷違命者 剪覆被天殃
깃발은 어찌 그리도 빛나며 징과 북은 어찌 그리도 쾅쾅하는고.
명을 어긴 외적은 하늘의 벌을 받았도다.

淳風凝幽顯 遐邇競呈祥 四時和玉燭 七曜巡萬方
순박한 풍속이 유현한 곳에 이르러 멀고 가까운 데서 상서로움을 아뢰어 오도다. 사계절 옥촉이 조화되고 칠요는 만방을 두루 돌보는구나.

維嶽降宰輔 維帝任忠良 五三成一德 昭我唐家皇
산악 정기가 재상을 낳으니 황제께서 충량에게 맡겼도다.
삼황오제가 한결같은 덕을 이루니 우리 당 황실 밝고 밝도다.

당시 사정이 어떻든 간에 태평송가를 지은 사실 자체가 참으로 무겁고 버겁다. 물론 백제와 고구려에 대응하기 위한 외교의 일환으로 어려운 상황을 극복하려는 노력은 충분히 이해할 수 있다. 그럼에도 너무 지나친 것은 아닐까? 특히 태평송가를 받은 당 고종은 이를 칭찬하고 진덕여왕을 「계림국왕」에 봉한다.

> 『당시품회(唐詩品滙)』(고영 편찬)는 이 시를 고고웅혼(高古雄渾 : 고상하고 예스러우며 웅장하고 막힘이 없음)하다고 극찬한다. 이 조차도 불편하지 짝이없다.

소릉의 진덕여왕 석상

중국 산시성 함양에 소재한 소릉昭陵은 당 태종 이세민의 무덤이다. 1982년 소릉 주변에서 14국군장석상十四國君長石像 중 하나인 진덕여왕 석상으로 추정되는 하반신 일부를 발견한다. 14국군장석상은 당 태종 때의 침탈 전쟁, 영토 확장, 외교 관계 등의 업적을 찬양하기 위해 만든 돌궐突厥, 토번吐蕃, 구자龜玆, 고창高昌, 신라 등 14국의 외국 수장의 형상이다. 바로 여기에 진덕여왕 석상이 있다. 이는 송宋대 기록인 유사웅游師雄의『당태종소릉도』, 조명성趙明誠의『금석록』, 송민구宋敏求의『장안지』 등에서 확인되며, 석상 좌대에는 「新羅樂浪郡王金眞德(신라낙랑군왕김진덕)」의 명문이 새겨 있다고 전한다. '낙랑군왕'은 진평왕이 당으로부터 받은 관작으로 선덕여왕, 진덕여왕 때에도 계속해서 승계받는다. 석상의 하반신은 좌우로 쪼개진 채 출토되며, 3겹짜리 장포(도포)를 발끝까지 두

▲ 소릉 진덕여왕 복원 석상 [중국 함양]

르고 있다. 특히 배에서 다리까지 길게 늘어뜨린 3겹 장식이 눈에 띤다. 현재 중국은 진덕여왕의 석상을 복원하여 위치시키고 있다.

『삼국사기』는 654년(진덕8) 진덕여왕이 사망하자, 당 고종이 손수 애도를 표하고 최고의 부의를 표했다고 전한다.

당 고종이 이를 듣고 영광문永光門에서 애도를 표하고 태상승 장문수張文收를 사신으로 삼아 부절을 가지고 조문하게 하였으며, 진덕왕에게 개부의동삼사開府儀同三司를 추증하고 부의로 비단 3백필을 내려주었다.
唐高宗聞之 爲擧哀於永光門 使大常丞張文收持節吊祭之 贈開府儀同三司 賜綵段三百

「치당태평송가治唐太平頌歌」, 삼국통일 길목에 드리워진 어두운 그림자다.

| 선덕여왕과 진덕여왕의 무덤 |

선덕여왕릉은 경주 보문동 낭산狼山(108m)의 남쪽 구릉 정상에 소재하며, 진덕여왕릉은 경주 현곡면 오류마을 안태봉安胎峰(337.9m) 구릉 중간에 소재한다. 두 무덤은 경주 시내를 사이에 두고 직선거리로 7.7km 떨어져 있으며, 둘 다 평지가 아닌 산중에 독립적으로 위치한다.

▶ 선덕여왕릉과 진덕여왕릉 [경주]

낭산의 선덕여왕릉

낭산에 소재하는 선덕여왕릉은 지름 23.6m, 높이 6.8m의 원형봉토분이다. 무덤 아래 2~3단의 자연석 둘레돌을 빙둘러 배치한다. 『삼국사기』 선덕여왕이다.

> 16년(647년) 8월, 왕이 훙하였다. 시호를 선덕善德이라 하고 낭산狼山에 장사지냈다.
> 十六年 八月 王薨 諡曰善德 葬于狼山

선덕여왕은 낭산狼山에 장사지낸다. 특히 『삼국유사』〈기이〉 지기삼사 편에는 여왕이 도리천忉利天에 묻어 달라 유언하여 낭산 남쪽의 양지바른 곳에 장사지냈다고 소개한다. 또한 문무왕이 삼국통일 이후에 낭산 남쪽에 사천왕사를 지으며, 낭산 정상이 도리천이라 한 여왕의 뜻을 알게 되었다고 한다.

▲ 선덕여왕릉 항공사진 및 전경 [경주 낭산]

『신라사초』에 따르면 낭산에 무덤을 쓴 왕은 선덕여왕 말고도 아달라왕과 실성왕이 있다. 두 왕의 무덤은 낭산 어디에 있을까?

안태봉의 진덕여왕릉

안태봉에 소재하는 진덕여왕릉은 지름 14.4m, 높이 4m의 원형봉토분이다. 무덤 아래는 12지신상을 조각한 12개의 탱석을 사이사이에 끼워 넣은 둘레돌을 빙둘러 배치한다. 『삼국사기』 진덕여왕이다.

> 8년(654년) 봄 3월, 왕이 훙하였다. 시호를 진덕眞德이라 하고 **사량부**沙梁部에 장사지냈다.
>
> 八年 春三月 王薨 諡曰眞德 葬沙梁部

진덕여왕은 사량부沙梁部에 장사지낸다. 그런데 현재의 진덕여왕릉은 두가지 결격 사유를 가지고 있다. 첫째는 장지 사량부의 소재지다. 사량부는 경주 시내 서남쪽 일대로 추정되어 경주 북쪽의 진덕여왕릉과는 정반대 방향이다. 둘째는 무덤 양식이다. 둘레돌에 12지신상을 조각하는 방식은 신라 말기(하대)부터 도입된 양식이다. 대표적인 무덤이 김유신묘다. 이러한 이유로 현재의 진덕여왕릉은 실제 진덕여왕릉이 아니라는 견해가 강하다. 일부에서는 이 무덤을 문성왕릉 또는 신문왕릉으로 보기도 한다.

▲ 진덕여왕릉 항공사진 및 전경 [경주 안태봉]

그래서 대안으로 주목을 받은 무덤이 도당산都堂山 자락에 있는 '도당산서북록(식혜곡)고분'이다.(*2019년, 위덕대박물관장 박홍국교수) 도당산은 남산의 딸린 산으로 남산 서북쪽에 위치하며, 해발 100여m의 나지막한 산이다. 신라 화백회의를 개최한 화백정이 소재한다. 도당산서북록고분은 정리가 안된 미관리 무덤이다. 동서길이 19.8m, 남북길이 16.1m, 높이 6.5m인 타원형의 원형봉토분이다.

▲ 도당산서북록 고분

이 무덤이 진덕여왕릉으로 주목받게 된 이유는 도당산을 포함한 주변일대가 신라 사량부의 일부 지역이고, 또한 도당산 북쪽 근거리에 월성이 위치하며, 서북쪽에 위치한 낭산의 선덕여왕릉과도 가깝기 때문이다. 다만 겉으로 드러난 둘레석이 발견되지 않아서 보다 정밀조사가 요구된다.

현재의 경주 현곡 안태봉의 진덕여왕릉은 재검토되어야 한다.

| 진골의 시초 태종 무열왕 |

▲《무열왕릉비》귀부

태종^{太宗} 무열왕^{武烈王}(29대)은 진골 출신의 최초 왕이다. 신라는 무열왕의 즉위로 성골에서 진골로 왕위가 넘어간다. 이름은 춘추^{春秋}다. 재위 기간은 654년부터 661년까지 8년간이다. 아버지는 진지왕의 아들인 용춘^{龍春} 또는 용수^{龍樹}며, 어머니는 진평왕의 딸 천명^{天明}이다. 왕후는 각간 서현^{舒玄}의 딸 문명^{文明}이다. 무열은 시호며 태종은 묘호다.

《화랑세기》는 용수와 용춘을 진지왕의 아들인 형제관계로 설명한다. 형 용수는 천명공주와 혼인하여 춘추를 낳으나 용수가 먼저 사망하자 천명공주는 용춘과 재혼하며 춘추는 용춘의 양자로 입적된다.

성골과 진골의 구분

성골과 진골의 구분은 『삼국유사』〈왕력〉에 나온다. '이상은 중고^{中古}(23대 법흥왕~28대 진덕여왕)로 성골^{聖骨}이고, 이하는 하고^{下古}(29대 태종무열왕~56대 경순왕)로 진골^{眞骨}이다.'(已上中古聖骨 已下下古眞骨) 또한 『삼국사기』는 이렇게 기록한다. '국인^{國人}이 혁거세에서 진덕까지 28왕을 일컬어 성골이라 하고, 무열에서 마지막 왕까지를 진골이라 하였다.'(國人謂 始祖赫居世 至眞德二十八王 謂之聖骨 自武烈至末王 謂之眞骨)

두 기록은 성골과 진골의 구분을 무열왕을 기준으로 할 뿐, 별도의 설명은 적시하지 않고 있다. 다만 기준에 대해서는 여러 해석이 존재한다. ① 진흥왕의 직계(성골)와 방계(진골)를 구별하기 위한 표현이다. ② 성골은 왕족 내부의 혼인으로 태어난 집단이고, 진골은 왕족과 다른 귀족의 혼인으로 태어난 집단이다. ③ 같은 왕족이면서도 성골과 진골로 구별되는 것은 모계母系에 의한 것이다. ④ 왕실 직계의 왕위 계승자 및 왕위 계승을 보유할 수 있는 제한된 근친자를 성골로 보고, 그 외 왕위 계승에서 소외된 왕족은 진골로 보는 견해 등이다.

그렇다면 무열왕은 무엇 때문에 성골이 아닌 진골로 분류되었을까? 무열왕은 진지왕의 적손이다. 당연히 성골이어야 한다. 그러나 진지왕은 황음정란荒淫政亂하다는 이유로 화백회의에서 폐위되며, 진지왕의 태자 용수龍樹도 태자 지위를 상실하며 전군殿君으로 강등된다. 이로 인해 진지왕 계열은 모두 성골에서 진골로 신분이 하락한다.

즉위 과정 검토

무열왕의 즉위 과정이다. 『삼국사기』 무열왕 즉위전사即位前史다.

> 진덕여왕이 훙하자 군신이 이찬 알천閼川에게 섭정攝政을 청하였으나 알천이 굳이 사양하며 말하길 "신은 늙고 이렇다 할 덕행이 없습니다. 지금 덕망이 높기는 춘추공 만한 사람이 없으니 실로 세상을 다스릴 뛰어난 인물이라 할 만합니다." 하였다. 마침내 그를 받들어 왕으로 삼으려 하니 춘추는 세 번 사양하다가 마지못해 왕위에 올랐다.
>
> 眞德薨 群臣請閼川伊飡攝政 閼川固讓曰 臣老矣 無德行可稱 今之德望崇重 莫若春秋公 實可謂濟世英傑矣 遂奉爲王 春秋三讓 不得已而就位

진덕여왕이 사망하자 군신들은 상대등 이찬 알천閼川에게 섭정을 청한다. 왕이 없는 과두체제다. 그러나 알천은 늙었다는 이유를 들어 섭정을 사양하며 대신 김춘추를 차기 왕으로 추천한다. 이때 김춘추는 3번을 양보하고 왕위에 오른다. 일종의 삼양三讓이다. 김춘추는 옛날 중원왕조에서 삼공三公, 재상宰相 등의 지위에 천거될 때 형식적으로나마 3번 사양하는 관례를 취한다. 이때 김춘추의 나이 53세다.

돌이켜 보면 김춘추의 왕위는 자연적 승계가 아닌 인위적 획득 과정이다. 김춘추는 폐위된 진지왕의 적손이라는 태생적 한계로 일찌감치 성골에서 탈락하며 왕위 계승 서열에서 제외된다. 처음 진평왕은 천명공주를 후계자로 지명하고 아버지 용수를 사위로 삼아 천명공주의 왕위를 보완할 심사였으나 천명공주가 용수의 아들 김춘추를 낳자 마음을 바꾼다. 김춘추가 훗날 왕위를 이을 수 있다는 판단 때문이다. 이어 진평왕은 천명공주를 대신하여 덕만공주(선덕여왕)를 후계자로 선택하고 용춘으로 하여금 남편의 역할을 대신케 한다. 이때 김춘추는 용춘의 양자로 입적된다. 그러나 김춘추는 성골에서 진골로 신분이 강등된 진지왕 계열의 한계를 극복하지 못한다. 특히 진평왕 말기인 631년(진평53) 칠숙柒宿(진흥왕 서자, 미질 소생)이 선덕여왕 즉위에 반대하여 모반을 꾀하고, 선덕여왕 말기인 647년(선덕16) 비담毗曇(진지왕 서자, 미실 소생)이 진덕여왕 즉위에 반대하여 모반을 일으키지만 김춘추에게는 기회가 오지 않는다. 그리고 진덕여왕이 사망하면서 성골이 모두 소진되자, 드디어 진골인 김춘추에게 기회가 찾아온다. 김춘추는 자신의 태생적 한계를 기다림으로 극복한 불비불명不飛不鳴의 군주라 할 수 있다.

신라 왕통의 최종 승자 진지왕 계열

654년 3월 즉위한 무열왕 김춘추가 가장 먼저 한 일은 자신의 왕통 계보를 성골의 반열로 끌어올린다. 아버지 김용춘을 문흥대왕文興大王, 어머니 천명공주를 문정태후文貞太后에 각각 추봉한다. 그리고 이어 대사면을 실시하여 진지왕 계열의 부활을 대내외에 알린다. 특히 훗날 김춘추의 손자 신문왕神文王(31대)은 진지왕 계열의 5묘五廟를 새로이 제정하여 제사지낸다. 『삼국사기』 신문왕이다.

7년(687년) 4월, 대신大臣을 보내 조묘에 제사를 올리고 아뢰었다. "왕 아무개는 머리를 조아리고 재배하며 삼가 태조대왕太祖大王, 진지대왕眞智大王, 문흥대왕文興大王(김용춘), 태종대왕太宗大王, 문무대왕文武大王 영전에 고합니다. 아무개는 보잘것없는 연약한 몸으로 숭고한 와업을 이어받아 지키느라 자나 깨나 걱정하고 애쓰면서 편안하게 지낼 겨를이 없었습니다." 하였다.
七年 四月 遣大臣於祖廟致祭曰 王某稽首再拜 謹言太祖大王眞智大王文興大王太宗大王文武大王之靈 某以虛薄 嗣守崇基 寤寐憂勤 未遑寧處

5묘에 배향된 군주는 태조왕, 진지왕, 문흥왕(김용춘), 태종 무열왕, 문무왕 등 5명이다. 태조왕에 대해서는 흉노계 김씨왕조 원조인 성한왕(김알지+김세한)으로 보기도 하며(*《문무왕릉비》) 또는 선비계 김씨왕조 시조인 내물왕으로 보기도 한다. 그러나 과거 지증왕 계열이 정립한 고내궁의 5묘(복호왕/자비왕/습보왕/소지왕/지증왕)에서 보듯이, 새로 정립된 진지왕 계열의 5묘 태조왕은 진흥왕일 가능성이 높다. 특히《진흥왕순수비》는 진흥왕을 진흥태왕太王으로 명기한다.

> 『삼국사기』〈잡지〉제사 편. '제36대 혜공왕 때에 비로소 5묘(五廟)를 제정하였다. 미추왕을 김씨의 시조로 세우고 태종대왕(김춘추)과 문무대왕(김법민)은 백제와 고구려를 평정한 큰 공덕이 있어 모두 대대로 제사를 지내는 조상으로 삼고 친묘(親廟) 둘을 합하여 5묘를 만들었다.'(至第三十六代惠恭王 始定五廟 以味鄒王爲金姓始祖 以太宗大王文武大王 平百濟高句麗 有大功德 並爲世世不毁之宗 兼親廟二爲五廟) **혜공왕 때 또다시 제정된 5묘의 시조는 미추왕이다.**

김춘추의 즉위는 진지왕 계열이 신라 왕통의 최종 승자임을 만천하에 선포한 사건이다.

| 백제 멸망과 수복운동 |

660년(무열7) 3월 신라의 요청을 받아들인 당 고종은 신구도행군대총관神丘道行軍大摠管 소정방蘇定方과 좌효위장군左驍衛將軍 유백영劉伯英 등이 이끄는 13만 대군을 파병한다. 소정방의 당군과 동행한 김인문仁問은 신구도행군의 부대총관副大摠管 자격으로 귀국하고, 무열왕에게도 우이도행군총관嵎夷道行軍總管이라는 지위가 부여된다.

백제 멸망 과정

이때 백제 의자왕(31대)은 나당연합에 대응한 전략을 수립함에 있어 결정적인 실기失機(기회를 잃거나 놓침)를 한다. 충신 흥수興首가 방책으로 제시한 기벌포伎伐浦(충남 장항)와 탄현炭峴(충남 금산)을 틀어막고 적극적인 방어전을 펼치라는 주장을 무시한다.

660년 6월 무열왕은 바다를 건너와 덕물도德物島(옹진 덕적도)에 주둔한 소정방의 당군을 맞이하기 위해 태자 김법민法閔의 병선 100척을 보내며, 대장군 김유신은 김진주眞珠, 김천존天存 등과 함께 신라군 5만을 이끌고 서라벌을 출발하여 남천정南川停(경기 이천)에 이른다.

7월 9일 소정방의 13만 당군은 백제군의 저지를 뚫고 기벌포를 통과하며 곧장 사비도성으로 향하고, 대장군 김유신의 5만 신라군은 탄현을 통과하여 황산벌(충남 논산)에서 계백의 5천 결사대를 무력화시키고 역시 사비성(충남 부여)으로 진격한다. 그리고 7월 10일, 사비성 인근에 도착한 당군과 신라군은 사비성의 백제군을 압박한다.

그런데 이 대목에서 의자왕은 또 한 번 실기한다. 나당연합군에 대항하여 사비도성 수성에 총력전을 펼쳐야할 의자왕은 아들 부여태泰에게 사비도성을 맡기고, 측근 일부를 데리고 웅진성으로 피신한다. 특히 의자왕이 빠져나간 사비도성에서 이상한 일이 발생한다. 의자왕을 대신한 부여태가 왕을 자칭하며 쿠데타 아닌 쿠데타를 일으킨다. 더욱 이상한 점은 태자 부여효孝의 아들 부여문사文思가 "숙부가 왕이 되었으니 당군이 포위를 풀고 물러가면 우리의 목숨을 어찌 보전할 수 있겠냐?"(而 叔擅爲王 若唐兵解去 我等安得全) 하며 밧줄을 타고 성을 내려와 투항하자 왕족과 귀족 그리고 백성이 뒤따른다. 결국 7월 13일 부여태도 성문을 열고 나와 항복한다. 나당연합군은 손가락 하나 까딱하지 않고 사비도성을 접수한다. 사비도성의 백제군은 나당연합군이 무서워

▲ 백제 멸망 과정

서가 아니라 의자왕의 보복이 두려워 모두 항복한다. 또한 사비도성 함락 3일 후인 7월 16일 웅진성으로 피신한 의자왕도 성주 예식진禰寔進의 매국행위로 당군에 항복한다.

백제가 멸망하자 소정방은 9월 3일 낭장 유인원劉仁願이 이끄는 당군 1만을 사비도성에 주둔시킨다. 그리고 포로로 잡은 의자왕을 비롯한 태자 효, 왕자 태, 융, 연 그리고 대신과 장사 88명과 백성 12,807명을 데리고 당으로 돌아간다.

(*『삼국사기』)

▲ 당평백제국비 [부여 정림사지 5층석탑]

이때 신라는 김인태^{仁泰} 등이 신라군 7천을 데리고 유인원을 도와 사비도성을 수비한다. 이후 당은 백제 땅에 군정 통치기관인 웅진도독부 등 5도독부(웅진/마한/동명/금련/덕안)를 설치한다.

백제 수복운동 진압

백제 멸망 후 3년(660~663)에 걸쳐 영토와 주권을 되찾는 일련의 군사활동을 '백제 부흥운동'이라고 한다. 부흥과 비슷한 단어로 회복과 수복이 있다. 부흥^{復興}은 쇠퇴한 것이 다시 일어나는 것이며, 회복^{回復}은 원래 상태로 돌이키거나 원래 상태를 되찾는 것이고, 수복^{收復}은 잃었던 땅이나 권리 따위를 되찾는 것을 말한다. 영토와 주권을 되찾는 군사활동이니 '수복'이 적절하다고 본다. 수복운동의 용어 사용을 권한다.

660년 7월 의자왕의 항복으로 백제는 멸망한다. 이후 복신^{福信}과 도침^{道琛}이 중심이 되어 수복운동을 전개하나 뚜렷한 성과를 내지 못한다. 더구나 수복군내 내분이 일어 복신이 도침을 죽이며 와해조짐까지 보인다. 그러던 와중에 661년 9월 야마토에 볼모로 가있던 부여풍^{豊}(풍장)이 야마토군 5천을 대동하고 귀국하여 신왕에 즉위하며 수복운동은 새로운 전기를 맞는다. 풍왕은 한때 수도를 주류성^{周留城}(전북 부안 우금산성)에서 피성^{避城}(전북 김제)으로 옮기며 수복운동의 전의를 불태운다. 그러나 신라가 전방위에 걸쳐 대대적으로 군사적 압박을 가한다. 거물성(전북 남원), 사평성(전남 순천), 덕안성(충남 논산) 등이 신라의 공격을 받아 신라의 수중에 떨

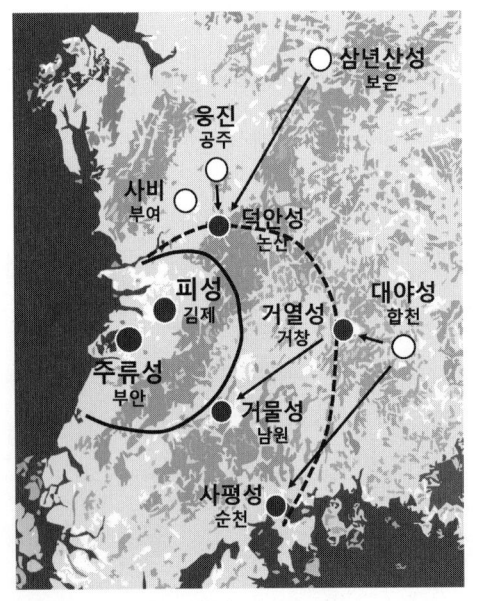

▲ 신라 백제수복군 압박

어진다. 이에 풍왕은 다시금 주류성으로 수도를 옮긴다.

백제 수복운동의 하이라이트는 단연코 백강구^{白江口}(백촌강, 동진강 하구, 새만금 지구) 전투다. 663년 8월 유인궤의 당 함선 170척과 여원군신의 야마토 군선 1,000척이 백강구에서 한판 붙는다. 이 해전에서 야마토 군선은 당의 화공작전에 말려들어 400척이 불타 수몰되는 대참사를 당한다. 이때 풍왕은 고구려로 도망간다. 백강구 전투 패배로 사실상 백제 수복운동은 종지부를 찍는다. 수복운동의 본거지인 주류성이 곧바로 함락되며, 수많은 백제유민이 일본열도로 건너간다. 당시 고향을 등지는 유민의 피맺힌 절규가 『일본서기』에 나온다. "백제의 이름이 오늘로 끊어졌으니 어찌 조상의 무덤이 있는 곳에 다시 돌아갈 수 있단 말인가?"(百濟之名絶于今日 丘墓之所 豈能復往) 역사는 이들 망명객 후손이 다시 고향으로 돌아왔다고 기록한다. 임진왜란과 일제강점기의 뼈아픈 역사다.

▲ 백강구 전투 전개

백제 수복운동은 동아시아 모든 국가가 참여한 대규모 전쟁이다.

| 무열왕 피살의 의문 |

무열왕은 661년(무열8) 6월 사망한다.(59세) 『삼국사기』 무열왕이다.

8년(661년) 6월, 대관사大官寺 우물의 물이 피가 되었고, 금마군金馬郡 땅에 피가 흘러 그 너비가 5보나 되었다. 왕이 훙하였다.
八年 六月 大官寺井水爲血 金馬郡地流血廣五步 王薨

무열왕은 대관사에서 피격당하여 금마군에서 피를 흘리며 사망한다.

백제 땅에서 피살된 무열왕

대관사는 지금의 전북 익산 왕궁리 5층석탑이 소재한 백제 무왕이 창건한 왕실 사찰이다. 금마군은 대관사가 소재한 지금의 익산 금마다.

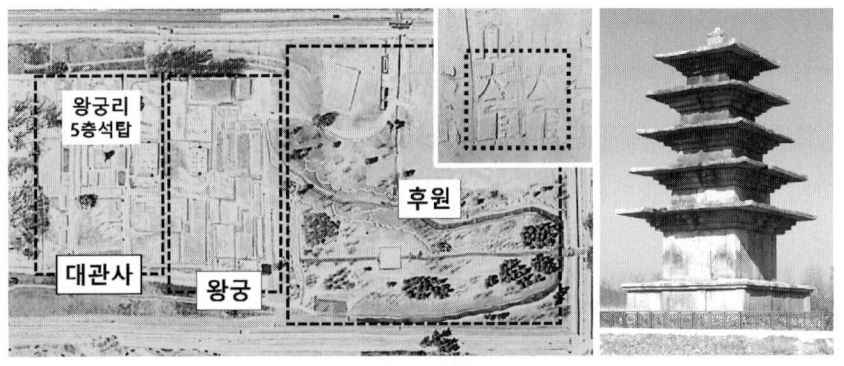

▲ 왕궁리 유적과 왕궁리5층석탑 [익산 왕궁]

무열왕은 뜻밖에도 백제 땅에서 피살된다. 무열왕을 살해한 사람(세력)은 누구일까? 기록이 없어 알 수 없다. 다만 당시는 백제 멸망(660년 7월) 이후 복신福信과 도침道琛이 중심이 되어 주류성(전북 부안 우금산성)에 웅거하며 수복(*부흥)운동의 닻을 올린 상태다. 따라서 무열왕이 수복운동이 벌어지고 있는 백제 땅 깊숙이 군사를 동원하여 쳐들어 갈 이유가 하등 없다. 아마도 무열왕은 무언가를 획득하기 위해 일부 경호 인력만을 대동하고 잠행했을 것으로 본다. 또한 그 무언가를 획득하는 과정에서 현지 백제인들과 충돌하며 피살되었을 것으로 추정된다. 여하이 무열왕은 백제 땅에서 허망하게 사망한다.

무열왕의 평가

무열왕의 평가는 상반된다. 긍정의 평가와 부정의 평가가 공존한다. 긍정은 능수능란한 외교술로 고립무원이었던 신라의 현실에 새로운 돌파구를 마련하여 삼국통일의 판을 짠 명군明君이라는 평가다. 부정은 당과의 동맹으로 인해 패강(*대동강) 이북의 땅을 외세에 넘겨 두 번 다시 되찾지 못하게 만든 암군暗君이라는 평가다.

> 『화랑세기』〈필사본〉 춘추공. '찬하여 말한다. 무열왕은 세상을 구제한 군주며 영걸의 군주다. 한 번 천하를 바로 잡으니 덕이 사방을 덮었다. 나아가면 태양과 같고 바라보면 구름과 같다.'(贊曰 濟世之主 英傑之君 一匡天下 德被四藩 就之如日 望之如雲)

특히 《동국통감》은 수명이 길지 못하여 삼국통일의 대업을 완성하지 못한 아쉬움을 덧붙인다.

> 태종太宗은 불세출不世出의 자질로 태어나 큰 일을 해보려는 뜻으로 분발하여 좋은 보좌들을 써서 그들의 말을 듣고 계책을 따라 지성으로 당을 섬겼으며 의관衣冠 문물을 모두 당의 제도에 따랐다. 절의節義를 숭상하고 장사將士들을 격려하며 당의 위엄에 의하여 대대로 원수였던 백제에 설욕雪辱하고, 고구려를 웅시雄視하여 주머니 속의 물건같이 생각하고 장차 취하여 가지려 하였으나 **향년이 길지 못하여 위업을 이루지 못하였으니 애석한 일이다.**

무열왕은 명군일까? 암군일까? 역사의 평가는 계속된다.

| 서악동고분군의 무열왕릉 |

무열왕은 661년(무열8) 6월 사망한다.(59세) 『삼국사기』는 무열왕을 '영경사 북쪽에 장사지냈다.(葬永敬寺北)'고 소개한다. 그런데 『삼국유사』〈기이〉 태종 춘추공 편은 '애공사 동쪽에 장사지냈다. 비석이 있다.(葬於哀公寺東 有碑)'고 설명한다. 영경사와 애공사가 무열왕릉 소재지의 기준이다. 특히 『삼국유사』는 무열왕릉에 비석이 있다고 부연한다.

서악동고분군의 무열왕릉

▲ 태종무열왕릉 [서악동고분군 5호분]

▲《태종무열왕릉비》[일제강점기]

경주 「서악동고분군」은 선도산 동쪽 구릉에 소재한 5기의 무덤이다. 이 중 가장 낮은 지대에 위치한 5호분은 지름 35.7m(둘레 112m), 높이 8.5m의 중대형급 원형봉토분(*굴식돌방무덤 추정) 무덤이다. 무덤 앞 동북쪽 지근거리에 비석이 세워져 있다.《태종무열왕릉비》(국보 제25호)다. 비석은 크게 대좌臺座(받침돌), 비신碑身(몸돌), 개석蓋石(덮개돌)으로 구분하는데,《태종무열왕릉비》경우는 비신은 사라지고 없으며, 대좌는 거북 모양인 귀부龜趺, 개석은 용 모양인 이수螭首로 구성된 신라 말기 당唐에서 도입된 귀부이수형龜趺螭首形 비석이다. 특히 귀부의 거북은 목을 쳐든 채 힘차게 앞으로 나아가는 형상이며, 이수의 용은 6마리 용이 좌우로 3마리씩 여의주를 받드는 형상이다. 이수 중앙에는 '太宗武烈大王之碑(태종무열대왕지비)' 글자를 양각한 제액題額이 있다.《대동금석서》에 의하면 비석은 무열왕이 사망한 661년에 건립하며 비신의 비문은 무열왕의 아들 김인문仁問이 쓴다. 이로서 서악동고분군 5호분은 무열왕릉임이 확실해진다.

서악동고분군 무덤주인 분포

서악동고분군과 선도산고분군은 불국토를 건설하고자 노력했던 법흥왕과 진흥왕 계열의 왕가 묘역이다. 서악동고분군 4기는 법흥왕과 보도왕후, 진흥왕과 지소태후 등 4명의 무덤이며, 선도산고분군은 진지왕을 포함한 법흥-진흥 계열의 왕실가족의 무덤군이다. 두 고분군은 기록상의 기준점이 있다. 서악동고분군은 애공사며, 선도산고분군은 영경사다. 무열왕의 경우

▲ 태종무열왕릉

는 『삼국사기』는 영경사 북쪽, 『삼국유사』는 애공사 동쪽을 지목한다. 그러나 두 지점은 결코 동일한 장소가 될 수 없다. 『삼국유사』의 애공사 동쪽(북동쪽)이 맞다. 굳이 『삼국사기』처럼 영경사를 기준점으로 삼는다면 무열왕릉의 방위는 영경사 남동쪽이 되어야 한다.

> 태종무열왕릉에서 동쪽으로 170m 지점에 김인문(무열왕 아들)의 무덤이 있다. 무덤은 『삼국사기』의 '서울의 서쪽 벌판(京西原)에 있다.'는 기록에 근거한다. 귀부가 무덤 근처에 있으며, 비석은 국립경주박물관이 소장한다.

무열왕릉은《태종무열왕릉비》가 소재한 「서악동고분군 5호분」이다.

| 통일신라 초대 군주 문무왕 |

▲ 주악상 [감은사지 사리함]

문무왕^{文武王}(30대)은 삼국통일을 완성한 통일신라의 초대 군주다. 이름은 법민^{法敏}이다. 재위 기간은 661년부터 681년까지 21년간이다. 아버지는 태종 무열왕 김춘추며, 어머니는 김서현^{金舒玄}(김유신 아버지)의 딸 문명^{文明}(문희)이다. 왕후는 파진찬 선품^{善品}(21대 풍월주)의 딸인 자의^{慈儀}다.

매몽설화와 문희, 보희의 운명

문무왕의 어머니 문희^{文姬}가 아버지 태종 무열왕 김춘추와 인연을 맺게 된 사연이 『삼국사기』 문무왕 편과 『삼국유사』〈기이〉 태종 춘추공 편에 나온다. 『화랑세기』〈필사본〉은 이를 압축한다. 춘추공(18대 풍월주) 편이다.

이에 앞서 문희^{文姬}의 언니 보희^{宝姬}가 꿈에 서악^{西岳}에 올랐는데 오줌을 누어 그 오줌이 경성(경주)에 가득차는 것을 보고 불길하다고 생각하였다. 문희가 그 꿈을 비단 치마와 바꾸었다. 그 후 열흘만에 유신이 공(춘추)과 더불어 집앞에서 축국^{蹴鞠}을 하였는데 곧 정월 오기일^{午忌日}(정월 대보름)이었다. 유신이 일부러 공의 치마를 밟아 옷섶의 옷고름을 찢었다. 방안으로 들어가 꿰매기를 청하니 공이 따랐다. 유신이 보희에게 시키고자 하였는데 병때문에 할 수 없어서 문희가 나아가 바느질을 하였다. 유신은 피하고 보지 않았다. 이에 공은 문희를 행^幸하였다.

先是文姬姊宝姬 夢登西岳 見大水瀰滿京城 以爲不吉 文姬以錦裙易之 後旬日

庾信與公 蹴鞠宅前 乃正月午忌日也 庾信故踏公裙 裂其襟紐 請入縫之 公從入之 庾信欲命宝姬而 因病不得 文姬乃進奉針 庾信避不見 公乃幸之

꿈을 사서 큰 행운을 얻는 일종의 매몽賣夢설화다. 문희는 언니 보희宝姬가 싼 오줌이 경성(경주)에 가득차는 꿈을 사서 김춘추와 인연을 맺는다. 이어지는 〈필사본〉 기록이다.

그때 공(춘추)의 정궁부인 보라궁주宝羅宮主는 보종공의 딸이었다. 아름다우며 공과 잘 어울렸는데 딸 고타소古陀炤를 낳아 공이 몹시 사랑하였다. 이 때문에 공은 문희를 감히 받아들이지 못하고 비밀로 하였다. 이에 유신은 장작을 마당에 쌓아 놓고 막 누이를 태워 죽이려 하며 임신한 아이의 아버지가 누구인지 물었다. 연기가 하늘로 올라갔다. 그때 공은 선덕공주를 따라 남산에서 놀고 있었다. 공주가 연기에 대하여 물으니 좌우에서 고하였다. 공이 듣고 있다가 얼굴색이 변하였다. 공주가 말하길 "네가 한 일인데 어찌 가서 구하지 않느냐?" 하니 이에 공은 유신공의 집으로 가서 구하였다. 포사鮑祠(포석정)에서 길례를 치뤘다.

時公之正宮夫人宝羅宮主 乃宝宗公女也 有美色 與公甚相得 生女古陀炤 甚有寵 不敢納文姬而秘之 庾信乃積薪于庭 將以焚妹而問娠主 火烟連天 時公從善德公主遊南山 公主問烟 左右以告 公聞之色變 公主曰 汝所爲也 盍往救之 公乃▨▨▨救之 行吉于鮑祠

원래 김춘추에게는 딸 고타소古陀炤를 낳은 정궁부인 보라宝羅궁주(보종공 딸)가 있다. 이 때문에 김춘추는 문희를 받아들이지 못하다가 선덕공주의 중재로 문희와 혼인한다. 다만 김유신이 여동생 문희를 불태우려 한 사건은 사전에 준비된 각본으로 보인다.

그렇다면 꿈을 문희에게 판 언니 보희는 어떻게 되었을까? 이어지는 〈필사본〉 기록이다.

얼마 안 있어 보라궁주가 아이를 낳다가 훙하였다. **문희가 뒤를 이어 정궁이 되었다. 이때에 이르러 화군**花君(풍월주 부인)**이 되어 아들**(문무왕)**을 낳았다. 보희는 꿈을 바꾼 것을 후회하여 다른 사람에게 시집을 가지 않았다. 공은 이에 첩으로 삼았는데 아들 지원**知元**과 개지문**皆知文**을 낳았다. 이 이야기는 『문명황후사기**文明皇后私記**』에 나온다.**

未幾宝羅宮主以産故薨 文姬繼位正宮 至是爲花君生子 宝姬悔易夢而不嫁他人 公乃爲之妾 生子知元.皆知文 此說出于文明皇后私記

문희는 사망한 보라궁주의 뒤를 이어 김춘추의 정궁부인이 되며 문무왕을 낳는다. 특히 문희에게 꿈을 판 언니 보희는 이를 후회하며 혼인하지 않자 김춘추는 보희를 첩으로 삼는다. 훗날 김춘추가 왕위에 오르면서 문희는 왕후가 되고 보희는 후궁이 된다. 꿈을 사고 판 두 자매의 형제 서열은 왕실여성의 서열에서는 뒤바뀐다.

특히 두 자매는 김춘추의 아들을 낳는다. 문희(문명왕후)는 문무왕 법민法敏을 비롯하여 각간 인문仁問, 문왕文王, 노저老且, 지경智鏡, 개원愷元 등 6명이며, 보희는 지원知元과 개지문皆知文 등 2명이다.

문무왕은 통일신라의 시조격 군주

『삼국사기』는 문무왕이 '용모가 영준하며 뛰어났고 총명하며 지략이 많았다.'(法敏 姿表英特 聰明多智略)고 소개한다. 문무왕은 656(진덕4) 당에 갔을 때 당 고종으로부터 태부경太府卿의 관작을 제수받으며, 654년(무열1)아버지 무열왕이 즉위하며 병부령兵部令(*국방부장관)에 임명되고 이듬해인 655년(무열2) 태자에 책봉된다. 이후 660년(무열7) 무열왕이 당의 소정방蘇定方과 함께 백제를 멸망시킬 때 법민은 종군하여 큰 공을 세운다. 그리고 661년(무열8) 무열왕이 사망하자 왕위를 잇는다.

문무왕은 즉위 이후 백제 수복운동 진압에 주력하며, 666년(문무6) 당과 연합해 고구려를 멸망시킨다. 이후 당이 한반도 전체를 자국 영토로 삼으려는 노골적인 야욕을 드러내자, 문무왕은 이를 물리쳐 당을 한반도에서 축출하고 676년(문무16) 삼국통일을 완수한다.

통상적으로 신라는 시기에 따라 상대, 중대, 하대로 구분한다. 이 중 중대는 진골 출신 무열왕으로부터 시작한다. 이와 같은 시기별 구분은 어디까지나 골품에 따른 혈통상의 분류다. 그러나 시대에 따라 구분하면 신라는 통일전과 통일후로 나눌 수 있다. 문무왕은 명실공히 통일신라시대의 초대 왕이다.

▲ 사리외함 [경주 감은사지]

『삼국사기』 경순왕. '나라 사람들이 시조로부터 이에 이르기까지를 3대로 나누었다. 처음(박혁거세)부터 진덕왕까지 28명의 왕을 상대(上代)라 하고 무열왕부터 혜공왕까지 8명의 왕을 중대(中代)라 하며 선덕왕부터 경순왕까지 20명의 왕을 하대(下代)라 하였다.'(國人自始祖至此 分爲三代 自初至眞德二十八王 謂之上代 自武烈至惠恭八王 謂之中代 自宣德至敬順二十王 謂之下代云)

문무왕은 삼국통일을 완성하여 통일신라를 펼친 시조격 군주다.

| 문무왕과 부여융의 엇갈린 운명 |

▲ 회맹지 [공주 취리산]

665년 8월 충남 공주 취리산就利山(*공주 생명과학고 뒷산) 정상이다. 당의 유인원이 지켜보는 가운데 문무왕 김법민金法敏과 백제 웅진도독부 도독 부여융扶餘隆이 회맹會盟한다. 회맹은 백마를 죽여 천신과 지신 그리고 산천 신에 제사 지낸 후 그 피를 입에 발라 맹세하는 의식이다. 부여융이 먼저 입술에 백마의 피를 바르고 김법민도 따라한다. 김법민이 힐끗 부여융을 쳐다보며 두 사람의 눈빛이 마주친다. 순간 부여융의 미간이 심하게 떨리며 피에 적신 입술을 꽉 깨문다.

> 회맹지를 공주의 연미산(燕尾山)으로 보는 견해도 있다. 연미산은 취리산 서쪽 1.7km 지점에 위치하며 곰나루전설의 배경이 되는 산이다.

취리산 회맹과 불편한 만남

시간은 5년 전으로 거슬러 올라간다. 660년(무열7) 7월이다. 사비도성이 함락되며 백제가 멸망하던 날 부여융은 성벽을 내려와 항복한다. 이때 김법민이 부여융을 말 앞에 무릎 꿇리고 얼굴에 침을 뱉는다. 그리고 "너의 아비는 나의 누이동생을 참혹하게 죽여 감옥에 묻어 놓고 나로 하여금 20년이나 마음을 아프게 하고 고통스럽게 하였다."(汝父枉殺我妹 埋之獄中 使我二十年間 痛心疾首)-『삼국사기』)며 호통치듯 꾸짖는다. 김법민은 642년(선덕11) 대야성(경남 합천) 전투에서 참수되어 백제 감옥 바닥에 묻힌 누이동생 고타소古陁炤의 일을 상기시킨다. 이는 의자왕이 행한 일이나 김법민은 의자왕의 아들 부여융을 나무라며 얼굴에 침을 뱉는 치욕을 준다.

유인원이 맹문을 낭독한다. 『삼국사기』 문무왕 기록에 전문이 나온다. 내용은 이렇다. 백제와 신라는 지난날의 묵은 감정을 풀어버리고 새롭게 우호를 맺어 형제처럼 화친하라고 한다. 또한 두 나라는 당의 번국藩國으로 복종하라고 한다. 두 사람은 묵묵히 듣고만 있다. 사정은 다르지만 씁쓸하기는 매 한가지다.

취리산 회맹은 당과 신라가 맺은 일종의 국경회담이다. 표면적으로는 신라와 백제의 회맹이다. 거슬러 올라가면 나당은 3년 동안 벌어진 백제의 끈질긴 수복운동을 완전히 제압한다. 그리고 당은 백제 땅에 웅진도독부를 설치하고 그 수장인 도독에 의자왕의 아들 부여융을 앉힌다. 당의 행위는 신라에게 백제 땅을 결코 넘기지 않겠다는 의사며, 또한 백제유민의 반발을 무마하기 위해 선택한 일종의 고육책이다. 웅진도독부는 당의 괴뢰정권이다.

> 당은 백제를 멸한 후 664년 일본 북규슈 후쿠오카(福岡)에 축자도독부를 설치한다. 이는 백제의 웅진도독부, 고구려의 안동도호부와 같은 통치기관이 아니다. 웅진도독부 분원으로 일종의 연락관청이다. **나당이 군사를 동원하여 일본열도를 공격한 역사는 없다.**

유인원은 낭독을 마치고 김법민, 부여융 두 사람의 손을 잡게 하여 결의를 확인시킨다. 부여융은 자신도 모르게 김법민의 손아귀를 꽉 움켜쥔다. 김법민이 눈을 흘기며 응수한다. 잠시 후 김법민이 수하를 데리고 먼저 취리산을 떠난다. 부여융은 김법민의 뒷모습에 시선을 고정시키며 눈에 잔뜩 힘을 준다. 그러나 거기까지이다.

김법민은 여전히 승자며, 더구나 신라의 왕이다. 이에 반해 부여융은 여전히 패자며, 이제는 백제의 왕자가 아닌 당의 앞잡이가 되어있다. 부여융에게는 당으로부터 부여받은 임무가 있다. 백제유민의 반발을 무마시켜야 한다. 부여융의 눈가에 한줄기 눈물이 흘러내린다.

승자와 패자의 갈림길

▲ 대왕암 수중릉 [경주 양북면]

두 사람이 다시 만난 기록은 없다. 문무왕 김법민은 668년 당과 연합하여 고구려를 멸망시킨 후 본격적으로 당의 축출에 나선다. 백제 땅의 웅진도독부를 몰아내고, 676년 고구려 땅의 안동도호부마저 몰아내며 삼국통일의 결실을 맺는다. 김법민은 681년 수도 경주에서 사망하여 동해 앞바다 대왕암 수중릉에 묻힌다.

반면 부여융은 웅진도독부 철수 시기에 당으로 옮겨가 '광록대부태상원외경 겸 웅진도독대방군왕'에 봉해지며, 682년 당의 수도 낙양에서 사망하여 북망산에 묻힌다.

> 부여융의 행적은 『삼국사기』를 비롯하여 『구당서』, 『신당서』, 『자치통감』, 『일본서기』, 《당평백제비》, 《유인원기공비》 등에 단편적으로 나온다. 그러나 1920년 중국 낙양의 북망산에서 출토된 《부여융묘지명》을 통해 상당부분 보완한다. 특히 묘지명 첫머리에 부여융을 '진조인(辰朝人)'으로 기록한 점이 눈에 띤다.(公諱隆字隆 百濟辰朝人也) 백제 이전에 존재한 한반도 진국(辰國)의 계승 관념을 엿볼 수 있다.

백제 멸망의 소용돌이 속에는 김법민과 부여융, 두 사람의 엇갈린 운명이 있다.

| 고구려 멸망과 수복운동 |

666년(문무6) 고구려 연개소문^{淵蓋蘇文}이 사망한다. 645년 1차 고당(고구려·당)전쟁을 승리로 이끌며 당 태종을 무릎 꿇리고(*양만춘 안시성전투) 또한 662년 2차 고당전쟁을 통해 당 고종의 코를 납작하게 만든(*연개소문 사수대첩) 고구려의 절대 중심이 파란만장한 생을 마감한다. 연개소문에게는 3명의 아들이 있다. 남생^{男生}, 남건^{男建}, 남산^{男産}이다. 연개소문은 첫째인 남생에게 대막리지^{大莫離支} 관직을 물려주며 형제간 관직을 놓고 다투지 말 것을 유언한다.

▲ 연개소문 [중국 경극]

『일본서기』〈천지기〉. '3년(664년) 10월, 이 달에 고구려의 대신 개금(蓋金,연개소문)이 죽었다. 그는 자신의 아들들에게 유언하길 "너희 형제는 물과 물고기처럼 화합하여 작위를 둘러싸고 다투지 마라. 만약 그렇지 못하면 반드시 이웃 나라의 웃음거리가 될 것이다." 하였다.'(三年 十月 高麗大臣盖金終於其國 遺言於兒等曰 汝等兄弟和如魚水 勿爭爵位 若不如是必爲隣咲)

고구려 멸망 과정

그러나 연개소문의 유언은 지켜지지 않는다. 남생이 대막리지가 된 후 여러 성을 순행하는 사이, 둘째 남건이 보장왕(28대)을 움직여 대막리지 관직을 탈취하며 무혈쿠데타를 일으킨다. 그리고 군사를 출동시켜 형 남생 토벌에 나선다. 당시 남생은 국내성(길림성 집안)에 있다가 남건이 자신을 토벌하러 온다는 소식을 듣고 지지자들과 함께 당으로 망명해 버린다.

이 사건은 당 고종을 자극한다. 2차 고당전쟁에서 연개소문에게 패하여 절치부심^{切齒腐心}하던 당 고종에게 뜻밖의 호박이 넝쿨째 굴러온다.

이제 고구려에는 연개소문이 없다. 당 고종은 고구려 정벌카드를 다시 꺼낸다.

666년(문무6) 12월 당 고종은 이세적^{李世勣}을 요동도행군대총관^{遼東道行軍大總管}으로 임명하고 전쟁준비에 박차를 가한다. 그리고 이듬해인 667년(문무7) 9월 요하를 건너 신성을 함락시키며 3차 고당전쟁의 막이 오른다. 그러나 이 전쟁은 처음부터 고구려가 질 수밖에 없다. 당으로 망명한 남생이 고구려의 모든 군사정보를 당에 제공한다. 요동지역 16개 성이 일거에 항복하며 당의 수중에 떨어진다. 남건은 당에 빼앗긴 요동지역을 수복하기 위해 20만 대군을 모집하여 요동에 급파한다. 고구려군의 주력이다. 그러나 금산에서 당의 설인귀^{薛仁貴}에게 대패하며 고구려 군사력은 사실상 와해된다. 이때 설인귀는 북쪽의 부여성과 주변 40여 성도 함락한다. 압록강 이북의 서쪽 고구려 땅이 모두 당에 복속된다. 그런데 당 고종은 공격의 고삐를 죄지 않고 압록강에서 머뭇거린다. 이때 요동지역을 순찰하고 돌아온 가언충^{賈言忠}이 당 고종에게 솔깃한 보고를 한다. 『삼국사기』 보장왕이다.

27년(668년) 2월, 시어사 가언충이 임무를 받들고 요동에서 돌아왔다. 『고구려비기』에 '9백년에 못 미쳐 마땅히 80세의 대장이 멸망시킨다.'는 말이 있습니다. 고씨가 한^{漢} 때에 나라를 세워 지금 9백년이 되었고 이적(이세적)의 나이가 80세입니다. 이번 원정이 마지막이 될 겁니다.
二十七年 二月 侍御史賈言忠奉使自遼東還 高句麗秘記曰 不及九百年 當有八十大將 滅之 高氏自漢有國今九百年 勣年八十矣 是行不再擧矣

가언충은 『고구려비기』에 수록된 9백년 역사의 고구려가 80세의 대장에게 멸망당한다는 참위^{讖緯}(예언)를 전하며, 80세 대장은 바로 당군 총사령관인 이적^{李勣}(이세적)임을 지목한다. 당 고종은 가언충의 보고에 잔뜩 고무된다. 지금이야말로 고구려 정벌의 마지막 기회라고 확신한다.

668년(문무8) 1월 당 고종은 유인궤劉仁軌를 요동도부대총관遼東道副大總管으로 삼아 추가로 병력을 파견한다. 유인궤는 이세적의 본대에 합류하고 당군은 곧장 압록강 전선을 돌파하며 파죽지세로 평양을 향해 남진한다. 때맞춰 김흠순欽純과 김인문仁問이 이끄는 신라군도 북진하며, 668년 6월 신라군은 고구려 남쪽지역의 12개 성을 함락한다. 그리고 9월 초에 다시 북진하여 평양 인근에 주둔하고 있는 당군과 합세한다.

나당연합군은 한 달 가까이 평양성을 포위한다. 연개소문의 셋째 아들 남산이 수령 98명을 데리고 성 밖으로 나와 항복하고, 둘째 아들 대막리지 남건은 계속 항전한다. 그러나 승려 신성信誠의 배신으로 성문이

▲ 고구려 멸망 과정

열리고, 668년(문무8) 9월 보장왕과 남건은 당군에 붙잡히며 평양성이 함락된다. 이로써 3차 고당전쟁은 막을 내리며 고구려는 멸망한다.

고구려 멸망 이후 당 고종은 평양성에 안동도호부安東都護府를 설치하고 설인귀를 검교안동도호檢校安東都護(총독)에 임명하며 당군 2만을 주둔시킨다. 그리고 기존의 고구려 행정구역 5부 176성을 당의 행정구역 9도독부, 42주, 100현으로 개편하여 당에 협조적인 부역자 중심으로 도독, 자사, 현령 등의 지방관을 임명한다. 또한 원천적으로 유민의 저항을 차단하기 위해 당의 통치에 반대할 만한 28,200호를 추려내어 당의 서부와 남부 지역인 강서성, 감숙성, 청해성 등에 강제로 이주시킨다.

고구려 수복운동

고구려 수복운동은 크게 3가지다. 첫째는 669년 검모잠劍牟岑이 한성(남평양, 황해 재령)을 근거지로 삼아 왕족 안승安勝을 왕으로 옹립하고 당에 대항한다. 그러나 검모잠의 수복운동은 안승이 검모잠을 죽이며 싱겁게 끝난다. 이후 안승은 신라에 투항하며 문무왕은 '고구려왕'(*보덕왕)에 책봉하고 금마저(전북 익산)에 정착시킨다. 둘째는 670년 고연무高延武가 신라 설오유薛烏儒와 함께 연합하여 2만 군사로 요동지역 진공작전을 펼친다. 초기에는 당군 휘하의 말갈 부대를 격파하기도 하나 당군의 대규모 반격을 받고 후퇴한다. 셋째는 안시성을 포함한 요동지역의 항전이다. 안시성은 당에 끝까지 항전하다 671년 함락된다. 이후 잔존세력이 672년 백수산과 673년 호로하에서 전투를 벌인 기록도 있다.

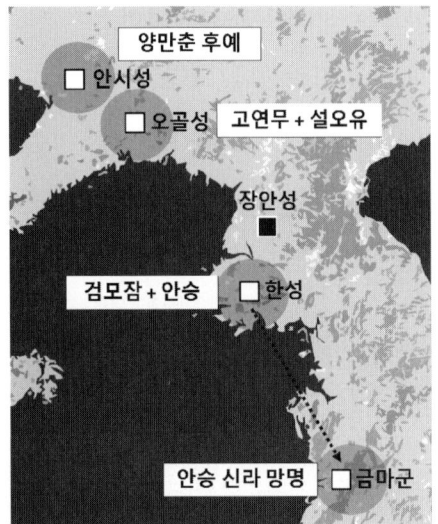
▲ 고구려 수복운동

고구려 수복운동의 토대는 매우 취약하다. 수복운동의 구심점인 왕족은 당에 투항하거나 신라로 망명한다. 고구려 지배층 역시 당에 전향하거나 부역자로 전락한다. 그렇다면 민중봉기를 기대해야 하는데 이 역시 불가능하다. 계속된 전쟁은 상상을 초월하는 인명손실을 가져온다. 멸망 당시 고구려 전체 인구가 3백5십만 정도이니 충분히 예상할 수 있다. 그나마 저항할 수 있는 백성 수십만(*28,200호)이 당으로 끌려간다. 고구려는 멸망과 동시에 저항의 동력마저 모두 소진한다.

고구려 수복운동은 찻잔 속의 미풍이다.

| 당 축출과 삼국통일 |

신라는 당과 나당연합의 군사동맹을 맺어 660년 백제를 패망시키고, 이어 668년 고구려를 멸망시킨다. 그러나 당이 백제, 고구려를 직접 지배함에 따라 신라는 아무런 전쟁의 대가를 얻지 못한다. 더구나 당은 663년부터 신라에 계림도독부^{鷄林都督部}를 설치하고 신라마저 지배하려 들자 신라는 본격적으로 한반도내의 당군 축출에 나선다. 이때 대당전쟁의 분수령이 된 사건이 675년(문무15) 매소성^{買肖城}전투와 676년

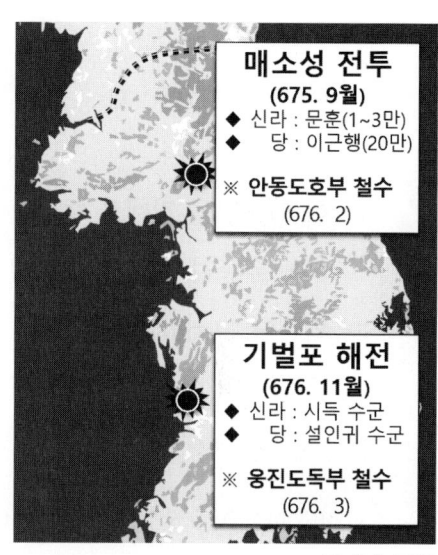

▲ 당 축출 전투

(문무16) 기벌포^{伎伐浦}전투(해전)다. 신라는 두 전투의 승리로 사실상 당을 축출하고 한반도 통일을 달성한다.

매소성 전투

매소성 전투는 675년(문무15) 9월 신라가 매소성(경기 연천 대전리산성)에 주둔하고 있는 20만의 당군을 몰아 부쳐 대승을 거둔 전투다.

대당전쟁은 670년부터 본격적으로 진행되며 673년 무렵에는 임진강을 경계로 대치전선이 형성되며 고착상태에 빠진다.

▲ 매소성(대전리산성) [경기 연천]

이에 당은 675년 유인궤^{劉仁軌}를 계림대총관^{鷄林大摠管}으로 삼아 대규모

원정군을 파견한다. 신라는 당군의 침입에 대비하여 9군을 동원하지만, 675년 2월 유인궤에 의해 신라가 점령하고 있는 칠중성七重城(경기 파주 중성산)이 함락되며 밀리기 시작한다. 이때 안동진무대사安東鎭撫大使 이근행李謹行은 기병 7만을 포함한 정예 20만 대군을 매소성 부근에 주둔시킨다. 이어 675년 9월 설인귀薛仁貴가 당의 함대를 이끌고 한강 하류의 천성泉城(경기 파주 오두산성)으로 침범한다. 설인귀는 한강 하류 일대를 장악하여 임진강을 경계로 형성된 전선을 한강선으로 재조정함은 물론 매소성에 주둔하고 있는 이근행의 당군에게 식량과 군수물자를 보급할 계획이다. 그러나 장군 문훈文訓 등이 이끄는 약 1~3만의 신라군이 당군을 공격하여 설인귀의 보급선단을 격침하고 말 1천필을 노획한다.『삼국사기』문무왕이다.

15년(645년) 9월 29일, 이근행이 군사 20만을 거느리고 매소성에 머물렀다. 우리 군사가 공격하여 달아나게 하고 전마戰馬 3만3백8십필을 얻었으며 남겨놓은 병장기도 그 정도 되었다.
十五年 九月 二十九日 李謹行率兵二十萬 屯買肖城 我軍擊走之 得戰馬三萬三百八十匹 其餘兵仗 稱是

그런데 기록이 모호하다. 실제 전투가 벌어졌는지조차 불명확하다. 그럼에도 이근행의 당군은 신라가 매소성을 공격하자 말 30,380필과 이에 해당하는 병장기를 버리고 도망가듯 퇴각한다.

매소성 전투는 대당전쟁의 분수령이 된 사건이다. 신라는 매소성 전투의 승리로 한반도 중북부 지역을 확실히 장악하는 계기를 마련한다. 이후에도 크고 작은 전투가 18번 정도 벌어지나 당은 신라를 제압하지 못하며 더 이상 남하하지 못한다. 결국 이듬해인 676년 2월 당은 옛 고구려 점령지에 설치한 군정통치기관인 안동도호부安東都護府를 평양에서 요동으로 옮기며 사실상 한반도 중북부지역은 신라가 차지한다.

기벌포 전투

기벌포 전투는 676년(문무16) 11월 신라가 기벌포(충남 장항)에서 당의 설인귀 함선을 크게 무찌른 해전이다.

한 해 전인 675년 9월 설인귀와 이근행의 당군이 각각 천성 전투와 매소성 전투에서 신라군에 대패하며 당은 옛 고구려 영토인 한반도 중북부

▲ 기벌포(금강 하구) [충남 장항]

지역의 지배력을 상실한다. 엎친데 덮친격으로 당은 676년 3월부터 대륙 반대편 서역에서 토번의 맹렬한 공격을 받는다. 당은 더 이상 양면(신라,토번)전쟁을 수행하기 어렵다고 판단하여 신라와의 전쟁을 사실상 포기하며 옛 백제의 군정 통치기관인 사비의 웅진도독부熊津都督府를 철수시킨다. 이어 676년 7월 도림성 전투를 마지막으로 육상에서의 전쟁이 끝나며, 676년 11월 당은 서해 해로를 이용하여 당군을 철수시키기 위해 설인귀가 수군을 이끌고 금강 하구의 기벌포에 도착한다. 『삼국사기』 문무왕이다.

> 16년(676년) 겨울 11월, 사찬 시득施得이 수군船兵을 거느리고 설인귀薛仁貴와 소부리주 기벌포伎伐浦에서 싸웠는데 연이어 패하였다. 다시 나아가 크고 작게 22번 싸워 이기고 4천 여를 목베었다.
> 十六年 冬十一月 沙湌施得領舡兵 與薛仁貴戰於所夫里州伎伐浦敗績 又進大小二十二戰克之 斬首四千餘級

신라 수군을 이끈 장수는 사찬(7관등) 시득施得이다. 처음에는 설인귀의 당 수군에게 연이어 패하나 다시금 전열을 정비하여 이어 벌어진 22번의 크고 작은 전투에서 모두 승리하며 당 수군 4천여 명의 목을 벤다. 다만 구체적인 전투 상황이 일일이 기록되지 않아 아쉽다. 그럼에도 최

초 접전은 대규모 해전이었을 것으로 추정되며, 이후의 소규모 전투는 양측 주력군의 회전會戰이 아니라 고립되어 있다가 퇴각하는 당 해군을 추격하여 소탕하는 일종의 게릴라식 전투로 본다.

신라는 기벌포 전투에서 당 해군을 격파함으로써 당 축출의 결정적 계기를 마련한다. 이 싸움은 대당전쟁을 승리로 끝맺은 마지막 전투다.

삼국통일 재해석 필요

흔히 나당연합의 산물인 660년의 백제 멸망, 668년의 고구려 멸망, 그리고 다시 8년간 진행된 대당전쟁의 결실인 676년의 당 축출 등 일련의 과정을 삼국통일의 완성으로 이해한다.

그러나 그 완성은 백제, 고구려 왕조의 멸망만 있을 뿐이며, 실제로 두 나라가 지배한 영토는 모두 확보하지 못한다. 물론 신라의 당 축출 20년 후인 698년(효소7) 고구려 유민 대조영大祚榮이 발해渤海(698~926)를 건국하며 대동강 이북과 요하 동쪽의 옛 고구려 영토는 상당부분 회복한다.

우리는 신라의 삼국통일을 미완의 통일으로 규정한다. 특히 삼국통일 이후의 당대 신라인이 작성한 기록을 보면 삼국통일이 아닌 삼한통일의 용어를 사용한다. 이는 『삼국사기』, 《청주 운천동 신라사적비》, 『화랑세기』 기록 등에서 확인된다. 삼한은 옛 마한, 진한, 변한의 족속을 이른다.

『삼국사기』의 경우, 신문왕 때인 692년(신문12) 당 중종이 무열왕 김춘추의 묘호 태종을 쓰지 말라 강권하자 '더욱이 생전에 훌륭한 신하 김유신을 얻어 한마음으로 다스려 삼한을 통일하니一統三韓 그 이룩한 공적이 적다고 할 수 없다.'(況生前得良臣金庾信 同心爲政 一統三韓 其爲功業)며 부당함을 고하는 대목이 나오며, 《청주 운천동 신라사적비》의 경우, 신문왕 때인 686년(신문6) 작성된 비문에 '삼한의 백성을 통합하여民合三韓 땅을 넓혔다.'(民合三韓而廣地)는 기록이 나오며, 성덕왕(702~737) 때에 김대문이 저술한 『화랑세기』〈필사본〉의 경우, 유신공(15대 풍월주) 편에 '가야의 우두머리고 신국(신라)의 영웅이다. 삼한을 통합하여統合三韓 오동(동방)을 하나로 바로잡았다.'(加耶之宗 神國之雄 統合三韓 一匡五東)는 기록이 나온다. 모두 삼한통일 또는 삼한통합의 표현을 쓴다.

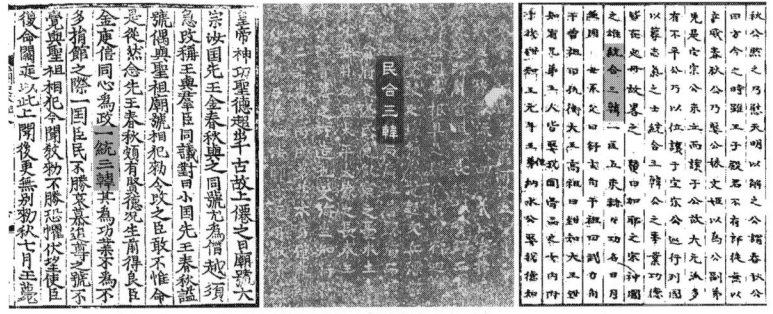

▲ 삼한통일 기록 (『삼국사기』, 《청주 운천동 신라사적비》, 『화랑세기』)

이로 미루어 보아 적어도 당대의 신라인은 고구려, 백제 두 왕조를 멸망시킨 사건에 대해 영토적 개념인 삼국통일보다 민족적 개념인 삼한통일로 인식하고 있음을 알 수 있다. 따라서 당대 신라인의 통일 개념은 마땅히 존중되어야 한다.

삼국통일은 당대 신라인의 증언과는 다소 차이가 나는 미완의 통일이다. 삼한통일이 정확한 표현이다.

| 《문무왕릉비》 속으로 |

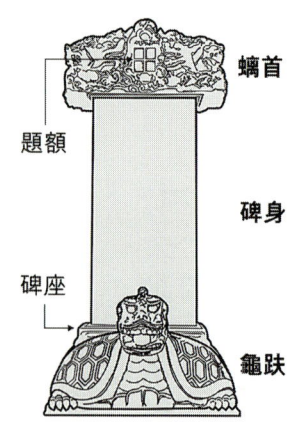
▲ 귀부이수형 비석

《문무왕릉비》는 문무왕의 공적을 기록한 비석이다. 대좌臺座(받침돌), 비신碑身(몸돌), 개석蓋石(덮개돌) 등으로 구성된 비석은 신라 말기 당唐에서 도입된 귀부이수형龜趺螭首形으로 《태종무열왕릉비》와 형태가 같다. 다만 《태종무열왕릉비》는 비신 부분은 사라지고 없으며 대좌와 개석이 존재하는 반면, 《문무왕릉비》는 개석은 사라지고 없으며 비신은 여러 파편이, 대좌는 귀부(*사천왕사지 출토)만 존재한다.

비신 발견 경위와 현황

지금까지 발견된 비문이 새겨진 비신(몸돌)은 대편大片 2개, 소편小片 1개다. 대편 2개는 1796년(정조20)경 경주부윤 홍양호洪良浩가 자신의 문집 『이계집』에 처음 소개한다. 이후 추사 김정희金正喜가 1817년(순조17) 봄에 직접 경주 사천왕사지 부근을 조사하여 2개의 비편 실물을 확인하며, 청淸의 유희해劉喜海가 탁본을 입수하여 1832년에 『해동금석원』에 수록한다. 특히 대편 1개는 이후 소실되었다가 2009년 경주 동부동 주택가에서 우연히 발견한다.

비석의 재질은 적갈색의 화성암이다. 상단부 대편(*2009년 발견)은 높이 66㎝, 너비 40㎝, 하단부 대편은 최대높이 55㎝, 너비 94㎝다. 문자는 가로 3.2㎝, 세로 3.3㎝로 구획된 격자살(내모칸) 안에 2㎝ 정도로 새긴다. 둘 다 경주국립박물관이 소장한다.

비문 기록 정리

비문은 마멸된 부분이 적잖아 전체적인 판독은 어려우나, 대략 앞면은 신라의 찬미, 신라 김씨의 내력, 태종무열왕의 사적, 문무왕의 사적, 백제 평정의 내용이며, 뒷면은 문무왕의 유언, 문무왕의 장례 의식 등의 내용을 담고 있다. 아래는 《문무왕릉비》 앞면의 전문이다.

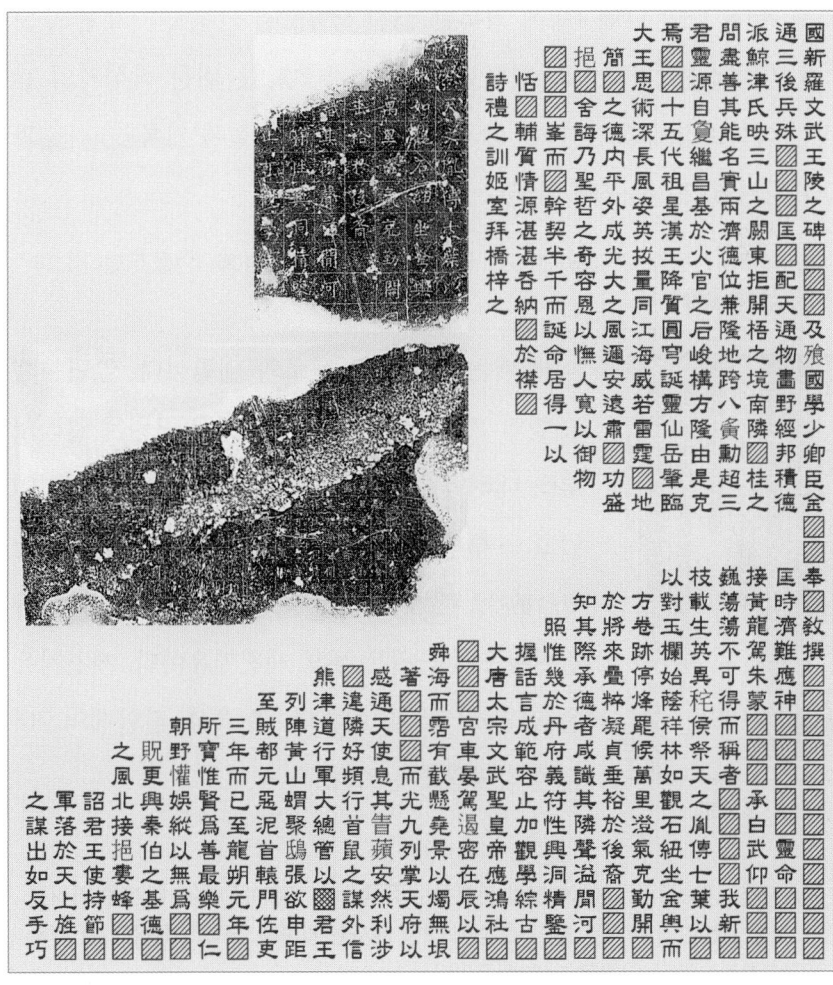

비문 주요 내용

비문은 역사적인 사실 위주보다 중원왕조의 미사여구식 문장을 모방한 점이 특징이다. 서체는 구양순의 해서체며, 문장은 사육변려체四六駢儷體(4자와 6자를 번갈아 사용)다. 주요 내용의 분석이다.

첫째는 건립 시기다. 일반적으로 문무왕이 사망한 681년(문무21,신문1)으로 본다. 다만 앞면 1행에 기록된 '급찬 국학소경 신 김▨▨가 왕의 교敎를 받들어 찬撰하다.'(及飱國學少卿臣金▨▨奉敎撰)는 비문 작성자의 관직인 국학소경에 착안하여 『삼국사기』의 국학國學 설치 기록(682년 6월)과 연계시켜 682(신문2) 6월 이후로 보기도 한다.

《삼국사기》 신문왕. '2년(682년) 6월, 국학(國學)을 설립하고 경(卿) 1인을 두었다.'(二年 六月 立国學 置卿一人)

▲『해동금석원』[淸, 유희해]

둘째는 김씨왕조 선조의 내력이다. 앞면 4행~6행의 기록이다. '그 신령스러운 근원은 멀리서부터 내려와 화관지후火官之后의 창성한 기초를 이었고 … 투후 제천지윤이 7대를 전하여'(君靈源自夐繼昌基於火官之后 … 秺侯祭天之胤傳七葉以)다. 신라 김씨왕조의 근원은 투후 제천지윤이다. 제천지윤은 김일제金日磾를 이른다. 즉 투후 김일제의 7대손이 김씨왕조 선조다.

화관지후(火官之后)는 고대에 불을 관장하는 직책이다. 불(火)은 해(日-태양)을 가리킨다. 불을 관장한다는 것은 불(해-천제)에 대한 제사를 말한다. 고대 기록에 가장 먼저 화관지후로 나오는 인물은 순(舜)임금이다.

또 하나는 계속 이어지는 기록으로 '15대조 성한왕星漢王은 그 바탕이 둥근 하늘에서 내려와 신령스런 선악에서 탄생하여 임하시니'(十五代祖星

漢王降質圓穹誕靈仙岳肇臨)다. 신라 김씨왕조의 선조는 문무왕의 15대 조상인 성한왕*星漢王*이다. 투후 김일제는 흉노 출신이다. 흉노 휴저왕의 장남인 김일제는 14세에 휴저왕이 전한에 패하면서 포로로 끌려온다. 이후 무제의 신임을 얻어 김씨 성을 하사받으며 투국*秺國*(산동성 하택)의 제후인 투후에 봉해진다. 김일제 가문은 김상*金賞* → 김상*金尙* → 김국*金國* → 김당*金當*으로 이어진다. 특히 김당은 왕망이 전한을 무너뜨리고 신*新*을 건국할 때 적극 가담한 까닭에 후한 광무제에 의해 제거된다. 이때 김당의 후손 김성*金星*이 광무제를 피해 탈출하며 신라로 들어와 김일제 7대손인 성한왕이 된다.

▲ 김일제묘 [중국 섬서성]

셋째는 문무왕의 장례다. 뒷면 기록이다. 3행~5행의 '궁의 침실에서 붕하시니 그때 춘추 56세다. … 화장을 유언하여 그 달 초열흘에 화장하여'(宮前寢時年五十六 … 燒葬卽以其月十日火)와 20행의 '몸은 석가의 가르침을 흠미하여 장작을 쌓아 장사지내는 화장을 하니'(身欽味釋典葬以積薪)이다. 문무왕은 681

▲ 다비식 장면

년(문무21) 춘추 56세로 사망하며, 유조에 따라 불교 장례법(다비식)으로 화장한다.

마지막 넷째는 글자를 쓴 사람이다. 뒷면 마지막행(22행) 기록이다. '대사 신 한눌유가 왕의 가르침을 받들어 쓰다.'(大舍臣韓訥儒奉) 글씨는 당대 명필 대사(12관등) 한눌유*韓訥儒*가 쓴다.

《문무왕릉비》는 통일신라 시대 불교를 가늠할 수 있는 바로미터다.

| 문무왕의 호국정신과 유적 |

 삼국통일(삼한통일)을 완성한 문무왕은 681년(문무21) 사망한다. 『삼국사기』와 『삼국유사』에 문무왕의 죽음과 직간접적으로 연결된 유적이 나온다. 능지탑지, 대왕암, 감은사지 등이다.

문무왕의 화장터 능지탑지

 능지탑(陵只塔址)는 경주 낭산 서쪽 자락에 소재한 문무왕의 화장터로 추정되는 탑터다. 『삼국사기』 문무왕의 화장(火葬) 기록이다.

> 내가 숨을 거두고 열흘이 지나면 곧 창고 문 앞 바깥의 뜰에서 불교 의식에 따라 화장하라. 상복을 입는 법도는 정해진 규정을 따르되 **장례 절차는 반드시 검소하고 간략하게 하라.** … 멀고 가까운 곳에 포고하여 나의 뜻을 알릴지니 주관하는 자는 시행할지다.
> 屬纊之後十日 便於庫門外庭 依西國之式 以火燒葬 服輕重 自有常科 喪制度 務從儉約 … 布告遠近 令知此意 主者施行

 능지탑은 방단형석탑(方壇形石塔)이다. 능시탑(陵屍塔) 또는 연화탑(蓮華塔)으로도 불린다. 1층 탑신 일부와 기단 약간만이 돌무더기처럼 버려져 있던 것을 복원한다. 아래 기단부는 한 변 길이 12m, 높이 1m인 석단이며, 둘레의 중대석은 12지상 9구를 방위에 맞추어 일정한 간격으로 기둥처럼 배치한다. 갑석(甲石)(기단위에 올려놓은 돌)은 연꽃을 새긴 장대석과 정사각형 대석 등 두가지다. 1층 탑신부는 옥신의 한 변이 6m이고 기단부처럼 연화석을 얹는다. 다만 상부에 굄돌 1단을 더 쌓고 토단을 경사지게 쌓아올려 사모지붕처럼 마감하고 중심부에 자연석을 마치 보주(寶珠)처럼 사용한다.

특히 1975년 해체 발굴 조사 과정에서 아래 정사각형 석단 중앙부에 찰주석擦柱石이 지층 아래까지 세워져 있으며 찰주석 하부에는 토석 유구를 확인한다. 또한 토석 유구와 주변 지층이 까맣게 그을려 있는 것을 발견하여 이 유구가 화장묘火葬墓임이 다시 한 번 확인된다.

▲ 능지탑(현재), 십이지상, 능지탑(복원전) [경주 낭산]

문무왕의 무덤 대왕암

대왕암大王岩은 경주 양북면 감포 해변 바닷가에 소재한 문무왕의 무덤이다. 『삼국사기』 문무왕의 장례 기록이다.

> 21년(681년) 가을 7월 1일, 왕이 훙하였다. 시호를 문무文武라 하였다. 여러 신하가 유언에 따라 동해 입구 큰 바위 위에서 장례를 치렀다. 세속에 전하길 왕이 변해 용이 되었다 하여 그 바위를 가리켜서 대왕석大王石이라고 한다.
> 二十一年 秋 七月一日 王薨 諡曰文武 群臣以遺言葬東海中大石上 俗傳王化爲龍 仍指其石爲大王石

무덤은 수중릉이다. 무덤의 외형을 형성하는 바위는 동서길이 35m, 남북길이 36m의 정방형체다. 특히 각 면의 중간에 물이 흐를 수 있는 계곡 형태의 홈이 파여져 있다. 용이 된 문무왕이 바다로 드나들 수 있도록 용이하게 만든 장치다. 또한 바위 중앙에는 동서길이 3.75m, 남북길이 2.47m, 두께 1.35m의 장방형의 뚜껑돌이 있다. 문무왕의 매장주체부다. 뚜껑돌 아래에는 문무왕의 유골함인 골호骨壺(장골용기, 뼈단지)가 있을 것으로 추정된다.

▲ 대왕암 전경, 골호(통일신라), 대왕암 도식도 [경주 양북면]

문무왕의 호국사찰 감은사지

감은사지感恩寺址는 경주 시내에서 감포 쪽으로 약 36km 거리의 동해변에 위치한 절터다. 682년(신문2) 신문왕(31대)이 아버지 문무왕을 위해 건립한 사찰이다.『삼국유사』〈기이〉만파식적 편이다.

개요원년(681년) 신사 7월 7일에 왕위에 올랐다. 부왕 문무대왕을 위해 동해 해변에 감은사感恩寺를 세웠다. 절의 기록에 이르길 문무왕이 왜병을 진압하고자 절을 짓다가 다 끝마치지 못하고 붕하여 해룡이 되었다. 그 아들 신문왕이 왕위에 올라 개요2년(682년)에 끝마쳤다. 금당 섬돌 아래에 동쪽을 향해 구멍 하나를 뚫어 두었는데, 이는 용이 들어와서 서리고 있게 하기 위해서다.

開耀元年辛巳七月七日即位 爲聖考文武大王創感恩寺扵東海邊 寺中記云 文武王欲鎭鎭倭兵 故始創此寺 未畢而崩爲海龍 其子神文立開耀二年畢 排金堂砌下東向開一穴 乃龍之入寺旋繞之備

감은사는 호국사찰이다. 문무왕이 살아생전에 사찰 건립을 추진하다 사망하는 바람에 아들 신문왕에 의해 완성된 문무왕의 호국사상이 깃들어 있는 상징적 사찰이다. 현재 감은사 가람 건물들은 모두 사라지고 없지만 옛 금당터와 동서 2기의 3층석탑(국보 제112호)은 지금까지 남아 있다. 특히 금당 바닥의 섬돌 아래는 해룡이 된 문무왕이 돌아다닐 수 있도록 만든 별도의 공간이 마련되어 있다.

또한 3층석탑(서탑)의 해체 수리과정에서 발견된 사리장엄구(사리함, 사리기)는 신라 불교문화의 극치를 보여준다. 이 중 사리함은 청동제 사각형 상자다. 윗면은 사각뿔 모양의 뚜껑이며, 전체 높이는 31㎝정도다. 옆면은 각각 사천왕상을 1구씩 주조하여 부착하고 그 양 옆은 둥근 고리를 단다. 주위는 꽃무늬로 장식하고 작은 못으로 고정시킨다. 가장자리는 꽃과 잎무늬를 가득 메운 가는 장식판의 단을 돌린다.

▲ 감은사 3층석탑, 사리함, 금당 섬돌 [경주 문무대왕면]

능지탑, 대왕암, 감은사 등 3종세트는 문무왕의 호국護國 정신을 집약한 상징적 유적이다.

| 흥무대왕 김유신 |

▲ 김유신 표준영정

김유신^{金庾信}(595~673)은 신라를 대표하는 장군이다. 진평왕(26대)부터 문무왕(30대)까지 5명의 왕을 섬기며 신라의 중추적 인물로 성장한다. 김춘추와 연계하여 즉위를 돕고 나아가 신라가 백제와 고구려를 멸망시키고 당을 축출하는 등 삼국통일을 주도한다. 생전에는 태대각간^{太大角干}의 최고 관등을 받고, 사후에는 신하로서 왕에 추존된다. 김유신이 받은 왕명은 「순충장렬흥무대왕^{純忠壯烈興武大王}」(*약칭 흥무대왕)이다.

『삼국사기』〈열전〉 기록의 출처

김유신의 『삼국사기』〈열전〉 기록은 모두 3권(41권, 42권, 43권)이다. 이는 〈본기〉의 왕들 중에 가장 분량이 많은 문무왕(6권, 7권)보다도 더 많다. 그렇다면 김부식은 김유신의 방대한 기록을 어느 문헌에서 가져왔을까? 그 사유가 〈열전〉 김유신 편의 말미에 나온다.

> 유신의 현손^{玄孫}인 신라 집사랑^{執事郎} 장청^{長清}이 『행록^{行錄}』 10권을 지어 세상에 전하였다. 여기에는 자못 꾸며낸 말이 많기에 일부는 삭제해 버리고 기록할 만한 것을 취하여 〈열전〉을 만들었다.
> 庾信玄孫 新羅執事郎長淸 作行錄十卷 行於世 頗多釀辭 故刪落之 取其可書者 爲之傳

김부식이 참조한 문헌은 김유신의 현손^{玄孫}(5세손) 김장청^{金長淸}이 고조부 김유신의 공적을 정리한 10권의 『행록』이다. 김부식은 이 중에서 기록할 만한 것만을 취하여 〈열전〉 3권으로 정리한다. 그런데 좀 이상하다. 『행록』을 펴낸 김장청의 관직이 집사랑^{執事郎}이다. 집사랑은 당시 집사성(비서실)의 말단 하급관리다. 김유신 가문은 어느 순간에 진골에서 6두품으로 강등되며 몰락한다. 도대체 무슨 일이 벌어진 걸까?

김유신 가문의 몰락

그 연유가 『삼국유사』〈기이〉 미추왕죽엽군 편에 상세히 나온다.

제36대 혜공왕惠恭王 때인 대력 14년(779년) 기미 4월에 갑자기 회오리 바람이 **유신공**庾信公의 무덤에서 일어났다. 그 속에 한 사람이 준마를 타고 있었는데 모습이 장군과 같았다. 또한 갑주를 입고 무기를 든 40여 명의 군사가 뒤를 따라 와서 **죽현릉**竹現陵(미추왕릉)으로 들어갔다. 잠시 후에 능속에서 우는 소리 혹은 호소하는 듯한 소리가 크게 들렸다. 그 말에 "신은 평생에 난국을 구제하고 삼국을 통일한 공이 있습니다. 지금은 혼백이 되어 나라를 진호하여 재앙을 없애고 환란을 구제하는 마음을 잠시도 가벼이 하거나 바꾸지 않았습니다. 지난 경술년(770년)에 신의 자손이 죄도 없이 죽임을 당하였으니 군신들이 저의 공훈을 생각지 않습니다. 신은 다른 곳으로 멀리 가서 다시는 힘쓰지 않으려 하니 왕께서 허락하여 주십시오." 하였다. 왕이 답하길 "오직 나와 공이 이 나라를 지키지 않는다면 저 백성들은 어떻게 해야 된다는 말이오. 공은 전과 같이 노력해 주시오." 하였다. **유신공이 세 번 청하였으나 미추왕은 세 번 모두 허락하지 않았고 회오리바람은 이내 돌아갔다. 혜공왕이 이 소식을 듣고 두려워하여 바로 상신**(상대등) **김경신**金敬信**을 보내어 유신공의 능에 가서 사죄하고 공을 위하여 공덕보전**功德寶田 **30결을 취선사**鷲仙寺**에 내리어 명복을 빌게 하였다. 이 절은 유신공이 평양을 토벌한 후 복을 빌기 위해 세운 곳이기 때문이다. 미추왕의 혼령이 아니었더라면 유신공의 노여움을 막지 못했을 것인즉 왕이 국가를 보호하려는 노력이 크지 않다고 할 수 없다.

三十七世惠恭王代大曆十四年己未四月忽有旋風從庾信公塚起 中有一人乘駿馬如將軍 儀狀亦有衣甲器仗者四十許人隨從而來入於竹現陵 俄而陵中似有振

動哭泣聲或如告訴之音 其言曰 臣平生有輔時救難匡合之功 今爲魂魄鎭護邦國攘災 救患之心暫無渝改 往者庚戌年臣之子孫無罪被誅 君臣不念我之功烈 臣欲遠移他所不復勞勤願王允之 王答曰 惟我與公不護此邦其如民庶何 公復努力如前 三請三不許旋風乃還 王聞之懼 乃遣工臣金敬信就金公陵謝過焉 爲公立功德寶田三十結于鷲仙寺以資冥福 寺乃金公討平壤後植福所置故也 非末鄒之靈無以遏金公之怒 王之護國不爲不大矣

779년(혜공15) 4월 김유신의 혼령이 미추왕릉에 나타나 경술년에 자신의 자손이 아무런 죄도 없이 죽었다고 하소연한다. 경술년은 770년(혜공6)이다. 『삼국사기』를 보면, 이 해 8월 대아찬(5관등) 김융金融이 반란을 일으킨다. 김융은 김유신의 후손으로 추정된다. 김융이 반란을 일으킨 사유는 알 수 없으나 결국 그의 반란으로 김유신 가문은 몰락한다.

흥무대왕 추봉 시기와 평가

김유신의 왕명은 「순충장렬흥무대왕」(흥무대왕)이다. 흥무대왕의 추봉 시기는 언제일까? 『삼국사기』(*〈열전〉 김유신)는 '흥덕왕(42대, 826~836)이 공을 흥무대왕에 봉하였다.'(興德大王封公爲興武大王)고 소개한다. 그러나 『삼국유사』(*〈기이〉 김유신)는 '경명왕(35대, 742~765) 때에 이르러 공을 흥무대왕으로 추봉하였다.'(至五十四景明王 追封公爲興武大王)로 소개한다. 흥덕왕 때일까? 경덕왕 때일까? 대체적으로 흥덕왕 때인 835년(흥덕10)에 김유신을 흥무대왕으로 추봉했다고 보는 것이 일반적이다. 다만 『삼국유사』가 경명왕 때로 적은 것은 흥덕왕의 이름인 경휘景暉를 경명景明으로 착오하여 생긴 오류로 본다.

그렇다면 후대의 신라왕실은 김유신을 흥무대왕에 추봉하였을까? 일반적으로 김유신 가문의 우대책으로 이해한다. 신라 중대인 혜공왕(41대) 때에 김유신의 후손 김융이 반란을 일으켜 큰 피해를 입었으나 하대에 들어 귀족연합정권이 형성되면서 김유신 가문을 우대한 결과로 보는 견해다. 또한 근래에는 822년(헌덕14) 헌덕왕(41대) 때 발생한 김헌창金憲昌의 난을 계기로 옛 삼국의 영역별 분리 움직임이 일어나자, 이에 적극 대처하기 위해 흥덕왕(42대)이 체제 정비를 추진하는 과정에서 삼국통일 의식을 적극 표방하게 되고, 그 연장선상에서 삼국통일의 상징적 존재인 김유신을 재발견하여 흥무대왕으로 추봉했다는 견해다.

여하튼 명문가로 거듭났던 금관가라 계열의 진골 재벌 김유신 가문은 770년(혜공6) 후손 김융의 반란으로 진골에서 6두품으로 추락하며 몰락하였다가 75년만인 835년(흥덕10) 김유신이 흥무대왕에 추봉되며 다시금 부활한다. 신라사회는 한반도 통일의 거대한 역사의 물줄기를 만들고 이를 실행하여 천년 신라의 토대를 튼튼히 다진 김유신의 공적을 결코 외면하지 않는다. 오히려 신라는 김유신을 국가의 상징으로 받들고 추앙한다.

『삼국사기』〈열전〉에 수록된 『삼국사기』의 김유신에 대한 평가다.

사관은 평한다. … 무릇 신라에서 유신을 대하는 것을 보면 친근하여 틈이 없도록 하였고 일을 맡기면서 두 마음을 가지지 않았고 계책을 내면 쓰이지 않았다며 원망하지 않게 하였으니 가히 육오동몽六五童蒙의 길함을 얻었다고 할 만하다. 그런 까닭에 그 뜻을 펼칠 수 있었고 상국(당)과 더불어 도모하여 세 나라의 땅을 합하여 한 집안을 이루는 공명을 가지고 일생을 마칠 수 있었다. 비록 을지문덕乙支文德의 지략과 장보고張保皐의 의용이 있어도 중국의 사서가 없었다면 전해지지 않아 그 일을 들을 수 없었을 것이다. 그러나 유신으로 말하면 나라사람이 그를 칭송하는 것이 지금(고려)까지 이어져 사대부가 그를 알았고 꼴 베는 아이와 가축을 기르는 아이까지도 그를 알았다. 그의 사람됨이 반드시 보통 사람들과는 달랐기 때문이다.

論曰 … 觀夫新羅之待庾信也 親近而無間 委任而不貳 謀行言聽校勘 不使怨乎

> 不以 可謂得六五童蒙之吉 故庾信得以行其志 與上國協校勘謀 合三土爲一家 能以功名終焉 雖有乙支文德之智略張保皐之義勇 微中國之書 則泯滅而無聞 若庾信 則鄕校勘 人稱頌之 至今不亡 士大夫知之可也 至於芻童牧豎亦能知之 則其爲人也 必有以異於人矣

김부식을 비롯한 『삼국사기』 편찬자는 김유신이 육오동몽六五童蒙(*출처 : 주역 몽괘)의 길함을 얻었다고 극찬한다. 특히 『삼국사기』 편찬 당시(1145년)까지 사대부는 물론이고, 꼴 베는 아이, 가축 기르는 아이들까지도 김유신을 알았다고 전한다.

김유신의 무덤

김유신은 673년(문무13) 7월 1일 향년 79세로 경주도성의 집에서 조용히 눈을 감는다. 천수를 다한다. 김춘추가 661년 59세의 나이로 사망하니, 김유신은 김춘추보다 20년을 더 산다. 이때는 문무왕이 당을 한반도에서 축출하기 3년 전이다. 김유신은 신라의 완전 통일을 보지 못하고 이승을 하직한다. 『삼국유사』〈기이〉의 김유신 무덤 기록이다. '능은 서산 모지사毛只寺 북쪽에 동으로 뻗은 봉우리에 있다.'(陵在西山毛只寺之北東向走峰)

▲ 12지신 용상

경주 충효동 송화산 동쪽 구릉에 김유신의 무덤이 있다. 봉분 지름 30m의 원형봉토분이다. 봉분 아래는 둘레돌을 배치하고 그 주위에는 돌난간을 두른다. 둘레돌은 조각이 없는 것과 12지신상을 조각한 것을 교대로 배치한다. 12지신상은 평복을 입고 무기를 들고 있는 모습으로 몸은 사람의 형체고 머리는 동물이다.

『삼국사기』는 김유신이 사망하자 문무왕이 예를 갖추어 장례를 치르고 그의 공덕을 기리는 비석을 세웠다고 전한다. 현재 비석은 두 개다. 조선 숙종 때 경주부윤 남지훈(南至熏)이 세운 「新羅太大角干金庾信墓(신라태대각간김유신묘)」와 1970년대 김씨 문중이 세운 「開國公純忠壯烈興武王陵(개국공순충장렬흥무왕릉)」 비석이다. 상석 좌우에 배치되어 있다.

▲ 김유신 무덤과 비석 [경주 충효동]

김유신. 누가 뭐래도 우리 역사가 존재하는 한 기억해야 할 불멸의 영웅이다.

부록

경주 일대 주요 신라무덤 피장자

찾아보기

경주 일대 주요 신라무덤 피장자

■ 경주 일원 신라고분군 현황 (A~H)

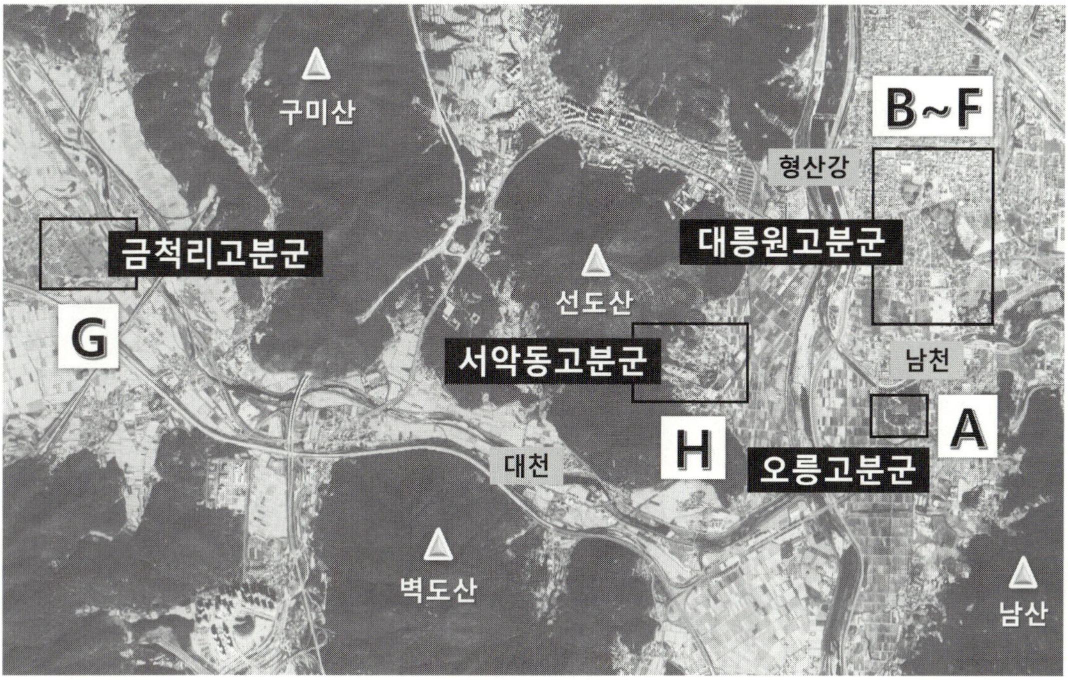

- 금척리고분군 **G**
- 대릉원고분군 **B~F**
- 서악동고분군 **H**
- 오릉고분군 **A**
- 구미산, 선도산, 벽도산, 남산
- 형산강, 남천, 대천

■ 대릉원고분군 (B~F)

- 황남지구 **C**
- 계림지구 **B**
- 대릉원지구 **D**, **E**
- 노동노서지구 **F**
- 쪽샘지구

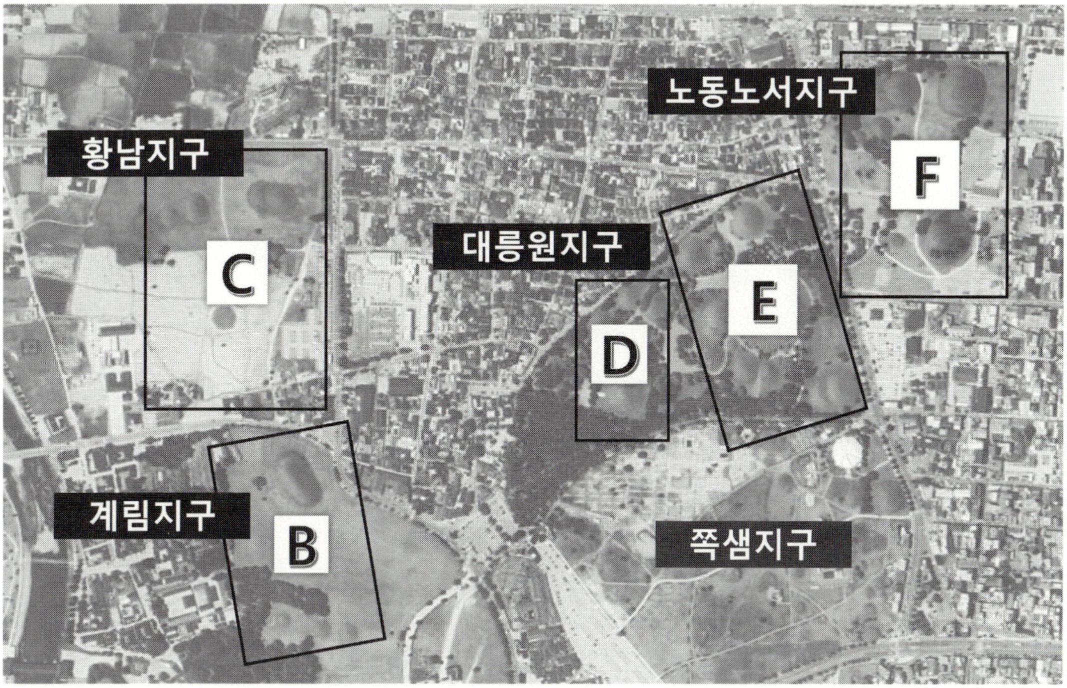

■ A구역 : 오릉고분군 (경주 오릉)

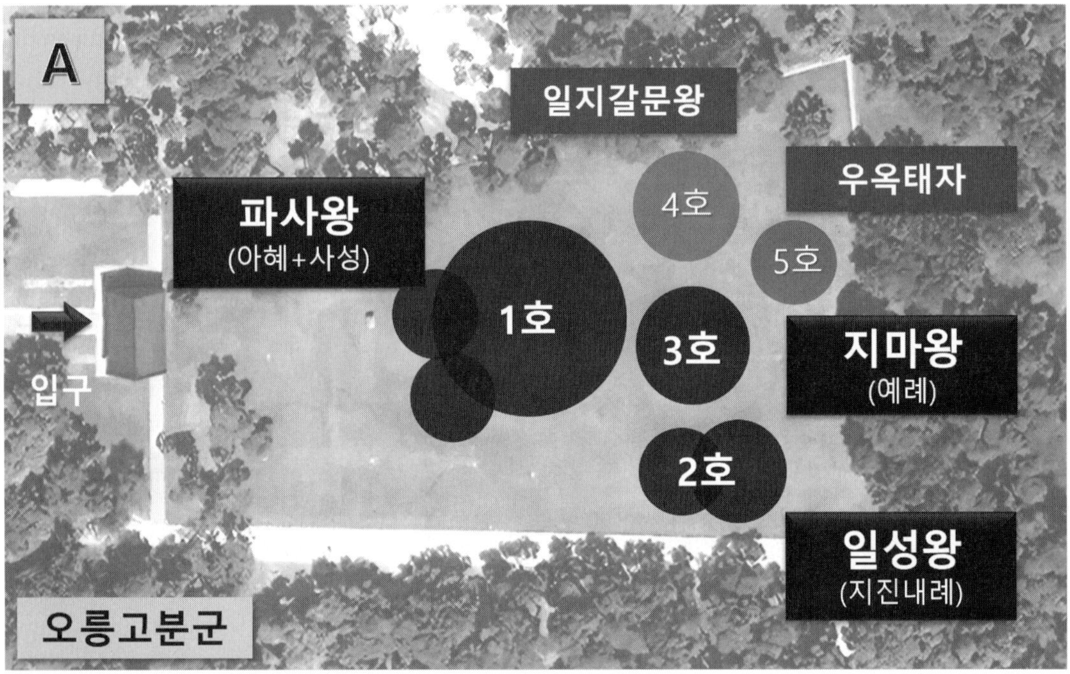

■ C구역 : 대릉원 황남지구

■ B구역 : 대릉원 계림지구

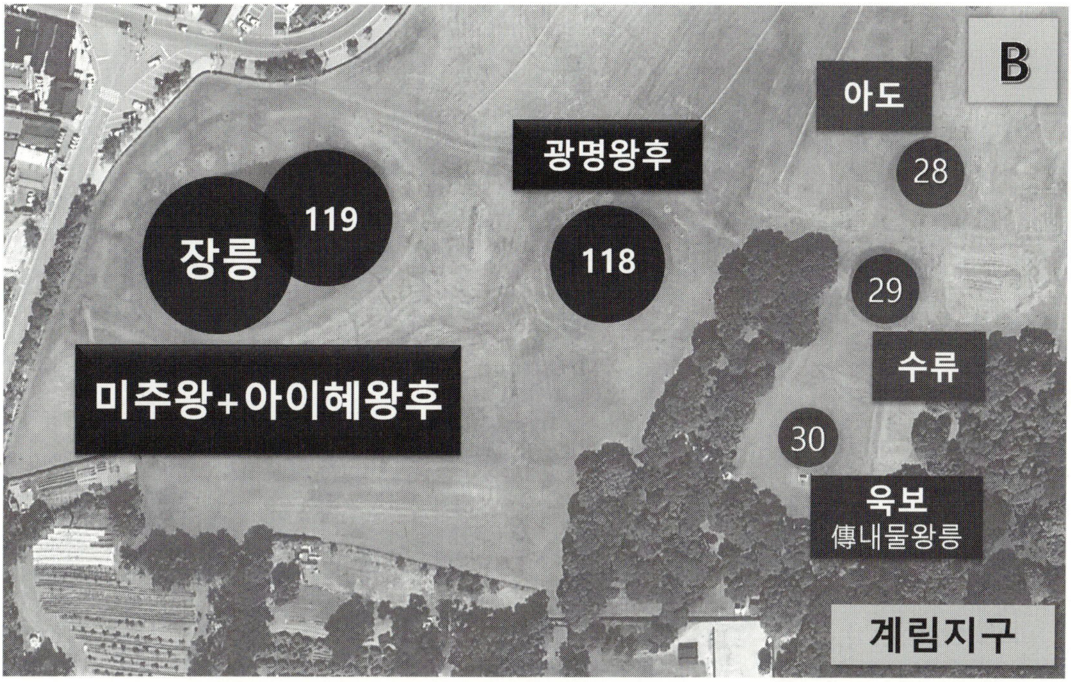

B

아도
28

광명왕후
118

29

장릉 119

수류

미추왕+아이혜왕후

30

욱보
傳내물왕릉

계림지구

■ D구역 : 대릉원 대릉원지구(中)

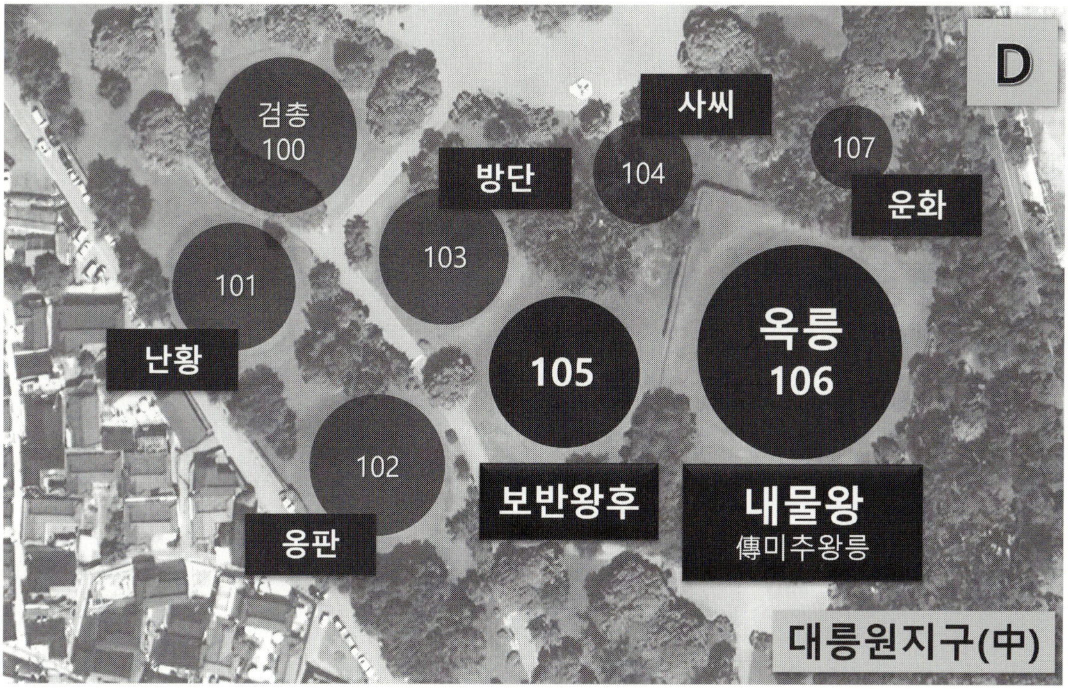

D

검총
100

사씨
104

107
운화

방단
103

101

옥릉
106

난황

105

102

내물왕
傳미추왕릉

옹판

보반왕후

대릉원지구(中)

■ E구역 : 대릉원 대릉원지구(上)

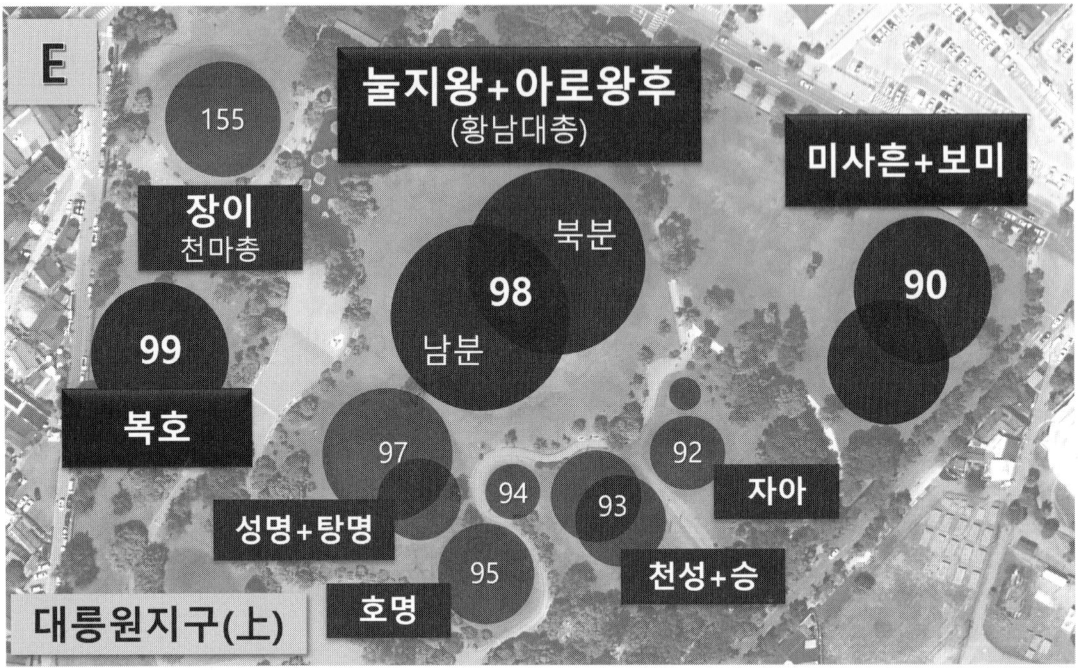

눌지왕+아로왕후
(황남대총)

미사흔+보미

장이
천마총

155

북분

98

남분

90

99
복호

97

94

93

92
자아

성명+탕명

95

천성+승

호명

대릉원지구(上)

■ G구역 : 금척리고분군

36

39 38

42

44

소지왕+후황왕후

이동천궁릉 48

금척리고분군

찾아보기

가

갈천릉 291 327 347
감문국 109 111 128
감은사 534 536
강세 154 155
개로왕 76 78 382
거칠부(황종) 363 395 408 429
경덕왕 102 103
걸숙 141 143
겸지왕 375 376
계림지구 158 171 205 208 235
계화 373 375
고두막 22 31 142
고이즈미아키오 294 337 342
고타소 472 515 518
곤도세이코 29
골벌국 112
골정 101 103 109 117 124 164
공한 362
관구검 113 114 131 184
광개토왕 90 192 194 197 199 212
228 230 264 271 325
광명 26 157 159 179 181 208
214
구도 99 100 101 103 120 123
172 181 210
구루돈 114 115 123 131
구모국 302 303
구륜 465
구스타프아돌프 337
구추 52 96 162
구형 373 375 376
구해 373 375 376
국반 462 465 492 494
궁월군 195 200 218
근초고왕 147 148 149
금관가라 48 53 63 70 72 105 198
373 376
금관총 323 325 327 442
금령총 294 295 297 442
금척리고분군 320 322
금효왕 111
급리 154 242
기림왕 32 141 144 169 187
기벌포 506 527
기보 298 300
김대문 39 176
김부식 20 372
김법민 506 514 516 518 520
김서현 377 502 514

김성	55 56		238 262 305 307 505
김수로왕	48 50 63 373	내숙	298 300 311
김알지	54 99 143 305 488	내음	138
김인문	506 513 516 523	내해왕	105 164
김일제	54 55 123 185 532 533	노동노서지구	290 292 294 319 323 335 337 345
김유신	377 415 472 473 490 493 495 506 538 541 543	노리부	429 430 453
김융	540	노종	373 376
김장청	538	눌지왕	217 231 238 241 246 254 258 263 280
김정희	291 402 426 530		
김춘추	415 472 473 491 495 502 504 514 515		
김흠순	523		
길선	76 78		
길승	362		

나

다

나로왕	17 43 44 62	다파나국	51 53 66 68 80 83
나해	220	달례	179
난야	439 454	달문	69 100
남군	83	당고종	496 498 506 521
남모	385 386 410	당태종	34 466 497 521
남해왕	17 34 38 41	대가라	18 63 65 420 423 472
낭산	227 232 233 240 468 499	대릉원지구	206 207 252 259 293 349
내례	76 105	대서지	210 236
내류	208 209 214 225 281	데이비드총	342 344
내물왕	28 177 179 182 185 188 190 193 197 204 207 214	덕공	69
		덕만	438 456 462 464 504
		도리이류조	399
		도설지	408 421
		도화녀	431 433
		동륜	428 435 437 452

동성왕　　312 382
등흔　　　328 329

라

레드야드　152

마

마련　　　221 272
마루　　　36 38
마아　　　211 214 216
마야　　　437 438 462
만호　　　437
말구　　　179 181 210 235 305
말흔　　　179 210 237
매소성　　525
맹소　　　17 43
명원　　　150
모랑　　　385 386
모로가히데오　323
모루한　　177 183
모례　　　250 251
모용황　　184 185
모진　　　183 300 317 329 354 360
목라근자　145 147 148 149 151
묘덕왕　　103
묘도　　　450 455
묘심　　　309 311 316

문무왕　　54 57 173 499 514 516
　　　　　520 530 534 537
무공　　　248
무덕　　　373 376
무도　　　374
무득　　　373 374
무력　　　373 377 408
무열왕　　469 502 506 510 511 512
물력　　　363
물품　　　242
묵호자　　249 251
문노　　　415 424
문명　　　502 514
문주왕　　248 264 287 313
문화　　　421 424
문흥왕　　504 505
문희　　　514 515 516
미사품　　218
미사흔　　67 218 219 222 244 259
　　　　　262 268 298 349 382
미실　　　430 439 450 452 454 455
　　　　　491 493
미진부　　450 455 493
미질　　　455 493
미추왕　　120 121 124 125 128 132
　　　　　134 135 140 305

바

박거물　478 479
박제상　232 242 245
박혁거세　16 22 24 25 29 31 33 35
　　　　　62 88 98 142 156
반야　454
백반　462 465
백토　107
벌휴왕　52 78 96 97 99 100 101
　　　　124 164
법흥왕　183 344 354 357 360 362
　　　　366 368 373 385 388 412
　　　　414 427
벽화　354 357 381 413
보과　382 384 386
보금　212 215 216 228
보도　300 354 357 371 377 389
　　　394 427
보라　515 516
보랑　383
보량　349 351 439
보명　439 452
보미　220 244 260 268 270 300
보반　179 208 209 214 223 238
　　　240 262
보옥　351 382
보준　221 272 274 277
보종　439 453 454 515
보현　329 381
보희　514 516
복군　110
복승　437
복천동고분군　130 140 154
복호　218 220 222 243 261 262
　　　268 272 382
봉황대　290 293 319 323
부량　188 189
부여백제　148 151 192 194 196 202
부여융　518 520
분종　317 318 330 355
분황사　470 471
비담　490 493 504
비대　357 358
비류　36 37
비미호　85 87 145
비열홀　32 142 238
비유왕　246 248 264 313 382
비조부　424
비지　312
비태　310 312
비형랑　431 433

사

사다함　305 420 451 454
사도　377 391 428 430 450 453
사로국　19 62 360
사류　232

사릉원	88 89 91 162	섭라국	21 25 31 142
사부지	378 379 380	세오녀	82 84
사성	62 69 90	세종	374 376 451 454
사천왕사	468 499 530	세키노타다시	237 487
삼니금	66 67 82	세한	54 125 173
삼모진	357 391 392	소서노	36
삼부	357 358	소시매	247 313 382
서력부	363	소명	361
서봉총	276 337 340 442	소역	359
서봉황대	319 335 337	소연	366
서악동고분군	165 512 387 388 426 512	소정방	506
		소지왕	108 267 298 300 304 308 311 315 319 330
석등보	210 236		
석명	439	수기	313
석추	53 96 162	수류	54 125 173
석탈해	19 41 42 45 47 48 50 57 59 66 80 96 162	수미	351 362
		수지	360 361
석품	455	수황	154 164
선덕여왕	159 462 466 468 471 474 486 488 490 499	술례	120 210
		C.W. 쎄람	50
선도산고분군	165 425 434 436 513	승만	437 438 464 492 494
선비족	184 185	습보	265 270 273 296 328 345 362
선품	514		
선혜	298 300 310 357	신공왕후	145 147 149
설원랑	452 454	신문왕	16 173 334 504 528 536
설인귀	522 523 526	실상	223
섭황	283	실성왕	67 210 214 218 223 227 231 233 240 262
성명	265 273		
성한왕	54 56 173 305 505 533	심맥부	381

아

아도	54 125 173 242
아달라왕	76 79 82 85 97
아로	225 238 254 255 258 277 280 281
아루	34 35 38 39
아소례	109 138 166
아슬라	75 238
아양	377 465
아이혜	109 119 129 134 136 141 143 156 159
아지	301 315 318 326 327
아진예	349 351
아진종	349 351 362 382
아혜	62 66 90
알영	26 27 34 35 98 156
알천	495 503
알평	27 58
야마대국	85
야스이세이이치	165 237
양부	153
양정릉원	57 59 127 160 162 164 168
양화	421
애례	69 90
에가미나오미	152
연개소문	521 523
연오랑	82 84
연제	270 317 328 329 340 354 356
염종	490 493
영경사	435 512 513
영군	83
영실	391 395
영흥사	370 372
애공사	387 388 396 425 512
예생	210 212 236
오환족	114 116 123 131 140 185
옥명	438
옥모	101 103 109 117 124 126 164
옥진	344 354 357 371 413
온조	36 37
우로	117 128 131 150 170
우메하라스에지	294 342
우옥	69 91
욱보	54 125 173
운모	103 124 172
요극일	478 481
요황	312
용명	247 264 438
용성국	50 51
용수	435 438 462 479 502 504
용춘	435 438 463 502
위구태	148 151 192 193
위화	411 414
위화진경	20 31 106 133 411
위홍	478 480

원군	296 311 316	일성왕	73 75 79 91 97
원수	296 297	일지	39 59 73 79 90
월광	421 424	입종	329 381 391 437
월나국	107 108		
월명	494		
월황	351		

자

유례왕	131 138 140 168	자비왕	280 282 284 289 293 296 299
유리왕	17 39 41 43 73	자아	245 264
유인원	507 518	자의	514
윤공	73 79	자장	474 479 485
은령총	275 277	자황	96
은륜	438	장산고분군	163 164 167
을제	462 465	장수왕	75 229 285 287 289 313 339
응신왕	145 192 194 196	장이	268 269 273
의자왕	472 506	장흔	154
이뇌왕	421	장훤	115 120 122 123 131 138 153 210
이동천궁릉	319 322	저진	344 354 357
이리	210	주씨	248 264 287
이리생	73 79 80	준등	316 318
이매	105 124 164	준정	385 410
이병도	16 176	중천왕	125 126
이사부	75 351 383 395 420 423	조문국	99 102 104 124
이사지왕	323 325	조분왕	101 105 109 112 115 124 138 164 166
이서국	132 134	조생	296 310 328 345
이진아시	423	지도	428 438 491
이차돈	351 362 364 366 367		
이화랑	414 452		
이흔	361		
인덕왕	195 220 244 268 270		

지도로	298 311 316 318 328	청연	225
지마왕	69 73 90	청예	63 65 423
지소	354 357 381 391 394 396 427 451	초생	277
		최치원	133 411 423
지소례	73 76 96	치군	300 301 315 326
지증릉	335 336	치술	245
지증왕	75 267 273 304 328 331	칠숙	455 493 504
지진내례	73 76 91 96 162		
지황	313		

카

코벨	152

진덕여왕	492 494 496 498 500
진만	329
진종	329
진지왕	428 431 453 491 503 505
진평왕	437 438 440 443 456 457 504
진환	329
진흥왕	391 395 399 408 410 417 420 425 427 452 474 505
쪽샘지구	58 127 160 164 168 348

타

탕명	265
태송	351 383
태양	438
태옥	351 383

차

찬황	329
천마총	261 266 270 274 442
천명	438 463 502 504
천성	215 216 217 228 264 265 281 341
첨해왕	101 115 117 119 120 124 126 128 164

파

파사왕	18 27 43 46 59 62 67 88 90
파소	20 22 23 31 142
파호	280 282 283 298 299 316 347
팔린통빙고	29 31
패세	225 226
품석	472

하

하종 454
한눌유 533
환나국 21 22
황남대총 231 252 255 258 263 265
292 442
황남지구 208 234 237
황룡국 49 50
황룡사 417 419 474 477 484
허루 62 69
허황옥 49 50
혁거지 21 31
혁서거 20 22 25 31 142
협보 52 53 66 81 96
호공 42 45 54
호물 226 239
호명 264
호우총 270 273 274 277 325
화명 438
홍권 138 154
홍모 105 156
후복 66 67
후황 299 311 316 319 322
효진 215 281 283 341
휴례 179 208 211 235 305
흠반 462 465
흘해왕 131 150 169
흥륜사 136 368 372 395 431
혜공왕 135 505 517 539 540